철학하는 공학자의 인생론

철학하는 공학자의 인생론

2015년 10월 10일 1판 1쇄 인쇄 / 2015년 10월 19일 1판 1쇄 발행

지은이 송영우 / 펴낸이 전귀연
펴낸곳 신광문화사 / 출판등록 1991년 6월 26일 제6-130호
주소 경기도 파주시 광인사길 201 (문발동, 파주출판도시)
전화 031) 955-4211~6 / 팩스 031) 955-4217
전자우편 donghwae@kornet / 홈페이지 www.donghwapub.co.kr
공급처 도서출판 동화기술

책값은 뒤표지에 있습니다.
잘못 만들어진 책은 바꾸어 드립니다.

Printed in Korea.

ISBN 978-89-7432-922-8 (03810)

이 도서의 국립중앙도서관 출판시도서목록(CIP)은 서지정보유통지원시스템 홈페이지(http://seoji.nl.go.kr)와 국가자료공동목록시스템(http://www.nl.go.kr/kolisnet)에서 이용하실 수 있습니다. (CIP제어번호: CIP2015026964)

철학하는 공학자의 인생론

송영우 산문집

신광문화사

소멸하는 것들에 대한

집착의 안타까움

| 머리말 |

나는 세인이 관심을 갖는 유명 인사도 아니고, 인류 사회에 큰 업적을 남긴 사람은 더더욱 아니다. 나는 "틀림없는 한 개인이다." 저자인 나에 대해 알고자 하는 사람은 이 세상에서 단 한 명도 없다. 이 책에서의 '나'는 단지 독자들과 함께 시간 속으로 여행을 하거나, 인생과 세상을 관조하기 위해 표리(表裏)가 드러난 도구로 사용되고 있을 뿐이다.

따라서 이 책은 철저히 나에 관한 것이다. 이제 나는 사회적 소임이 완료되는 인생의 끝자락에 서 있으니, 사회적 관심과 이문을 취할 일도 없고, 누구를 폄하하고 공박할 생각도 없다. 오직 내가 살아온 세상과 인생에 대한 수상(隨想), 삶에 대한 관조, 타자의 사상에 대한 소견을 묵묵히 써넣었을 뿐이다. 그러니 재미가 있을 턱도 없다.

대중적 관심을 기대하지 않는다. 가능하지도 않을 것이다. 어려운 철학 이야기 말고도 문화, 지난 시대의 이야기, 신변잡기, 문학, 음악, 취미, 여행에 관한 애기도 포함되어 있으나, 이 책의 내용을 이해하기 위해서는 약간의 사변(思辨) 능력이 필요할지도 모르고, 문화적, 종교적 포용력이 요구될 수도 있다. 나의 글은 철저히 독선에 기반을 둔 처절하고도 옹골찬 독백이기 때문이다.

이 책은 독자에게 위로와 희망, 기쁨과 행복을 주기보다, 오히려 체념, 배반, 비판, 비평, 은둔, 죽음, 자성, 참회, 냉소 같은 인간 내면을 고발하는 내용이 주를 이룬다.

위로받는 느낌은 잠시 동안 머물지만, 생각은 머릿속에 박혀 오랫동안 작동할 것이라는 믿음에서, 나는 섣불리 위로와 희망을 말하지 않고, 함께 생각하는 시간을 갖기를 원한다. 인간은 근본적으로 변화되기 어려운 존재이나, 일단 수행을 통해 생각이 변하면 행동이 변할 수 있고, 행동이 변하면 운명이 바뀔 수 있기 때문이다.

평생 동안 사색과 관조를 즐긴 나의 실존이 허공을 떠돌다 착지한, 2013년 8월 초순의 어느 날부터 인생과 세상에 대한 생각이

폭포수처럼 쉴 사이 없이 흘러내렸다. 그것을 모아 담은 잡문(雜文)과 잡설(雜說)이 이 책이다. 우리의 인생이 본래 잡다한 일에 둘러싸여 살다 죽는 모습인 까닭에, 나는 잡문 잡설(雜文 雜說)의 당위성을 주장하고 싶은 바이다. 1부는 자전적 회상, 2부는 문화와 세상에 대한 비평이고, 3부는 철학적 인생론으로 이루어져 있다.

공감되는 부분도, 그렇지 않는 부분도 있을 것이고, 눈에 거슬리는 독선과 자만도 보일 것이다. 하지만 지구상의 수많은 사람 중에 한 개인의 의견일 뿐이므로, 공박할 한 푼어치의 가치조차 없다.

전편을 통해 관통하는 일관된 생각은 있으되, 상치하는 것처럼 보이는 글도 있으나 혼란스러울 필요는 없다. 여기 실은, 제목이 다른 글들은 모두 개별성과 독자성을 추구하므로, 작품간의 통섭은 불필요한 시도이며, 저자의 정체성을 파악하려는 시도 또한 무의미하다. 나에겐 아직 '생에 대한 맹목적 의지' 같은 것이 남아 있기 때문에 앞으로도 할 얘기가 더 남아 있을지도 모르겠다.

조악한 원고를 교정하느라 고생하신 김정숙 님, 김무송 군, 아내, 편집 과정에서 큰 도움을 주신 조태봉 님께 머리 숙여 감사의 뜻을 전한다. 출판을 허락해 주신 신광문화사 전귀연 사장님, 서철종 상무님께 감사의 인사를 전한다.

서문 쓰기가 제일 어려워 책이 인쇄돼 나오기 직전까지 수십 번 다시 고쳐 썼다. 『돈키호테』의 저자 세르반테스는 서문 쓰기가 너무 어려워 책 출판을 포기하려는 생각까지도 했다고 한다.

2015. 10. 19.

爲無 송영우

| 차례 |

도시의 방랑자

풍화하는 사랑

니체와 짜라투스트라는 이렇게 말했다

도시의 방랑자

새벽 커피

커피 한 잔의 행복! 새벽 커피는 향연이다. 내 일상의 가장 큰 황홀한 기쁨은 바로 이 시간에 온다. 전날 잠자리에 들며 기대하는 것도 다음날 새벽의 커피이고, 취침 중에 잠시 의식이 드는 순간에도 떠올려지는 건 새벽에 마실 한 잔의 커피이다.

윌리엄 워즈워스(1770~1850)는 「My heart leaps up」[1]이란 시에서 어른이 된 후에도 하늘의 무지개를 볼 때마다 가슴이 설렌다면서, 만일 늙어서도 그렇지 않다면 죽는 것이 낫다고 했다. 새벽 커피를 상상하면 나는 전날 밤부터 가슴이 설렌다. 만일 더 늙어 그런 마음마저 없어지면 나도 죽는 것이 낫다고 생각할 것이다. 혹시라도 새벽 커피를 마실 수 없도록 늦잠을 잤다면 큰 실수요, 나의 인생에서 하루를 도둑맞은 것이다.

내가 새벽에 일어나자마자 커피콩을 갈아 넣은 에스프레소머신에서 짜낸 커피를 마시는 시간은, 오전 5시 전후이다. 철학자 칸트는 새벽 4시 55분에 일어나 5시에 홍차 두 잔으로 잠을 깨웠다고 전한다.

1 윌리엄 워즈워스, 유종호 옮김, 『세계시인선 21』, 민음사, 1990, p.19에서 인용.

'낙엽 타는' 향기, 검정색의 유혹, 따스한 평안이 새벽에 마시는 커피 한 잔에 모두 녹아 있다. 그리고 오늘 하루도 건강하게 살아 있음에 감사하고 안도하면서, 커피 마시는 시간은 고작 5분 남짓, 검은 프렌치 로스트의 쓴맛과 여기에 섞은 해즐럿의 향기가 지난 밤에 닫혔던 두뇌의 둔중한 문을 사르르 열어 준다. 아직 모두 잠든 새벽 시간에는 명상을 하거나 잔잔한 음악방송을 들으며 상념에 잠기기도 좋고, 맑은 정신에 책을 읽고 글을 쓰는 것으로 하루 일과를 시작한다.

나는 새벽 5시 전후에 일어나 오전 10시 30분 정도까지 일을 한다. 그리고 자유시간이다. 그러니 다른 사람 눈에는 매일 노는 사람으로 보여도 좋다. 새벽이나 아침 시간은 무슨 일을 하기에도 적합하고, 오후에는 마음이 해이해지며, 밤에는 생각에도 어둠이 낀다.

하루하루의 세상사에 긴밀히 대처할 필요가 있는 분야에 종사하는 분이 아니라면, 황금 시간인 이른 아침에 신문을 읽는 어리석음은 저지르지 않는 것이 좋다. 새벽 신문은 피곤한 현실이요, 갈등이요, 분노의 소식이다. 골치 아픈 세상사는 미뤄 놓고, 사람들이 다 기상한 소란한 시간에 읽어도 늦지 않고, 아침 식사 후 혹은 정신이 몽롱한 저녁 시간에 읽어도 그만이다.

매일 잠자리에 드는 밤은 노년에 해당해 조그만 죽음이지만, 아침은 청춘의 시대에 해당한다고 주장하는 쇼펜하우어는 '아침은 인생의 정수'라며 반드시 신성시해야 한다고 말한다. 아울러 밤이 되면 지성이 지쳐 사물을 철저하게 분석하여 생각할 만한 힘이 없어져 현명한 판단이 어렵다. 그의 말이 맞는 것은 우리가 밤에 쑥덕공론을 해 다음날 결행에 옮기기로 한 일은, 아침에 생각해 보면 지난밤의 생각에 오류가 있었음을 자주 발견하지 않는가?

요즘 내 일상의 행복은 두 가지다. 미명에 마시는 한 잔 커피의 설렘과 또 무엇이든 이제까지 몰랐던 지식을 탐구하는 것이다. 생존을 위해 마지못해 수행한 식상한 전공 공부는 절대 아니다.

"나는 젊어서는 남들에게 자랑하기 위해 공부했다. 그 뒤에는 자기만족을 위해 했다. 지금은 재미로 공부한다."[2] 그 말에 나를 대입하면, 나는 젊어서는 남의 눈을 의식해 공부했고, 그 후로는 먹고살려고 공부했다. 지금은 재미로 공부한다. 마지막 구절만 일치한다.

철학, 문학, 사진이론 및 실무, 심리학, 종교, 금융공학이론에 관한 공부, 그리고 하루에 2백자 원고지로 최소 이십여 장의 글을 쓴다. 이 모두 생계와 상관없는 일이라서 더 재미있다. 새집 사고, 새 차 사고, 사장되고, 장관되는 건 하나도 안 부럽다. 다만 알아야 하는 걸 모르면 참기 어렵다. 지식에 관한 욕구도 욕망의 일종이므로 조절되어야 하지만, 이는 비난 받을 성질은 아닐 것이다.

머리 좋은 사람은 부지런한 사람 못 당하고, 부지런한 사람은 재미로 하는 사람 못 당한다. 사람 사는 즐거움이 별 것 아닌 거다. 설령 일신상에 큰 영달이 찾아온다한들 그게 뭐 그리 큰 대수일까! 내가 누리는 장구한 자유의 시간은 한순간의 과시적 삶보다 가치 있다고 생각하니 말이다. 평온과 고요가 깃든 새벽녘의 커피 한 잔은 내 생에 크나큰 위안이요, 기쁨이다.

2 미셸 드 몽테뉴, 손우성 옮김, 『몽테뉴 수상록』, (주)문예출판사, 2014, p.145에서 인용.

구름 끼고 바람 불어 좋은 날

봄비가 처연하게 내리던 밤이 지나고 아침이 되어 일어나 보니, 비갠 황사 없는 푸른 하늘에 삽상한 맑은 공기를 모처럼 느껴 본다. 어릴 적에는 봄이면 언제나 푸른 하늘에 뭉게구름이 떠가는 모습을 볼 수 있었는데 언제부터인가 중국에서 황사와 미세 먼지를 이 땅에 보내온다.

나는 햇볕이 쨍쨍한 맑은 날보다, 오늘처럼 비가 그치고, 구름 끼고 바람 부는 날이 좋다.

"누가 한탄하고 슬퍼하면 자연계의 모든 것이 그에 감화되어 태양은 빛을 잃고 바람은 인간처럼 한숨을 내쉬며, 구름은 눈물의 비를 뿌리고, 숲은 한여름에도 잎을 벗어던지고 상복을 두르게 될 것이다."[1] 『월든』의 작가 소로는 우리의 마음에 대한 자연의 공조를 이렇게 예찬하고 있다.

요즘은 미세 먼지가 많은 흐린 날이 많아 쾌청한 날이 기다려지지만, 막상 청명한 날씨가 계속되면 내 맘을 의탁할 곳이 없어 아주 힘들다. 비 오거나 흐린 날은 날씨와 공조할 수 있어 지낼 만하

1 Henry David Thoreau, 김성 옮김, 『월든(원제: Walden)』, 책만드는집, 2004, p.192에서 인용.

지만 햇볕이 쨍쨍 내리쬐는 날은 내 마음과 조화되지 않기 때문이다. 나는 선천적으로 양(陽)보다는 음(陰)이 몸에 맞는 체질이다. 그러니까 이치상 나는 음을 좋아하는 양이다. 반면에 어떤 이는 줄곧 어둠을 참지 못하는 모습이다. 그런 사람에게 어둠은 몸에 맞지 않는 옷이다.

그렇지만 태양 아래 전신이 드러난 나신(裸身)보다 어둠에 가려진 실루엣이 더 신비롭다. 태양 아래서는 눈이 부셔 볼 수 없는 것도 응달에서는 잘 보인다. 태양 아래에서는 누구나 보잘 것 없는 하인(下人)이지만, 응달에선 누구나 왕이 될 수 있다. 사람은 양달 아래서는 움직이고, 응달 아래서는 생각한다. 누구의 삶이든 삶은 항상 양달과 응달 사이를 오가는 것이다. 그렇지 않다면 세상에는 지금의 문화와 문명도 없었을 것이다.

인간이 구분 지어 놓은 단락에 불과한 시간의 구분. 늘 다를 바 없는 어제와 오늘이건만 해가 바뀌고 달이 변하면, 사람들의 마음도 조금 변화를 느끼게 된다. 오늘은 2월과 3월과는 다른 느낌 속에 4월의 첫날을 맞았다.

40대까지는 가을이 되면 괜히 마음이 설레고 좋았으나, 나이가 들어가면서 가을이 싫어졌다. 낙엽이 지며 드러난 앙상한 나뭇가지를 보면서, 내 인생도 저런 모양새가 되어 가고 있다는 생각에서다. 60세이면, 인생 80을 잡아도, 수치상으로 사분지 일만 남았으니, 사계절로 치면 한 계절만 남은 셈이다. 곧, 좋게 봐도 늦가을이요, 아니면 이미 초겨울에 진입한 것이다.

4월은 진정으로 봄이 시작하는 달이다. 언제부터인가 슬그머니

나는 봄을 좋아하고 있었다. 봄은 무언가 새로 시작할 수 있다는 착각을 준다. 무수히 많은 봄노래가 있으므로, 봄의 정경을 그려보는 일에 나까지 껴들어 필력을 낭비할 일은 없어 보인다. 다만 만물이 소생하는 것을 보며 내 인생도 거기에 동조할 수 있을 것이란 환상 속에 봄을 맞이한다. 아주 옛날 50~60년대 초에는 4월에 새 학년을 시작한 기억도 있다.

50대 중반부터는 연도별로 내가 한 일들이 잘 구분되지 않는다. 그만큼 변화가 없고, 기억할 가치조차 없는 일상 속에서 '젖은 짚단'을 태우듯 찌질하게 살아왔는지도 모르겠다. 날짜로는 분명히 봄이 시작되었으나 느껴지는 절기는 여전히 겨울이다. 하지만 누가 오는 봄을 막을 수 있을 것인가?

3월 말쯤 교정에 탐스런 백목련이 피면 봄이 본격적으로 왔다는 신호다. 이어서 개나리, 진달래, 벚꽃이 핀다. 아침부터 봄내음의 유혹을 못 참아 백사를 제쳐놓고 도솔산[2]으로 갔다. 벚꽃이 흐드러지게 핀 오솔길을 걷으니 황홀한 기분이다. 공기도 맑고 시내가 또렷이 내려다보이기도 하고, 솔잎의 향기, 진달래 개나리도 피었다. 예년보다는 봄이 일찍 온 느낌이다. 오늘은 봄기운을 느끼기 위해 일부러 가장 먼 코스로 산책을 하고 내려왔다.

내려오는 길에 유등천변을 걸었다. 천변의 누런 갈대가 바람에 휘날리고, 개천에는 이름 모를 새들이 날아다니고, 청둥오리가 떠 있고, 황새가 긴 목을 빼고 기품을 자랑하고 있다. 태양이 찬란하

2 도솔산. 대전 시내 월평공원에 있는 높이 207m 높이의 비교적 낮고 평평한 산.

게 비추는 서쪽을 바라보며 천변을 걸어가니 천국이 따로 없다.

서울 살 때는 주말에 개포동 뒷산인 대모산에 자주 갔었다. 사람이 하도 많이 다녀 길이 기름을 발라 놓은 것같이 반들반들 거렸지만 그래도 집 가까운 곳에 산이 있다는 것만으로도 크게 만족했었다. 대전으로 이사 온 후에는 근교의 산을 찾아다녔고, 주로 계룡산을 많이 갔다. 동학사 – 은선폭포 – 관음봉 – 삼불봉 – 남매탑으로 한 바퀴 돌아오는 4~5시간 코스를 많이 다녔는데. 이제는 무릎에 부담을 줄이려고 시내에 있는 야산인 도솔산을 주로 다닌다. 나무도 있고 풀이 있어 낮은 산도 산은 산이고, 돌산이 아닌 흙길이라서 관절에 무리도 안 간다.

집에서 차를 타고 산 입구까지 가는 것조차도 번거롭고 해서, 퇴직 후에는 아예 산 밑으로 이사를 갈까 하는 생각도 하고 있다. 그러면 하루걸러 산에 가는 것도 가능할 것이다.

도시 속에 있는 산이라도 산의 공기는 언제나 도시의 그것보다는 좋다. 우선 소나무 향기, 풀향기가 있어 좋다. 환경이 오염되면 물은 사먹을 수 있으나, 공기는 그럴 수가 없으니 큰 걱정이다. 실내 공기정화기가 있다지만, 사람이 실내에만 있을 수는 없지 않는가?

10여 년 전 중국 북경을 방문했을 때, 공항에서부터 숨이 막힐 듯 답답하고, 가슴이 저려 왔다. 이러다 타국에서 죽는 건 아닌가 해서 즉시 한국으로 돌아갔으면 했다. 하지만 도착한 지 얼마나 되었다고 나 혼자 한국으로 돌아갈 수도 없는 일이어서, 천상 5일간은 죽었다 생각하고 두려움 속에 떨며 눈을 감고 잠을 청했던 기억이 있다. 그러던 게 요즘은 한국까지 중국 공해먼지가 날아와 쾌청한 날씨가 드물어 이민을 가지 못한다면 해외 장기체류를 고려해야 할 지경에 이르렀다. 구름 끼고 바람 불어 내가 좋아하는 날에 시작한 글을 끝내기도 전에 하늘에서 비가 내리기 시작한다.

식물예찬

나무는 언제나 제자리를 지킬 뿐 결코 자리를 뜨는 법이 없다. 한 곳에서 살다 죽을지언정 좋은 자리, 나쁜 자리를 가리지 않는다. 비바람이 세차게 불어 몸이 휘어져 부러지는 한이 있어도 피하지 않고 꼿꼿하게 서 있으니 얼마나 우직하고 충직한가! 눈 내리는 겨울날에는 무거운 눈을 온몸에 짊어지고도 무겁다 소리 한번 내지르지 않고, 그 눈 다 녹아내리기를 기다리는 인내심에, 어떤 나무는 봄까지 눈을 머리에 이고 있으니, 그 성실하고 정직함은 비석이 되어라! 필요한 만큼만 먹고 언제나 날렵한 몸매를 유지하는 나무는 얼마나 적확(的確)하고 적절한 자기 절제의 상징인가!

소나무는 폭풍우 한설에도 사시사철 조금도 굴하거나 흐트러지지 않고 가는 입으로 버티는 모습이 의리 없는 사람보다 믿을 만하다. 하늘을 향해 뻗은 대나무는 올곧은 기상의 표징이고 자잘한 잔 잎사귀 부닥치며 버스럭거리는 소리는 우애를 느끼게 한다. 고집통이 견고한 노인 눈에는 변절로 보이는 수양버들의 유연함은 오히려 세련돼 보여 좋다.

수십 년 만에 고향에 돌아와도 변치 않고 기다려 주는 마을 입구의 당산나무는 의리와 예절의 상징이다. 나무는 한여름 강한 햇빛

속에서도 그늘을 만들어 주는 고마움도 잊지 않는다. 그리고 산소와 나무 향기를 뻥뻥 내뿜어 인간을 살려내고 있다.

또한 꽃은 어떠한가? 형형색색의 꽃이야말로 화려함의 극치요, 미의 화신이다. 흐드러지게 핀 벚나무의 꽃잎이 바람이 불 때마다 눈꽃처럼 휘날리는 모습은 황홀하다. 단색의 목련은 기품 있는 어머니의 중년 시절 모습을 연상하게 한다. 허리가 가는 여인을 연상케 하는 코스모스는 가엽다. 씨라도 멀리 퍼트리려고 바람에 흩날리는 어설픈 민들레 홀씨는 가상하다. 숨기지 않고 돋아난 가시를 보여주는, 음흉하지 않은 장미의 개방성과 대담성은 아름다움 못지않게 매력적이다. 길가에 노란 개나리와 빨강 진달래꽃은 아무데나 피는 통속성에 우리 맘을 편하게 한다.

서리에도 꿋꿋이 버티며 늦은 가을까지도 귀태(貴態)를 자랑하는 국화는 향기도 좋다. 길가에 홀로 피어 있는 외로운 들국화는 동행자가 필요해 보인다. 해바라기형 인간은 싫어도, 언제나 태양을 그리는 지향성(指向性)의 상징인 해바라기는 예측이 가능해 좋다. 제 무게도 못 지탱해 등이 굽고 고개 숙인 할미꽃의 수줍음은 애처롭다.

갈대는 또 어떠한가. 강변에 잡초처럼 길게 자란 누런 갈대는 바람 불 때마다 모두 같은 방향으로 정렬하여 하늘거리며 하늘에 맞닿는 모습은 순종의 상징이다. 갈대의 누런색은 한평생 다 살아온 노인의 형상이라 존경스럽다. 잔디는 또 어떠한가? 하늘과 대지가 나지막이 맞닿은 곳에서 우리를 걷게 하니 얼마나 고마운가. 짓밟혀도 찍소리 안 하고 다시금 일어나는 잔디의 억센 생명력에 박수를 보낸다.

기꺼이 살아보겠다고 틈만 나면 손바닥만한 땅에서도 머리를 내밀며, 억세게 살아가는 우리네 인생을 연상하게 하는 잡초도 거름이 되고 먹잇감이 되니 쓸모가 있다. 잡초들은 민초(民草)들의 삶을 닮아 친근하다.

식물은 곡식으로 생명을 지켜 주고, 달콤한 과실로 행복을 선사하며, 대지를 덮은 푸성귀로 생기를 주고, 땅속의 열매까지 지궁스럽게 우리에게 바친다. 동물에게 안식처를 제공하는 포근함과 기꺼이 동물의 먹이가 돼주는 식물의 희생은 아무리 큰 찬사를 보내도 모자라다.

식물은 물이 없어도, 물 찾아 돌아다니지도 않고, 춥거나 덥다고 불평하거나 자리를 이동하는 법도 없다. 오히려 추우면 옷을 벗고 강인하게 버티니 나약한 인간보다 낫다. 먹이를 찾아 추적거리며 돌아다니는 동물보다 정지한 식물의 수동성과 기품을 나는 사랑한다.

요리조리 날아다니며 피나 빨아먹고 한번씩 물어 주고 소리 내며 달아나버리는 모기 같은 동물은 얼마나 얄미운가! 생긴 모양새도 있는지 없는지 투명하며, 날개를 떨며 날아가는 소리 또한 남의 중한 피 빨아 먹는 심성 못지않게 가증스럽다. 배터지게 먹고 두 발로 도망 다니는 돼지보다 식물은 얼마나 조신한가! 인간과 동거하며 외로움을 달래 주고 기쁨을 주는 애완용 동물을 사랑하는 사람들도 많지만, 나는 동물보다는 언제나 말없이 홀로 살아가는 식물의 고고함이 더 좋다.

음악은 나의 안식처

태초에, 아름다운 자연의 풍경은 그림이 되었고 자연의 소리는 음악이 되었을 것이다. 감동적인 광경이 늘 볼 수 있는 그림으로 형상화되었고, 다시 듣고 싶은 아름다운 소리는 재현성이 있는 음악으로 발전한 것이라고 나는 믿는다.

그런데 좋은 미술품을 보려면 그림이 있는 곳까지 찾아가야 하는 공간적 제약이 있다. 그러나 음악은 휴대성, 이동성이 용이해서 미술보다 접근성이 더 좋은 예술인 것 같다.

사실 인생에서 음악만큼 큰 위안과 기쁨을 주는 것도 없다. 하물며 히틀러 같은 독재자도 12세 때 〈빌헬름 텔〉을 처음 보고, 이어서 오페라 〈로엔그린〉의 공연을 본 후에는 아주 '와그너' 숭배자가 되었다고 한다. 하루 벌어 하루 먹고 사는 거리의 화가 시절에도 돈을 모아 오페라 구경을 했을 정도다.[1]

내가 어릴 적에 들은 음악은 저녁 무렵 멀리서 들려오는 확성기 소리가 고작이었다. 마당에서 놀다가도 확성기를 통해 들려오는

1 A. 히틀러, 이명성 옮김, 『나의 투쟁(Mein Kampf)』, 홍신문화사

음악 선율에 나도 모르게 동작을 멈추고 음악을 듣곤 했다. 초등학교 들어가기 전 1950년대 후반의 일이다. 그때는 대전시청이 은행동 사거리의 옛 대전상공회의소 자리에 있었고, 그 음악 소리는 아마 시청 직원들의 퇴근시간을 알리는 신호가 아니었을까 추측해 본다.

그때 나온 음악은 10분 내외의 짧은 클래식 소품으로 쇼팽의 〈이별곡〉, 베토벤의 〈엘리제를 위하여〉, 바다르체브스카(Badarzewska)의 〈소녀의 기도〉 등이었다. 지금도 그때 들은 음악을 또렷이 기억하고 있다. 어쩌면 나의 귀가 일찍부터 음악에 대한 예민한 감수성을 지니고 있었는지도 모르겠다. 그 후로 줄곧 음악은 내 삶의 일부이자 일상으로서, 내 인생에서 큰 부분을 차지하게 되었다.

70년대의 어느 날에는 이런 일도 있었다. 지금은 고인이 된, 나보다 열 살 위인 형과 함께 이천의 온천호텔 식당에 갔다. 식사를 주문하고 기다리며 앉아 있었는데, 형이 갑자기 식당 안에 있는 피아노를 향해 걸어가는 거였다. 그러더니 이내 연주를 시작했다. 나는 깜짝 놀랐다. 형이 피아노를 칠 줄 안다고는 생각도 못했기 때문이었다.

평소에 피아노에 대해 말하는 걸 들어본 적도 없었고, 당시로서는 피아노가 아무나 하는 악기도 아니었다. 게다가 군대 제대한 지 얼마 되지 않아 피아노 배울 시간도 없었을 텐데 납득이 안 가는 해프닝이었다. 예술적 재능은 타고나는 것 같다. 형은 타고난 음악 애호가였다. 고전음악을 들으면 언제나 해설서에 줄을 쳐가며 복기를 하는 모습은 내게 큰 영향을 주었다.

변변한 오락은 물론, 오디오 시설이 없던 60년대에 고전음악을 감상할 수 있는 수단은 고작 라디오 방송이 전부였다. 트랜지스터와 주먹만한 건전지를 한 몸통으로 질끈 묶어 놓아 보기는 흉했지만, 손바닥만한 소니 라디오는 음악을 들려주는 나의 콘소울이었다.

매일 저녁 9시가 되면, 하이든의 시계교향곡 2악장을 시그널 뮤직으로 해서 CBS 고전음악방송이 시작되었다. 고전음악방송은 CBS 말고도 VUNC(유엔군 총사령부 방송)에서도 나왔다. 초저녁 7시쯤에 고전음악 소품을 위주로 방송하던 VUNC는 한국전쟁 때 KBS가 적 치하로 넘어가자, 정보 전달 및 선무공작을 위해 동경에서 송출이 시작된 방송이다. 60년대에는 서울에서 일반 방송처럼 음악방송도 하다가 1971년 폐방되었다. 메조소프라노 목소리의 여자 아나운서가 진행하던 그 방송을 지금껏 기억하고 있는 분은 클래식 음악 애호가임에 틀림없고 지금 나이는 60세 이상일 것이다.

당시 두 고전음악방송의 시그널 뮤직은, 모차르트 바이올린협주곡 3번 1악장, 하이든의 현악사중주 종달새 1악장, 브람스 교향곡 1번 4악장 중반부 등이 사용된 걸로 기억한다.

고전음악은 상당히 방대하나, 한국인이 즐겨 듣는 고전음악은 500곡 미만이 아닌가 생각한다. 학교 수업 시간에도 조느라 필기조차 잘 안 했지만, 그날 들은 고전음악의 곡명은 노트에 꼭 적어 놓았다. 그렇다 보니 듣기만 해도 곡명을 알 수 있는 곡이 상당히 많아졌다. 설령 곡명을 몰라도 악풍을 보면 바하, 헨델, 하이든, 모차르트, 베토벤, 슈베르트 등 누구 곡인가는 알 정도가 됐다.

나는 VUNC에 신청곡을 엽서에 적어 보내고 이제나저제나 내 신청곡이 나오기만을 기다리곤 했다. 당시에 내가 다니던 고등학교에서는 매주 캠퍼스 음악감상회가 열렸는데, 학생 해설자가 곡을 선정하고 해설도 하는 식으로 진행되었다. 나도 고2 때는 몇 번 동참하기도 했었다.

그 시절에는 라디오에서 곡명 맞추기 시합도 있었다. 방송국에서 두 명에게 전화를 하고 음악을 들려주고 먼저 맞추는 사람이 승자가 되는 게임이었다. A 마이크, B 마이크로 나누어 먼저 '스톱'을 외쳐 지목된 편이 답을 말하는 식으로 게임은 진행되었다. 아마 기억나는 분들도 있겠다. 나도 한번 출전해 볼까 하는 생각도 있었으나 현실적으로 가당치도 않은 일이었다. 주인아주머니네 내실 탁자에 당당하게 놓인, 당시로서는 귀한 몸인 전화기를 하숙생이 주제넘게 붙들고 앉아 있을 수는 없는 노릇이었다.

하루는 옆방 경범 형이 이동식 전축(속칭 '포터블'이라 불렀다)과 판 한 장을 빌려 왔다. 아마 내가 형을 꼬드겨 가회동 하숙집에서 세운상가까지 걸어가 무거운 '포터블'을 빌려오게 했던 것 같다. 형은 의협심도, 인정도 많았다. 나를 위해 그걸 들고 가회동 고갯길을 올랐을 걸 생각하면 지금도 웃음이 난다.

경범이 형이 빌려온 레코드판은 베토벤의 5번 운명 교향곡이었다. 폭포수처럼 쏟아지며 다가오는 시련을 예고하는 1악장부터, 숨넘어갈 듯한 평온한 2악장, 스멀스멀 다가오는 암울한 운명을 예고하는 듯한 3악장, 운명과 충돌하는 4악장이 끝날 때까지 아무도 말을 하는 사람이 없을 정도로 비좁은 하숙방은 잠시나마 호사스런 음악 감상실이 되었다. 훗날 그날의 감동을 잊지 못해, 오디오에 대한 동경으로 사고 아닌 사고를 치기도 했다.

십수 년이 지난 어느 날, 그날의 잠재된 열망이 폭발한 것이다.

아파트 청약하려고 들어놓은 2백만 원짜리 통장을 해약까지 해가며 나는 마란츠 앰프, 테크닉스 턴테이블, JBL 스피커를 수중에 넣고 말았다. 아마 그때가 80년대 초가 아닌가 싶다.

새로 산 전축은 가회동 하숙방에서 들었던 이동식 전축의 음질과는 비교가 안 될 정도로 환상적이었다. 그러나 사람의 귀는 간사한지라 몇 개월 지나니, JBL 스피커의 쇳소리가 싫어지기 시작했다. 어느 날 청계천 세운상가에서 웃돈을 주고 탄노이 스피커를 영입했다. 그런데 예기치 못한 상황이 발생했다. 스피커가 너무 커서 집에 들여놓으니 집안이 꽉 찬 느낌이었다. 아내도 보기 싫다고 성화였고, 무엇보다 방음이 안 되는 아파트에서 사용하기에는 적합한 물건이 아니었다.

할 수 없이 그걸 산 곳에 다시 가서 웃돈은 포기할 테니 JBL을 돌려 달라고 했다. 그러나 내가 교환한 물건이 선반 위에 놓여 있는 걸 빤히 보면서도 거절을 당했다. 당시 JBL은 거래가 잘 되는 인기 품목이었으나, 내가 교환품으로 받은 탄노이 조립품은 금전적 가치가 낮다는 걸 뒤늦게 알게 되었다.

아무튼 오디오 업계의 부조리에 실망하고 상처받은 그날 이후로 마음을 고쳐먹고, 내 귀를 기기에 맞추는 게 상책이라는 결론에 도달했다. 그러던 30대 초반이 지나고 현실의 격랑 속에서 음악도 내게서 서서히 멀어져 갔다. 그러다 50대 후반이 돼서야 다시 오디오에 관심을 가지려 했으나, 가격이 상상 밖이어서 웬만한 시스템을 갖추려면 한 5천만 원은 족히 필요했다.

음악은 환경과 조화될 때 더욱 빛이 난다. 아침이나 맑은 날에는 장조(major), 흐리고 비 오는 날에는 단조(minor)의 음악이 좋다. 기쁠 때는 고음의 바이올린이, 우울할 때는 첼로음이 잘 어울린다. 해질 무렵에는 왠지 밤을 부르는 듯한 트럼펫의 영롱한 소리가 동조한다.

비 오는 날이나 잔뜩 찌푸린 날 오후에 듣는 음악은 미샤 마이스키(Mischa Maisky)와 마르타 아르헤리치(Martha Argerich)가 연주한 바흐의 〈비올라 다 감바〉, 태양이 내리쬐는 아침 시간에는 베토벤의 전원 교향곡이 어울리고, 석양에는 쇼팽의 피아노 협주곡 1번이나 트럼펫 연주도 황홀하다. 밤이 늦은 시간에는 모차르트의 피아노 소나타 16번 2악장, 심야에는 막스 브루흐(Max Bruch)의 스코틀랜드 환상곡을 들으며 잠을 청하면 제격이다.

주변이 소란한 초저녁에는 팝송을 듣기도 한다. 우리 사춘기 시절에는 주로 외국 팝송에 의지했다. 당시에 유행가는 좀 천한 것으로 여기던 시대사조가 있었고, 실제로도 한국 유행가는 음악성이 좀 모자란 측면도 있었다. 그런 배경에서 엘비스 프레슬리, 비틀즈 등의 음악은 당시로서는 파격이었다. 다양한 리듬에 클래식 버금가는 멜로디에 연주 실력까지. 요즘 들어도 전혀 촌스럽지 않은 명곡이다. 아니 오히려 요즘 젊은이들 취향에 맞추려고 기획사가 해외 작곡가에게 의뢰해 만든 국적 불명의 음악보다는 훨씬 훌륭하다고 생각한다.

남자들 취미 중에 가장 돈이 많이 드는 순서는 자동차, 오디오, 카메라 순이다. 요즘은 요트를 갖고 있는 사람도 많아지고 있다. 자동차는 이동수단에 지나지 않는다는 게 나의 생각이지만, 경우에 따라서는 다분히 남에게 보이려는 치장물이 되기도 한다. 사실 분수에 넘칠 정도로 좋은 차를 타는 사람은 어김없이 상실감이 많은 사람들인 것 같다. 오디오는 젊은 날 세운상가에서 사기당인 상처가 있고 한번 빠져들면 돈 먹는 하마가 될 것이 분명해 기기에 귀를 맞춰 들으며 살려 한다.

2008년 여름, 오스트리아 잘츠부르크를 방문했을 때는 여름음악축제가 한창이었다. 시내가 한국의 명동 거리처럼 사람으로 들끓었다. 이제 음악에 대한 나의 마지막 꿈은 오스트리아 빈이나, 잘츠부르크에서 한 달 정도 체류하며 음악여행을 하는 것이다.

잘츠부르크의 도나우 강이 내려다보이는 카페 2층, 수박색의 가로 무늬가 쳐진 파라솔 아래 앉아 필젠 맥주를 마시거나, 비엔나 커피를 마시며, 눈 녹아내린 도나우 강의 거품 낀 연두색 물결을 바라보는 날을 상상해 본다.

책은 나이 들어가면서 부족한 시력 때문에 점차 읽기 어려워지나 음악은 그런 제한이 없어 참 좋다. 기쁠 때나 외로울 때나 우울할 때나 음악은 항상 내 영원한 친구요, 안식처다. 내세의 구원은 종교에 있으나 현세의 구원은 취미에 있다고 생각하는 삼월의 봄비 오는 날 오후다.

죽음과 참회

영구차가 벽제 화장장에 도착하자 제복을 입은 경비원이 거수경례를 한다. 고인에게 바치는 마지막 인사다. 실내로 들어가자, 상복을 입은 사람들이 분주히 왔다 갔다 하고, 여기저기서 곡소리, 그리고 흐느끼는 소리가 들려 왔다. 소각로 문이 열리며 가족들의 오열 속에 시뻘건 노속으로 관이 입수되자 수직으로 세워지더니 이내 불에 타기 시작했다.

얼마나 시간이 흘렀을까. 다시 소각로 앞으로 가족들이 모였다. 입에 마스크를 쓴 직원이 대면하는 창 너머로 유골을 내보인다. 뼈 몇 조각에 한 줌의 재가루가 전부이다. 순간에 터져 나온 울음도 잠시, 깊은 침묵이 흘렀다. 기가 막혀 울음도 나오지 않았다. 나 역시 처음 보는 화장장의 경험인 데다 누이의 유골을 보자, 화장 후 재로 돌아간 육신의 변화를 목격하며 죽음에 완전히 압도당해 숨이 멎을 것 같았다. 잠시 후 주위를 돌아보면서 내가 살아 있는 사람들 속에 서 있다는 사실을 발견하는 데는 몇 시간 같은 몇 초가 흐른 후였다.

주검이 한 줌의 재로 대체되어, 살아 있는 자에게 마지막 장면으로 기억되는 화장은 너무 직설적이었다. 차라리 시신을 땅에 매장하면서 이별하는 것이 낫다는 생각도 들었다. 하지만 설령 매장을 했다 하더라도 시간이 흐르면 풍화되어 흙이 되기는 마찬가지일 테지만 그 과정이 그렇게 빠른 시간에 이루어지는 게 화장이라는 사실이 놀라울 뿐이었다. 내 나이 40대 후반에 처음 목격한 화장장의 경험은 죽음의 의미를 재인식하는 계기로 다가왔다. 화장장에서 6개월만 근무하면 인생관이 바뀐다는 말도 수긍이 갔다.

나의 가족 중에, 생전에 내가 본 적이 있는 할머니, 어머니, 아버지는 순서대로 삼사십여 년 전, 그리고 형과 누이가 10년 전후에 유명을 달리해 이제 열 식구 중 세상에 남은 가족은 다섯 명이다.

우리 생애에 오직 확실한 한 가지는 시차가 있을지언정 누구나 죽어야 할 운명에 처해 있다는 것이다. 죽음이 두렵지 않는 인생은 없다. 죽었다 살아난 사람의 얘기를 들어보면 죽는 순간에는 무의식 상태가 되어 평안함을 느끼고, 오히려 살려는 의식이 생겨날 때 극심한 고통이 찾아온다고 한다.

죽음을 준비하는 일은 삶을 계획하는 일과 상통한다. 그것은 지난날을 되돌아보고 남아 있는 날에 대한 설계이기 때문이다. 나에게 지난날들은 무엇이었나? 불경했던 삶에 대한 반성과 회한투성이다.

우선 부모님을 잘 모시지 못해 일찍이 저세상으로 보낸 죄, 병상에서 고통 받는 형제들을 바쁘다는 핑계로 잘 보살피지 못한 죄, 아들의 장래를 잘 인도하고 개척해 주지 못한 죄, 자식들에게 보다 많은 사랑을 베풀지 못하고 무심했던 죄, 아내에게 보다 많은 관심을 주지 못한 날들의 죄, 나에게 봉급 주는 존재인 학생들을 좀 더 사랑하지 않은 죄, 나에게 잘못한 이웃을 사랑하지 않고 증오한 죄, 봉록만 취하고 직장에 상응하는 기여를 하지 못한 죄, 불우이웃을 돕다 돌연 중단한 몰인정의 죄, 청탁을 전부 거절하지 못하고 때로는 인정상 일부는 들어준 불공정의 죄, 기업인들과 공짜 골프 치고 밥 얻어먹은 죄, 학계에 대한 무관심이 빚은 대학 스승들과 소원(疎遠)함의 죄, 눈길에 쓰러진 노인을 보고 119에 전화만 해주고 말려들까 봐 현장을 외면한 죄, 돈을 빌리러 온 친구를 박절하게 돌려보낸 죄, 아직도 죽지 않은 탐심의 죄, 싫어하는 사람을 욕해대는 몰인격의 죄…….

기독교에서는 죄의 삯이 죽음이라 한다. 뒤집어 말하면 죽음을 피할 수 없는 사람에게는 죄가 있다는 말이다. 인간에게 죄의 문제 해결은 가장 내밀하고도 절실한 일이지만 죄에 대해 말하는 사람은 많지 않다. 하물며 성직자들조차 죄의 문제를 말하면 성도들이 싫어해서 설교와 강론은 축복 쪽으로 흐를 수밖에 없다는 원로 종교인의 고백을 들은 바 있다.

죄는 참으로 무거운 것이라, 내 몸의 무게가 죄의 무게가 아닌가 싶다. 나의 무게가 소멸되는 날에는 나의 죄도 하늘로 날아갈 것이다. 회개가 쉽지 않은 이유는 죄를 인정하기 싫어서가 아니다. 참회하고 나서 또다시 짓게 되는 습관적 범죄 후에 찾아올 자괴감과 실망감이 더욱 참기 어려운 고통이기 때문이다.

그럼에도 불구하고 내가 청소년기에 자진 입교한 천주교에서 신부님께 죄를 고백하는 고해성사는 나로서는 인정하기 어려운 제도였고, 그만 저항의 대상이 되고 말았다. 신의 존재를 알게 하고 인도하는 성직자의 필요성은 인정할 수 있으나, 나와 하느님 사이의 중보자로서 예수 이외의 다른 중재자가 있다는 사실을 받아들이는 데는 거부감이 있었다. 내가 훗날 신교로 돌아선 이유는 그 때문이다.

천주교·기독교 신자라면 십자가 밑에 죄를 쌓아 놓았을 것이고, 불교 신자라면 부처님의 미소 속에 죄를 감추고 있을 테고, 신앙이 없는 사람들은 가슴속 깊은 곳에 죄를 덮어 놓고 있을 것이다. 죄의 문제는 각자 신념대로 해결을 보거나 방치하거나 간과할 것이다. 차라리 죄의식이 없는 사람은 오늘도 아무런 의식이 없이 나날을 즐기며 살 수 있을 것이니 인간적으로 부럽다.

지난 3주간 거의 매주 문상(問喪) 갈 일이 있었다. 역시 우리는 죽음을 생활 속에 끼고 사는 모양새다. 이제 도락(道樂)을 위한 모임에는 잘 나가지 않는 까닭에, 나의 사회적 활동은 문상을 포함하는 애경사가 전부인 것이다.

나는 이제 60세가 조금 넘었다. 지금 나에게 필요한 것은, 돈도 명예도 권력도 아니고, 지난날 내가 생각과 말과 행위로 지은 죄를 뉘우치는 것이다. 나의 참회는 신(神)께 하는 종교적 회개와 더불어, 한편으로는 나 자신에 대해 나에게 하는 반성인 것이다. 지난날의 잘못을 뉘우치지 않으면 앞으로 남은 나의 생(生)은 의미가 없고, 여기 써넣은 글도 공허한 문자에 불과할 것이라.

인간은 의지와 욕망이 생겨나는 나이부터 죄를 쌓아 가며 살게 되는바, 여기에 무의식 속에서 저지르는 종교적인 죄까지 더하면, 그 무게가 천근만근이요, 넓이로는 운동장 같으리라. 그렇지만 실상(實狀) 인간적인 죄를 쌓아 얻는 이익은, 그렇지 않고 사는 정대

(正大)함의 열락(悅樂)에 비추어 대단한 것이 못 되고, 참으로 입에 담을 수 없을 정도로 부끄럽고 보잘것없는 것이리라. 감각을 기쁘게 하는 말초적 행복, 별 도움도 안 되는 하찮은 소유의 쾌감은 적대감과 투쟁으로 얻은 한순간이 지나면 비난과 핍박이 뒤따르는 짧은 명예와 권력의 만족 정도일 것이다.

진정으로 죄로써 얻는 것은 진한 수치와 치욕뿐이다. 죄가 사람을 살렸다는 말을 들어본 적이 없으니, 살기 위해 죄를 짓는 것이 아니라, 필시 죽기 위해 죄를 짓는 것이 아니고 무엇일까? 죄는 소멸하는 것에 대한 부질없는 집착 이외에 아무것도 아니다.

"나는 나의 선과 나의 악 사이에서 얼마나 시달렸던가!"[1]

그러므로 나에게는 참회가 필요하고 그것도 들뜬 기분에서가 아니라 대단히 담담함 속에서 이루어져야 유효한 것이리라. 구악을 제거하고 신악이 생기지 않도록 견제하여 하루하루 몸과 마음을 정결하게 하여 언제나 죽음 앞으로 나아갈 태세를 갖추어야 한다.

아우구스티누스, 루소, 톨스토이 같은 성인들의 포괄적이 아닌 개별적인 방대한 참회와 고백은 감히 흉내 내서도 안 될 것이기에, 우선 나는 나의 삶에 대한 고작 한 쪽짜리의 반성문이라도 쓰고 뉘우침이 있어야 할 것이리라!

게다가 인간이 짓는 죄의 뿌리는 그 깊이가 워낙 깊어 죽는 날까지 매일 참회하지 않으면, 죄가 그만 슬그머니 머리를 쳐들고

1 프리드리히 니체, 장희창 옮김, 『차라트스트라는 이렇게 말했다』, 민음사, 2004.

밖으로 뛰쳐나올 것이다. 생명의 길이에 비례하여 우리의 죄는 더 많이 쌓여만 간다. 어떤 때는 숨을 쉬는 것도 죄를 짓는 것이 아닌가 하는 생각까지 든다. 그날까지 죄의 무게를 조금이라도 감량하며 살아가야 한다.

깨우치고 뉘우치며 새롭게 태어나는 자아는 멀었던 눈을 뜨고, 들리지 않는 소리를 들으니 광명의 천지요, 환희와 평안의 세계다. 죽기 전에, 아무도 읽지 않아도 좋을 넉넉한 분량의 참회록의 집필을 꿈꾸며…….

노스캐롤라이나의 기억

컴퓨터 문서함을 정리하다, 우연히 영어로 시작하는 이메일 복사본이 발견됐다. 한글문서 중에 유독 영어로 쓴 것이어서 내 눈에 쉽게 띄었나 보다. Liz(Elizabeth)가 내게 보낸 것으로 서두가 "You are not forgotten(당신을 잊지 않고 있어요)."으로 시작되는 이메일이었다.

Liz는 내가 미국에서 객원교수로 있을 때 알게 된 미국인 여성이다. 처음 그녀는 검정색 정장에 빨강색 스웨터를 받쳐 입고, 가쁜 숨을 몰아쉬며 4층에 있는 내 사무실 문을 노크했다. 키는 작았고, 나이는 나보다 몇 살쯤 많아 보였다. 그녀의 정장 차림은 그 후로는 보지 못했으니, 동양에서 온 이방인인 나와의 첫 만남에 예를 갖추려 한 것 같았다.

그녀의 성은 O'Sullivan이다. 그녀를 통해 O'로 시작하는 성씨는 아일랜드계 사람이란 얘기도 들었다. 19세기 중반 아일랜드의 감자 대기근을 피해 수많은 아일랜드인들이 신대륙으로 이주할 때, 그녀의 조상도 미국으로 건너왔을 것이다.

척박한 토지 탓에 잘 못 먹고 살아 그런지는 알 수 없으나, 아일랜드계는 키가 작고 생활력이 강하다. 녹색 커튼을 찢어 만든 드레스를 입고, 엉뚱한 남자 '레트'를 만나러 가는 『바람과 함께 사라지다』의 억척스러운 여인 Scarlet O'hara도 O'로 시작하는 성씨로 보아 조상이 아일랜드계임에 분명하다. 비록 소설 속의 인명이지만.

그녀는 노스캐롤라이나 주립대학의 교수이고, 그녀의 남편은 주 상원의원이라니, 미국에서도 상류층 인사들이다. 그녀가 날 찾아온 것은, 해외에서 온 객원교수와 문화 교류를 원하는 교내 인사를 연결해 주는 프로그램에 의해서였다.

미국 교포들의 삶을 보면 대부분이 거기에서도 한국인끼리 어울리려 한다. 그러나 나는 가급적 미국인들과 어울려 지내려 했다. 한국에서의 살림을 정리하고 사춘기 자식들까지 대동한 희생적인 미국 방문인데, 한국 교포 속에서 살다 가면 무의미한 미국 체류가 될 것이란 이유에서다.

미국인이 생각하는 친구의 기준, 미국인의 생활방식 등에 대한 설명을 그녀로부터 들었다. 친구라면 적어도 한 달에 한 번은 연락을 해야 하며, 외국으로 장기 출타 시에는 반드시 연락을 하고 가야 한다는 것 등에서, 그녀의 편지 서두가 "You are not forgotten."으로 시작되는 이유를 알 것 같았다.

그녀의 남편은 1972년 한국에 와서 국회를 방문했었고 김대중 씨도 만난 적이 있다고 했다. 그해는 10월 유신이 있던 해이니 그가 한국을 방문한 것은 10월 이전이 아닌가 추측도 해봤다.

미국 체류 기간 동안 그의 집에도 놀러가고, 나와 그녀, 그리고 그녀의 남편과 셋이서 하이킹도 하고, 우리 가족과 같이 식사도 하며 지냈다. 내가 영어가 서툴러 미안하다고 하자, 그녀는 정색을 하며 말했다. "당신은 지금 외국어를 하고 있으나, 나는 한국말을 전혀 모르니 당신이 훨씬 낫다"는 것이다. 역시 지성인다운 말이다.

미국도 국회의원이 끗발이 있는지 내가 좋아하는 공짜 음악회 표가 자주 생기는 모양이었다. 그들 부부는 음악을 별로 안 좋아해, 만날 때는 늘 음악회 표를 가지고 나왔다. 못 만날 때는 집 우체통에 넣어 둘 테니 가져가라고 했다.

한 번은 그녀가 준 음악회 표를 가지고 교향악단 연주회에 갔다. 공연장의 청중은 빨강파랑 원색의 옷을 곱게 차려입은 할머니와 할아버지들이 대부분이었다. 공연이 시작되기 직전까지 내 옆자리가 비어 있었다. 나는 동행한 아들과 바짝 붙어 앉는 게 답답해서 옆의 빈자리로 옮겨 앉았다. 그런데 공연 시작 직전에 한 남자가 나타나더니, "Did you warm it for me?(나를 위해 자리를 덥혀 놓았느냐?)"라고 했다. 뒤늦게 온 주제에 군말 없이 앉지 않고, 기어이 한마디 한 거다. 곱씹어 볼 그 녀석의 말에 위트는 있으나 좀 싸가지 없다는 생각이 들었다. 그 사이 연주회는 빠르고 경쾌한 모차르트의 〈피가로의 결혼〉 서곡으로 시작되었다. 이어서 연주된 곡목은 오래되어 생각이 잘 나지 않으나 금관악기는 역시 소리통이 큰 서양인이 월등히 잘하는 것 같다는 기억만이 남아 있다.

미국을 여행하며 느낀 점은 인종 차별이 여전히 존재한다는 것이다. 음악회의 그 '싸가지' 녀석도 유색 인종 주제에 무슨 음악회? 아마 이런 비아냥거림이 그의 말 속에 숨어 있었을 것이다. 식당에 가도 흑인이나 동양인에게는 항상 출입자들로 번잡한 식당 입구의 자리를 준다든지, 비행기 좌석은 대개 제일 뒷자리를 배정한다든지 등등, 이런 현상은 버지니아를 경계로 해서 남북전쟁 당시 노예제를 주장하던 남부 지역으로 갈수록 더욱 자주 경험한다.

또한 미국 남부로 갈수록 동네는 초라해도 교회만큼은 석조 건물로 잘 지어 놓은 모습이 눈에 많이 띄었다. 어디든 제일 좋은 건물은 교회이니, 신앙심의 징표로 해석해도 될까? 노스캐롤라이나 주의 주도인 랄리(Raleigh)에는 술집이 없고, 술은 시에서 지정한 한 곳에서만 살 수 있다. 한국에서는 상상도 못 할 정도로 기독교의 영향이 강한 곳이다. 그럼에도 남부 사람들이 비인도적인 노예제를 지키려다 전쟁까지 치렀으니, 신앙심보다는 역시 생존이 우선이란 착잡한 심경도 스쳐 지나간다.

한 번은 이런 일도 있었다. 일주일 만에 집으로 돌아가는 길에 겪은 일이다. 두 시간여 만에 도착하리라 예상하고, 시카고 오헤어 공항에서 노스캐롤라이나 랄리 더럼(Raleigh-Durham) 공항으로 출발하는 비행기를 탔다.

그날 나는 가방을 질질 끌고 가까스로 게이트를 찾아 비행기에 탑승했다. 안전벨트를 매고 이륙을 기다리고 있는데, 조그맣게 안내방송이 들렸다. 게이트가 변경 되었으니 미안하지만, 다른 비행기로 옮겨 타라는 거였다. 역시 항공사 UA는 알아 줘야 한다! 모두다 선반에 넣은 짐을 꺼내느라 기내는 북새통이 되었다. 어쩐지 예감이 안 좋았다. 한국 같았으면 큰 목소리와 욕설도 나왔겠건만 아무도 그런 말을 하는 사람은 없었다. 한참을 걸어가 다른 비행기로 갈아탔다.

비행기 창 넘어 지상을 내려다보니 어디를 지나는지 불빛이 명멸한다. 한 삼사십 분쯤 갔을까. 창밖에 빗방울이 맺힌다. 구름 속으로 들어가 지상의 불빛도 이제 보이질 않는다. 국내선 비행기라고도를 낮게 날아 그러려니 했다.

그런데 아무래도 이상했다. 시카고에서 두 시간 정도 걸리므로 서서히 착륙 준비를 해야 하는데, 그럴 기미가 안 보였다. 잠시 후 기내 방송이 나왔다. 폭설로 랄리 더럼 공항이 폐쇄되어 인근의 테네시 주 내쉬빌에 비행기가 도착할 예정이란다. 갑작스런 소식에 조용하던 기내가 술렁이기 시작했다.

나는 처음 당하는 일이라 앞으로 닥칠 일이 불안해지기 시작했다. 기내 사람들이 계속 웅성거리는데, 옆자리에 앉은 백인 청년이 나의 불안한 몸짓을 읽었는지, 도움이 필요하냐고 말을 걸어 왔다. 내가 경험한 미국인은 돈이 안 들거나, 큰 수고가 안 되는 일에 국한해 언제나 적극적으로 남을 도우려는 자세를 보였다. 하지만 그 상황에서 내가 그 청년으로부터 받을 수 있는 도움은 없었다.

내쉬빌 공항에 도착하자 비행기에서 내린 사람들이 우르르 몰려가기 시작했다. 나도 무조건 따라갔다. 기다리고 있는 버스에 모두 올라탔다. 분명히 비행기 탑승자는 한 100여 명이었는데 어디론가 가버리고 버스에 탄 사람은 한 30명 남짓한 것 같았다. 아마 행선지를 변경해 다른 도시로 갔다고 생각했다. 그러나 나는 집 외에 갈 곳이 없지 않은가?

미국 국내선 비행기는 두 가지 특징이 있다. 우선 비행기표 값이 비싸다. 그래서인지 탑승자는 유색인종이 별로 없고 거의 백인인 게 두 번째 특징이다. 동양인과 흑인이 타면 특별히 주문하지 않으면 제일 뒷자리를 배정하는 경우가 많다. 그날 버스에는 한국인이 네 명이나 타고 있었으나 비행기에서는 아마 뒷자리를 배정받아 안 보였던 모양이다.

버스가 어느 모텔에 도착했다. 로비에서 비행사 직원인가 하는 사람이 방 열쇠를 나누어 주었다. 그리고 내일 아침 여기로 다시 모이란다. 불안감 속에 뒤척이며 첫 밤을 보냈다. 아침이 돼 TV 뉴스를 보니 여전히 폭설로 인해 공항 폐쇄가 계속되고 있다는 소식이다. 그래도 희망을 가지고 다시 내쉬빌 공항으로 가는 버스를 타고, 공항 카운터에서 수속을 하는데 오늘도 비행기가 못 뜬단다. 역시 한국에서처럼 소리 지르고 항의하는 사람은 없었다. 모두 군말 없이 돌아서는데, 우리 한국인 다섯 명은 갈 데가 없어 다시 그 모텔로 가야 했다. 모텔에 도착하니 전날처럼 방 열쇠를 나누어 주었다. 미국 사람은 이번에도 또 다른 곳으로 가버렸는지, 사람이 반으로 줄어 10여 명이 되었다.

사실 차를 빌려 육로로 갈까 하는 생각도 했으나, 비행장이 폐쇄된 마당에 도로가 온전할 리가 없어 포기하고, 하루 더 기다리기로 했다. 항공사에서 대기 승객에게 숙소는 제공했으나 식사는 제공하지 않았다. 이에 대해 항의하는 사람이 아무도 없는 가운데, 언제나 따지기 좋아하는 내가 식사 문제에 대해 항공사 직원에게 묻자, 식사는 각자 해결해야 한단다. 왜냐고 물으니 비행기가 정상 도착했어도 식사는 네 돈으로 사먹지 않느냐며 그가 오히려 뻔뻔하게 말한다. 그것도 일리는 있어 더 이상 항의는 안 했다.

이제는 어쩔 수 없이 생각을 바꾸어 내쉬빌 구경이나 하기로 했다. 비로소 한국인끼리 인사도 했다. k대 교수와 장모, 하이닉스 연구원 두 명, 그리고 나. 다섯 명이 불시착 가족이 됐다. 차를 빌려 시내관광에 나섰다. 내쉬빌은 한국에 잘 알려지지 않은 도시답게 볼 게 거의 없었으나, Opry resort는 볼만했다. 어마어마한 크기의 돔으로 이루어진 천장 아래 식물원, 수로에 떠다니는 유람선, 호텔, 컨벤션센터는 대단했다. 그렇게 큰 실내 도시는 난생 처음 봤다. 인근에 엘비스의 고향인 멤피스가 있어서인지, 시내 도처에 기타를 짊어진 그의 모습을 이미지화한 네온사인이 많았다.

다음날도 아침부터 공항으로 갔으나 오늘도 못 간단다. 다시 모텔로 돌아오니, 이제 비행기 타려고 남은 사람은 한국인 다섯 명 외에, 미국인은 하나도 없었다. 하루 시내관광 후 별로 볼 것도 없거니와, 그런 기분도 아니어서 우리는 창살 없는 감옥처럼 모텔방에서 책이나 보며 뒹굴고, 모텔 주변을 서성이며 시간을 보냈다. 매일 아침 짐을 꾸리고, 다시 풀고 하는 곤욕을 치르며, 3일 밤을 거기서 잤다. 그러다 공항 폐쇄가 해제된 4일 만에 내쉬빌을 출발했다.

내가 소속된 교회에서는 비상이 걸렸다. 이제나저제나 내가 오기를 기다리며 교회 중형버스를 대기시켜 놓고 있었단다. 공항에 내리니 목사님 부부가 나를 반갑게 맞이해 주었다. 희귀한 체험이 끝나는 순간이다. 어찌나 눈이 많이 왔는지, 집 앞의 길이 터널 같았다. 아이들이 아파트 페티오에서 나를 반기며 손을 흔들었다.

내가 귀국한 2년 뒤, 2002 한일월드컵 무렵 Liz에게서 연락이 왔다. 자신이 일본과 한국을 여행하려 하는데 사정이 어떤가 물었다. 사실 내가 그녀에게 숙소를 제공할 처지가 못 되었고, 당시는 월드컵 기간 중이라 호텔 잡기도 쉽지 않을 것이라고 회신해 주었는데, 그것을 끝으로 더 이상의 연락은 없었다. 메일함 정리를 계기로, 뜬금없이 회상해 본 노스캐롤라이나의 추억이다.

m.g.

군대 가던 날, 부대에서 강제로 머리를 깎이는 게 싫어서 나는 미리 머리를 삭발 수준으로 깎고 들어갔다. 그러나 장발 차림으로 온 청년들은 중대 앞 연병장에서 이발병이 삭발을 해주었다. 긴 머리가 싹둑 잘려나갈 때, 아직 민간인 복장인 청년의 눈에서 닭똥 같은 눈물이 흘러내렸다. 어떤 사람은 헤죽헤죽 웃음으로 삭발의 슬픔을 위장하기도 했다.

훈련소에서는 배추 한 잎 둥둥 떠 있는 멀건 된장국에 쌀보다 검정색의 보리가 많은 보리밥, 그리고 고춧가루 묻힌 단무지가 식사의 전부였다. 국력이 약했던 시절의 국군이니 어쩔 수가 없었다. 하루 이틀 거의 먹지 못하다가, 며칠 지나고 나서야 다들 그릇을 싹싹 비우기 시작했다. 먹지 않고는 훈련을 감당할 수 없으니, 얼마 지나서는 불만도 없었다. 고속 경제성장 시대였으므로, 이후 군내 급식은 급속도로 향상되어 제대할 때쯤인 70년대 중반에는 그런대로 먹을 만한 식사가 나왔다고 기억한다.

그런 영향 상태에서도 조물주가 심어 준 종의 번식 의지는 확고해, 3주쯤 지나자 맹물뿐인 슬픈 몽정을 했다. 눈물이 핑 돌 정도로 그 때의 충격은 내 생에 잊을 수가 없다. 누구나 하는 애 낳는 일이지만 결코 쉬운 일이 아니듯이, 군대 역시 쉬운 곳이 아니었다. 자식을 군대 안 보낸 대통령 후보가 두 번 떨어지는 걸 보고서 어쩔 수 없는 일이라고 생각했다. 군대는 그만큼 힘든 곳이니, 그의 낙선은 희생을 외면한 자식을 방치한 응보였다.

자유가 철저히 제한되는 고통스런 군대에서 나보다 오래 생활한 사람에게는 존경과 경의를 표할 만하다. 그러나 그게 그만 권력화되어 선임이 되면 막강한 세도를 부린다. 일단 후임병을 억압할 권리가 생기는 것이다.

군대의 집합은 공포 그 자체다. 선임의 집합명령은 대개 공적이 아닌, 사적 명령으로 야간에 공적 권력의 감시가 소홀한 틈을 타 발생한다. 일단 모이면 선임의 일장 훈시가 있고, 곧이어 체벌이 뒤따른다. 대개는 곡괭이 자루 혹은 철근을 구부려 만든 탄 꼬챙이로 엎드려 있는 후임병의 허벅지 뒷부분을 5~10회 정도 강렬한 힘으로 가격하는 것이다. 집합이 끝나고 나면 허벅지에 피멍이 들거나, 철근 자국이 나고 피가 흘러내리는 경우도 다반사다. 어떤 때는 바로 아래 선임이 다시 집합을 시켜 같은 짓을 또 한다. 그게 소위 말하는 연쇄반응이다. 그러다 보면 제일 말단 졸병은 거의 초죽음이 되는 게 1970년대 초 군내무반 모습이었다.

그렇지만 군대는 짠밥순이다. 구두닦이 출신도 군대에서는 선임이 될 수 있는, 오로지 근무기간만 따지는 매우 공평한 사회다. 고병장이 제대한 후, '김○○' 상병이 내무반 최고선임이 됐다. '김상병'으로 정권(?)이 교체된 것이다. 그는 매우 잔인한 사람이었다. 체벌용 흉기가 곡괭이 자루에서 탄 꼬챙이 즉, 철근 막대기로 바뀐 것도 그의 치하에서다.

그러나 그가 내무반원을 집합시켜 잔혹행위를 할 때는 이상하게도 내가 외출하거나 보초 서러 나가고 없을 때였다. 하루는 그가 나를 호출했다. 놀란 가슴을 쓸어안고 그에게 갔는데, 그의 말은 의외였다. '송일병'은 세상의 모든 고독이 담겨 있는 눈빛이라 차마 때릴 수가 없었다는 거다. 안도는 했으나, 그토록 잔인한 사람의 가슴속에게도 그런 감정이 숨어 있었다는 게 놀라웠다.

군대시절 생각만 하면 'm.g.'가 떠오른다.

'm.g.'는 내가 입대하기 직전에 만나던, 세종대의 전신인 수도여자사범대학 학생이었다. 내가 갑자기 군에 입대하게 되었다고 말하는 순간에도, 그녀는 별다른 표정이 없었다. 입대 전 마지막 만나던 날(결국 내 인생에서 그녀를 본 마지막 날이 되었다), 그녀가 헤어지면서 무슨 글자 모양의 금색 배지를 내게 내밀었다. 그게 뭐냐고 물으니 자신의 아버지가 쓰던 어느 단체의 금배지란다. 나는 반신반의하면서 그녀와 헤어진 종로3가 부근의 금은방에 가서 물어보니 정말 금이라고 했다. 그걸 2만 원 받고 팔아, 친구들과 입대 환송 막걸리 사먹는 데 보탰다. 그녀가 왜 그런 금품을 내게 주었는지 그 의미조차 모르는 철 없던 시절의 일이다.

키는 중간이고, 맑은 피부에, 다소곳하고 말수가 적은 그녀는 현모양처 스타일의 여자였다. 지금 생각해 보니, 그녀는 현재 나의 아내와 비슷한 느낌을 주는 여자였던 것 같다. 입대 후 'm.g.'에게서 답장이 왔다. 자신이 내게 해줄 수 있는 말이 여전히 없다는 거였다. 우리는 그만큼 정분을 나눈 사이가 아니었으니 예견된 일이지만, 군대에 잡혀 있는 동안 사회에 여자 하나쯤은 남겨두고 싶어

했던 나의 이기심을 알고 있기라도 한 듯한 답장이었다.

'm.g.'는 지금 어디서, 어떻게 살고 있을까.

그때 내가 받은 금배지도 돌려줘야 하는데…….

나의 진로와 전공

인생은 좋아하는 것을 추구하는 과정인 듯하지만, 실상은 그렇지만도 않은 것 같다. 대부분의 사람들은 싫어하는 것을 피해 가는 결과로 빚어진 길을 살아가는지도 모른다. 자신이 좋아하는 일을 직업으로 삼는 것이 가장 좋으나, 그런 사람이 많지는 않은 것 같다. 금전적 보상과 사회적 위상을 의식하여 직업을 선택하기 때문일 것이다. 그건 자기 기만이고, 현실 타협이지만 우리네 현실의 모습은 그렇다. 자신이 인생에서 추구하는 가치를 자신의 직업에서 발견하지 못하는 것은 안타까운 일이다.

요즘은 의과대학 들어가기가 제일 어렵다고 하나, 60년대 말 70년대 초만 해도 의대의 인기는 지금만 못해 요즘처럼 입학이 어렵지 않았다. 의대 진학하면 예과, 본과, 수련의, 군대 합쳐 십여 년 동안은 돈을 벌 수 없으니, 언제 부모님 봉양하고 동생들 학비 대랴! 먹고살기 힘들었던 당시 시대 상황의 반영이었다.

나는 부모님 부양할 처지는 아니었으나, 사람의 생명을 책임지는 숭고한 직업인 의사 짓을 할 자신은 없었다. 사람의 목숨이 하늘에 있다지만, 내 손을 거쳐 간 환자의 죽음을 목도할 때 발생할, 근거 없는 죄의식은 고문이요, 고통일 거라 상상했다. 그러다 보니 공대를 선택하게 되었다.

처음에는 사회 여론 형성을 선도하는 신문기자 같은 언론인이 희망이었다. 하지만 기자는 초년에 몸으로 때워야 하는 직업인지라, 신체가 허약해 지금도 하루 10시간은 자야 피곤이 풀리는 내 체력으로는 불가능한 일이었다. 아마 내가 못 가본 길에 대한 회한을 풀기 위해 지금도 새벽부터 아이패드로 이렇게 글을 쓰고 있는가 보다.

나는 전공 탓에 늘 머리에서 발끝까지 온통 흙먼지투성이였다. 콧구멍에서도, 입에서도 모래 가루가 아삭거릴 정도였다. 그렇게 노동자처럼 실험이 끝난 2년 후 나는 박사학위를 받았다. 나는 본래 재료공학과에 입학했으나, 군에서 제대한 후 전공을 바꾸어 토목공학을 전공했고, 그 중서에도 흙이 내 전문 분야다. 더럽다는 뜻의 'dirty'는 먼지나 흙을 의미라는 'dirt'에서 나온 말이다. 생존을 위해 택한 나의 전공은 더러운(?) 흙을 만지는 것이다.

나를 평생 먹여 살린 전공이지만, 솔직히 말해 나는 흙을 만지는 게 싫었고, 그걸 가지고 연구하는 것도 싫었다. 이리저리 피하다 결국, 흙구덩이 속에 빠져 있으니 내 인생도 참 아이러니하다.

실제로 대학을 졸업하고 공사현장에 나가 가장 애를 먹는 분야는 지반 분야였다. 특히 도심 지하굴착공사는 주변 건물의 침하 균열이 심해지면 건물 붕괴까지도 가져온다. 이럴 경우 민원인과 분쟁이 생기기 일쑤고, 분쟁에서 우위를 점하기 위해서는 보다 많은 지식이 필요했다. 한편으로는 매일 민원에 시달리는 이 골치 아픈 현장에서 벗어나고 싶기도 했다.

이런 목적으로 대학원 진학과 함께 나의 전공이 된 지반공학은 나의 30대 운명 변화의 서막이었다. 이렇게 선택한 전공이 한 평생의 업이 될 줄은 이미 짐작은 했으나, 학위를 마치고 대학으로 오면서 끝내 전공 혐오라는 문제를 안고 대학교수로서의 생활이 시작되었다.

이 세상의 흙은 그 위치마다 성질이 조금씩 다르다. 그걸 모형화해서 이론을 만들고 어쩌고 하지만 이론은 이론에 그칠 뿐 하나도 맞는 게 없는 것이 흙이다. 흙은 요물이다. 나의 전공 지반공학은 천태만상이요, 개별성과 균질성조차 보장이 안 되는 흙을 이상화한 학문이다.

나는 부정확한 것을 무척 싫어하지만, 이론의 실제 적용에는 말할 수 없이 큰 오류와 편차가 있다. 지반공학은 그 때문에 이론식보다 경험식이 대접받는 학문 분야이기도 하다. 흙 전공 30년이지만 어떤 것은 고졸 작업반장의 경험을 못 따라 가는 게 이 분야다. 교수는 계산으로 알지만, 그들은 직관으로 아는 경험이 있다.

우리 대학은 교수 임용시 공정성을 확보하기 위해 타과 교수의 입회 아래 실시하는 논문 공개발표 제도를 운영하고 있었다. 내가 논문을 발표하던 날, 참가했던 물리학과 교수가 발표 도중에 몇 마디 질문을 하더니 도중에 퇴장해 버렸다. 뒷날 들리는 소문은 '토목공학은 그렇게 엉터리 학문이냐?'고 했더란다. 타 분야 전공자, 특히 물리학처럼 정밀성을 요구하는 학문에 종사하는 사람들은 그런 생각을 할 수 있다. 토목공학 중에 지반공학은 분야에 따라, 편차가 100% 이상인 경우도 허다하니 학문도 아니라고 본 것이나, 이는 흙이 표준화될 수 없는 물질이라는 사실을 간과한 오판이다. 계산상 안전하다고 본 사면이 붕괴하여 죽은 일본의 학자 얘기도 있고, 한국에서도 그런 일이 없었다고 보기 어렵다.

나의 전공인 지반공학은 연구 방법으로 수학, 물리, 전자계산, 통계 등을 이용하지만, 안타깝게도 흙은 그런 수단에 그다지 순응하지 않는다. 운이 많이 작용하므로 야구는 스포츠도 아니라는 어느 원로 야구감독의 냉정한 야구철학을 들은 적이 있다. 그 물리학과 교수 역시 지반공학이 편차가 너무 크므로 학문 아닌 경험으로 생각했던 것은 아닐까?

그 와중에 사명감을 가지고 열심히 연구한 동업자들에게 내가 실례와 더불어 폐를 끼치는지도 모르나, 개인의 특수한 학문관을 밝히는 것은 표현의 자유이며 나의 권리이다.

학위를 마쳐야 하는 현실적 문제 앞에서는 잠시 숨죽어 있던, 흙을 만지거나 다루는 일을 싫어하는 나의 경향은 대학으로 온 이후에는 본격적으로 문제가 되기 시작했다. 어쩔 수 없이 만졌던 흙이 보기도 싫고 실험도 하기 싫으니, 마치 고기장사가 고기를 안 만지려는 것과 유사한 경우다.

학회에도 나가 보고, 소위 같은 전공인 사람들과 어울려 몰려다니기도 했으나 모이면 하는 전공 얘기는 듣기도 싫고 도움도 안 됐다. 그 이유 중에 하나는, 내가 대학에 오기 전에 수년간 공사현장 근무 경험을 통해 대학교수들의 현장에 대한 비현실감을 '갑'(발주처)의 위치에서 이미 파악하고 있었기 때문이다. 지반공학에 필수적인 현장 경험이 많지 않은 교수들이 현장의 어려운 문제 해결에 별 도움이 안 되고, 오직 방패막이용 존재에 그치는 경우가 많았던 것 같다. 그런 연유로 목소리가 큰 일부 교수들에 대한 회의가 들기도 해서 그들을 멀리하며 냉소와 오만 속에 살아온 지난 세월이었다.

그럼에도 '면피'는 해야 승진이 가능하였기에 최소한의 연구는 해야만 했다. 그래도 내 수하에 대학원 학생들이 꾸준히 입학하여 그들을 데리고, 50대 후반까지는 그럭저럭 논문을 발표하고, 전공 서적도 몇 권 내놓아 최소한 학문에 대한 예의는 갖추었다. 60대에 들어와서는 공동연구를 하며 이제는 서서히 마음에도 없는 나의 전공에서 서서히 빠져 나오고 있다.

나는 대학에서 젊은이들에게 조언한다. 직업을 선택할 때는 당신이 삶에서 궁극적으로 추구하는 가치가 무엇이며, 그것이 직업을 통해 구현될 수 있는 있는지를 먼저 살펴보라고! 그러나 불행하게도 대부분 학생, 심지어 어른들도 자신이 삶에서 우선적으로 추구하는 가치가 무엇인지 즉답을 못 했다.

조직 생활에서 도피하려다, 다시 원치 않는 전공 속으로 빠져 들어간 역설 속의 대학교수 생활도 어느새 저물어간다. 이제 서서히 내 전공인 흙구덩이에서 탈출할 날이 다가오고 있는 것이다. 인생은 어쩌면 최악이 아닌 차악(次惡)의 선택인지도 모르겠다. 학자로서 '나 같이 불행한' 사람이 '이 땅에 더 이상 없어야' 하지만, 직업인으로서 내 삶의 가치인 '자유'를 만끽하며 살아온 지난날은 그런대로 행복했다. 남은 생애도 나는 '자유' 속으로 날아갈 것이다.

도시의 방랑자

청소년기에 상경하여 결혼하기 전까지 내가 살았던 서울의 동네 이름은 종로구 화동, 삼청동, 팔판동, 안국동, 내수동, 동숭동, 사직동, 성동구 금호동, 옥수동, 중구 중림동, 신당동, 관악구 신림동, 봉천동, 중랑구 휘경동, 공릉동, 서대문구 연희동, 용산구 한남동, 영등포구 오류동, 온수동 등이다. 예서 짧게는 한두 달, 길게는 6개월 정도씩 유랑민처럼 떠돌며 살았다. 여기에 직장이 있던 여의도동, 광화문, 구로동, 명동까지 합치면 20여 동이나 된다. 그렇듯 거처를 수시로 바꾼 이유는 나의 방황이 근본 원인이었고 현실적으로는 뭔가 불편한 점이 있었기 때문이었다.

지금은 복고풍이 불어 북촌이라고 알아주는 동네인 가회동, 삼청동 일대는 60~70년대에 특히 하숙집이 많았다. 인근에 경기고, 중앙고, 휘문고가 있고, 지방에서 올라온 재수생들이 종로의 학원까지 걸어 다니기 좋은 곳이었기 때문인 것 같다. 먹고살기 힘들었던 시대인지라 생계 수단으로 운영하는 대부분의 하숙집에서 하숙생에 대한 대우가 좋을 리 없었다.

우선 하숙집의 음식이 불만족스러웠다. 덩어리진 밥에 맛없는 김치, 그리고 국에는 콩나물이 헤엄치듯 몇 가닥 떠다닐 뿐이었다.

군대에서 배추 몇 이파리 동동 떠 있는 된장국에 보리 섞인 밥을 말아 먹던 기억도 생생한데, 제대 후 복학한 70년대 중반에도 하숙집 식생활은 여전히 변한 게 별로 없었다. 식사가 괜찮은 집은 대신 환경이 엉망이어서, 창문이 없는 방이 있는가 하면, 어떤 집은 무리하게 증축을 해서 방에 들어가려면 갈치 토막처럼 몸을 정렬해 게걸음으로 들어가야 했다. 대학 기숙사에 들어가도 되지만, 군대 생활을 통해 수용소 같은 느낌의 단체 생활은 질색이고, 더구나 같은 방에 룸메이트가 있다는 건 내겐 참을 수 없는 불편이기에 기숙사는 결단코 고려 대상이 못 되었다.

까다로운 식성 탓에 도저히 하숙집 밥을 못 먹다 보니 별수 없이 방만 구해 잠만 자고, 삼시 세끼 밥은 식당을 정해 놓고 사 먹었던 몇 달간의 경험도 있었다. 그러나 그것도 쉬운 일이 아닌 것은 날씨가 안 좋거나 귀찮아도 밥을 먹기 위해서는 꼭 집 밖으로 나가야 한다는 거였다.

혹시나 잘 얻어먹을 수도 있겠다 싶어 입주가정교사도 두 번에 걸쳐 총 6개월 정도했다. 그러나 가정교사 생활의 문제는 사생활에 자유가 없는 거였다. 늦게 귀가해 대문 열어 달라고 초인종 누르기도 면구스럽고, 가까스로 대문이 열려도 단독주택의 구조상 또다시 현관문을 열어줘야 들어갈 수 있으니, 이 또한 미안한 일이 아닐 수 없었다. 더구나 주인이 잠들어 금방 문을 열어 주지 않으면, 객의 처지에 당당히 문 두드리기는 더욱 미안한 일이었다. 그렇다고 밖에서 자고 들어가면 괜스레 주인마님 눈치도 보이고.

하숙생 중에는 별난 사람도 많았다. 올빼미형 인간은 밤새 라디오 틀어 놓고 시끄럽게 하질 않나, 주인아주머니의 비난에도 아랑

곳하지 않고 하숙집에 애인을 데려와 같이 자는 사람도 있었다. 장충동 부근에 살 때는 옆방에 당시 나이트클럽으로 유명한 타워호텔로 출근하는 호스티스, 즉 요즘으로 말하면 접대부가 살았는데, 통금시간 임박해 남자를 데리고 들어와 잠을 자기 일쑤여서 옆방에서 자는 총각을 심난하게 하기도 했다. 말만한 처녀들이 여름 낮에 방문 열어 놓고 거의 벗다시피 한 대담한 속옷 차림으로 담배 꼬나물고 앉아 화투판을 벌리기도 했다. 어쩌다 나와 마주치면 허겁지겁 방문을 닫고, 동년배의 순진한 대학생을 꾀려는지 미안한 마음에서인지 내게 과일접시를 건네기도 했다. 하숙생 동료 중에 한 직장인 아저씨는 양주병을 들고 내 방으로 건너와 뚜껑에 한 방울 따라 주며 자랑만 하고는 도로 가져갔던 기억도 있다. 하숙비조차도 큰 부담이 되었던 60년대, 하숙생들은 이상하리만치 경상도 사람이 많았던 것 같다. 경상도 인구가 많기도 하지만 당시 박정희 대통령의 경상도 집권시대와 관련해 주목되는 현상이 아니었나 싶다.

하숙집 안주인은 두 부류인데 곗돈 마련하려고 부업으로 하는 분 아니면 홀로 사는 아주머니들이었고 대부분은 착하고 좋은 사람들이었다. 그러나 방학 때 시골 내려가 있는 동안에도 하숙비를 일부 내야 한다는 주인과 하숙생들은 못 내겠다며 옥신각신하는 경우도 있었다. 지금 생각하면 하숙이 생계 수단인 주인들의 주장에도 동정할 여지가 있었던 것 같다. 당시에도 하숙생을 하인 다루듯이 하는, 요즘 말로 '甲질'하는 주인도 있고, 비록 하숙집을 경영하지만 왕년에는 잘살았다는 자존심으로 똘똘 뭉친 하숙집 주인도 있었다.

결국 나의 총각 시절 수년간의 유랑 생활은, 불편을 감수하고 누님 댁에 얹혀살기로 결정하면서 끝이 났고, 그러다 결혼에 이르렀다. 도시의 방랑자 세월에 지친 탓인지 결혼 후에는 정착을 원해 서울에서 가장 오래 살았던 집은 7년, 직장이 있는 대전으로 이사와서는 지금 집에서 20년 이상 살고 있다. 오랫동안 집을 떠나 새로운 음식에 입을 맞추어야 했던 고난의 시절에 대한 반동으로 나는 지금도 외식을 꺼리고, 집밥을 선호한다. 밖에 있다가도 식사하러 집에 들어왔다 나가기도 한다.

이제 내 나이 육십대 중반으로 향해 가고 있다. 서울의 이곳저곳을 떠돌며 살았다는 건 그만큼 도처에 깔린 기억과 세상 경험이 많다는 뜻이다. 같은 장소에서의 기억은 압축되어 축소되지만 공간이 바뀐 곳의 기억은 제각각이므로 별달리 오래간다. 10~20대에 20여 번의 거처 이동은 잠시라도 여러 가정에 편입돼 살아 보았음을 의미한다. 나는 거기서 많은 인생 수업을 했다. 세상 물정이나 인간 본성에 대한 이해와 통찰은 이 기간에 숙성된 것이라고 생각한다. 그 경험은 나를 나이에 비해 조숙하게 만들어 주었고, 그런 이유로 친구들이 나를 '영감' 혹은 '노인'이라 부른 적도 있다.

서울은 내게 많은 추억과 느낌이 있는 제2의 고향 같은 곳이어서 50대까지만 해도 서울에 자주 갔다. 그러나 그것도 한때이고, 이제는 서울에 가지 않는다. 서울은 우선 거리에서 헤매는 시간이 많아 피곤하고 동선이 불편하고, 공기도 나쁘다. 감기를 달고 사는 내가 요즘은 감기에 걸리지 않는 이유가 서울에 가지 않기 때문이란 결론을 냈다. 필요한 일은 통신수단으로 거의 해결이 가능한 시대에 살고 있기에 앞으로도 서울 갈 일은 거의 없어 보인다. 서울

가면 일도 보고 친구도 만나고 갈 곳은 있으나, 이런저런 불편을 감수할 여유는 별로 없다는 판단이다.

대전으로 이사 오기 직전에 서울 사람들이 선호하는 지역이라는 강남에서 7년 살아 봤지만 그곳이 좋은 동네라는 생각은 거기에 살 때도 안 해 봤고, 지금도 마찬가지다. 복잡하고 물가 비싼 그곳이 뭐가 그리 좋은지 모르겠다.

그럼에도 강남 사는 사람을 경원하는 것은 그들이 강남을 숭앙(崇仰)하는 것 이외에 아무것도 아니다. 그러나 실상 강남에 사는 사람은 가장 불쌍한 외골수 백성이 아닌가 싶다. 아파트 경비원이 입주민의 모욕에 자살한 곳도 우연인지는 몰라도 강남에서다. 그곳을 떠나 보면 곧 아무것도 아닌 곳으로 판명되는 데가 서울 강남이지만 그 전에는 모르리라!

아프리카 또는 몽고 초원에 사는 사람들의 불편한 삶을 TV에서 볼 때면 왜 그런 곳을 떠나지 못하는지 모른다는 생각도 들지만, 정작 당사자들로서는 살던 곳을 옮기는 게 쉽지는 않은 모양이다. 익숙한 환경에 적응한 삶은 비록 불편해도 새로운 삶의 개척보다는 쉽기 때문이리라.

이제는 조용하고, 편하고, 공기 좋고, 주거비와 물가 싸고, 길에서 시간 허비하는 데 나를 빼앗기지 않는 환경에서 사는 것이 좋다고 생각한다. 서울 아닌 곳에서 사는 것도 노년의 행복 조건이 아닐까? 젊어서는 먹고살기 위해 직장이 있고, 일거리가 많은 서울을 떠날 수 없었지만, 이제 대도시의 거리에서 시간을 허비할 여분의 인생은 없는 것이리라.

아들의 이름

10월 유신(維新)이 선포된 1972년부터 1979년까지, 대통령간선제를 골자로 하는 유신헌법 아래 제4공화국은 경제발전에도 불구하고, 국민의 기본권을 상당히 제한했던 민주주의 역사상 암흑기였다. 시위를 금지하는 긴급조치 아래서도 일각에서 학생운동이 있었으나 주로 법과대, 상과대, 문리대 등 문과계 중심이고 공과대학은 참여가 저조했다. 공과대학은 그런 연유로 당시에 누가 별칭을 지어냈는지 유신공대(維新工大)라는 비아냥거림을 듣기도 했다.

공대생들이 현실 문제에 무관심한 면이 많은 이유는, 우선 무언가를 만드는 걸 공부하는 전공 특성상 사회 현상에 대한 관심이 문과계 학생에 비해 적은 편이었기 때문이다. 그런 데다 개인적으로 젊은 날의 나는 헤르만 헤세의 말처럼 "나는 늘 나에게 열중해 있었다."[1]

예나 지금이나 자아가 상실되는 걸 참지 못해, 단체로 무슨 일을 도모하는 걸 극도로 꺼리는 성격에다, 개인적 삶에 몰입하고 있던 나로서는 사회 문제를 거들떠볼 여력이 없었다. 게다가 한술 더 떠

1 헤르만 헤세, 전영애 옮김, 『데미안』, 민음사, 2005.

서 유신헌법으로 고시공부까지 했으니 항상 마음속에는 민주화 과정에 이바지한 게 없다는 사회적 채무를 안고 살고 있었다.

나는 당시의 견고한 정권이 국민의 저항에 의해서라기보다 내부 갈등으로 붕괴될 것 같은 예감을 1979년 10월 초 일기장에 적고 있었는데, 그달 하순에 대통령이 시해되는 역사적 사건이 발생하여 나의 상상이 그만 현실이 되고 말았다. 그리고 이후에 더 큰 혼란이 찾아올 것이란 나의 예측이 적중되었음에 놀라기보다 더 충격적인 80년의 봄이 우리를 기다리고 있었다.

4·19 이후 오랫동안 이런저런 이슈로 발생한 시위를 비롯한 사회운동이, 광주에서 일찍이 경험하지 못한 무자비한 폭력 앞에 산산이 무너진 1980년이 지나고 2년 후인 1982년은 광주의 비극이 기억에 생생하여 모든 국민의 마음속에는 말 못할 회한이 서려 있는 시기였다. 그해 봄 나의 첫 아이인 아들이 태어났다. 이름을 지으면서 마지막 자는 돌림자이므로 가운데 한 자를 지어야 했는데, 나는 여기서 지난날 민주화에 기여한 바 없는 나의 국가·사회적 미안함과 민주화에 대한 여망을 담아, 민주주의 첫 자인 民자를 가운데에 넣어 아들 이름을 '民根'으로 짓게 되었고 현재도 사용하고 있는 이름이 되었다.

아들 개인의 행복보다 나의 소망과 회한을 아들 이름 석 자 가운데 심어 넣은 탓에 나는 아들 이름을 부를 때마다 괜스레 미안한 마음을 가지고 있다. 나의 국가·사회에 대한 보이지 않는 빚이 아들에게 전이된 셈이어서 어쩌면 나의 짐은 조금도 준 것이 아닌지도 모르겠다.

그런데 아들이 채 성인이 되기도 전에 다행히 나라의 민주화가 어느 정도 달성되어 민주의 근본으로서 기여하라고 내가 지어 준 아들의 이름은 그 취지가 퇴색하고 말았다. 그리하여 아들에게 더욱 미안하게 되었으나, 아들 출생 당시의 나라 형세와 국민의 소망이 담긴 역사성이 있는 이름이라 자평하고 자위하면서 개명은 고려하지 않고 있다. 그러나 아들 세대 젊은이들이 공통적으로 짊어진 불안정한 미래에 대한 불안은 부모의 마음을 안쓰럽게 하고, 아들에 대한 개인적 미안함은 시대의 상황과 중첩되어 줄곧 아들에게 빚을 지고 사는 느낌이다.

다행히 톨스토이(1828~1910)의 소설에서 위안의 말을 들을 수 있어서, 마음이 조금은 편해짐을 느낄 수 있다. "모든 인간이 살아가고 있는 것은 모두가 각자 자신의 일을 걱정하고 있기 때문이 아니라, 그들 속에 사랑이 있기 때문이다. 모두가 자신을 걱정함으로써 살아갈 수 있다 생각하는 것은 다만 인간들이 그렇게 생각하는 것일 뿐, 사실은 사랑에 의해 살아가는 것이다."[2]

신은 우리 각자에게 필요한 것을 따로 준비하지 않았으므로, 같이 여럿이 뭉쳐서 살며, 서로 사랑 속에서 나누어 가지도록 해야 할 것이라고 톨스토이는 역설하고 있다. 그러므로 '나'의 자식에 대한 염려와 걱정에도 불구하고, 그가 우리에게 말해 주듯이 '우리'의 아들들도 '사람들의 사랑 속에서' 살아갈 수 있을 것이라 믿는다.

'사랑이 있는 곳에 神도 있다.'[3]

2 톨스토이, 박성규 옮김, 『톨스토이 단편선』, 인디북, 2003, pp.54~56에서 인용.
3 같은 책 pp.57~82.

일일일사(一日一事)

단조로운 삶을 견뎌내지 못하는 별난 성격인 나를 두고, 주변에서 훗날 일반적 근무 형태의 직장 생활에 잘 적응하지 못할 것이라는 우려와 지적이 있었다. 이에 부응이라도 하듯이, 집단문화 속의 삶에 대한 나의 두려움은 끝내 조직을 떠나, 인생의 대부분을 독방에 앉아 있는 교수라는 직업을 택함으로써 나의 성격을 스스로 입증해 보인 지 25년, 이제 정년을 앞두고 있다.

학교에 오피스가 있음에도 모자라 나에게는 제3의 공간이 있다. 집이 제1공간이고, 학교 연구실은 제2공간이다. 가정 즉, 집은 나 혼자 사는 곳이 아니므로 아무래도 개인적 공간일 수는 없고, 학교의 연구실은 물론 혼자만의 장소이나 공적 공간에 속한다. 두 곳에 완전한 자유는 없다고 보는 나는, 집도 직장도 아닌 곳에 제3의 공간을 소유하고 있다. 거기서 누리는 자유의 가치는 공간 유지를 위해 지불해야 하는 비용을 능가하므로, 나만의 공간에 대한 혹자의 이런저런 억측의 부당성을 아는 사람은 오직 나뿐이다.

수명은 길게 80년 잡아도, 미성년기의 20년, 주체적 삶이 어려운 생의 후반 10년을 제하면 우리가 살아 있는 날은 50년×365

일=18,250일 정도가 된다. 길다면 길고 짧다면 짧은 날들이다. 여러 일을 경험하면 한 달도 아주 길게 느껴지고, 특별한 일이 없이 일상적인 일로 시간을 허송할 경우는 한 달도 일 년도, 그 구분을 알지 못할 정도로 빨리 지나가 시간의 체감은 지극히 개별적이다.

하루에 한 쪽씩 글을 쓴다면 일 년이면 365쪽이므로 책으로는 한 권이 되는 분량이다. 매일을 그렇게 하면 평생 30권 정도의 책을 쓸 수도 있겠다. 한 인간과 그의 삶에 대해 다른 어떤 것보다도 많은 것을 말해 주는 것은 하루하루를 꾸려 가는 그 사람의 모습일 것이다.

일과를 철두철미한 계획 아래 보낸[1] 칸트는 새벽 4시 55분 기상, 오후 4시 산책, 밤 10시에 취침을 하는 규칙적인 삶을 살았다. 일과표대로 할 수 없는 날은 몹시 기분이 상해 짜증을 내며 평생을 산 그의 모습이 자신의 관리에 철저함인지, 고루한 삶의 모습인지는 각자의 생각에 달렸다.

'자유'의 실천은 일상으로부터 시작된다. '일일일사(一日一事)'는 나의 좌우명이다. '일일일사'는 하루에 단 한 가지는 어제와 다른, 평소에 하지 않은, 최근에 하지 않았던 짓을 하는 것을 의미한다.

오늘 갑자기 오랫동안 연락이 없던 친구에게 전화를 하거나 메일을 보내는 일, 책 구경하는 책방 나들이, 좀 색다른 체험을 위해 외출하는 일, 전람회, 음악회, 공연 관람, 새로운 책을 읽는 일, 사

1 랄프 루드비히, 이충진 옮김, 『쉽게 읽는 칸트 정언명령』, 이학사, 2012, p.29에서 인용.

진 촬영을 가거나 과거에 찍은 사진을 꺼내 꾸미는 일, 음악 CD를 검색하는 일, 새로운 음반을 들어 보는 일, 아주 오래된 과거의 신문을 읽는 일, 과거에 쓴 일기장을 읽어 보는 일, 글을 쓰는 일, 전공과 상관없는 새로운 지식을 곁눈질해 보는 일, 무례하지 않은 새 친구를 만나는 일, 국내외 여행을 계획하고 실천하는 일 등은 '일사'에 속한다고 말할 수 있다.

취미 활동도 매일 같이 기계적으로 하는 일만 아니라면, '일사'의 자격을 부여하고 있다. 예외적으로 독서는 매일 반복된다 해도 '일사'에 속한다고 봐준다. 왜냐하면 독서는 언제나 정중동의 변화이며, 매번 새로운 정신세계로의 여행이므로 충분히 '일사'의 자격이 있다고 본다.

직무와 관련된 일, 생명을 유지하기 위해 하는 기본적인 일은 당연히 '일사'가 아니고, 젊음을 소진하며 나도 모르는 사이에 인생을 빼앗기는 무의미한 잡기놀이, 힘들게 찾아가 별 가치도 없는 잡담이나 하다 돌아오는 모임 등도 '일사'로 여기지 않기로 했다.

그러나 무엇보다 중요한 것은 날로 새롭게 변하는 삶의 구현이다. 일일일사도 그런 차원에서 구현되어야 한다. 학교 졸업하고, 직업 갖고, 결혼하고, 은퇴하고, 손자 보고 이런 것들은 어느 인생에 있어서나 나이 들면 자연스럽게 일어나는 일이다.

그러나 내면의 성장은 나이 드는 것과 별개이다. 소위 나잇값 못하고 여전히 젊어서의 악습과 악행을 계속하며 사는 이유는 날로 새사람이 되고자 하는 반성과 사유가 없기 때문이다.

변함없는 육욕. 물욕, 명예욕, 권력욕을 못 버리고 게걸스럽게 스스로를 기만하다 죽어 가는 인생이 태반이다. "늙은 바보들이 젊은 바보들보다 더 어리석다."는 말도 있다. 내면의 성장은 거저 되는 게 아니다. 성장에는 고통과 희생이 따른다. 대가 없는 성장은 없다.

성추행, 미혼모, 창녀 경력도 있으나 전 미국인이 존경하는 여성 흑인 지도자 마야 안젤루는 자서전으로 볼 수 있는 책을 4권이나 내면서 성장에는 고통이 있음을 알리려 했다고 말한다. 성장을 이루든 못 이루든 인간의 개별적 존엄은 휴머니즘이지만, 삶의 족적은 각자의 책임이다.

'신은 죽었다'고 외친 무신론자 니체가 주장하는 이른바 '초인'은 인간 스스로 가치를 구축하는 인간을 말한다. 설령 무신론자라도 그의 말에 따르면 매일 매일의 변화와 극복 그리고 창조가 우리에게 필요하다. 그러나 귀일(歸一)할 곳이 없는 삶은 자신이 주인이므로 몸과 마음이 명하는 대로 할 뿐이다. 일일일사를 통한 매일 매일의 삶의 변화와 지표의 확인을 나는 존중한다.

'인생은 60부터'란 말은 인생은 60이면 끝난 것과 같다는 의미로 봐야 한다. 수명이 연장되었다고는 하나 60세가 넘어 새로운 인생을 개척하고 창조하는 인생은 거의 없고, 단지 소모적 인간으로만 살아갈 뿐이다. 내가 벌써 그런 나이가 되었다는 건 '참을 수 없는 존재의' 슬픔이 아닌가?

따라서 나는 나에게 새로운 사명을 지우지 않으면 안 된다. 자유의 가치를 구현하고 삶의 다양성을 추구하는 구호로서, '일일일사'의 실천은 끊임없이 새로운 세계를 추구해야 하는 아주 성스런 매일 매일의 과업이다. 그러므로 내 인생에서 '일일일사'는 '자유'에 지워진 임무로서, '자유'가 해내야 할 '자유'에 의한 즐거운 속박인 셈이다. 내 삶의 정점은 언제나 오늘이다.

"하루하루를 일생이라고 생각하라"[2]

2 세네카, 천병희 옮김, 『인생이 왜 짧은가』, 도서출판 숲, 2010.

파스칼의 『팡세』와 내 생의 마지막 여정

블레즈 파스칼(1623~62)의 『팡세』[1]는 '신이 없는 인간의 비참함'과 '신이 있는 인간의 복됨'을 알려주는 신학적 인간론이다. 파스칼에게 있어서 인간의 '유일한 행복은 신(神) 안에서 사는 것이고, 유일한 불행은 신을 멀리 하는 것'이다. 따라서 인간 이성의 마지막 발걸음은 신에게로 다가가야 한다고 파스칼은 힘주어 말하고 있다.

요즘같이 수많은 책들이 범람하는 시대에 300년도 더 된 사람의 저작을 읽는 일은 어쩐지 진부하고 고답적인 모습으로 비칠 수도 있겠다. 그러나 화려한 장정을 하고 읽어 주기를 유혹하는 요즘 신간은 서점에 서서 몇 장 읽어 보고 돌아서게 되는 경우가 많다. 책에 대한 나의 평가 기준은 재독(再讀) 가치의 유무에 두고 있다. 종교의 경전은 볼 때마다 새롭듯이 좋은 책은 다시 봐도 언제나 느낌이 온다. 수백 년 전 고전을 읽을 수밖에 없는 이유가 여기에 있거니와, 독선적인 무신론 철학자 니체마저 파스칼의 『팡세』로부터 많은 가르침을 받았다고 찬사를 보낸 바 있고, 나 역시 그로부터

1 블레즈 파스칼, 이환 옮김, 『팡세』, 민음사, 2013.

생각하는 방법을 배우게 되었다.

평소에 틈틈이 기록한 단편적 메모를 책으로 펴내지 못한 상태에서 파스칼이 사망하자, 후대의 편찬에 의해 유고 쪼가리를 맞춰 잡문집(雜文集)을 뜻하는 '팡세'가 책으로 발간된 것 같다. 『팡세』는 내용의 일관된 기술이라기보다 메모를 열거하는 형식을 취하고 있고, 성서에 대한 많은 이해가 필요해 당시 나의 낮은 성경 지식으로는 이해가 힘들었을 터이다. 그러나 지금, 『팡세』는 어디 한 군데 이해하지 못할 곳도 없으니 이제 나의 인간에 대한 이해와 성경 지식도 나이만큼 깊어졌는지도 모르겠다.

아무리 아름다운 인생에게도 반드시 찾아오는 건 죽음이며, 파스칼은 죽음이 두려웠다.

> "나를 에워싼 이 우주의 무시한 공간을 본다. 그리고 광막한 우주의 한 구석에 매달린 자신의 모습을 발견할 뿐 무슨 이유로 다른 곳이 아닌 이곳에 내가 위치하고 있는지, 무슨 이유로 나에게 허용된 이 짧은 시간이 다른 시간이 아닌 이 시점에 지정되었는지 모른다. 이 무한은 한순간 지속될 뿐인 하나의 원자, 하나의 그림자와 같이 나를 덮고 있다. 내가 아는 모든 것은 내가 곧 죽으리라는 것, 그러나 무엇보다도 내가 모르는 것은 이 피할 수 없는 죽음 그 자체이다."

파스칼은 영생의 확신이 없는 사람에게는 행복이 없고, 오직 내세의 희망만이 행복이라고 말한다. 우리의 노력만으로는 행복에 도달할 수 없다는 것을 그는 알고 있었다. 그렇지만 '신은 인간이 알지 못하도록 숨어 있으며', 그런 '신을 느끼는 것은 심정이지 이성이 아니'고, 그것이 곧 신앙이라고 파스칼은 말하고 있다. 그렇다. 나처럼 오래 동안 교회에 다녀도 '심정'을 폄하하는 이성이 강한 인간은 신에게 다가가기 어렵고, 따라서 진정한 신앙을 가지기도 어려웠던 것인가!

신이 없는 삶의 특징으로 그는 불안, 공허, 비참, 불안정, 권태를 들었다. 인간의 위대함은 스스로 비참함을 알기 때문이라면서도, 이를 잊기 위해 개발하고 탐닉하는 것이 '위락'이라고 그는 생각했다. 비록 왕이라 해도 자신을 생각하면 비참하기 때문에, 왕은 그런 자신을 잊기 위해 위락을 제공하는 사람들에게 둘러싸여 있다고 봤다. 보통 사람들도 먹고살 수 있을 만하면 지체 없이 시작하는 게 위락이다. 도박이야말로 우리의 존재 자체를 잊게 해주는 위락 중의 위락이다. '도박은 돈을 따면 행복할 것이라고 상상함으로써 자신을 기만하는 일'이라는 파스칼의 견해는 돈을 따는 순간의 행복은 찰나에 불과하고, 곧 잊힐 것이기 때문에 타당하다. 스포츠, 산책, 취미도 모두 위락의 일종이라 볼 수 있고, 만일 인간에게서 위락을 제거하면 왕의 신분일지라도 남는 건 권태와 비참함일지도 모른다.

그는 학문도 공허한 것이라고 생각했다. 파스칼은 그의 천재성에 부응하여 자연과학, 수학 등에서의 성과를 냈음에도, '학문의 헛됨'에 대해서 이렇게 말하고 있다. "외적 사물에 대한 지식은 내가 고난을 당할 때, 나의 도덕의 무지를 위로하지 못할 것이다. 그러나 도덕에 대한 지식은 외적 학문의 무지를 항상 위로할 것이다." 여기서 파스칼이 어휘 선택상, 혹은 번역상의 문제가 없는지 모르겠으나, '도덕'이란 용어는 신앙 또는 신의 존재를 아는 것을 뜻한다고 해석해도 무방하지 않을까? 지식산업시대에 생계 수단으로서 학문이나 지식은 필요한 것이나, 고난을 받을 때 우리는 그로부터 위안을 받기는커녕 오히려 결핍의 불안 속에 내몰리지 않았던가 자문해 본다.

"호기심은 허영일 뿐이다. 대개의 경우 알려고 하는 것은 단지 그것을 이야기하기 위해서이다."라고 파스칼은 지적 호기심에 대해서 냉소적 견해를 드러내고 있다. 사실 어려운 책을 읽고 이해하려는 노력의 바탕에는 남보다 많이 알고 말하고자 하는, 이른바 '잘난 척하려는' 허영심이 없다고 볼 수 없다. 그럼 지적 호기심과 탐구를 위한 독서와 저작은 허영이므로 안 해도 되는 것인가? 깨달음은 지식과 경험으로부터 온다고 볼 때 호기심을 허영심의 산물로 보는 파스칼의 견해는 다소 편협적인 듯하다.

또 그는 명예욕이 너무 강해서 그것과 결부되는 일이라면 죽음도 불사하는 것에 대해서도, '우리는 죽은 후에 태어날 사람들에게까지 알려지고 싶어 할 만큼 오만하고, 주위의 대여섯 사람에게 칭찬받는 것으로 기뻐하고 만족할 만큼 공허하다'고 말했다.

진리에 대해서는 "인간은 진리 자체를 자기의 우상으로 삼는다."라고 했다. 그러나 신의 사랑을 벗어난 진리는 사랑해서도 경배해서도 안 될 우상이라고 파스칼은 주장한다.

우리가 몹시도 사랑하는 논리와 이성에 대해 그는 말한다. "논리는 멀리서 보면 우리의 시야를 한정짓고 있는 듯이 보이나, 그러나 그 한계에 다다르면 우리는 그 너머를 보기 시작한다." 보이지 않는다는 이유로 믿지 않는 "이성의 부인보다 이성에 더 합치되는 것은 없다."

파스칼은, "누가 나를 이 세상에 태어나게 했는지, 이 세계는 무엇이고 나는 무엇인지 나는 모른다. 나는 모든 일에 대해 끔찍한 무지 속에 있다."고 자신의 무지를 고백하며, 이성과 논리를 넘어 오직 초월자에게 다가가고 있었다.

파스칼은 17세에 '원추곡선론'을 발표하고, 오늘날 컴퓨터의 원형이 된 계산기를 고안해내는가 하면, 진공에 관한 토리체리 실험에서 공기의 무게를 측정했고, 유체역학의 기본 원리인 '파스칼의 원리'를 알아냈다. 물리학과 공학에서 힘의 단위로 사용되는 Newton과 더불어, Pascal은 압력의 단위로 사용되고 있으니, 파스칼은 오늘도 우리의 일상에서 살아 기억되고 있는 셈이다.

파스칼은 사회에도 관심이 많아 파리 시내를 일정한 주기로 노선을 따라 달리는, 오늘날 대중교통의 효시가 된 '승합마차'를 제안하기도 했다. 파스칼은 설득에도 능해 설득기술에 대해서도 언급한다. 자신의 의견이 틀렸다는 지적에 대해 사람들은 싫어하므로 일단 그 사람의 눈높이로 내려가 들어주고 그 사람이 보지 못한 면이 있음을 지적해 스스로 잘못을 깨닫게 하라고 충고한다.

그는 이해 타산에 익숙한 세상 사람들에게 기독교를 전도하면서, 말하자면 안 믿는 것보다 믿는 게 더 유익하다는 아주 현실적인 전략을 구사하는 실질적인 면도 있었던 사람이었다. 그러나 "우리는 조종사가 낙하산을 대하듯 하나님을 대한다. 위기 상황에 대비해 마련해 두기는 하지만 그것을 사용할 기회가 없기를"[2] 바라는 엉뚱한 면도 있는 것 같다.

당시 프랑스 종교계가 타락을 거듭하고 있는 실정에서 파스칼의 호교론(護教論)은 후대의 볼테르에게 비웃음을 사기도 했던 것 같다. 볼테르는 『캉디드』에서 파스칼이 재미로 유클리트 난제 32 문제를 풀었으나 그 후로는 평범한 사람이 되었다며 폄하하기도 했다.

파스칼에게는 더 많은 업적을 낼 수 없었던 두 가지 운명적인 사정이 있었다. 그는 39세에 사망할 정도로 몸이 몹시 쇠약했고, 또 다른 이유는 2차에 걸친 회심(回心)에 있었다. 회심의 동기가 자신의 집안에서 일어난 기적과 자신이 마차 사고에서 경험한 기적에 있었는지는 불확실하지만, "기적을 부인하면서 합리적으로 믿는다는 것은 불가능하다." "기적이 없었다면 예수 그리스도를 믿지 않아도 죄가 되지 않을 것이다."라는 대목에서 파스칼이 기적의 체험을 중시하고 있음을 알 수 있다. 그러나 회심은 그 동기를 살펴보기보다 회심 자체로 의미가 있음은 물론이다.

파스칼의 『팡세』는 40여 년 전 내가 고등학교 1학년 때 읽다 만 상당히 어려운 책에 속한다. 당시 내가 서울 가회동 성당에 다니고 있었으니 아마 성당의 신부님이 추천해 그 책을 읽게 된 것 같다. 60세가 넘은 나이에 다시 이 책을 읽기 시작한 이유는 당시에 그토록 재미없는 책을 왜 읽으려 했을까 궁금했고, 두 번째 이유는 『팡세』의 난해함이 근 50년이 지난 지금의 내게도 여전한지 알아보고 싶은 객기에서였다. 그러나 정작 이 책은 나를 다른 세계로 안내하고 있었다.

2 C. S. 루이스, 이종태 옮김, 『고통의 문제』, 홍성사, 2008, p.160에서 인용.

철학자 니체가 유일하게 논리적인 기독교인으로 지목했던 파스칼! 파스칼이 이성에서 신성(神聖)으로 향하는 모습에서 나는 무한한 경외감을 느낀다. 그에게 찾아온 회심의 빛이 나에게도 내리기를 기원하면서 파스칼의 『팡세』를 읽고 또 읽는다. 파스칼의 안내에 따라 논리와 이성이 어떻게 초월자에게 다가가는지를 살펴보는 일은 어둠을 헤치고 크나큰 빛줄기를 따라가는 내 생의 마지막 여정이 될 것이라고 믿으면서…….

사라진 외로움

인간은 '전체적으로 정의되는 것이 아니라 개체적 존재'라는 실존주의자의 말을 빌리지 않더라도, 누구든지 타자와 공유할 수 없는 생각과 삶의 부분을 가지고 살아가고 있다. 가족이 있고, 친구가 있고 이웃이 있어도 기쁨도, 고통도, 분노도, 실망도, 좌절도 다 내 몫이다.

> 외로우니까 사람이다
> 살아간다는 것은 외로움을 견디는 일이다[1]

정호승의 시 「수선화에게」 나오는 구절이다.

무엇에 열중할 때를 제외하고 나는 늘 외로웠다. 사람이 많이 모인 곳에서는 더 큰 고독감을 느낀다. 일도 외로움을 잊기 위해 한다. 10대에 서울로 유학을 와 혼자 있었던 시간이 길었기 때문인지 몰라도 나의 외로움은 사춘기를 지나 50대가 될 때까지 계속되었다. 나이 들면서 더 외로운 것은 사회적 소외보다, 젊어서는 간

1 정호승, 『내 인생에 힘이 되어준 한마디』, 도서출판 비채, 2010, p.155에서 인용.

과한 부분들이 보이기 시작하기 때문이다.

미국의 심리학자의 연구 결과에 의하면 "미국인의 4분의 1이 지난 2주 동안 적어도 한 번은 극심한 외로움을 느꼈다고 답했다. 우리는 흔히 썰렁한 아파트나 양로원의 초라한 방에서 떨어져 지내는 노인들만이 외로움으로 고통받을 거라고 생각하지만, 조사 결과를 보면 10대나 2, 30대의 성인도 노인들만큼이나 외로움을 느끼고 있었다."[2]

나는 고독(solitude)를 즐기기도 하지만, 때로는 외로움(lonelyness)을 느끼기도 한다. 그런 때면 나의 외로움의 근원이 무엇인지 생각하기보다, 사람들과 어울리며 외로움을 달래며 살아왔다. 그럼에도 불구하고 뿌리 깊은 외로움은 사라지지 않아 얼마 전까지만 해도 외로움은 일종의 습관성 정신 상태였다.

그런데 지금은 언제부터인가 외롭지 않다. 그 사이 나를 둘러싼 외적 환경에 변화가 있었던 것은 결코 아니다. 원리는 간단했다. 먼저 외로움의 근원을 찾아내면서 실마리가 풀리기 시작한 것이다.

사람들은 언제 외로움을 느끼는가? 내가 인정받지 못하고 관심 밖에 있다는 생각이 들 때, 사랑받고 있다는 느낌이 없을 때, 필요한 물질이나 도움을 얻을 수 없을 때, 특히 내 생각이나 감정에 동조가 없을 때이다. "나에 대해 말하기는 하지만, 그 누구도 나에 대해 생각하지는 않는다. 이것이 내가 알게 된 새로운 적막함이다."[3]

2 달라이 라마 · 하워드 커틀러, 류시화 옮김, 『달라이 라마의 행복론』, 김영사, 2002, p.77에서 인용.

3 프리드리히 니체, 정희창 옮김, 『차라투스트라는 이렇게 말했다』, 민음사, 2014.

그러므로 외로움은 내가 외부로부터 인정받거나 원하는 무언가을 얻으려는 욕구의 좌절에서 온다는 것을 알게 된다. 외로움은 대인 의존성 결핍이나 물질 의존성 결핍 같은 충족되지 못한 욕구에서 태동하는 것이다.

신기하게도, 타인에 대한 기대를 접으면서 나의 외로움은 사라졌다. 나 이외에는 모두 타인이다. 부부 싸움의 원인도 대부분은 '나'를 외롭게 했다는 게 주원인이다. 가까운 사이일수록 상대방에 대한 요구가 많으며 이것이 충족되지 않으면 외로움을 더 진하게 느끼게 된다. 부부나 연인 사이에서 다툼이 더 잦은 것은 그 때문이다.

나의 타자에 대한 기대의 포기에 대해 가족이나 친지들은 서운하게 마음을 가질 수 있으나, 그럴 이유는 전혀 없다. 한 사람의 기대에 대한 완전한 충족은 누구에게도 기대할 수 없는 불가능한 희망이기 때문이다.

정호승 시인의 말처럼 외로우니까 사람이고, 그걸 견디는 게 우리의 삶이 될 것임은 분명하지만 세상이나 사람에 대한 기대를 제거하면 외로움도 사라지는 것이라고 나는 말하고 싶다. 정 시인은 다음 행에서 "공연히 오지 않는 전화를 기다지지 마라"고 적고 있어, 시인도 타자에 대한 충족되지 않은 기대가 있었기에 '외로움'을 말하고 있었다.

타자에 대한 기대를 버린 나의 빈 공간에는 서서히 다른 것들이 자리 잡기 시작했다. 외부로부터가 아닌 내적 지성과 영성이 들어차 오르면서 외로움은 간단히 사라졌다. 영성(靈性)은 지성(知性)보다 더 도달하기 어렵고 또 종교적 요소가 있어 여기서는 언급하지 않겠지만, 지성도 하루아침에 얻을 수 없는, 일부 인간만이 추구할 수 있는 영역이라고 생각하나 그에 대해 낙담할 필요는 없다. 지성은 지식인의 전유물이 아니고, 알고자 하는 욕구를 실행하면 모두 지성에 다가가는 것이다. 여기에 필요한 능력은 글만 읽을 줄 알면 되고, 쉽게 쓰인 좋은 책은 도처에 얼마든지 있으니 문맹만 아니면 지성에의 접근은 모두에게 허용된 것이나 다름없다.

지성이나 영성으로 외로움을 해결할 의지가 없는 대중은 상당한 시간과 물질적 헌신(?)이 필요하다. 외로움을 잊기 위해 여성은 쇼핑을 하거나, 폭식을 하고, 수다를 떨고, 남성은 카드놀이, 당구, 바둑, 골프, 등산, 관람 등으로 시간을 죽일 것이다.

우리가 사람들과 함께 하는 일상적 위락(慰樂)은 물리적 외로움을 해소하고 망각하는 데 필요 없는 것은 절대로 아니다. 하지만 그 행위의 공허성과 거기에 따르는 대가, 희생 그리고 위험을 지적하고 있는 것이다. 해소가 안 되는 외로움이 깊어지면 끝내 탐닉하게 되는 것이 알콜, 마약, 도박 등이고, 여기서도 해소가 안 되면 자살이라는 극단적 선택을 하는 경우도 있다. 이성을 찾아 외로움을 해소하려는 젊은이들의 시도는 당연한 청춘의 권리이다. 다만 외로움이 지친 상황에서 찾아온 사랑은 반드시 집착을 불러오고, 집착은 언제나 증오(憎惡)로 귀정(歸正)이 날 수 있다는 점은 알고 있어야 한다. 집착을 받아 줄 사람은 없기 때문이다.

우리말에서는 크게 구분을 하지 않으나, 영어에서는 loneliness와 solitude는 약간 달리 쓰이는 것 같다. 전자는 친구가 없고 말할 사람이 없는, 말하자면 홀로 버려진 불행한 외로움을, 후자는 선택된 평화롭고, 쾌적하고, 행복한 외로움을 뜻하는 것 같다.

영성이나 지성이 선천적으로 맞지 않는다고 생각되는 분에게 외로움을 제거할 수 있는 바람직한 해결책은 언젠가 지적했듯이 식물을 기르는 일이다. 이 대목에서 용렬한 위화감을 들먹이며, 누구는 고상한 지성이고 나는 몸으로 때우는 나무심기냐고 화를 내시는 분도 있겠으나 지금은 외로움을 다스리는 방법을 말하고 있으니 그것이 지성이면 어떻고 육성(育性)이면 어떤가!

식물은 심은 대로 나고, 옮겨 심지 않는 한 언제나 제자리를 지키며 무럭무럭 자라 우리에게 보람과 기쁨을 가져다 준다. 동물도 인정해 줄 만한 요소가 있어, 선(善)이 깃든 동물의 단순 추종성도 사람들에게 기쁨을 안겨 줄 것이다.

인간은 대부분이 상황 의존적 존재이기 때문에 여기에 기대어 외로움을 해소하려는 노력에는 배반이 뒤따르기 쉽다. 인간이 아닌 외부 상황이 초래하는 배반인 경우도 많아 인간의 부덕을 비난만 할 수도 없다. 사람이 있는 곳에 사랑이 있고 인정도 있으나, 순전히 거기에 기대어 살면 고통이 따를 수 있다. 사람을 좋아하되 기대지는 말아야 한다. 인간 의존적, 외부 의존적 삶을 버리면 실망도 외로움도 없는 날이 된다.

새벽 4시가 좀 넘으면 나는 잠이 안 온다. 오늘은 또 내가 무엇을 새로 배우고 깨달을 수 있을지 궁금해 마음이 설레기 때문이다. 젊어서부터 조금이나마 쌓아온 지성을 통해 외로움을 해소하고 있는 까닭에 나는 고독을 사랑하고 즐기게 되었다. 여기에 영성이 부과되면 신앙이 없는 분은 평안을 얻고, 불교 신자는 열반에 도달하고, 기독교인은 천국(天國)을 얻는 것이리라.

한여름 밤의 가죽잠바

대학에 부임한 지 3년째 되던 1993년 1학기를 마치고 여름방학에 들어가기 직전의 일이다. 한 학생이 1학기 성적표를 받아 보고 이의신청을 하러 내 방에 찾아왔다. 시험지를 꺼내 확인한 결과, 한두 문제 손을 대기는 했는데 엉뚱한 답을 했으므로 0점이었다.

F학점은 불가피하다고 설명을 해주었는데도 학생이 돌아가지를 않고 계속 내 앞에 서 있었다. 이번 학기에도 이 성적이면, 연속 3회 학사경고로 자동 제적이니 선처를 해달라는 얘기다.

학점 이의신청 제도 자체가 없어서 교수가 주는 대로 학점을 받을 수밖에 없었던 나의 대학 시절과 달리, 90년대의 대학은 학사행정이 많이 민주화되어 있었다. 나는 학생의 사정은 딱하지만 학점 부여에도 원칙과 정의가 있어 그렇게 할 수 없다고 잘라 말하고 돌려보냈다.

다음날 한 중년 남자 한 분이 내 학교 오피스 앞에 기다리고 서 있었다. 다짜고짜 아무개 애비 되는 사람이라고 자신을 소개하며 내 앞을 막아서는데 왠지 방에 들어가 대화할 기분이 안 났다. 용건이 뻔해서 내가 별로 해줄 말도 없기 때문이다. 사실 나는 그때까지는 물론이고, 대학에 와 25년 동안 내가 채점을 잘못했거나 합산이 틀린 경우 외에 한번 부여한 성적을 고쳐 준 적이 없다. 성적 고쳐 준다고 한 번 소문나면 봇물 터진 학생들의 공세를 막아낼 수가 없고, 학점의 정당성과 권위를 스스로 부정하는 일이라 학점 수정을 절대 허용하지 않는 정책을 고수하고 있었다.

그에게 나의 학점정책을 말해 주자 화가 난 표정이면서도 막무가내로 자식을 제발 살려 달라고 떼를 쓰며, 안 된다는데도 갈 기세가 아니었다. 다음날 집에 있는데 오후 4시경 집 전화 벨이 울렸다. 전화기 너머에서 들리는 말은 '너의 자식들 어느 초등학교 다니는지 다 알아 놨으니 조심해라.'였다. 전화를 받자마자 그 한마디 던지고는 끊어버렸다. 경찰 신고도 생각해 봤으나 일단 참기로 했다.

그리고 그날 밤 9시경이나 됐을까 경비실에서 인터폰이 왔다. 아까 그 학생 아버지가 온 것이다. 지금 위로 올라오겠다는 거다. 내가 내려갈 테니 아파트 경비실 앞에서 기다리라고 했다. 만일 무슨 일이 일어나도 목격자와 조력자가 필요하다는 판단에서다.

대학으로 오기 전 다른 직장에 있을 때 간혹 난폭하고 비이성적인 사람들은 자신들의 요구가 관철되지 않으면 자해소동을 벌이는 걸 본 경험이 있어 옷장을 열고 가죽잠바를 꺼내 입었다. 나는 형사들이 가죽잠바를 즐겨 입는 이유를 알고 있었다. 칼이나 깨진 병 같은 흉기로부터 조금은 위험을 줄일 수 있는 복장이 가죽잠바 아닌가! 몇 시간 전 협박 전화를 받은 후 일단 경계심은 가질 필요가 있다고 마음을 다잡는 한편, 이제는 상황이 돌아올 수 없는 다리를 건넜다고 단정했다.

내가 승강기에서 내리자 그는 이미 난동을 부리고 있었다. 나의 직업을 모르는 아파트 경비원은 놀란 표정이었다. 아마 내가 봉변 당할 일을 해 누군가 찾아와 난리를 친다고 생각했을 것이다.

마침 경비실 바로 밖에 있는 벤치에 앉아 그의 사정을 들어야 했다. 어디선가 또 술을 잔뜩 드신 걸 냄새로 알 수 있었다.

비가 부슬부슬 내리기 시작했다. 내게 하소연하며 분이 좀 풀렸는지 좀 누그러지는 기미가 보이자 어디 실내로 들어가 얘기를 계속하자고 내가 제안했다. 시간이 밤 10시가 넘어 아파트 상가의 가게들이 잠기고 갈 데가 마땅치 않아 하는 수 없이 상가 1층 현관에 쌓아 놓은 콜라 상자를 깔고 앉아 그의 얘기를 계속해 들었다.

자신은 ○○○문교부장관의 효자상을 받은 사람으로 학생이 대학에 합격하여 3주간 잔치를 벌였는데, 자식이 못나 오늘 이 지경이 되었다며 끝내 울먹이는 듯한 목소리로, 손자가 학교에서 제적됐다는 사실을 알면 학생의 할아버지인 자신의 아버지가 돌아가실지도 모른다는 것이다.

그는 연신 줄담배를 피워댔다. 그러면서 대한민국에 당신 같은 꼿꼿한 소신 있는 젊은 교수가 있어 우리나라의 미래가 밝다고 치켜세우며, 한편으로는 아들에 대해서는 선처를 해달라는 이중적 자세를 보였다.

충격에 취약한 노인이라 학생 할아버지의 건강에 악영향이 있을지도 모른다는 또 다른 부담이 내게 돌아온 것이다. 그러나 들어보지 않아서 모를 뿐 그런 사정은 누구에나 있는 일이며 또 조금은 과장된 억지라는 생각이 들어 잠시 흔들렸던 마음을 다잡고 오히려 내가 그를 설득했다. 이번에 일단 아들을 군대에 보내시고,

제대 후 복교(復校) 조치가 내려질 수도 있으니 기다려 보라고 말했다. 그 순간 비가 다시 부슬부슬 내리기 시작했다.

"야, 이놈아! 너하고 나하고 죽자!"

그는 갑자기 소리를 지르며 어둠 속의 한 곳을 응시했다. 순간 나는 마음속으로 이제 드디어 올 것이 오는구나 생각하는데, 그가 응시하고 있는 곳에 학생이 서 있지 않은가! 그리고 그 옆에는 그가 사는 인근 도시의 지역 번호판을 단 택시가 보였다.

그는 다짜고짜 학생에게 달려가더니, 나하고 가다 ㅇㅇ저수지에 같이 빠져 죽자며 대기하고 있던 택시 문고리를 거세게 잡아당겼다. 내가 억지로 떼어 말려 학생과 분리시킨 다음 학부모님을 억지로 택시에 밀어 넣고 운전사에게는 빨리 떠날 것을 부탁했다.

내가 부질없이 그의 하소연을 끝까지 들어준 데는 이유가 있었다. 대부분의 민원인들은 민원 성사 여부와 상관없이 모름지기 분이 풀릴 때까지 사정을 들어주지 않으면 항상 다른 곳에서 또 말썽을 피운다는 것을 알고 있었기 때문이다. 내가 오랫동안 그의 말을 들어준다는 건 거절의 의미이다. 청(請)을 들어줄 것 같으면 긴 얘기들을 필요도 없지만, 하소연을 들어주지도 않고 거절하면 상대방은 원한을 품는다.

난동은 끝이 났고 나는 학생을 데리고 나의 아파트로 향했다. 어떻게 아버지를 찾아왔느냐고 학생에게 물으니, 자신이 집에 도착하자마자 아버지가 교수의 집을 찾아갔단 말을 듣고 아차 싶어, 무슨 일을 저지를 것 같아 택시를 대절하고 여기까지 왔단다.

밤은 깊어 가고 비는 또 부슬부슬 내렸다. 그 학부모는 미웠지만 선생이 학생은 미워할 수 없는 법이다. 대절한 택시는 이미 떠났고 밤은 깊어 버스도 이미 끊긴 시간. 이 밤에 학생은 어디로 가겠는가? 우리 집에 가서 자고 내일 아침에 가라고 말하자, 학생은 그럴 수 없다며 어둠 속으로 사라졌다.

내적 갈등이 찾아왔지만 공통의 선을 위해 원칙을 지킬 수밖에 없다는 나의 결론에는 변함이 없었다. 그렇게 그해 여름이 가고 있을 무렵, 지난겨울에 출범한 김영삼 문민정부의 사면정책이 나왔다. 지난 시대 대학에서 학생운동과 관련 돼 제적된 학생들에 대한 사면 복권 조치가 내려졌다. 성적 불량으로 제적된 학생도 여기에 포함됐는지 그 학생은 제적 상태가 채 한 달이 안 돼 구제되는 것으로 결말이 났다. 학생운동자가 실질적으로는 성적 불량 이유로 제적됐을 수도 있어, 아마 제적사유 구분 없이 모두 복교 조치하는 것으로 해석됐다. 아무튼 나도 성적평가 원칙도 지키고 학생도 복학이 가능하게 돼 한바탕의 소동은 모두에게 은혜롭게 끝이 났다.

여름이 그렇게 가고 가을 학기가 개강되던 날, 첫 출석을 부르는데 출석부에 그의 이름이 없었다. 학생들에게 그의 소식을 물으니 군대 갔단다. 아마 나와 대면하기가 면구스러웠을 게다. 그리고 또 몇 년이 흐른 후, 그 학생이 복학해서 나의 과목을 다시 수강하게 되었다. 나와 사연이 있었던 학생이라 관심을 가지고 있었는데 어느 날 그가 학교를 나오지 않아 학생들에게 물었더니 부친상을 당해 학교에 못 나오고 있다고 했다.

사실 연전에 나를 찾아왔을 때 콜라 상자에 앉아 줄담배를 피워대는 그분에게 담배를 그렇게 피우시면 안 된다는 인간적 충고를 하기도 했다. 그러나 자신은 죽어 관 속에 들어갈 때도 담배를 물고 들어갈 것이라고 호언하며 말을 듣지 않았다. 문득 그분의 그때 모습이 떠올랐다.

그 학부모님의 극진한 효성(孝誠)과 지나친 자식 사랑으로 한때의 힘들었던 기억도 이제는 다 옛일이 되었다. 20년이 지난 오늘 학부모님의 명복을 빌고, 나의 제자인 그 학생의 건승도 기원해 본다. 이제 나도 대학을 떠날 날이 멀지 않아 잠시 지난날 학점과 관련된 일화를 회상해 본다.

자유와 은둔

문학과 철학 책을 탐독하며 나는 한 가지 공통적인 사실을 알게 되었다. 대부분의 현인들은 어느 시기가 오면 스스로 고립과 단절된 삶을 선택하는 경향이 있다는 점이다. 찾아오는 사람을 거절하거나 못 찾아오도록 처소를 미궁에 부쳐 스스로 은둔 상황을 조성하고 작품을 통해서만 가끔 세상과 조우하거나, 어떤 이는 아예 세상과의 소통을 거부하다가 세상을 마치기도 한다. 어쩌면 이러한 삶이 최상의 행복인지도 모르겠다.

무엇보다 행복에 기여하는 절대 가치는 건강임에는 틀림없다. 그러나 지금 하려는 얘기는 행복의 조건으로서의 건강은 논외로 하자. 사람들은 우선 행복을 외부에서 찾으려고 끊임없이 시도한다. 즉, 권력을 탐하고, 물질에 탐닉하며, 명예에 집착하고, 참여하고, 사교하고, 오락하고, 대화하고, 여행하고, 사랑한다.

그러나 권력은 지키기도 힘들고 오래 지속되지도 않으며, 권좌에서 내려온 후에는 핍박과 모욕이 뒤따라오고, 인격마저 무참히 짓밟히기 십상이다. 물질은 감각순응이 일어나 아무리 소비를 확장해도 만족은 없으며 오히려 더 큰 물질을 향유하는 사람에게 굴욕감마저 느낀다. 명예 또한 물거품 같아서 단 한 가지만 잘못해도 만신창이가 되는 취성을 가진 것이다.

사람들은 자신의 이름을 알리기 위해 애쓰고, 사교하려고 모임에도 열심히 나간다. 명예를 얻기 위해서는 중상모략과 다툼도 불사하는 모습이 사회 전반에 만연하다. 하물며 일부 종교인까지도 더 심하면 심했지 덜하지 않다. 그러려면 자신의 주위에 사람이 모여야 하므로 온갖 선행과 유인책을 쓴다. 그들에게 자신의 소외는 죽음이며 실패인 것이다. 그러나 현자들은 그들이 세상에서 좋은 평판을 받는 것에 대해 큰 의미를 부여하지 않는 것 같다. 오직 자신의 내면과의 소통만을 생각하는 게 분명하다.

로마의 황제인 마르쿠스 아우렐리우스는 명예에 대해 "지금 당신을 칭찬하지만 얼마 지나지 않아 당신을 비난할 사람이 얼마나 많은가를 생각하면 기억과 명예가 아무런 가치가 없다는 것을 알게 될 것이다."[1]라고 말했다. 황제의 신분임에도 그는 자신에 대한 세상의 평판이 얼마나 변덕스럽고 하찮은지를 알고 있었다.

세상에 대한 참여는 언제나 나의 자유를 시공상(時空上) 제한하려 들 것이고, 사교하려면 끊임없이 대가를 지불하지 않으면 안 된다. 지속적으로 타인을 배려하는 수고와, 늘 남의 인식 속에 있는 나의 모습을 상상하고 관리해야 하므로 피곤하기 그지없어 세상살이는 매우 노곤한 것이다. 정신이 충만한 사람에게 세상과의 교류는 별다른 의미도 재미도 없을 것이다. 그것은 마치 어른이 어린이와 영원한 친구가 될 수 없는 것과 유사한 경우가 아닐까?

"나는 대부분의 시간을 혼자서 지내는 것이 좋다고 생각한다. 상

1 마르쿠스 아우렐리우스, 함의준 옮김, 『아우렐리우스 명상록』, 나래북, 2013, p.221에서 인용.

대가 아무리 훌륭한 사람이라고 해도, 교제하다 보면 금방 따분해지고 피곤해지기 때문이다. 나는 혼자 있는 것이 좋다. 고독만큼 사귀기 쉬운 친구는 없을 것이다. 우리는 자신의 방에 틀어박혀 있을 때보다 밖에서 사람들과 섞여 있을 때 훨씬 고독하다."[2] '월든' 호숫가에 오두막을 짓고 2년 2개월 동안 혼자 살았던 미국 작가 소로(1817~62)의 말이다.

오락은 시간을 때우는 데 일조할 뿐 아무런 생산적, 사유적(思惟的) 가치를 갖지 못한다. 대화 또한 잡담 수준 이상의 상대를 만나는 것도 쉬운 일이 아니어서 그다지 기댈 가치가 없고, 고작 무거운 침묵에서 나와 잠시 산보하는 정도의 기여를 우리 삶에 제공하는 것 같다.

여행은 권태로움을 이길 수 있는 최상의 방책이나 나이 들면 시차도, 새로운 환경에의 적응도, 장거리 이동도 힘들어 점차 그 가치가 시들어버린다. 철학자 칸트는 평생을 고향 쾨니히스베르크에서 살면서 산책이나 하고, 가정교사를 하러 간 120km 떨어진 모룽엔 지역이 그가 일생 동안 가본 가장 먼 곳이었다.[3]

한때 황홀한 것처럼 보이는 사랑의 실상은 매우 실없는 것이다. 사랑은 시간에 따라 변절적(變節的) 특성을 지니고 있어 잡으려 해도 잡히지 않는 무지개 같은 허상적인 것이므로 그다지 믿을 것이 못 된다. 그럼에도 사랑은 우리 주위를 맴돌면서 영원할 것처럼 현혹하여 유인한 후 배반하는 간특함을 보인다.

2 Henry David Thoreau, 김성 옮김, 『월든(원제: Walden)』, 책만드는집, 2004, p.189에서 인용.

3 랄프 루드비히, 이충진 옮김, 『칸트 정언명령』, 이학사, 2012, pp.27~28에서 인용.

행복을 외부에서 찾으려는 대상 의존적 삶에는 원천적으로 행복이 있을 수 없다. 잠시 나타나는 행복은 대상이 사라지면 즉각 소멸되는 것이다. 그러므로 실체가 불투명한 외부로부터 행복을 구하려는 시도는 하지하책(下之下策)으로 공허 속에 좌절을 안긴다. 하물며 물질로부터 행복을 구하려 한다면, 행복은커녕 불행과 고통을 안고 나가떨어질 게 뻔하다.

그렇다면 행복은 어디에 있는가? 행복은 나의 진정한 주인인, 비교적 믿을 수 있는 내 안에 있다. 생활인으로서의 최소한의 물질은 확보된 가운데, 방해받지 않는 정신 활동이 가능한 조건이 갖추어진 삶이야말로 행복이 피어날 수 있는 곳이라고 나는 생각한다.

인간이 우선 동물적 생존에 필요한 조건을 구비한 후 추구하는 비의존적인 홀로의 삶은 그야말로 운명의 큰 축복으로 간주할 수 있다. 타자의 영향을 받지 않는 삶은 인간 관계로 고민하거나 갈등을 일으킬 염려가 없고, 근심, 두려움, 분노, 미움, 슬픔 등이 없는 상태 즉, 평안한 마음의 유지가 가능한 생활 조건이기 때문이다.

주위에서 사람이 다 떠나도, 자신은 큰 영향을 받지 않는다. 오히려 세상과 거리를 두는 생활은 관심을 나의 내부로 향하게 만듦으로써, 오직 나만을 위해 시간을 할애하며 내 삶에 전념할 수 있다. 독자적이고 비의존적인 삶의 토대를 구축한 사람은 행복한 사람이다. 가치 있는 인생이 그에게 있다고 생각한다.

나는 하나이므로, 분자는 언제나 1이다. 그러나 분모는 항상 변한다. 혼자일 때는 1/1, 둘이 있으면 1/2, 열이 함께 있으면 1/10이요, 천 명이 같이 있으면 1/1000이다. 즉, 혼자 있을 때는 온통 내가 전부이므로 모든 것이 나의 것이나, 1000명이 모이면 공간,

간여, 공헌, 참여, 관심, 사랑, 배려 등에 있어서 나는 1/1000이 된다고 생각한다.

그러므로 사람이 많이 모인 곳에 가면 자신은 한없이 작아지며, 모래알 같은 존재가 되어 고독감을 더욱 심하게 느끼게 된다. 혼자 있을 때는 왕 같은 사람도, 천만이 모인 속에서는 졸(卒)이 된다.

인간이 사회적인 동물이라 함은 생존 문제의 해결을 위한 전제이므로, 사회성을 잃어버리면 생존 자체가 불가능하다. 대중으로부터 이익을 구하는 사업자나 정치인은 더욱 그렇다. 하지만 나이가 들어 가면서 이해 관계는 위탁하거나 청산하고, 나만의 세계를 구축하는 것이 바람직하다고 본다. 그렇지 않고 여전히 세속적 욕망의 거리를 배회한다면 죽기 직전에 후회할지도 모른다.

은둔을 통한 행복은 자신의 정신력에 기반을 둔 무형의 재산을 통한 향연, 즉 내 안에 문화를 이해하며 즐길 수 있고, 창조할 수 있는 재능의 발휘가 가능한 사람에게 국한되는 것이다. 그렇지 않은 은둔은 고립이고 도피이며, 패배요, 폐질(廢疾)이다. 그러므로 은둔을 통한 행복은 결코 모든 인간에게 적용할 수 없는 일부 인간에게만 부합하는 것이기 때문에 보편적 행복론은 아니다. 다만 그런 조건을 구비한 세속적 가치에 초연한 사람 혹은 은퇴자의 말년에는 권할 만한 삶이라고 생각한다.

방해받지 않는 영혼이 진정한 자유인이다. 진정한 자유는 남에게 나의 시간을 내주지 않는 데서 찾을 수 있기 때문이다. 아마 내가 꿈꾸는 세계와 크게 다르지 않은 은둔은 내 자유의 종착점이기를 바란다. 이제 남은 생은 가슴속에 있는 나의 자유에의 염원을 남김없이 펼쳐내는 삶이되기를 기원한다. 자유의 날개를 달자. 그게 이기심일지라도!

나의 행복한 인생을 위하여, 나는 오늘도 은둔 생활을 꿈꾸고 있다. 내가 삶에서 추종하는 유일한 가치는 자유다. 자유는 부당한 속박이 없는 상태를 말한다. 54세에 죽기 1년 전까지도 20년간 운둔하며 철학 연구에만 몰두한 '데카르트'에 대해, 당시 스웨덴의 여왕은 '데카르트'가 가장 행복한 사람이고, 그 사람이 부럽다 말했다고 쇼펜하우어는 전한다.[4]

4 쇼펜하우어, 박현석 옮김, 『쇼펜하우어 인생론』, 나래북, 2010, pp.61~62 참고.

기도

총탄이 빗발치는 전장으로 출발하기 전에 연병장에 도열한 장병들 앞에서 군목이 오늘 하루도 모두 잘 싸우고 돌아오기를 기도한다. 전투가 끝나고 귀대해 보니 아침에 같이 전투 나간 병사 몇 명이 보이질 않는다. 그토록 기도했건만. 병사들이 벽을 바라보고 흐느껴 운다. 월남전 참전용사인 소설가 안정효의 장편소설, 훗날 영문판도 나와 미국에서 큰 반향을 일으킨 『하얀전쟁』[1]에 나오는, 내 기억 속의 한 장면이다.

그런데 '만일 저편에서도 같은 기도를 한다면 신은 어느 편을 들어주실까?' 문득 이런 생각이 스치듯 떠오른다.

기도는 기독교인의 전유물이 아니다. 불교에서도 기도를 한다.[2] 그 내용은 공히 참회와 감사가 핵심이지만, 실제로 대부분의 기도는 승리와 성공을 위한 소원이다. 입시철만 되면 교회에는 새벽기도, 사찰에는 불공을 드리는 사람들로 만원이다.

그러나 세상은 대체로 제로섬이다. 불행하게도 모두 승리할 수는 없다. 승자 뒤에 패자, 성공 옆에는 실패가 있다. 내 자식이 합

1 안정효, 『하얀전쟁』, 고려원, 1993.
2 대한불교조계종 포교원, 『불교의 이해와 신행』, 조계종출판사, pp.199~208 참조.

격이면, 남의 자식은 탈락이다. 사업 번창을 기도하고 서원하면, 내 가게는 번창이요, 어느 가게는 문을 닫는다. 뒤집어 생각하면, 내 자식의 합격 기원은 남의 자식의 불합격을, 내 가게의 번창을 기원하면 남의 가게의 도산을 기도하는 꼴이다. 그러니 나의 기도와 성취가 끝내 도달하는 곳을 한번쯤은 생각해 봐야 할 것이다.

테레사 수녀는 말하기를, 기도는 신에게 무엇을 요구하는 것이 아니고 우리를 신의 손안에 맡기고, 가슴 깊은 곳에서 신의 음성을 듣는 것이라 한다. 교회에 비판적인 실존철학자 키에르케고르는 기도의 기능은 신에게 영향을 주는 것이 아니라 기도자의 본성을 변화시키는 것이라 말한다.

기독교인은 참회와 소망의 기도를, 불교인은 108배, 업장소멸, 소원성취를 서원한다. 우리네 인생에 어찌 소망함이 없을 수 있겠는가? 무언가를 소망하는 기도를 몰지각하다 말할 수는 없다. 그리고 수많은 걱정과 두려움을 덜기 위해 하는 기도는 우리의 약함을 인정하는 고백이고, 신에게 처분을 맡기는 애처롭고 아름다운 의식이다.

다만 나의 성공과 쟁취 뒤에는 반드시 상대의 실패와 좌절의 그림자를 만들어 낸다는 것을 아는 것이 성숙함이다. 승자에게 보내는 찬사의 환호도 좋지만 패자에게 보이는 위로와 배려가 넘치는 사회가 왔으면 좋겠다. ABba 노래처럼 "The winner takes it all"(승자독식)은 곤란하다. 경쟁은 필수이고 발전 원동력이지만, 2등도 좀 먹고살 수 있는 세상이면 좋겠다.

기도를 통해 간디와 케네디 같은 사람은 만사형통이 아닌 어려움을 이겨낼 수 있는 강한 힘을 구했던 것 같고, 벤자민 프랭클린은 백년 살 것처럼 일하고, 내일 죽을 것처럼 기도하라고 충고한다. 나의 기도는 무엇에 관한 것이었나?

나는 젊어서는 알면서도 짓는 죄를 짓지 않게 해달라고 기도했다. 지금은 인위적인 것보다 신의 소리, 자연의 소리를 들으며 살기를 원한다. 그리고 진정 원하는 바는 죽음의 시간이 다가올 때, 나의 가슴에 공포가 없는 상태이기를 말이 아닌 가슴으로 기도하고 있다.

여유로운 삶

"한가로운 시간은 무엇과도 바꿀 수 없는 시간이다."

사람들은 바쁘단 말을 입에 달고 살지만, 나는 바쁘다는 말을 결코 좋은 의미로 해석하지 않는다. 그 말은 성의 없고, 여유 없고, 무능함을 윤색한 언어이거나, 무관심의 에두른 표현이라고 생각하고 싶다.

나는 바쁜 삶을 혐오한다. 나의 인생에서 추구하는 가치인 '자유'의 기치 아래 조화될 수 없는 삶의 현상으로 보기 때문이다. 그래서인지 나는 60여 평생 바빴던 기억이 별로, 아니 거의 없었다. 바쁜 게 싫어 바쁜 상황을 원천적으로 조성하지 않은 결과이기도 하다.

그러나 모두들 바쁘단다. 실제로도 바쁜 것 같다. 그러나 나는, 정말로 생업 탓에 바쁘게 살 수밖에 없는 분들도 있으나, 대개는 바쁘기보다 우선 '여유'가 없기 때문에 바쁘다는 말이 먼저 나오는 거라고 생각한다. 아침에 출근하여 밤늦게까지 일하는 사람들의 삶은 엄밀한 의미에서 고단한 삶일 뿐 바쁨과는 좀 구분되는 것이다. 잠자는 시간 조금만 양보해도, 밥 먹고 술 마시거나, 수다 떠는 시간만 조금 줄여도 바빠서 못 하는 일은 없을 것이다. 그러니까 바쁘다는 말은 관심 없음을 위장한 언어라고 본다.

시간의 가치를 매우 강조하며, 분주함을 경멸한 로마의 세네카는 인생을 남에게 빼앗기지 않는 자는 긴 인생을 살 수 있다고 말했다. 즉, 바쁨은 자신이 주인이 되는 삶의 능동성 안에서 부여할 수 있는 언어일 뿐이며, 무엇엔가 끌려다니거나 강제성 속에 바쁜 생활은 고단한 삶일 뿐이다. 고단한 삶에 대한 '바쁘다'는 표현은, 애처로운 삶에 대한 스스로의 미화라고 말할 수 있다.

> "사람들은 왜 그리 바쁠까? 중세의 그리스도교 달력은 1년의 절반 가까이가 공휴일, 축일, 안식일 명목으로 노는 날이었다고 한다. 프랑스 혁명이 일어난 뒤 혁명정부가 그리스도교 달력을 폐지하고 공휴일이 훨씬 적은 세속 달력을 도입한다는 포고령을 발표하자 농민들은 이에 반발하면서 폭동을 일으켰다. 일이 인간 생활을 지배하고 놀이가 뒷전으로 밀려난 것은 산업시대로 들어오면서부터이다."[1]

산업 시대가 열리면서 빈부의 격차가 심해졌고, 현재는 생산이 소비를 부추기는 시대가 되었다. 소득에 따른 소비의 계층화는 선도 소비 계층을 바라보며, 끝없이 상승 욕구를 자극받아 보다 많은 소득을 창출하기 위해 쉬는 시간을 줄이고 언제나 바쁘게, 아니 고단하게 살게 되었다. 개인이 소비 수준을 스스로 설정하기 전까지는 바쁜 삶을 면할 수 없을 것이다.

이런 배경보다 기술적 관점에서 바쁜 이유도 있다. 기획은 일의

1 제러미 리프킨, 이희재 옮김, 『소유의 종말(원제: The age of acess)』, 민음사, 2002.

처음과 끝을 관통하는 순서다. 순서가 뒤바뀌면 일이 역류되어 처음부터 다시 해야 하니 바쁠 수밖에. '기획'이라는 개념이 없이 일을 시작하면 성과는 없고 소리만 요란하다. 책상에 오래 앉아 있다고 공부 잘하는 것이 아닌 것과 같은 원리다.

또 연관된 일은 한 번에 처리해야 하나, 한 번에 끝날 일을 여러 번에 걸쳐서 하면 바쁘다. 욕심이 많아 단념을 못 해서 일에 질질 끌려 다니면 바쁘다. 한 번 결단하면 조금 손해가 있더라도 잊고 다음 단계로 가야 한다. 우유부단하여 초기에 처리할 일을 차일피일 미루다가 일이 무럭무럭 자라 더 커지면, 내 몸은 더 바쁘게 돼 있다. 게다가 일처리를 혼자서는 안 해봐서 이 사람 저 사람에게 묻고, 의심하다 갈팡질팡 시간만 흘려보내면 결국 작은 일이 큰 일이 되고, 어떤 일은 필생의 과업이 되기도 한다.

도구를 활용할 생각이 모자라서 바쁘기도 하다. 도구는 정보·사람·돈 등이 해당된다. 사전 정보를 알면 능률적인 일처리가 가능하다. 또 돈 안 들이고 어떻게든 손수 해보려 하거나, 아는 사람을 찾아 공짜로 문제를 해결하려니 바쁜 거다. 때로는 돈으로 사람을 사서 시키고 결과만 확인하면 된다. 그리고 나는 편하게 쉰다.

동시에 두 가지 이상의 일처리를 못 하는 것도 이유가 된다. 이건 누구에게나 가능한 건 아니다. 한 손에 햄버거를 들고 먹으며, 서류 결재도 하고, 전화도 받는 클린턴 전 미국 대통령이 대표적이다. 무엇보다 바쁜 이유 중 가장 큰 것은 중요하지 않은 일에 시간을 빼앗기는 거다. 안 해도 되는 일에 진을 다 빼고 있다. 그러니 정작 중요한 일에는 집중이 안 돼 바쁘기만 하다.

일에는 정신 집중이 중요하다. 사법시험 준비하는 사람들이 공부할 양이 많아 바쁘기는 제일 바쁠 것이다. 하루 16시간 책상에 앉아 있는데, 실제로 공부한 시간을 재보니 고작 6시간이었다는 고시합격생의 고백을 얼마 전에 TV에서 들은 적이 있다. 하루 중 집중이 잘되는 시간의 선택도 중요하다. 나는 새벽 시간 1시간이면 오후 시간 3시간과 맞먹는다고 본다. 그러니 늦게 일어나면 바빠도 효율이 떨어진다.

횡단보도의 파란불이 거의 꺼져갈 때, 다음 신호를 기다리지 않고 황급히 건너가는 사람을 유심히 관찰해 보라. 횡단보도를 다 건넌 후에는 아주 천천히 걸어간다. 방금 왜 그토록 서둘러 뛰듯이 횡단보도를 건넜는지 묻고 싶다. 피해망상이요, 강박증이요, 조급증이다. 빨리빨리 증후군이다.

왕년에 내가 한번 만나려고 몇 번씩 전화해도 시간이 없다며 만나 주지 않던, 대통령보다 바쁜 사람을 알고 있다. 연전에 우연히 만났는데 형색으로 보아 그가 옹색한 처지에 있는 것 같아 안타까웠다. 엄청나게 큰 성취를 하려는 기세였는데 말이다.

사람의 품격을 결정하는 요인은 단연코 '여유'다. 바쁘다는 말은 여유 없음이니, 곧 품격 없음과 같은 말이 아닐까. 함의를 안다면, 바쁘다는 말은 섣불리 써서는 안 되는 언어인지도 모르겠다. 여기서 '여유' 있는 사람의 예를 들어보자.

아파트 경비원에게 호통치지 않는 사람, 식당에서 종업원에게 큰소리치지 않는 사람, 건물 청소원에게 수고한다는 인사말 잊지 않는 사람, 손아래 사람이나 힘든 일 하는 사람에게 하대하지 않는 사람, 사과 5천 원어치 사면서 더 달라며 냉큼 한 개 더 집어넣지 않는 사람, 택시에서 내려 거스름 돈 300원 받으려고 문 연 채 기다리지 않는 사람, 운전 중에 끼어드는 차에 양보도 잘하는 사람, 사거리 신호 켜지고 2~3초 늦게 출발한다고 경적을 울려대지 않는 사람, 상대가 전화 안 해도 전화 기다리지 않고 먼저 하는 사람, 가끔 용건 없이도 안부 전화를 하는 사람, 밥값 내라 할까 봐 절대로 먼저 만나자 제안 안 하는 친구도 사랑하는 사람, 언제나 자신의 사무실 부근에서만 만나자고 하지 않는 사람, 밥값 계산할 때는 항상 엉덩이가 무겁지 않은 사람, 밥 사면서 메뉴 지정하지 않는 사람, 빈자리도 많은데 좋은 자리 차지하려고 관광버스로 허겁지겁 뛰어올라 가지 않는 사람, 여러 번 문자메시지 받으면 고맙다는 표시로 단 한 번은 답신하는 사람, 애경사 부좃돈 받고 고맙단 인사 꼭 하는 사람, 학교 졸업 후 한 번도 만난 적 없는 동창에게도 부좃돈 보내는 사람, 돈 없어도 궁상떨지 않는 사람, 경제 사정이 어려워도 남에게 신세 안 지고 사는 사람, 전화 받자마자 용건만 간단히 말하라 윽박지르지 않는 사람, 아무리 바빠도 바쁘다는 말 하지 않는 사람, 말끝마다 민주 정의를 외쳐대지 않는 사람, 스스로 높아지려고 자기 홍보에 매진하지 않는 사람, 툭하면 복 받았다며 자신이 믿는 신을 들먹이지 않는 사람, 빈약한 정신세계를 위장하기 위해 명품 치장에 열을 올리지 않는 사람, 상대방에게 무엇을 얻어낼까 궁리하기보다 내가 도와줄 게 없나 찾아보는 사람, 준 것은 잊고 받은 것만 기억하는 사람, 평생 책 한 권 안 읽으며 집 서재는 책방처럼 꾸며 놓지 않는 사람, 다시는 만날 일 없어도 공손히 대하는 사람, 용무도 거래도 끝났으나 만나면 인사도 잘하는 사람, 자신의 의중은 숨긴 채 상대방을 정탐하지 않는 사람, 재미로 하는 도박에서 돈 잃고도 웃으며 자리 뜨는 사람, 하찮은 일에는 목숨 걸지 않는 사람, 언제나 자신의 유불리를 따지며 눈에 쌍심지 켜지 않는 여유 있는 사람은 품격이 있다 할 것이다.

'여유'는 인격의 나무에서 피어나는 사람의 향기다. 여유는 여가에서 나온다. "행복은 여가에 있다."고 아리스토텔레스가 말했던가!

서울 구경

"소년이여 야망을 품어라(Boys be ambitious!)"

청소년기에 많이 듣던 명언이다. 내가 처음 서울 구경을 한 건, 초등학교 4학년이던 1962년 겨울이다. 내가 살던 대전에서 서울까지는 기차로 5시간 정도 걸렸다. 그야말로 '칙칙폭폭' 소리와 함께, 검은 연기를 토해내며 달리는 증기기관차를 타고 갔었다. 서울역에 내리자 눈이 휘둥그레 돌아갈 것 같았다. 차들이 쌩쌩 달리고, 전차도 있고, 분주히 오가는 많은 사람들의 발걸음도 처음 보는 광경이었다. 뭐가 그리 바쁜지 앞만 보고 걸어가는 서울 사람들의 삶이 궁금하기도 했다.

그 이유를 나중에 서울에 살면서 알게 되었다. 시골과 달리 서울에서는 거리 이동에 많은 시간을 빼앗기므로 조금이라도 빨리 움직이지 않으면 안 되었으리라! 서울역 앞의 브라더 미싱 광고판이 62년에도 있었는지는 잘 기억나지 않으나, 60년대 연이어 상경한 내 기억에는, 그 대형 광고판이 60년대 중후반 서울역에 도착한 시골 사람들에게 여기가 서울임을 알리는 랜드마크 역할을 했으리라 본다. 오늘날까지도 내 기억에 남아 있는 조형물이다.

친척집은 경복궁 옆 돌담길을 지나, 4·19 때 데모대가 경무대로 향해 가던 길 옆에 있는 통의동에 있었다. 집에 들어가니 같은 또래 친척들은 나긋나긋하고 간드러지는, 라디오에서도 못 듣던 매혹적이고 세련된 서울말로 나를 반기어, 우선 대전 촌놈의 기선부터 제압당했다. 더욱 놀란 것은 당시에 보통 집 한 채가 1~2백만 원 정도 하던 시절인데 3천만 원짜리 집이였으니 촌사람으로서는 난생 처음 보는 대저택이었다. 아마 그 집은 지금 있다 해도 고급 주택에 해당됐을 것이다. 마당이 운동장 같고, 집 안의 방도 교실처럼 컸다. 가정집인데도 2층으로 올라가는 엘리베이터가 있었던 것 같다. 방 옆의 욕실에는 수세식 변기도 있었다. 그것이 미국 사람은 '앉아서 일을 본다'고 말로만 들었던 바로 그 물건 아닌가! 그때는 서울에서도 양변기 사용이 보편화되기 전이었고, 서울 이외의 지역에서는 보기 드문 물건이었다.

집에는 소위 식모가 세 명이나 되었고, 라디오도 재산목록에 들던 시대에 커다란 외제 TV도 있었다. 경제개발이 급속도로 진행되던 60년대는 생활 수준이 하루가 다르게 향상되어 불과 몇 년 후면 웬만한 집은 모두 TV를 갖게 되었지만, 당시로는 처음 보는 물건이라 경이로운 것이었다.

약 한 달간의 서울 기행을 마치고 돌아오자, 인구 30만이 채 안 되던 대전은 서울의 어느 한 동네보다도 작고 보잘 것이 없는 곳이란 실망감이 들었다. 당시에는 서울과 지방의 격차는 실로 어마어마한 것이었고, 이런 차이는 90년대 초반까지도 계속되었던 것 같다.

더구나 내 집으로 돌아오니 친척의 대궐집에 비해 영 초라해서 한동안 살맛이 안 났다. 더구나 한 달 만에 들어 보는 고향 사람들의 충청도 사투리는 질자배기 깨지는 듯한 투박한 소리, 엿가락처럼 늘어지는 말꼬리는 왜 그리 촌스러운지 정이 뚝뚝 떨어지는 것이었다. 나는 서울 구경을 통해 세상이 넓다는 걸 알게 되었고, 서울을 동경하는 마음과 동시에 내가 사는 도시와 집안에 불만이 싹텄다. 이는 훗날 서울로의 유학을 촉발하는 원인이 되었다.

그런데 살다 보니, 1년 아니 10년에 한 번도 음악회나 전람회에 가지 않으면서 문화 혜택을 운운하며 서울 떠나면 죽는 줄 알고 살았지만, 실상 서울은 물가 비싸고 공기 나빠 삶의 질이 높지 않고 괜히 바쁘기만 한 도시이다. 서울이 별로 동경할 만한 곳이 못된다는 사실을 알게 될 때까지는 서울을 떠나 수십 년의 세월이 흐른 후였다.

오늘날 세계의 영토는 젊어서부터 황금을 구하려는 야심을 가진 모험가들의 욕망의 소치이고, 풍요한 물질문명도 또한 젊어서부터 부에 대한 야망을 품은 기업가들의 탐욕의 소산과 다르지 않다. 그런 의미에서 'Boys be ambitious!'는 개인에게도 인류에게도 유익한 경귀가 아닌가 싶다.

그러나 범인(凡人)들의 생애는 청소년기의 방황과 고뇌하는 청년기를 거친 후 일단 사회인이 되면 'Boys be ambitious!'와 현실 생활인 사이에 갈등이 싹트면서 아주 극소수만이 이를 실천에 옮기며 대부분의 사람들은 평범한 생활인이 되고 만다.

결혼 후에는, 아이가 태어나면서 손발 다섯 개씩 다 달고 나왔는지 확인하며 불안했던 마음, 성장기에는 온갖 정성과 염려를, 학교 들어가면 학업 성적과 학교 생활에 대한 걱정, 대학 진학 시엔 선택의 기로에서 진땀을 흘린다. 대학 보내면 다 끝났다 싶은데 그게 아니다. 사내라면 군대 보내고 무사귀환에 맘 졸이고, 제대 후에는 취업 걱정, 다음에는 자혼(子婚)이 기다린다. 이제 부모로서의 의무가 끝났다고 한시름 놓고 싶을 때쯤이면, 잘사나 걱정이 들고, 손자 본 후에는 어디 다칠까 어디 아플까 염려다. 옛시조 구절마냥 우리네 '인생은 유한한데, 시름은 끝이 없다.'

나는 언제부터인가 우물 안 개구리가 행복의 조건에 합당하다고 생각하기 시작했다. "세계는 넓고 할 일은 많다." 하지만 그걸 실현할 수 있는 사람은 극소수이고, 또 그런 나이는 늦어도 30~40대에는 초석이 놓여야 가능한 것이다.

재벌들의 얼굴을 잘 관찰해 보라. 그들이 웃는 것을 보았나? 드넓은 세계 '어드메서' 지금 무슨 일이 벌어지고 있는 것을 다 알고 있어야, 기업의 장래에 닥칠 위험에 대비할 수 있으니, 그들은 언제나 경계 중이고, 불안에 떨고 있다고 보면 틀린 관찰일까?

이제 'boy'가 아닌 60대의 인생이라면 '보이즈비앰비셔스'는 해당이 없거니와, 세상이 넓은 것을 알아도, 내가 할 수 있는 일은 창작이거나 봉사 외에는 별로 없지 싶다.

> "의지를 자극하는 것이 적으면 그만큼 고뇌가 적어진다."
>
> "장님도 우리가 틀림없이 불행할 것이라고 상상하는 것만큼 불행하지는 않다."[1]

1 쇼펜하우어, 박현석 옮김, 『쇼펜하우어 인생론』, 나래북, 2010, p.246 참조.

내가 서울 구경 후 받은 마음의 고통은 성취로 발전한 면도 조금은 있으나 모두가 과거의 하찮은 일이고, 이제는 인생의 출구를 향하고 있는 마당에 '의지의 자극'을 심하게 받지 않는 것이 고뇌를 줄이는 길이 아닌가 생각한다.

노년에 쓸 데도 시간도 별로 없는 맹목적 물욕, 편한 여생 제쳐두고 굳이 '왕'의 종이 되기를 자처하는 권력욕, 남의 존경에 목을 매며 가식을 부르는 명예욕은, 비루한 생애의 마지막 속내를 드러내는 것이다. 자신이 무엇이 되어야 하는 합당한 이유가 있을 턱이 없건만, 내가 꼭 그 자리의 주인이 돼야 한다는 모습으로 우리에게 다가왔던 노인들의 추한 노욕(老欲)은 노욕(老辱)을 당하며 역사의 뒤안길로 사라졌다.

사물을 국한하는 것이 행복해지는 방법이라고 쇼펜하우어는 충고한다. 이 시대의 젊은이에게는 안 맞아도, 이제 나이 든 사람에게는 훌륭한 권면이라 여겨진다. 『월든』의 저자 소로(Thoreau)는 인생의 본질을 알고 의미 있는 삶을 살기 위해, 월든 호수가에 오두막을 짓고 법정 스님처럼 홀로 산 이른바 자연인으로서의 행복을 누리며 그 책을 썼다. 나이 들어 복잡하고 넓은 시선은 고통이다. 염려와 고통을 넘어서지 않으면 내 인생의 영일(寧日)은 없다.

"나이가 들수록 더욱 활력이 넘치는 것은 어리석은 짓과 그다지 다르지 않다"[2]

2 라 로슈푸코, 이동진 옮김, 『잠언과 성찰』, 해누리, 2010, p.124에서 인용.

『데미안』을 통해 돌아본 나의 청소년기

"우리는 두 번 태어난다. 한 번은 생존하기 위해서, 또 다른 한 번은 생활하기 위해서다. 그 한 차례는 인간으로서, 그리고 또 한 차례는 남자 또는 여자로 태어나는 것이다."[1]

고1 때 보았던 헤르만 헤세(1877~1962)의 『데미안』[2]을 60대에 다시 본다. 이 책의 주인공은 싱클레어이고, 그의 구원자이며 인도자인 데미안은 조연이면서, 책의 제목이 되고 있다.

싱클레어가 10세가 갓 지난 어느 날 친구들과 어울리면서, 한 나쁜 친구의 무용담을 듣기만 하다가, 그 친구의 노여움을 살 것을 두려워해, 훔치지도 않은 과수원 사과를 훔쳤다고 거짓으로 꾸며낸 얘기를 한다. 나쁜 친구가 이를 약점 삼아, 과수원 주인에게 알리겠다고 싱클레어를 협박하자 싱클레어는 돈을 구하지 못해 고민하다, 양심의 상처를 받으며 저금통을 깨어 일부를 가져다 준다. 그런데도 계속되는 협박에 맑고 깨끗한 세계 속에서 살아온 싱클레어는 데미안이 그를 구해 줄 때까지, 악한 친구 때문에 또 다른

1 장 자크 루소, 김순화 옮김, 『에밀(Emile)』, 청목사, 2002, p.186에서 인용.
2 헤르만 헤세, 전영애 옮김, 『데미안』, 민음사, 2005.

세계의 절반을 경험하며 죽음까지 생각한다. (헤세는 실제로 15세 때 자살을 기도했다.) 그는 짓지도 않은 죄를 자백하여 고통을 당하고, 괴로워하는 위악자(僞惡者)였다.

유년기에 누구나 한두 번의 경험이 있는, 악한 친구에 대한 외부로부터의 두려움이 끝나갈 무렵, 이번에는 내부로부터의 적이 꿈틀대며 기동하고 있음을 알게 된다.

> "신부님이 말씀하시는 일들은 나로부터 멀리 떨어져 (중략) 비현실 속에 놓여 있었다. 그것들은 대단히 아름답고 가치 있을지언정 (중략) 자극적이지 않았음에 반해, 性에 눈을 떠가는 일은 바로 목전의 현실이었고, 극도로 자극적이었다."

헤르만 헤세는 성장 과정의 남자가 겪는 '낯설지 않은 경험'을 그렇게 말했다. 나 역시 십대 중후반에 서울의 가회동 성당에 다니며, 들어도 들리지 않는 신부님의 말씀을 듣고 있었다. 데미안은 내게 있어서 당시의 정밀한 현실이었다.

> "원시적 충동이 내 자신 속에 살고 있다는 사실을 새롭게 발견해야만 했던 시절이 왔다."

10대 초반 몽정의 황홀함으로부터 눈을 떠 알게 되는 관능(官能)은 충격이고 경이로운 신세계였다. 쾌감은 결코 포기할 수 없고, 잊기 어려운 마력을 지닌 것이기 때문에 이렇게 태동한 관능은 이후 남자의 일생 동안 막강한 영향력을 휘두르며, 이성과 충돌하여 혼란과 갈등 속에 살도록 숙명(宿命)을 조성하고 만다.

"정욕은 우리에게 자연스러운 것이 되었고, 그래서 우리의 제2의 본성을 이루었다. 이렇듯 우리 안에는 두 본성이 있다. 하나는 좋고 하나는 나쁘다. 신은 어디에 있는가. 당신들이 있지 않은 곳에 있다."[3]

"할 수 있는 건 다 해봤어. 냉수욕, 안력 훈련, 체조, 달리기. 그러나 다 아무 소용없었어……." 관능과의 다툼에서 언제나 패배하는 자아를 보며 쌓여만 가는 자기 혐오와 깊은 번민은 일그러진 유년기의 자화상이다. "그것들이 와서 나를 가졌다. 나는 그것들의 다스림을 받았다." 그렇게 관능은 언제나 승리를 거두고 시종(始終) 패배한 자아를 조롱하듯이 시치미를 떼고 유유자적 홀로 걸어간다.

"새는 알에서 나오려고 투쟁한다. 알은 세계이다. 태어나려는 자는 하나의 세계를 깨뜨려야 한다. 새는 神에게로 날아간다. 神의 이름은 압락사스"

헤르만 헤세에게 사랑은, 사랑=충동+숭배='압락사스'이다. '충동'은 악마, 동물, 악, 두려움이고, '숭배'는 천사, 인간, 선, 동경이었다. 압락사스는 신적인 것과 악마적인 것을 결합한 것이다. 두 세계의 넘나듦 속에 차츰 자아를 찾아가는 청소년기의 삶은 나쁜

3 블레즈 파스칼, 이환 옮김, 『팡세』, 민음사, 2013.

아니라 자의식이 있는 사람이라면 누구에게나 고통스러운 자학과 번민의 시대였다.

"열여섯 살이 되면 청년은 괴로워하는 것이 무엇인지 알게 된다. 왜냐하면 자기 스스로 괴로워하기 때문이다. 그러나 그는 다른 사람들도 역시 괴로워하고 있음을 거의 알지 못한다."[4] 루소가 말하는 '제2의 탄생'기에 있는 젊은이의 고뇌다.

헤세의 경험이라고 믿어지는 고뇌하고 두려워하는 주인공 싱클레어의 모습과 나의 청소년 시절이 중첩되면서, 지금은 박제가 되고 화석이 된 자아의 껍데기를 본다. 숲 속에서는 잘 모르던 산의 모습이 산을 벗어나면 또렷이 보이듯이 당시에 며칠이 걸려 읽었을 『데미안』을 60세가 넘은 나이에 단숨에 다시 읽었다. 책에서 잠시도 눈을 뗄 수 없을 정도로 몰입해 단 몇 시간이나마, 나는 책 속에서 '과거'로의 여행을 하고 있었다.

싱클레어가 그려 가슴에 품고 다니던 여인 베아트리체의 형상에는 변화, 꿈, 순화, 데미안의 이상과 현실이 담겨져 있다. 돈키호테의 가상의 애인 둘시네아 공주처럼 내 맘 속에도 여러 명의 여성이 합성된 가상의 여인이 있었다. 그건 단 한 명의 초상이 아닌 것이다. 얼굴과 머리와 몸과 다리, 손, 그리고 마음, 목소리까지 각기 다른 조합된 인물로서, 세상의 모든 아들에게 첫 여성이면서, 연인인 어머니의 얼굴도 거기에 들어 있었다.

나의 관능에 대한 제동은 성당의 신부님에 의해서가 아니었으며 병석에 누워 있던 어머니의 환상이었다. 그럼에도 관능을 이긴 기

4 장 자크 루소, 김순화 옮김, 『에밀(Emile)』, 청목사, 2002, p.202.

억이 별로 없어 수치심과 죄의식이 향하는 곳은 성당이 아닌 언제나 내게 아무런 말도 안 하시는 어머니에게로 향한다.

『데미안』은 싱클레어의 10세부터 군에 입대하기까지의 이야기다. 그러나 그는 정작 그때까지 여자와 같이 잔 적이 없었다. 아마 이 대목에서 싱클레어의 초상 옆에 나의 사진도 나란히 걸어 놓을 수 있을지도 모른다! 헤세는 마음으로 지은 죄에 몸서리치며 번민하는, 내가 닮고 싶은 사람이다. 아마 칸트가 살아 있다면 그에게 정언명령(定言命令)의 도덕상(道德賞)을 주었을 것이다.

"너의 인생을 결정하는 네 안에 있는 것은 그것을 벌써 알고 있다." 관능도 운명의 길목에서 만나는 것이다. 관능의 지배는 종결됐으나, 나의 역사에 기록된 관능의 추구도 내 안에 있는 내가 이미 알고 있는 운명적인 것이라고 생각하면서, 헤세의 『데미안』을 통해 돌아보는 나의 유소년기에 대한 기억을 맺는다.

"내 속에서 솟아 나오려는 것.
바로 그것을 나는 살아보려고 했다.
왜 그것이 그토록 어려웠을까."

"내면의 힘은 완전히 금욕을 할 때만 키울 수 있다."

왜 "자신의 성을 억누르는 사람이 왜 다른 사람보다 더 정결하다."는 것인지는 헤르만 헤세가 청소년이 아닌 모든 인간에게 던지는 질문이다.

불소통의 행복

전쟁영화에서 진군하는 부대의 후미에는 커다란 무전기를 짊어진 통신병이 뒤따르고 있다. 한 곳에 있지 않고 이동하며 전투하는 전장에서 부대간 소통을 가능하게 하는 무선통신은 부대원의 생명과도 같은 귀중한 장치이다.

지난 세기에 민간인들은 집에 유선통신전화를 설치하는 것으로 만족해야 했다. 그것도 한때는 부유한 계층에서나 가능한 일이었고, 지금도 후진국에서 유선전화는 희귀한 물건이다. 그러던 것이 21C에 들어와 휴대전화의 보급이 일반화되어 언제 어디서나 소통이 가능하게 되었다. 그렇다면 개인 간에도 군에서처럼 이동 중이거나 유선전화에서 벗어난 상태에서까지 긴급한 소통이 필요한 것일까? 영업이나 업무에 필요한 사람을 제외하고.

식사 중에, 횡단보도에서, 곤히 낮잠을 자는 시간에도, 일에 열중하고 있는 순간에도, 생각에 잠기어 있는 때도, 전화벨이 울리고 문자가 도착했다고 소리를 낸다. 대부분은 실시간으로 안 받아도 그만인 전화요, 문자메시지다.

아주 오래 전에, 아마 대학 교양영어 책에서, 전화기를 침입자로 규정한 미국 수필가의 글을 읽은 기억이 난다. 잠을 자고 있을 때나 무슨 일에 열중하고 있을 때, 방해받고 싶지 않을 때, 고요한 나의 내실에 울려대는 공습경보와 같은 씩씩한 벨소리는 우리의 평안을 깨부수며 우리를 난처하게 만든다. 받지 않으려니 급한 연락일지도 모른다는 불안한 생각이 들고, 부재중이라고 말하면 거짓이 된다. 그 수필의 저자는 전화를 건 사람이 나의 평온한 일상의 시간을 침범할 권리가 있는가? 따지고 있었다.

이제는 휴대전화 시대가 되어, 전화로 상대방의 시간을 무시로 침범할 수 있는 묵시적 권한과 나의 시간이 침해되는 걸 용인할 의무가 동시에 부여된 터무니없는 일상 속에 우리는 내던져진 꼴이다. 휴대전화의 불통은 배반이요, 불신이요, 불쾌감으로 간주되는 시대에 살고 있으니, 이를 어찌할 것인가!

어제는 참 행복한 날이었다
평안한 날이었다
의지의 자극이 없던 날이었다

중요하지도 않은 일로 나를 찾는 사람
시시콜콜한 이야기로 나를 찾는 사람
자기의 이익을 위해 나를 찾는 사람
의무를 읊어대며 옥죄이고 성가시게 하는 사람
가치도 없는 소란한 세상 소식을 들려주는 사람
모두 없었다
하루가 온통 나의 시간
저녁이 되자 나는

신선처럼 훤한 얼굴에서 광채가 났다
어제는 아침부터 하루 종일 휴대전화를 꺼놓은 날이다

요즘은 죽은 사람이나 휴대전화가 없다
휴대전화가 꺼져 있으면 죽은 사람이나 마찬가지다
나는 하루 동안 죽어 있었다
그리고 더없이 평안하고 행복했다

불소통은

내가 새로이 발견한 행복

이제 자주 그래야겠다

강요된 소통은 고통이기에

풍화하는 사랑

티파니에서 아침을(Breakfast at Tiffanny's)

나는 영화를 그다지 좋아하지 않는 편이다. 가장 큰 이유는 영화의 구성 요소인 영상, 음악, 시나리오 중에서 허구적인 시나리오에 있다. 영화가 꾸며낸 얘기라는 측면에서 거부반응이 있는 셈인데 당신이 읽는 소설도 그런 거 아니냐고 반문하는 사람도 있다. 그 말도 맞다. 하지만 책과 영화는 인간에 대한 접근 방식이 다르다. 책은 읽어 주기를 수동적으로 기다려 주는 반면, 영화는 극장이라는 장소로의 이동을 시한적으로 요구한다.

더구나 유명한 원작소설을 극화한 영화는 책을 읽을 때 피어나는 무한한 상상력을 영화가 현실화함으로써 제한하는 면도 있고, 영화를 책 보기 싫어하는 게으른 대중문화로 보는 과도한 '오만과 편견'이 내게 있었다. 덧붙여 극장이라는 혐오적 환경도 한 원인이다. 햇빛이 안 들어와 곰팡이가 떠다닐 듯한 극장의 어두운 공간에 영사기 빛이 투과될 때 보이는 온 세상 먼지는 불결한 느낌을 주며, 일단 입장하면 암실에서 쭈그리고 앉아 몇 시간을 앉아 있어야 하는 자발적 속박도 참기 어렵다.

해서 나는 최근 20년간 극장에 가서 영화를 본 적이 없다. 그 이전에도 별반 차이가 없다. 초등학교 때 단체로 〈벤허〉, 〈십계〉, 〈쿼

이강의 다리〉를 관람한 정도다. 그러다가 2000년대 들어와 인터넷이 발달돼 P2P 방식으로(요즘은 지적재산권 문제로 유료화되었다) 가입자간 파일 교환이 가능해진 틈을 타서, 우연히 영화를 80여 개쯤을 내려 받았다. 개중에는 1930년대 일본 무성영화도 있었다.

그리하여 〈바람과 함께 사라지다〉, 〈사운드 오브 뮤직〉, 〈로마의 휴일〉, 〈닥터 지바고〉, 〈프라하의 봄〉, 〈글루미선데이〉, 〈에덴의 동쪽〉, 〈이유 없는 반항〉, 〈티파니에서 아침을〉, 〈카사블랑카〉, 〈양철북〉, 〈무기여 잘 있거라〉, 〈해바라기〉, 〈태양은 가득히〉, 〈남과 여〉, 〈애수〉, 〈금지된 장난〉, 〈자이언트〉 등 상당수의 흘러간 명화를 컴퓨터 앞에 앉아 보게 되었다.

그렇게 몇 달간 계속 영화를 보았더니, 영화도 참 좋다는 생각이 들어 그간의 영화에 대한 편견이 많이 해소되었다. 그래도 극장에 가는 건 여전히 싫어, 컴퓨터로 보는 수밖에 없었다.

가끔 TV에서 상영하는 흘러간 한국의 명화도 본다. 그 시대의 스토리는 권선징악, 가족애, 이웃사랑 등, 참으로 단순하기 짝이 없고, 공간도 매우 제한적이다. 그럼에도 옛 영화는 그 시대의 생활상을 볼 수 있어 참 좋다. 50~60년대 종로 거리 풍경, 화신백화점, 전차, 교복 입은 학생들이 분주히 걸어가는 모습, 한복 입은 여성들, 북한식 말투와 억양, 구멍 송송 뚫린 불판에 불고기 지져 먹는 모습, 아침에 마당의 수돗가에서 세수하는 모습, 안방 건넌방 창호지 바른 방문, 방 한구석에 놓인 요강 등이 그것이다, 여기에 남존여비, 남아선호, 반공사상 등의 시대사조와 지금과는 다른 당시 사람들의 소망과 가치관 등의 의식구조를 엿보는 것도 재미있는 일이다. 이런 관점에서 보면 모든 영화가 가치 있는 역사적 기록으로 인식하기에 부족함이 없는 것 같다.

초등학교 시절에는 영화를 직접 볼 수는 없었어도 영화 선전을 위해 길거리의 벽에 붙은 포스터를 통해 영화 제목만큼은 잘 기억하고 있다. 오드리 헵번이 나오는 영화 〈티파니에서 아침을(Breakfast at Tiffany's)〉이 우리나라에서 상영된 것은 1962년쯤일 것이다.

1960년대는 서구에서 포스트모더니즘이 문화사조로서 태동하는 시기이지만, 이 영화는 사실주의적 경향을 띄고 있다. 평소에 영화를 별로 좋아하지 않는 내가 이 영화에 대해 연연해하는 점은 아주 순진무구한 이유에서다. 먼저 티파니에서 하는 아침에 대한 내 나이 50이 넘도록 품었던 무모한 호기심이 그 하나요, 다음으로는 이 영화의 주제가인 〈Moon River〉의 제목이 주는 '달+강'의 시적(詩的) 서정성 때문이다.

영화의 시작은 뉴욕의 한 보석가게 앞에 택시에서 내린 오드리 헵번(1929~93)이 쇼윈도 너머로 진열된 보석을 바라보며 봉지 속에 든 빵과 음료수를 꺼내 먹는 장면으로 시작한다. 이 장면은 영화의 주제를 함축하고 있는 광경으로서, 식당 아닌 거리에서 서서 먹는 아침, 그리고 보석에 대한 관심, 즉 미천한 주인공의 부에 대한 무모한 동경을 암시하며 영화가 시작되는 것이다.

뉴욕의 허름한 아파트에 사는 '홀리'(오드리 헵번 역)는 교도소에 수감된 마약사범을 일주일에 한 번 면회하는 대가로 100불을 받고, 같은 아파트로 이사 온 가난한 작가인 '폴'은 주기적으로 유부녀와 동침하는 대가로 300불을 받는다. 영화 장면으로 확인할 수는 없으나 그녀는 몸을 파는 여성이란 걸 추정할 수 있다.

이혼한 전 남편이 그녀를 잊지 못하고 텍사스에서 찾아오지만 그녀는 같이 갈 듯하다가, 그레이하운드 터미널까지 배웅하고 동행한 '폴'과 함께 돌아온다. 그녀의 과거를 가장 잘 아는 남자 '폴'과 '홀리'는 서로 좋아하지만, 그녀는 '폴'보다는 돈 많은 남자와 재혼하기를 두 번이나 시도한다.

'홀리'는 자신의 이름을 바꿔 가면서까지 새 인생을 꿈꾸지만, 재혼에 실패했고, 세 번째 결혼을 위해 파티에서 만났던 브라질 부호를 찾아가려 한다. 그녀는 공항으로 가던 길에 택시를 세우고 자신의 애완동물인 고양이를 차 밖으로 버린다. 그 고양이는 이름이 없다.

택시에 동승한 '폴'이 브라질 부호가 그녀의 과거를 알고 혼인을 거부했다는 소식을 전하지만, 자신은 브라질에 가본 적이 없다며 여전히 브라질 행을 고집한다. 그러자 화가 난 '폴'이 택시를 세워 차에서 내려 버린다. 그러고는 '당신은 결국 꿈을 이루지 못할 것'이라고 말하면서, 미리 책 인세(印稅)를 선불로 받아 티파니에서 사둔 반지를 택시 안으로 던져 넣는다. 반지를 본 그녀는 결국 마음이 변해 울며 택시에서 내린다. 그러고는 문 밖으로 내버린 고양이를 찾아 비가 억수 같이 퍼붓는 뉴욕의 거리를 미친 듯이 헤매다 고양이를 발견하여 다시 품에 안는다. 그리고 비 내리는 뉴욕 거리에서 두 남녀가 키스하는 장면으로 영화는 끝난다.

이 영화의 압권은 티파니 앞에 서서 먹는 아침 식사 장면, '홀리'가 기타를 치며 〈Moon River〉을 부르는 장면, 빗길에서 자신과 같이 살던 '이름 없는 고양이'를 택시 밖으로 버리는 장면 등이다. 지금의 이름인 '홀리'가 세 번째인 반면에 그녀가 이름을 지어 주지 않은 '홀리'의 고양이는 규정되기 싫은 그녀의 삶을 상징한다. 고양이를 거리에 버린 건 새 삶을 위한 출발이었고, 다시 고양이를 찾은 건 예전 삶으로의 복귀를 뜻한다. 무모한 신분 상승의 좌절과 신실한 사랑의 발견이 이 영화의 주제다.

이 영화의 토대가 된 원작 소설의 작가인 Truman Capote는 '홀리' 역에 마릴린 먼로가 가장 적합하다며 추천했으나, 먼로가 극중 매춘으로 자신의 이미지 손상을 염려해 거절하자, 오드리 헵번이 대신 역을 맞게 되었다고 한다. 왠지 '폴'과 어울리기엔 너무 농염한 먼로보다, 청순한 이미지의 햅번을 캐스팅하여 오히려 이 영화가 대성공을 거두지 않았나 생각해 본다.

내가 옛 영화에 관심을 두는 이유는 이제는 볼 수 없는 당시대의 시세(時世)나 풍속·풍물을 볼 수 있기 때문이 하나요, 다른 하나는 이제 수면 아래 침잠한 나의 유년기의 기억을 인양하기 위해서이다.

헵번이 전 남편을 배웅하는 터미널에서 보이는, 우리나라도 70년대 미국에서 수입해 잠시 운행하던 화장실이 설치된 그레이하운드 버스도 생각나고, 버스터미널에 설치된 'check here(여기에 짐을 맡기시오)'라 쓰인 사물함이 오늘날 우리나라 지하철역 사물함과 닮아 있다.

1993년 64세에 죽은 자그만 얼굴에 균형 잡힌 몸매의 오드리 헵번은 외모상 미의 기준이 변하지 않는다는 걸 느끼게 한다. 벨기에 출신으로 영국 국적인 그녀는 2차 대전 때 성장기를 맞아 잘 먹지 못한 기억이 있어, 말년에 아프리카에서 유니세프 활동을 하는 것 같았다. 수년 전 로마를 방문했을 때는 그녀가 주연으로 나오는 〈로마의 휴일〉의 아이스크림 가게가 여전히 그곳에 있었다.

영화를 보고 나서 요즘 보석상의 대명사가 된 '티파니'가 유명 음식점 이름이 아닌 뉴욕의 보석상 이름이란 것을 알았을 때는 약간 허탈했다. 그에 대한 보상을 받기 위해, 나는 보석상 앞에 서서 먹는 처량한 아침 식사 대신에 근사한 식당에서 젊잖게 앉아 아침을 먹었던 기억을 찾아내고야 말았다.

미국 동해안에서의 고소 풍경은 고층빌딩에서만 잘 볼 수 있으나, 캘리포니아 해안은 차도에서도 해안을 내려다볼 수 있는 곳이 많고, 도로변의 해안 언덕에 자리 잡은 식당들은 조망이 아주 좋다. LA 시내에서 5번 국도를 타고 태평양 연안에 도착하여 북쪽으로 조금 가면, 라구나 비치(Laguna Beach)가 나온다. 내가 이른 아침 식사를 한 장소 중에 가장 기억에 남는 곳은 라구나 비치 언덕 위의 어느 하얀 건물의 식당이다. 'Breakfast at Tiffanny's'에 대비되는 'Breakfast at Launa Beach!'라고나 할까! 언덕 위의 식당에서 고요한 태평양의 아침 바다를 바라보며 하는 아침 식사는 삽상하기 그지없고, 식당 주변은 해운대 달맞이공원에서 내려다본 해안 풍경, 그리고 제주 올레 7코스와 유사한 산책길 등을 연상시킨다.

영화가 만들어지기 전부터 이미 있었다는 이 영화의 주제곡 〈Moon River〉의 가사는 영화의 줄거리와 닮은 데가 많아 흥미롭다. 영화가 흥행에 성공하자 수많은 가수가 〈Moon River〉를 불렀으나 그 중에 Andy Williams의 감미로운 음성이 시적 서정성을 가장 잘 전달하는 것 같다.

Moon river, wider than a mile
I'm crossing' you in style some day

Oh, dream maker, you heart breaker
wherever you're going'
I'm goin' your way
Two drifters, off to see the world
There's such a lot of world to see
We're after the same rainbow's end
Waiting 'round the band my Huckleberry friend
Moon river and me~~

(달빛이 교교히 내리비추는 1마일도 더 되는 넓은 강을 건너, 머지않은 장래에 멋있는 모습으로 당신에게 건너갈 거예요, 당신은 꿈을 주는 사람, 가슴 아프게 하는 사람. 당신이 가는 곳이라면 항상 나는 동행할 거예요. 표류하던 우리 둘은 한번 성공하려고 세상으로 나왔어요. 세상엔 봐야 할 것이 참 많아요. 우리는 같은 목표를 갖고 무지개의 끝을 쫓고 있네요…….)

마지막 소절의 Huckleberry는 마크 트웨인(Mark Twain)의 『허클베리 핀의 모험』에 나오는 주인공 이름인 것 같다.

상호성의 법칙

내가 사는 곳의 한 백화점 앞 횡단보도 옆에 서면 언제나 군밤장수가 군밤을 몇 개씩 공짜로 나누어 준다. 쇼핑을 끝내고 다시 횡단보도를 건널 때 군밤장수를 다시 마주치면 사주어야 할 것 같아 눈빛 마주치기가 꺼려진다. 상품을 50% 세일하면 꼭 사야 할 것 같은 생각이 드는 이유는 상인이 통 크게 양보했으니 이번에는 내가 양보해야 할 것 같은 생각이 들기 때문이다.

이처럼 남에게 받은 시혜나 양보를 갚아야 하는 듯한 마음을 심리학에서는 '상호성의 법칙'으로 설명한다. 이것이 로버트 치알디니[1]의 사람의 마음을 사로잡는 첫 번째 원칙이다. 공짜로 주면 받은 사람은 언젠가 살 가능성이 있다는 것이다. 이 원리는 아무래도 비즈니스의 세계에 필요한 원리이나 정치나 협상에도 자주 구사되는 전략이 되고 있다. 노동조합은 대개 처음부터 사용자 측이 도저히 수용할 수 없는 요구를 제일 조건으로 들고 나온다. 옥신각신 밀고 당기기를 몇 번하다 어느 시점에 가서는 지친 듯, 노조측이 첫 번째 조건을 양보하는 대신에 차순위 조건의 수용을 요구

1 로버트 치알디니, 이현우 옮김, 『설득의 심리학(원제 : Influence)』, (주)북21, 2003.

한다. 사 측은 매우 난감해진다. 노조 측이 양보했으므로 이번에는 사용자 측도 양보해야 할 것 같은 강박증이 생기기 때문이다. 사실, 노조 측은 처음부터 차순위 요구를 관철시키는 게 목표였으므로 이 조건을 들어주면 결국 노조의 전략에 100% 말려들어 가는 것이 된다.

한편 사용자 측도 같은 전략을 구사할 수 있다. 올해 경영 성과가 나쁘니 임금 삭감이 불가피하고 인원 감축도 심각하게 고려하고 있다는 소문을 흘린다. 소문을 듣고 전략을 세운 노조는 임금 및 인원 삭감 결사반대를 외치고 나올 것이다. 여기서 경영자는 고심 끝에 임금 동결 정도로 노조와 타협을 본다. 이 조치를 끌어낸 것만으로 노조 측은 내심 자신들의 승리라고 생각할 것이다. 그러나 실제로 사용자 측은 처음부터 임금 동결이 목표이고, 임금 삭감까지는 생각하고 있지 않았으므로, 자신도 목표를 달성하게 되는 셈이다.

실제로 나는 이런 전략으로 조직의 구조조정을 무난히 수행한 경험이 있다. 당시에는 상호성의 법칙을 알고 있지 않았고, 단지 인간의 기대심리를 이용한 해법이었으나, 훗날 심리학 책 첫 장에 나와 있는 전략이어서 조금은 놀라웠다.

선거에서도 상호성의 법칙이 유효하다. 평생 직업을 갖지 않고 추종자를 거느리며 살았던 정치인임에도, 우리를 대신해 독재체제와 싸우며 민주화에 헌신한 정치인에게 국민은 빚진 느낌을 갖고 있었다. 결국 국민은 빚을 갚기 위해 그들을 대통령으로 만들어 주었다. 대통령 하려다 실패한 돈 많은 재벌이 만일 자신의 전 재산을 사회에 헌납하고 무일푼으로 정치판에 뛰어들었다면 우리는 그를 대통령으로 뽑아 주었을 개연성도 상호성의 법칙은 내포하고 있다고 봐야 한다.

봉사단체를 운영하며 덕망을 쌓고 인지도를 넓히거나 오랫동안 공짜로 무엇을 나누어 주다 정치계에 입문하는 경우도 상호성의 법칙의 지배를 받는 경우라고 생각해 볼 수 있다. 사회 봉사의 혜택을 받은 이들은 진 빚을 갚아야 할 것 같은 마음에 사로잡히기 때문이다. 봉사와 헌신은 그 자체가 목적이어야 하는데 뭔가의 도구로 이용되면 뒷맛이 개운치 못하나, 의도가 어디에 있든 결과적으로 누군가에게 도움이 됐다면 좋은 일이고, 정치 기술은 부정한 방법이 아닌 한, 수단과 방법의 차이만 있을 뿐인 현실세계의 일이다.

비즈니스 세계에서 흔히 구사하는 '상호성의 법칙'이 통용되는 데는 우매한 군중의 인식도 한몫한다고 본다. 본래 군중은 이성적으로 따져 보지 않고 단순하고, 맹목적이며 그야말로 군중심리에 이끌리는 가벼운 존재다. 기실 사회생활에서 남의 호의를 물리치면 결례가 되고, 베푸는 호의에 저의가 있는지를 처음부터 확인하기란 쉽지 않다. 별 생각 없이 받은 호의는 갚아야 할 빚으로 마음속에 잠복한다.

상대가 내게 베푼 호의가 사익(私益)을 위한 일인 경우는 마음에 부담을 가질 필요가 없고, 상응하는 크기의 호의로 되갚아 마음의 빚을 제거하는 단호함을 보일 필요도 있다. 그러나 순수한 호의에 대한 즉각적인 되갚음은 오히려 관계를 소원하게 만드는 원인이 되기도 한다.

언젠가 나와 같은 아파트에 사는 선배를 발견하고 반가운 마음에 한동네에서 잘 지내 보자는 뜻으로 조그만 선물을 한 적이 있다. 그냥 고맙다는 인사만 해도 되건만, 선배는 즉각 동급의 선물로 되갚아 주었다. 내 선의를 부담스러워 하는 모습으로 비쳐 몹시 당혹스러웠다. 인간적 교류 외에 내가 그에게 바라는 것이 아무것도 없다는 걸 모르는 그는 속 좁은 사람이란 생각이 들었다. 순수한 호의에 대한 즉각적 되갚음은 결례가 될 수도 있다. 고마운 마음은 간직만 해도 이심전심 알게 되어, 그 향기가 멀리까지 퍼지는 법이다.

은혜

장 자크 루소(1712~1778)는 불평등을 두 가지로 구분하고 있다. 그 중 하나가 자연에 의해 정해지는 신체적 불평등이고, 다른 하나는 사람들의 합의에 의해 정해지는 사회적·정치적 불평등이다. 그가 디종 아카데미에 제출한 논문을 토대로 작성된 『인간불평등기원론』[1]에서 인간의 불평등은 미개의 자연 상태에서는 거의 없었으나 인간 정신의 발달로 인해 시작된 재산의 사유화와 이를 인정하는 제도와 법률을 통해 차별이 합법화되었다고 본다. 그는 아무것도 소유하지 않은 사람들 간에는 어떤 종속과 속박이 있을 수 없다고 봤다. 사회와 법률의 기원은 약자에게는 멍에를, 강자에게는 새로운 힘이 되었다고 한다. 그의 자연으로 돌아가자는 구호는 여기에서 나온다.

루소의 경쟁자로서 유산계급이며 왕실에 들락거릴 정도로 높은 위치에 있던 볼테르 같은 사람은 루소의 『인간불평등기원론』을 읽고, "당신의 저작을 읽으면 사람은 네 발로 걷고 싶어질 정도"라고 조롱하는 편지를 그에게 보내기도 했다. 루소 또한 볼테르에게 보

1 장 자크 루소, 최석기 옮김, 『인간불평등기원론』, 동서문화사, 2007.

낸 편지에서 절름발이가 걷는 것을 가르치려 한다고 날선 공방을 퍼부었다. 인간의 예지는 너무 많은 발달을 거듭하여 오늘날까지 만들어 낸 인류의 문화나 문명은 결코 원시시대로 돌아갈 수 없다. 그러나 루소는 인간 불평등의 기원을 밝혀내고 이를 타파하고자 노력했다. 이를 위해 저술한 『사회계약론』[2]은 인류에게 큰 자각을 주었고, 자유민권사상은 프랑스 혁명의 사상적 토대가 되기도 했다.

루소는 인간 불평등의 원인으로 주로 사회·정치적 불평등을 지적하고 있으나, 나는 오히려 인간의 태생적 조건인 지적 능력이 관여한 결과라고 보고 싶다. 루소가 인간의 정신에 대한 자연적 차이를 외면하는 듯한 의도를 비치는 까닭은 그 자체가 자연이기 때문일 것이다. 인간의 지력이 서로 다른 것은 자연의 현상이요, 섭리다. 그것을 부정하면 그가 자연으로 돌아가자는 논리는 스스로 모순에 빠지게 된다.

사실 인간들 사이에 지적 능력의 차이가 있는 것은 신의 의지이므로 이에 대한 비판과 책임 추궁은 불가능한 것이다. 나는 인간 불평등은 인류의 탄생과 더불어 생겼다고 본다. 그 깊은 뜻은 창조자인 신에게 물어봐야 할 것이다.

인간은 동등하게 태어났다고 하지만 인류 역사상 모든 인간이 동등했던 시대도, 그런 나라도 없었다. 수많은 아이티 지진 난민들이 쓰레기 더미 속에서 음식물을 찾아내 먹는 걸 TV에서 보았다. 하물며 미국이나 일본에서도 쓰레기통을 뒤져 끼니를 때우는 사람을 나는 여러 번 봤다. 그렇지만 한편에선 너무 먹어 살 빼는 다

2 장 자크 루소, 최석기 옮김, 『사회계약론』, 동서문화사, 2007.

이어트가 열풍이다.

인간 불평등을 논한 루소의 생애를 살펴봐도 그렇다. 루소는 생후 9일 만에 어머니를 잃고 아버지와 10세까지 살다가 이후 방랑생활을 한다. 교육을 거의 받지 못했으며, 하인 생활, 가짜 음악교사, 측량기사 보조, 오페라 작곡, 개인비서, 생애의 끝자락까지 악보 복사 등으로 빈곤한 생활을 했고, 신교에서 구교로, 구교에서 신교로 2번 개종한 경력도 있다. 또한 생활고를 이유로 다섯 명의 자식을 모두 고아원에 버린 전력이 있는 독특한 사람이다.

말할 것도 없이 인간은 어느 나라에서 누군가의 자식으로 태어나는 순간부터 불평등은 시작되어 성장한 이후에도 재능과 운명에 따라 불평등은 계속된다. 이런 불균형을 강제로 개혁하려 했던 지난날의 사회주의 국가에서도 새로운 지배계층의 출현으로 불평등은 만연하기만 했다. 불평등의 완화를 통한 인류의 보편적 평등은 추구해야 하지만, 불평등은 사실상 인류의 숙명이다.

나는 가끔 언론매체를 통해 위화감(違和感)이란 말을 접할 때마다 놀라고, 은연중에 으스스한 불안감도 느낀다. '위화감'은 주변과 조화되지 않은 느낌을 말하는데 실제로는 불평등, 차별과 유사한 개념으로 사용되는 것 같다.

민주주의의 2대 가치인 자유와 평등은 반비례 관계에 있다. 개인의 자유가 커질수록 강자의 이익은 증가하고, 그렇다고 약자를 위해 평등을 강화하면 강자의 자유를 제한하는 꼴이 된다. 따라서 이 둘 사이의 절묘한 균형과 견제의 추가 좌우로 흔들리며 갈지(之)자를 그려야 사회는 발전해 간다. 나는 위화감이란 말을 들을 때마다 기이한 느낌을 받곤 한다. 획일화, 동질화, 동등화를 기대 가치로 삼는 사회는 다양성과 발전성이 없는 곳이기 때문이다.

그런데 이 위화감은 남에게 닥친 불행을 볼 때는 결코 사용되지 않는 언어라는 점은 재미난 현상이다. 옆집 사람보다 잘사는 사람이 위화감을 토로하는 경우는 없다. '위화감'은 항상 열세에 있는 사람들이 쓰는 용어다. 이런 심사는 무조건적 평등 주장으로 이어져 집단 갈등을 부르기 십상이다. 위화감을 들먹이는 사람의 심사는 대개 평등의식이 강한 사람인 것 같다. 박탈감과 '위화감'은 누구에게나 존재하지만, '위화감' 같은 용렬한 말 하지 말고 자기 분수대로 사는 게 행복이 아닐까? 안분자족(安分知足)의 현인(賢人)! 그러다 보면 나에게도 은혜가 돌아올 수도 있기 때문이다.

마태복음에는 포도밭 일꾼 얘기가 나온다. 일찍 나와 일을 많이 한 인부와, 늦게 합류해 1시간만 일한 사람의 일당을 같게 준 사건이다. 하루 벌어 하루 먹고 사는 인생이니, 일자리를 못 구해 포도밭 밖에서 하루 종일 서성이고 있다 늦게 합류했더라도, 일용할 양식이 필요하니 똑같이 일당을 준 것이다.

이는 '은혜'의 대표적이고 상징적인 사례로 기독교인이 아니더라도 모두 잘 아는 얘기다. '은혜'는 대가 없이 주어지는 혜택이다. 우리네 개념으로는 '운'과 비슷한 것이다. 능력이 부족해도 운이 좋아 성공한 경우도 일종의 은혜다.

나는 '은혜'야말로 이 사회를 지탱하는 원리라고 말하고 싶다. 꼭 일한 만큼, 성과를 올린 만큼만 대접받는 사회는 불안정하고 위험하다. 왜냐하면 능력이 부족한 사람은 자신의 미래를 너무나 잘 알기 때문에 반사회적이 되고 파괴적으로 변해 갈 것이기 때문이다.

살아봐도 미래가 안 보이는 사람은 무섭다. 살인과 폭력, 도난, 파괴, 강간 등 온갖 사회악이 만연할 것이다. 어차피 자신은 가진 것이 없기에 더 이상 잃을 것이 없는 사람들이 많아지면 사회는 극단으로 치닫고, 급기야 붕괴할 수도 있다고 본다.

미국에서는 운전면허 시험에 여러 번 떨어지면 나중에는 그냥 면허를 준다고 한다. 한국에서 그러면 운전면허 부정 발급으로 난리가 나고, 평등의식이 워낙 강해 너도나도 다 그렇게 면허를 받으려 할 것이지만, 미국에서는 아무런 문제가 안 되는 것 같다. 땅덩이가 커서, 차가 없으면 할 수 있는 일이 거의 없는 미국에서 운전면허증은 신발 같은 존재이다. 신발이 없으면 나갈 수 없으므로 면허를 주는 게 맞는다고 본다. 운동신경이 둔하고 잘 외우지 못하는 한계로 인해 계속 불합격하는 사람을 구제해 주지 않는다면, 그 사람은 사회활동이 불가능한 폐인이 될 것이다.

약간 능력이 모자라고, 신체가 약해도 일자리를 얻어 생계를 유지할 수 있고, 인간의 존엄성을 지킬 수 있는 최저생계비를 지원해야 사회구성원들이 모두 희망을 가지고 살아 갈 수 있다. 부족한 사람에게도 꼭 대가 없이 베풀어지는 '은혜'가 있는 사회가 되어야 한다고 믿는다.

이 세상에서의 은혜는 '위화감'을 달래 주고, 인간불평등을 완화시켜 주는 장치로서 사회를 유지하고 발전시키는 눈에 안 보이는 동력임을 인정할 필요가 있다.

호칭 사회

고교 동기 세 명이 각각 서기관, 사무관, 주사로 한 사무실에서 근무하는 것을 본 적이 있다. 가장 낮은 직급인 주사는 목구멍이 포도청이라 어쩔 수 없이 근무하는 듯했다. 그의 비애는 이루 형언하기 어려웠을 것이다.

나도 20대에 사무관이 되어 현업기관에서 과장으로 근무한 적이 있다. 내 밑에서 함께 근무한 계장 세 명은 모두 40대 후반에서 50대 초반이었다. 직제상 상사인 내가 담배를 입에 물면, 50대 계장이 선뜻 라이터로 공손히 불을 붙여 주었다. 그때는 그랬다.

그러다 해가 바뀌고 40대 계장이 사무관으로 승진을 했다. 그의 집에서 승진 파티가 있다고 해서 축하차 갔다. 음식이 나오기 전에 고스톱을 치기로 했다. 내가 패를 내는데 조금 꾸물거리자, 그가 한마디 했다.

"송과장! 빨리 칩시다."

불과 어제까지만 해도 나에게 '과장님! 과장님!' 하던 사람이 승진하자마자 그새 말투가 바뀐 것이다. 사실 그로서는 그동안 시쳇말로 더럽고 아니꼬웠을 것이다. 조카뻘인 나에게 과장님 하며 굽실거려야 했으니 말이다. 이제는 계급이 같아졌으니 말을 트자는 거다.

그런 이유로 계급사회에서는 수단과 방법을 가리지 않고 승진하려 몸부림치는 것이다. 직장인이 받는 스트레스의 진원은 업무보다 인간 관계가 더 많다고 한다. 나도 그렇게 생각한다. 호칭으로 표시된 상하 관계에 오늘도 직장인은 웃고 우는 것이다.

"인간 관계는 호칭으로부터 시작된다."

직장은 물론 사회에서도 호칭이 문제다. 식당에서도 종업원에게 '아줌마' 하고 부르면 쳐다보지도 않고, '사장님', '언니', '이모' 해야 대접을 받는단다. 남자들도 '아저씨' 대신에 모두 '오빠'라고 불린다. 나는 당신 같은 여동생이 없는데도 말이다.

길을 가다 사장님 하고 불렀더니 모두가 뒤돌아보았다는 유행가 가사도 있다. 우리는 지위를 나타내는 호칭에 민감해서 대기업도 사장님, 구멍가게도 모두 사장님이다. 한국 사람이 호칭에 민감한 면은 예를 들지 않더라도 여러 분야에서 개명으로 나타났다. 해당 단체의 요구를 수용한 결과로서 같은 값이면 다홍치마라고 말하는 데 돈 안 드니 좋은 일이다. 앞으로도 이런 개칭은 계속되어도 무방할 것 같다. 다만 기능에는 변화가 없으면서도, 당사자들이 스스로 사농공상의 직업 서열 의식을 반영하려고 한 점은 안타깝다. 직명 끝에 들어가는 '士' '長' '官' 모두 계층을 표시하고 있으니 말이다.

이 세 자 중에 두 자를 합해 만든 '長官'은 위세가 대단한 자리다. 미국에서는 장관을 비서라는 뜻도 있는 secretary라고 부른다.

그런 호칭이면 한국에서 장관할 사람이 있을까? 영미에서 흔한 성씨인 Baker, Smith, Miller는 각각 빵 굽는 사람, 대장장이, 방앗간 주인을 뜻하는 말이다. 한국에서라면 가당치도 않은 일이다. 자신의 조상이 선비가 아닌 기능인인 게 부끄러워 벌써 성(姓)부터 갈지 않았을까 싶다. 호칭에 민감한 사회는 허례허식과 가식, 허명, 표리부동, 명분 등이 우세하게 된다.

공무원들은 밖에선 실제 직함으로 불리는 걸 꺼리는 분위기다. 신분을 노출해서 유리할 것이 없기 때문이다. 한때 국장은 전무, 과장은 상무 등으로 부르기도 했다. 교수 사회에서도 상호간에 교수라는 호칭은 거의 사용하지 않는다. 아무개 선생 정도로 부른다. 제3자가 있는 식당 같은 장소에서 신분이 노출되면 의무만 커지고 좋을 게 없다. 신분 때문에 에누리도 못 하고 함부로 말도 못 하니 말이다.

친구 사이에도 꼭 직함을 불러 난처한 경우도 발생한다. 호칭으로 신분을 노출시키는 사람의 의도는 두 가지다.

한 이유는 손님의 신분을 노출하면 좋은 대접을 받을 거라는 막연한 기대감에서다. 허나 천만의 말씀이다. 업소에선 많이 팔아 주고 팁 잘 주는 사람이 왕이지, 신분 봐 가며 대접하는 게 결코 아닌 것을! 업소에서 제일 싫어하는 직업의 손님이 짠돌이로 알려진 교수, 의사, 박사님 같은 분들이다.

다른 한 이유는 직함으로 호칭하는 사람은 지금 그런 신분의 사람과 같이 있다는 걸 제3자에게 은연중에 과시하려는 거다. 하지만 이 역시 오판이다. 잠깐 보고 말 업소 종사자 앞에서 장관님, 검사님, 박사님과 함께 어울리는 게 무슨 큰 유세일까? 그에 상응하게 후한 봉사료로써 헌신을 안 하면 등 뒤에서 욕만 잔뜩 해댈 뿐 신분은 통하지 않는다.

층간소음 다툼으로 윗집에 행패를 부린 공무원이 요즘 화제다. 직장에서 받는 대접을 밖에서는 못 받게 되자 참지 못했던 모양이다. 직장 밖에서까지 자신의 신분을 드러내며 대접받으려는 사람은 어리석고 불쌍한 인간이다. 우리나라는 공과 사를 잘 구분 못하고 과시욕에 날뛰는 사람이 참 많은 나라다. 언젠가 결혼식 피로연에서 옆에 앉은 노신사(?)가 음식 타박과 함께 종업원을 혼내면서 자신이 언론사에 있었다고 말하는 걸 들었다. 은퇴한 분 같았는데 현직에 있을 때는 정말 대단한 위세를 떨쳤을 거다.

자신을 몰라본다고 호통을 치다 옥고를 치른 분, 직장을 잃은 분, 사업이 어려워진 분 등 불행한 대가를 치르는 세상이 됐음에도 여전히 공항, 호텔, 관공서에서 큰소리치는 분이 있는 것 같다. 그 배경에는 다른 사람을 혼내 주고 겁 주는 위치에 있는 신분과 직업을 숭상하여, 어딜 가나 큰소리로 호령해야 출세한 사람이란 재래의식이 원죄로 자리 잡고 있다.

전제시대가 아닌 한, 세상의 모든 직업은 봉사직이다. 정치인과 공무원은 국민에게, 언론은 시청자와 독자에게, 기업은 소비자에게, 의사는 환자에게, 선생은 학생에게 봉사해야 한다. 그런데 직업윤리를 망각하고 섬겨야 할 대상에게 되레 군림하는 현상이 발생하는 것이다. 20년 전만 해도 의사가 환자에게 군림하는 경우가 많았으나 가장 먼저 본분을 찾은 게 의료 분야인 것 같아 다행스럽다. 그러나 갑을의 계약 관계에서는 여전히 갑이 군림하는 문화가 대세여서 많은 비극이 발생하고 있다. 자기를 알아봐 달라는 안

달은 새로 산 장난감을 자랑하는 유아적 치기의 발로로서, 간만에 이룬 성취에 대한 오랜 열등감의 보상인 걸 남이 알아채면 창피할 일이다.

공적인 자리에서는 실제 직함을 부르더라도 사석에서 친구면 이름을, 선후배면 상응하는 호칭을 사용하는 게 옳다. 내가 누군지 아느냐고 신분 자랑하며 책임자 나오라고 외장치지 말고, 한 시민으로서 업장에서 힘들게 사는 분들 존중하며 살아야 하지 않을까?

부르는 사람이나 불리는 사람이나 호칭에 신경 씀은 사회적 낭비고 비능률이다. 호칭으로 싸움이 나고, 스트레스 받지 않으려면, 대체할 만한 용어가 나와야 할 것이다. 학자들이 사회 개혁 차원에서 문제의식을 가지고, 범사회적 호칭 단순화 노력이 필요하지 않을까 한다. 미국에서는 동네 꼬마가 할아버지에게 'John!' 하고 이름을 부른다.

독서에 대하여

요즘은 어떤지 모르지만 일본의 전철을 타면 손바닥만한 책을 보는 사람이 많이 눈에 띄었다. 미국도 젊은이들이 줄 서서 기다리는 동안 책을 읽고 있는 광경을 종종 목격할 수 있고, 유럽의 노천카페에서 커피 한 잔 시켜 놓고 책을 보는 사람은 요즘도 자주 보인다.

그런데 한국에서는 책 읽는 사람을 목격한 적이 없다. 그럼에도 서점에 가면 책이 산처럼 쌓여 있는 걸 보면, 책을 아주 안 읽는 건 아닌가 보다. 지하철에서는 모두 전화기를 들고 뭔가를 들여다보고 있다. 아마 가벼운 뉴스나, 연예계 뒷소식, 운동 시합 결과 등 봐도 안 봐도 그만인 것을 읽으며 시간을 보내는 것 같다.

요즘에는 독서주간이란 말도 듣기 어렵고 사람들의 관심도 없어, 독서를 권장하면 시대에 뒤떨어진 꼴통 취급을 받기 십상이다. 우리나라 사람들이 책을 잘 안 읽는 이유는 내면의 풍요함보다, 외면을 중시하기 때문이다. 아마 얼굴 성형과 독서의 상관관계를 살펴보면 재미있는 결론이 나올 거다. "책이 없는 방은 영혼이 없는 육체와 같다." 로마의 정치가 키케로의 말이다.

심지어 책도 외면을 가꾸는 치장물로 사용돼, 평생 책 한 권 보앉을 것 같지 않은 분의 방이 책으로 온통 도배가 된 모습도 보았다. 책을 수만 권 소장한 장서가와 독서가는 일치하지 않는 것 같다. 한 주에 책 한 권 보기도 벅찬 게 현대인의 삶이라고 볼 때, 다독을 해도 일 년에 30권 이상 보기 어려우니, 20년 동안 열심히 읽어도 고작 600권 정도에 불과하다.

내가 가장 책을 많이 본 시기인 중학교 때는 한국문학을, 고1 때는 셰익스피어, 헤르만 헤세, 톨스토이, 파스칼, 칸트, 니체 등을 주로 읽었던 것 같다. 대부분이 조금 어려운 책이었고, 가장 어려운 책으로 파스칼의 『팡세』는 숫자를 매긴 단편으로 되어 있고, 신과 인간의 관계를 말하고 있다고 기억하지만, 내가 읽은 책 중에는 가장 어려운 책이었다는 느낌이 남아 있다.

고전은 꼭 읽어야 할 것 같지만 막상 읽어 보면 지루하기 짝이 없고 그다지 재미있지도 않다. 마크 트웨인은 "고전은 사람들이 칭찬을 하지만 읽지는 않는 책이다."라고 말한다. 고전을 읽어야 하는 이유는 간단하다. 인간의 본성에 대한 성찰, 풍자, 교훈 등이 담겨 있는 고전은 수천 수백 년을 관통해 온 책이고, 요즘 나오는 책은 검증이 필요한 이 시대의 것이기 때문이다. 고전 한 권을 읽는 것은 안 읽어도 그만인 시시한 소설 100권 읽는 것보다는 더 낫다고 생각한다.

그러나 내가 왜 그런 어려운 책을 읽었는지, 지금 생각하면 신기하고, 도저히 그랬을 것 같지 않다. 그러나 사실이다. 아마 가장 큰 이유는 도대체 그런 책들이 왜 유명하고 정말로 가치가 있는 책인지 알고 싶었고, 사춘기적인 반항심에서 지식인들의 인식에 감히 대항하고픈 반발심도 있었던 것 같다.

예를 들어 셰익스피어는 왜 영국인들이 인도와도 안 바꾼다고 호들갑을 떠는지, 헤세의 『데미안』, 칸트의 『순수이성비판』, 파스칼의 『팡세』, 보카치오의 『데카메론』 등은 왜 그리 유식한 사람들의 입에 오르는지, 나도 한번쯤 알아보고 싶었던 것이다.

하지만 결과는 신통치 않았다. 셰익스피어, 헤르만 헤세는 알겠는데 다른 책들은 너무 어려웠다. 우선 글자도 매우 작고, 번역이 신통치 않았는지 몰라도 뜻이 정확히 통하지 않는 소절이 너무 많아, 독서가 아닌 마치 고문을 당하는 기분이었다.

그래도 어딜 가나 항상 내 곁에 군말 없이 동행하는 친구는 책이다. 책 없는 나의 삶은 상상할 수 없다. 책 속에서 수많은 사람을 만나고 사귈 수 있기 때문이다. 책을 읽지 않으면서 외롭다고 말하는 이가 있다면, 그는 식량을 옆에 두고도 굶주리는 사람이라 말하고 싶다. "우리는 혼자가 아니라는 것을 알기 위해 책을 읽는다."

러시아의 어떤 작가는 책을 태우는 것보다 더 나쁜 범죄 중에 하나는 책을 읽지 않는 것이라고까지 말한다. 또 어떤 이는 방문한 집에 책이 하나도 없다면 그 사람과는 교류하지 않는 것이 좋다고 충고한다. 영혼의 방이 비어 있는 사람은 필경 육적인 가치를 추구하는 사람이어서 배울 점이 없고, 거기에 매몰된 사람과의 동행은 차라리 혼자 가는 길만 못하다.

독서는 인간 수명의 연장이기도 하다. "책을 읽는 사람은 죽기 전에 천 번의 인생을 살지만, 책을 결코 읽지 않는 사람은 오직 한 번의 생을 살 뿐이다." 책 속의 주인공에 나를 치환시키면 나는 또 다른 생을 사는 것이리라.

일생 동안 내게 지혜를 주고, 위안을 줄 수 있는 사람을 얼마나 만날 수 있을까? 더구나 지속적으로 내게 가르침을 줄 수 있는 사람이 있었을까? 그러나 책은 시도 때도 없이 나를 만나 주기 위해 기다리는 인내심 많은 선생이지 않은가! "사색이 멈추는 곳에는 독서가 필요하다."는 말이 새삼 떠오른다.

이제 인생 성년의 쾌락은 독서다. 인생을 많이 살아 경험도 많이 축적된 시기에 도달한 사람은 어느 책이든 내용을 이해 못 할 것도 없다. 에피쿠로스는 쾌락이 인생의 목표이고, 쾌락을 통해 인간은 행복해질 수 있다고 한다. 그가 말하는 쾌락은 육체적이 아닌 정신적인 것이다. 정신의 산책은 추구할수록 반짝반짝 빛나고 풍요한 도락을 제공한다고 나는 믿는다.

지적 허영심과 호기심에서 시작된 나의 독서는 어느덧 일생의 위안과 기쁨의 원천이 되었으니, 그런 허영심은 또 한 번 불어와도 좋을 것 같다.

『돈키호테』와 세르반테스

스페인 여행 중에 돈키호테의 고향을 묻는 손님이 있었다는 안내자의 말을 듣고 모두 웃은 적이 있었다. 문학에 관심이 없는 사람도 햄릿과 돈키호테는 잘 알고 있어서 실제 인물로 착각해 발생한 우문(愚問)이었다. 당시에 훌륭한 기사들이 그랬듯이, 이름 앞에는 고향의 이름을 덧붙여 지은 '라만차의 돈키호테'[1]를 줄여 돈키호테라 부르니, 굳이 대답한다면 돈키호테의 고향은 '라만차'라고 볼 수도 있겠다.

『돈키호테』는 그 유명세에 반해, 정작 읽어 본 사람은 많지 않은 것 같다. 주인공의 캐릭터가 잘 알려져 있어 어쩐지 안 읽어 봐도 될 것 같은 소설이기 때문이다. 나 역시 어릴 적에 만화로 본 후, 2005년 『돈키호테』 발간 400주년을 맞이하여 한번 읽어 보려고 주문해 보니 700여 쪽으로 아주 두꺼웠다. 번역자인 '박철' 교수의 해설에 따르면 이 책에 등장하는 인물만 해도 659[2]명이라고 한다.

중세의 기사 모험담에 매료되어 정신이 나간 돈키호테는 낡고

1 미겔 데 세르반테스, 박철 옮김, 『돈키호테』, 시공사, 2005.
2 성경에 계보가 있는 등장인물은 비공인 집계로 2197명이니, 이 책의 규모를 짐작할 수 있다.

녹슨 갑옷을 차려 입고, 산초 판사를 대동하고, 늙고 말라빠진 말 로시난테에 올라타 기사로서의 편력에 나선다. 소설의 초입부터 여관을 성으로 착각하고 창녀들의 비웃음 속에 여관 주인 앞에 무릎을 꿇고 기사 작위를 제청한다. 그가 제정신이 아닌 것을 알아차린 여관 주인이 재미있어 하며, 그에게 기사 작위를 주는 것으로 소설은 시작된다.

책 본문 17장에서 돈키호테는 "제 천직이 약한 자를 돕고, 비리에 괴로워하는 자들의 원수를 갚으며 배신을 응징하는 것"으로 단정하고 있다. 그러면서 당시의 지배계층과 귀족을 돈키호테의 입을 통해 풍자하고 조롱해, 당시 사회를 고발하는 게 『돈키호테』의 주제다.

당시의 사람들에게 재미를 준 것이 전부라면 그 책이 지금껏 찬사를 받기엔 부족하였을 것이다. 당시의 시대 고발은 가치가 있으나 이미 흘러간 세상에 관한 것이므로 책 속에 시대를 떠나 불변하는 가치가 있어야 하기 때문이다. 『돈키호테』의 가치는 환상과 현실이 공존하는 글 속에서 무모한 시도와 실패를 계속하면서도 도전이 계속된다는 점이다. 창조는 현실이 아닌 환상이 낳은 결실이다. 답습과 안정은 창조를 이루어내지 못하는 조건이다.

그런 의미에서, 돈키호테, 산초 판사, 그리고 가상의 애인 둘시네아 공주 단 세 명이 만든 환상과 현실이 뒤죽박죽된 세상 속에서 좌충우돌하며 자신의 의지를 불태우며 돌진하는 돈키호테가 높이 평가되는 것 같다. 무모한 환상 덕분에 오늘날 우리는 비행기를 타고 여행을 하고, 지구 끝에 있는 사람과 얼굴 보며 전화 통화도 할 수 있게 된 것이 아니겠는가!

돈키호테의 무모한 성격과 달리, 책의 저자인 세르반테스(1547~1616)는 매우 치밀하고 겁도 많은 사람이었다. 세르반테스 시대는 루터의 종교개혁 운동 직후라 종교재판의 위세가 대단했다. 위축된 사회에서 소설을 쓰다 보니, 말하자면 검열을 피하기 위해 여러 가지 안전장치를 해 놓을 수밖에 없었다.

검열관을 안심시키기 위해 소설 초입부터 광인으로서의 돈키호테를 등장시키고 있는 점은, 한마디로 이 기사소설이 미친놈에 관한 것이라는 점을 일찌감치 알려주고 있다. 그것도 모자라 본문 9장에서는 이상하게도 소설 속에 작자가 불쑥 나타나더니, 이 소설은 내가 쓴 것이 아니고 어느 날 거리에서 만난 소년에게서 아라비아의 역사가인 '시데 아메테 베넹헬리'가 쓴 '돈키호테 데 라만차의 이야기'를 '반 레알'을 주고 산 것이고, 건포도와 밀을 약간 주고 번역자를 시켜 스페인어로 번역한 것에 지나지 않는다고, 독자들에게 직접 밝히고 있다. 이로써 그 소설이 미친놈의 얘기일 뿐이며, 자신이 저자가 아니라는 이중적 안전장치를 설정함으로써 자신에게 돌아올 수도 있는 위험을 회피하고자 한 것이다.

당시는 종교개혁 세력에 대한 탄압시대였던 점을 감안하지 않더라도, 전쟁에서 왼팔을 잃고 평생 동안 동반한 생활고와 여러 번의 옥고를 치르는 등 파란만장한 생애를 산 세르반테스로서는 누구보다 자기 방위의 필요성을 철저하게 느끼고 있었을 것이다. 그의 생애를 살펴보면 조금은 운이 없고 잘 안 풀린 인생을 살았음을 쉽게 느낄 수 있다.

그러나 세르반테스는 매우 치밀하고 현실성이 있는 사람이다. 어쩌면 그가 현실에서 실현이 불가능한 이상을 돈키호테라는 광인을 통해 실현하려 했고, 그의 똘마니인 산초 판사 또한 세르반테스의 현실적인 면을 복제한 모습이 아닌가 하는 의문이 들기도 한다.

『돈키호테』가 저작물로서 특이한 부분은 당시 발간된 책에서 흔히 볼 수 있는 인용과 주석이 거의 없다는 점이다. 해박한 독서와 지식을 과시하지 못하는 점에 대해 세르반테스는 신경이 좀 쓰였던 모양이다. 서문에서 "나는 재능이 부족하고, 배운 것이 적고, 또 천성이 하도 느릿하고 게을러서……"라고 자신을 소개하면서, 이 책은 '이 세상과 대중 사이에 떨치고 있는 세력과 권세를 부셔버리는 것'이 목적이므로 주석이나 인용구가 필요 없다고 말한다. 또한 친구의 말을 빌려, 주석과 인용구는 '그걸 조사하는 놈은 없을 거'니까, 꼼수를 부려 만들 수도 있다고 하면서 은근히 다른 저자들의 부정 개연성을 지적하는 동시에 자신을 옹호하는 대목은 또 다른 그의 성격의 일면이다.

『돈키호테』는 상당히 두꺼운 책인데, 책이 그렇게 된 데에는 사연이 있다. 당시 돈이 궁했던 세르반테스는 출판업자와 페이지 당 얼마씩 받기로 하고 글을 쓰기 시작했던 것 같다. 그러다 보니 분량을 늘이려는 의도로 주인공과 아무런 관계가 없는 얘기들이 곳곳에 삽입되기도 했다. 세르반테스의 곤궁함과 꼼수가 책 속에 함께 숨어 있다고 볼 수 있다.

세르반테스는 1547년, 귀족 출신 의사였지만 경제적으로는 무능한 아버지 밑에서 태어났다. 그는 본래 작가가 아닌 군인으로, 레판토 해전에서 총상을 입어 왼손을 쓰지 못하는 외팔이가 되었다. 이후로도 5년이나 더 군인으로 복무하며 여러 전투에서 활약하다

28세에 귀향하던 배가 해적선의 습격을 받아, 그는 졸지에 해적의 포로가 되어 알제리로 끌려갔다가, 5년간의 포로 생활을 마치고 에스파냐로 귀국한다.

37세의 나이로 결혼한 후에도, 생계가 막막했던 세르반테스는 여러 직업을 전전하다, 1597년 가을에 세비야에서 옥살이를 하는 동안 『돈키호테』를 구상한 것으로 전해진다. 세르반테스가 57세 때인 1605년에 출간된 『돈키호테』는 대단한 성공을 거두었지만, 생활고로 인해 이미 판권을 넘겨버린 까닭에 경제적 이득을 얻지는 못했다고 한다. 말년에는 아예 수도회에 들어가서도 글쓰기와 신앙생활을 병행하다 69세를 일기로 사망한다.

문학계에서는 『돈키호테』가 소설 작법상 매우 가치 있는 최초의 근대소설로서, 호메로스와 단테나 셰익스피어의 작품에 버금가는 세계문학의 최대 걸작으로 평가받는 모양이다.

『돈키호테』를 읽으며, 스페인 방문 시 들렀던 세비야, 톨레도, 그라나다 등 아는 지명이 나와 반가웠다. 특히 라만차에 가면 콘수에그라 풍차마을이 있는데, 세르반테스 당시에 있던 풍차인지는 확인하지 못했으나, 풍차 언덕에서 평화로운 라만차 평야의 모습을 그리는 무명 화가도 본 적이 있다.

「노인과 바다」와 헤밍웨이

고등학교 1학년 국어 시간에 선생님이 갑자기 독서 얘기를 꺼내면서, 최근에 읽은 책에 대한 독후감을 발표할 사람이 없느냐고 물었다. 그때나 지금이나 입시공부에 별로 도움이 안 되는 일반 책은 별로 읽는 사람이 없었던지라 아무도 손드는 사람이 없었다.

그런데 여러 사람 앞에 나서는 걸 그다지 좋아하지 않는 내가 어찌된 일인지 자원해 발표자가 됐다. 헤밍웨이의 「노인과 바다」 이야기를 하는 동안 수업 종료 종이 울리는 바람에 내 얘기는 중단되었다. 다음 국어 시간이 되자 애들이 그 다음 얘기도 듣자고 선생님에게 간청해 나는 다시 교단에 나가 나머지 얘기를 해야 했다.

그 소설은 부피가 작고 스토리도 간단해 길게 말할 거리도 없었을 터인데, 소위 '머리에 피도 안 마른' 나이에 인생이 뭔지도 모르는 내가 어떻게 두 번의 수업 시간에 걸쳐 발표를 하게 됐는지 모르겠다. 평소 불성실한 나의 학교생활 탓에 선생님들에게 자주 지적을 받던 내가 발표 잘한다고 칭찬을 들었으니 내 개인사에는 돌발사건이었다.

「노인과 바다」는 노인이 84일간 고기를 한 마리도 못 잡다가, 드디어 배에 싣지 못할 정도로 큰 대어를 낚았는데, 돌아오는 길에 상어 떼의 습격을 받아 뼈만 매달고 항구로 돌아온다는 게 소설의 줄거리다. 이 소설은 역경에 굴하지 않는 인간의 신념과 의지 그리고 불굴의 투쟁정신을 주제로 한 소설이라는 게 정설이다. 하지만 나는 다른 관점에서 보고 싶다.

십여 년 전에 돌아가신 나의 누님은 학교 선생 삼십 년에 조카들 다 대학 보내고, 결혼까지 시킨 후 명퇴했다. 퇴직 전에 큰 집을 분양받아 입주를 고대하며 연금 받고 편하게 여생을 보낼 꿈에 부풀어 있을 때, 난데없이 병마가 찾아왔다. 새 집에는 입주도 못 해 보고 간암이 발병해 일 년 안에 돌아가셨다.

내 대학 친구도 암진단 받고 1년 남짓 살다 죽었다. 고생고생 미국 유학 가서 학위 받아와 이제 자리 잡고, 먹고살 만하자 병이 든 것이다. 이제는 장사가 좀 되나 싶었는데 이렇게 병이 들어서 죽게 되었다는 애달픈 사연은 TV에서 가끔 듣는 것 말고도 우리 주변에 많이 있다.

그게 우리네 인생이다. 84일간 고기를 못 잡고 공을 치다가 마침내 대어를 낚았으나 돌아오는 길에 상어 떼의 공격을 받아 앙상한 뼈만 가지고 돌아온 노인처럼 말이다. 헤밍웨이의 이 소설은 불굴의 의지 같은 긍정적 아젠다 외에 '아무리 신념과 끈기와 용기로 버텨도 남는 게 없는 인생'에 대한 풍자를 담고 있는 건 아닐까 싶다.

누님은 독실한 기독교 신자였다. 새벽마다 교회에 나가 기도하고, 거의 매일 교회에 나가 봉사하다 과로해 병든 측면도 분명히 있었다. 그럼에도 하늘나라 일이니 주님이 지켜 주실 거라 믿었건만 끝내 돌아온 것은 죽음이었다. 여기서 종교적 신념의 허구성을 지적하려는 의도는 없다. 다만 우리네 인생의 허망함과 인생의 배반을 말하고자 할 뿐이다.

정호승 시인의 "인생은 내게 술 한 잔 사주지 않았다."는 시가 있다. 그렇다. 인생은 고통받는 우리를 위로하기보다 외면하기 일쑤다. 기다리지 말자. 인생이 내게 술 사주기를. 안 사줘도 그만이라고 생각하자.

이발소 벽에 붙어 있던 푸쉬킨의 시도 마찬가지다.

삶이 그대를 속일지라도
슬퍼하거나 노하지 말라
슬픈 날엔 참고 견디라
즐거운 날이 오고야 말리니……

삶은 대체로 우리를 속인다. 좋은 날이 안 오면 어찌할 것인가? 즐거운 날은 올 수도, 안 올 수도 있으니, 역시 기다리지 말자! 그게 인생이다. 희망을 품고 열심히 살아도 결과는 나의 뜻대로 안 될 수도 있음을 아는 게 지혜이고 현명함이 아닐까? 누구에게나 인생은 어느 날 갑자기 미완성 속에서 끝이 난다.

헤밍웨이는 노인과 바다로 퓰리처상과 노벨문학상을 연이어 받는다. 그리고 7년 후 정신착란과 과음으로 자살하고 만다. 역경과 사투를 벌인 노인이 어부로서 얻은 것이 없었듯이, 인생은 몸부림쳐 봐도 빈 배로 돌아오는 것이란 사실을 일찍이 깨닫고 수많은 미모의 여인을 사랑하여 네 번 결혼했고 노벨상까지 받은 생의 정점에서도 그는 생의 허무를 참지 못했을 거라는 생각이 든다. 헤밍웨이는 「노인과 바다」를 통해 자신의 생애의 끝을 암시한 것 같다.

영혼을 파는 사람

산문이나 소설을 쓰는 데는 많은 시간이 필요하지만 시는 짧은 시간에도 시상(詩想)만 떠오르면 얼마든지 쓸 수 있기 때문에 나는 바쁜 삶 속에서도 삼십대까지는 가끔 시를 썼다. 산문이 책자 한 권으로 말할 것을, 시는 단 몇 줄이면 표현해 낸다. 시의 함축적 언어가 남기는 여운과 호소력은 산문보다 효율적이고 간단하다. 짧은 시구(詩句)는 언제나 장황한 산문을 앞선다고 나는 생각한다.

하지만 결론은 언제나 같아, 나는 시를 쓸 수 없는 사람으로 자평한다. 시는 산문과 달리 언어가 매우 중요하다. 시어(詩語)라는 말도 있어, 시를 쓰기 위한 서정(抒情)이나 관찰력이 있어도 시적 언어의 구사 능력이 없으면 시다운 시를 만들어 낼 수가 없기 때문이다.

소설가 중에도 처음에 시를 쓰려 했으나 너무 어려워 산문으로 전환했다는 얘기를 들은 적이 있다. 다른 소설가들도 비슷한 생각을 하는 분이 많을 것 같다. 대신에 시는 자신의 감정을 표현하고 처리할 수는 있으나, 구체적 적시를 통해 사회 고발이나 이상의 실현 혹은 제안이 어려운 한계를 갖고 있다.

시인 중에는 오히려 산문의 곤란함을 지적하는 분도 있다. 시는 은유와 비유의 수사(修辭) 속에 자신을 표현하고 설명할 수 있지만 산문은 직설적으로 자신을 드러내야 하는 고충 때문이라고 한다.

소설은 가상의 세계이지만, 작자의 사상, 지식, 경험 등 삶의 모습이 여과 없이 드러나 작가에겐 현실이다. 소설 속 인간의 모습은 어쩌면 작가의 인생 스펙트럼 안에 존재할 수밖에 없어 때때로 자신이 드러내고 싶지 않은 부분까지 보여줘야 하고, 반대로 드러내고 싶으나 역량이 모자라 표상(表象)하지 못한 부분도 있을 것이다.

그렇듯 소설이 작가의 생애를 초월하기 어렵다고 볼 때, 파란만장한 굴곡 있는 생을 살았던 사람의 소설이 그렇지 않은 사람의 것보다 더 큰 호소력과 생명력을 지니는 것 같다. 만일 개인의 생애를 뛰어넘는 상상력을 동원할 수 있는 사람은 출중한 능력의 소유자다. 소설은 시대의 자화상이란 역사성과 기록성을 가지면서, 동시에 흥미와 정보를 제공한다는 측면에서 대중 흡인력은 시보다 유리하다는 생각도 든다.

시는 감성의 향연이고, 산문은 이성과 감성의 전개다. 시는 대책 없는 응석이요, 비현실적 소모이고, 산문은 책임 있는 호소이며 현실적 고백이다. 시는 우리에게 위안을 주고, 산문은 우리에게 생각을 준다. 시는 노래이고, 산문은 대화이다. 감성과 이성은 이웃 간이나 때로는 그 사이엔 건널 수 없는 협곡이 있다. 둘 사이에 다리를 놓고 필요에 따라 지성과 감성의 사이를 오가며 살 수 있다면 좋을 것이다.

글을 쓰거나 책을 저술하는 일은 저자의 영혼을 소비하는 일이다. 영적 지출도 재정과 마찬가지로 수입을 초과할 수 없다. 수입을 늘리려면 할 수 없이, 다른 사람의 영혼인 책을 읽어야 한다. 내 생각, 지식, 경험은 한계가 있으니, 늘 쓰기만 하고, 영적 수입이 없으면 내 영혼은 거리를 뒹구는 빈 깡통이 될 것이다.

'여성 만델라'라고 불리는 흑인 여성작가인 마야 안젤루(1928~2014)는 "자신의 내면의 밝히지 않는 이야기를 참는 것보다 더 큰 고통은 없다."며 자서전[1]을 쓸 수밖에 없는 이유를 말했다.

열다섯 살 사춘기 때, 나는 나만의 유토피아가 있었다. 내가 동경하는 세계와 그 한 모퉁이에는 사랑하는 여인(?)도 자리 잡고 있었다. 그러나 경쟁이 심해 주변이 온통 고교입시 준비에 광분하던 1960년대이니, 언감생심 실현이 가능한 일은 거의 없었다.

현실을 도피하여 나만의 가상세계를 구축하는 데는 글쓰기만한 게 없었다. 내 유토피아에 대해 몇 날 며칠을 주야장천 써 내려갔다. 나중에 읽어 보니 그게 단편소설쯤 되는 거였다. 허구 속에서 나는 그렇게 이상향의 꿈을 완성해 갔다. 지금 생각하면 우습지만, 그게 나의 습작 소설 초고이다.

그 후로는 생존경쟁이 더 치열해져 소설 쓰기는 거기서 끝이었다. 그 빈자리는 일기 쓰기로 채워졌다. "일기를 쓴다면, 다음과 같은 위험이 있을 것이다. 즉 모든 일을 과장하는 것, 너무 날카롭게 주의를 기울인 나머지 줄곧 진실을 왜곡하는 일이다."[2] 나도 동감이다.

15세에 시작한 나의 일기는 40대 후반에 끝나, 그 명맥이 족히 30년은 넘을 것이다. 일기를 쓴 빈도는 처음에는 매일, 말기에는 한 달에 몇 번 수준이라, 30년 일기장이래야 노트로는 십여 권 정

1 마야 안젤루, 김동욱 역, 『새장에 갇힌 새가 왜 노래하는지 나는 아네(원저 : I know why the caged bird sing)』, 문예출판사, 2009, 이외에도 수 권의 자서전을 썼다.
2 장 폴 사르트르, 방곤 옮김, 『구토』, 문예출판사.

도다. 어쩌다 읽어 보려 창고를 뒤져 보면, 지금은 세월이 너무 흘러 종이조차 검게 타버린 풍화된 모습이다. 그 시간의 기억을 더듬다 보면 나에게 글이란 무엇이었을까 새삼 되짚어보게 된다.

글은 나의 충직한 '종'이다. 세상에 있는 것 중에, 내 맘대로 할 수 있는 유일한 '종'이다. 언제나 내 곁에 있어 부르면 공손하게 찾아온다. 내가 가자는 곳으로 군말 없이 가 준다. 밤이든 새벽이든 대낮이든. 나는 그를 통해 세상과 소통한다. 때로는 비탄과 환희를, 때로는 분노와 평안을, 때로는 후회와 다짐을, 때로는 외로움과 사랑을, 때로는 과장과 진실을 그를 통해 표현한다.

글을 쓴다는 건 옷을 벗는 일이다. 하나씩 하나씩 겉옷부터 벗고 나중에는 다 벗어 나신이 된다. 나의 문신이, 흉터가 다 드러난다. 그것도 모자라 끝내 내 머리 뚜껑을 열고, 뇌의 단층을 노출하고 만다.

글을 쓰는 일은 나의 고혈을 짜내는 일이다. 헤밍웨이는 말했다. "쓸 것이 없다면, 당신이 할 수 있는 일은 타이프라이터 앞에 앉아 피를 흘리는 것이다." 최명희는 평생에 『혼불』 열 권 내고 힘들어 주었다. 말이 행복하고 즐거운 사람들의 언어라면, 글은 고뇌하고 사색하는 사람들의 언어다. 박경리는 '내 삶이 행복했다면 결코 글을 쓰지 않았을 것'이라 회고했다. 파스칼 키냐르는 어른거리는 자신의 죽음 앞에서 소설을 썼다.

글은 고통이고, 몸부림이며, 짝사랑이며, 미련이며, 아쉬움이며, 처절함이자, 애처로운 회한이다. 글쓰기는 나의 절규요, 독백이요, 구원이요, 희망이고, 마지막 도피처다. 글은 회상을 통해 인생을 두 번 살게 해준다는 말도 있다. 「가지 않은 길」로 유명한 시인 프로스트는, "작자에게 눈물이 없다면, 독자에게도 없다. 작자에게 경이로움이 없다면, 독자에게도 없는 것이다."라고 말했다.

글은 나의 분신이고, 영혼이다.
글쟁이는 영혼을 파는 사람이다.

글은 나의 충직한 '종'이다.
'종'이 없으면, 나도 세상에 없는 것이다.

운명의 0.25초

처음 본 이성의 호감 여부를 판단하는 데 걸리는 시간은 단 0.25초라고 한다. 학자들이 말하는 사물을 인지하는 데 걸리는 시간과 일치한다. 그러니까 남녀가 만나 운명을 결정짓는 건 고작 1초도 안 된다는 얘기다. 물론 외양(外樣)에 국한된 것이나 실제로 시각에 의해 판단하는 남성의 관점에서는 누가 뭐래도 최우선 순위가 외모라고 말하지 않을 수 없다.

나의 군복무 시절 생각나는 사람이 있다. 직장에 다니다, 좀 늦게 20대 후반에 군에 입대한 김 병장이다. 입대 전에 선을 46번이나 봤으나 장가를 못 가고 군에 끌려왔다고 그는 툭하면 푸념을 하곤 했다. 그는 매번 혹시나 하고 나갔다가 역시나 하고 돌아올 뿐이었고, '오늘도 영~ 운이 나빠' 하면서 선을 보는 날은 꼭 유곽에 들렀다 집에 들어갔다고 했다. 꼭 그렇게 화풀이를 해야 직성이 풀렸나 보다.

조금은 그가 이해되는 것이 1초도 안 돼 신부감에 대한 부적격 판정을 내렸음에도, 중신아비 눈치 보랴, 색시 눈치 보랴, 표정 관리하며 맘에 없는 말도 예의상 몇 십 분은 해야 했을 테다. 또 양가 쪽에서 뒷말 안 나오게 하려면 다방에서 차만 마시고 그냥 집으로 보낼 수도 없으니, 근사한 양식집에 가서 저녁을 사주고, 끝내 속마음을 숨기며 색시를 집에까지 택시로 모셔야 했을 것이다. 70년대 초반의 선보는 날 풍경은 그랬다. 그래서 선 한 번 보는 데에 돈도 무시할 수 없을 정도로 든다면서 절대로 선은 볼 게 못 된다는 게 그의 지론이었다. 아마 그도 지금 60대 후반쯤 되었을 테니 어디쯤에서 자식 · 손자 낳고 잘 살고 있을 것이다.

그는 여성을 세 부류로 나눈다고 했다. 1그룹은 호감이 가는 여성, 2그룹은 있으면 좋고, 없으면 그만인 여성, 3그룹은 단지 인격적 존중 대상인 여성군(女性群)이다. 각 그룹에 속하는 여성의 비율은 2%, 18%, 80% 정도란다. 1그룹에 속하는 2%의 산출 근거는 50명에서 한 명 정도 출현하기 때문이고, 2그룹의 18%는 대략 다섯 명 중에서 한 명이 여기에 속하기 때문이다. 나머지 대부분의 여성 80%는 3그룹에 속한다는 게 그의 외모 중심적 생각이었다. 그런데 여성은 한술 더 떠 남성의 80%는 인격적 존중의 대상조차 되지 못한다고 생각하는 건 아닌지도 모르겠다.

결혼 상대 여성에 대한 평가 요소로는 용모+성격+학력이 중요하다. 남성의 평가 요소는 돈 버는 능력+학력+성격이 아닐까? 이는 그 사람에 대한 본질이며 불변가치로서, 부득이 학력을 따지는 이유는 빠른 시간 내에 상대방의 지성을 파악할 마땅한 도구가 달리 없기 때문이다.

여성에게 용모가 중요하다면, 남성의 경우는 목소리도 중요한 모양이다. 스페인 프로축구선수 출신의 가수로서 지극히 추남(醜男)인 훌리오 이글레시아스는 목소리 하나로 뭇 여성의 혼을 빼놔, 미스 유니버스와 사귈 정도였으니 말이다. 추가되는 요소로는,

상대의 '배경' 즉, 재력이나 권력 등이 있다. 이것은 가변가치로서 시간에 따라 변하는 속성이 있으므로 중요하게 여길 수 없는 요소다. 대개 '배경'을 중시하는 결혼의 대표적 사례로, 말하자면 '돈' 보고 결혼한 사람은 경제 사정이 어려워지면 어김없이 이혼한다. 굳이 말하자면 중요한 건 돈이 아니라, 돈을 벌 수 있는 잠재력 능력이 더 중요한 거다.

그런데 재미있는 현상은 용모와 학력 모두가 좋아도, 성격 때문에 싫은 사람도 있다.

> "네가 다른 사람을 미워한다는 것은, 그의 속에 있는 나의 한 부분을 미워하는 것이다. 네 안에 그것이 없다면, 그것이 너를 불편하게 만들었을 리가 없다."[1]

헤르만 헤세의 말이다. 만일 당신이 부자가 밉다면 당신은 부자가 되고 싶기 때문이다. 그렇지 않다면 부자를 미워할 이유가 없다. 권력자를 맹렬히 비난하던 시민운동가가 훗날 비슷한 권력자가 되어 돌아오는 이유는 바로 그 때문이다. 서로 미워하는 사람은 알고 보면 서로 비슷한 사람인 경우가 많다. 내가 미워하는 나의 부분이, 상대방 안에도 존재하는 것을 확인하면, 그 사람이 싫고, 가까이 하고 싶지 않은 것이다. 그러니까 나에게는 '3군'에 속하는 여성일지라도 다른 사람에게는 '1군'에 속할 여지도 충분히 있으므로 이성관은 역시 객관성이 별로 없는 것이리라.

1 헤르만 헤세, 전영애 옮김, 『데미안』, 민음사, 2005.

스탕달의 연애론[1]

『적과 흑』의 저자, 스탕달(1783~1841)의 본명은 앙리 베일(Henri Beyle)이다. 별로 잘생기지도 못한 아저씨 같은 외모의 스탕달은 연애가 인생 최대의 관심사였고, 사랑 없이는 명예도 재산도 아무 소용없다고 생각했다. 요즘 같이 살기 팍팍한 시대에도 그의 생각에 동의할 사람이 있을지 모르지만, 사랑과 연애가 적어도 모두에게 관심사인 것만은 분명하다.

사랑은 어느 날 갑자기 내 앞에 찾아올 수 있는 도둑 같은 감정이다. 평생 동안 단 한 번도 사랑의 감정 때문에 마음에 잔잔한 파문이 없었다면 그다지 '인간적인' 사람이 아닐지도 모른다. 삶에 찌들어 여유가 없었다면 동정할 일이지만, 감정이 성숙하지 못한 목석 같은 사람에게 좋은 점수를 줄 수는 없기 때문이다.

스탕달은 연애를 네 가지 방식으로 분류하였다. 폭발적인 열정을 연소하는 정열적 연애, 별로 진정성이 없는 취미적 연애, 쾌락에 근거를 둔 육체적 연애, 유명인과 사귀고 싶어 하는 허영적 연애가 그것이다. 장년이라면 젊은 시절 당신의 연애는 어느 편이었고, 연인

1 스탕달, 이동진 번역, 『연애론 에세이』, 해누리기획, 2004.

이 있는 젊은 사람이거나 연애 중인 사람이라면, 지금의 연애가 어디에 속하는지 한번 자문해 보는 것도 의미 있을 것 같다.

스탕달이 말하는 연애의 발전 단계는 이성을 보고 감탄하며 매력을 느끼는 첫 단계, 키스를 하면 얼마나 좋을까 상상하며 접근 충동이 일어나는 두 번째 단계, 사랑을 나누고자 하는 열망의 세 번째 단계, 언제나 상대방만 생각하며 사랑이 탄생하는 열병의 네 번째 단계, 상대방에게서 계속 좋은 점을 발견해 내는 '결정 작용'이 일어나는 다섯 번째 단계, 상대방의 사랑을 의심하는 여섯 번째 단계, 마지막으로 일곱 번째 단계에서는 갈등과 오해가 풀리고 다시 한 번 '결정 작용'이 작동하여 사랑이 안정되고 완성된다고 한다. 자신의 연애 상대가 최고라고 생각하는 '결정 작용'의 단계에서는 버림을 받더라도 그 사람의 장점을 계속 떠올리며 절망에 빠지며, 다른 데서는 아무런 기쁨을 얻지 못하고 세상을 비관해 자살할 수도 있다고 한다.

연애의 각 단계에 소요되는 시간에 대해 스탕달은, 여성이 접촉에 대한 욕망이 그다지 강하지 않은 경우는 첫 단계에서 두 번째 단계로 진행하는 데 1년이 걸리는 경우도 있고, 두 번째에서 세 번째까지는 1달, 세 번째에서 네 번째 단계는 거의 순식간에 이루어진다고 한다. 여기서 재미있는 현상은, 사랑의 정점인 네 번째 단계에서 여성은 외모가 눈에 띄게 아름다워진다나! 누가 말했던가, 사랑과 가난은 숨길 수가 없다고!

스탕달은 35세에 만난 '마틸드'와의 그다지 성공적이지 못한 연애를 회고하며 연애론을 썼다는 설이 있으나, 그가 연애에 대해 일가견이 있는 연애연구가임에는 분명하다. 그는 이 세상의 모든 연애는 똑같은 법칙에 따라 발생, 지속, 소멸한다고 말한다.

스탕달이 말하는 사랑이 완성되는 마지막의 7단계는 우리나라와 같이 보수적인 사회에서는 결혼을 의미한다고 해석해야 할 것이다. 그러나 불행하게도 결혼은 사랑의 무덤이라는 말이 있다. 무덤이 과거에 살았던 사람의 징표이듯이 결혼도 한때 있었던 사랑의 흔적이다. 남녀의 사랑은 상대방을 서로 알지 못하는 미지의 호기심을 바탕으로 시작되지만, 서로를 알게 되어 감각기의 순응이 발생된 후에는 긴장이 풀어지고 마는, 생명력이 그다지 길지 않은 소멸성 감정이기 때문이다. 사랑의 완성이 결혼이라 말들 하지만, 사실 결혼은 사랑을 일상적 의무로 치환하는 예식이라 해석하면, 내가 결혼을 너무 폄하하는 것인가? 냉소적 인간의 표상, 라 로슈푸코는 "그런대로 잘된 결혼은 있다. 그러나 감미로운 결혼의 경우는 하나도 없다."[2]고 말했다.

에리히 프롬은 『소유냐 존재냐』[3]에서 사랑의 권태를 이렇게 말한다. 사랑을 소유의 관념으로 보면 이미 하나의 독점적 재산이 되었기 때문에 서로 환심을 살 필요가 없고, 사랑 대신 그들이 가지고 있는 돈, 지위, 가정, 자식의 공동소유만으로 만족하게 된다고 본다. 소유가 아닌 존재 방식의 사랑은, 상대방을 소유물인 아닌 인격적 객체로 보는 것이다. 그러면 서로 잘 보이려고, 매력을 잃지 않으려고, 노력하게 된다고 한다. 에리히 프롬은 사랑에서도 '소유'보다 역시 '존재'를 주장하고 있다.

2 라 로슈푸코, 이동진 옮김, 『잠언과 성찰』, 해누리, 2010, p.45에서 인용.
3 에리히 프롬, 최혁순 옮김, 『소유냐 존재냐(원제: To Have or to Be?)』, 범우사, 1999, pp.74~77 참고.

사랑은 감정이기 때문에 찾아오는 시기가 정해져 있지 않다. 결혼 전에는 물론, 불행하게도 결혼 후에도 올 수가 있다. 그게 사람 사는 세상의 실체다. 하버드 대학의 조지 베일런트 교수가 쓴 『Aging Well』[4]은 1940년 전후에 하버드 대학교에 입학한 2학년생 남자 268명과 스탠포드 대학의 천재급 여학생 90명의 삶을 노년까지 추적한 보고서다. 여기서 그는 행복은 인간 관계에서 온다고 결론짓는다. 이 책에서 사랑이 없이는 행복해질 수 없으며, 심지어 한 여성은 자신의 인생에서 가장 행복했던 순간을 묻는 질문에 서슴없이 유부남과 부적절한 사랑을 한 시기라고 밝히고 있었다. 그러나 혼외의 사랑은, 현실적·도덕적 문제를 내포하고 있어 책임이 따르므로, 그런 터무니없는 감정은 각자 알아서 처분해야 할 몫이다. 현실적으로 그런 일로 불행한 상황이 발생할 수도 있고, 다른 방법을 통해 성공적으로 승화시킨 경우도 있을 것이다.

다시 스탕달의 얘기로 돌아가면, 나라마다 다른 연애의 형태에 대해 그는 이렇게 말한다. 만족되지 않는 욕구를 드러내는 건 열등함을 표출하는 것이기 때문에 진정한 사랑이란 최하층 사람들밖에는 할 수 없는 일로 간주하는 프랑스 인의 사랑은 허영심이고, 여자의 순결이 자랑거리가 되는 영국인은 이탈리아 남자와 달리 사랑하는 여인과 함께 밤을 새울 수도 없고 밤새 술이나 마실 뿐 사랑보다 자존심을 중히 여기며, 스페인 사람의 사랑은 지적이고 열정적이며, 독일인에게 사랑은 하나의 신앙이고, 미국인의 사랑은 이성적이고 무미건조하다고 한다. 만일 스탕달이 살아 있다면

4 조지 베일런트, 이덕남 역, 『Aging Well(번역서 명칭: 행복의 조건)』, 프런티어, 2010.

한국인의 사랑은 '돈'이라고 말하지나 않았을까?

이성의 선택에 관하여 여성에게 주는 스탕달의 조언은, 작전의 성공만 생각하고 취미로 사랑하는 '돈 후안'형보다 순정과 열정으로 사랑하는 '베르테르'형의 남자와 연애하라는 주문이다. 주변에서 보면 이혼한 남성은 첫 부인과 비슷한 이미지의 여성과 재혼하는 것이 자주 목격된다. 이런 현상에 대해 스탕달은 이전의 사랑으로부터 발생한 이른바 감정이입 때문이라고 설명한다. 그러나 남자가 관심을 두는 여성상은 그 폭이 매우 좁기 때문에 일어나는 현상이라고 나는 생각한다. '첫사랑 이외의 사랑은 그 사랑의 그림자'[5]에 불과하다는 말도 있다. 남자는 생리적·유전적으로 선호하는 형이 딱 정해져 있어서, 아무 여성과 사랑하지 못한다. 젊은이들은 성공적인 연애를 위해 스탕달의 연애론을 읽어 보고 그 속성을 한번 알아보기를 권장한다.

"연애는 스스로 주조한 화폐로 지불하는 정열이다."[6]

5 파스칼 키냐르, 송의경 옮김, 『로마의 테라스』, 문학과지성사, 2002, p.170에서 인용.
6 스탕달, 이동진 번역, 『연애론 에세이』, 해누리기획, 2004.

부부로 산다는 것

일단 살아 보고 안 맞으면 이혼한다는 속셈으로 결혼하는 사람은 없다. '검은 머리 파뿌리가 될 때까지', 혹은 '죽음이 두 사람을 갈라놓을 때까지' 함께 살기를 바라는 주례사는 이 결혼에서 혹시 발생할지도 모르는 일을 염두에 둔 것이리라.

결혼 생활에 실패하는 가장 큰 원인은 아마 '부부=사랑'의 등식을 맹종하기 때문이 아닐까 생각한다. '사랑'의 개념은 매우 포괄적이고 광범위해서 일일이 열거하기 어려우나, 내가 여기서 지칭한 사랑은 쉽게 말해 결혼에 이르기 직전의 두 사람 사이의 애틋한 마음을 의미한다. 그런데 안 보면 보고 싶고 그리워하는 그런 관계는 길어야 3년 안에 마무리되고 두 사람 앞에 남겨진 시간은 오로지 '생활'이라는 줄기찬 일상뿐이다.

공동 생활과 다름 아닌 결혼은 필연적으로 일상의 충돌을 가져오고, 사랑의 열정 속에 숨었던 배우자의 부정적인 면들이 하나둘씩 드러나기 시작한다. 화장실에도 가지 않을 것 같은 환상 속 공주 같은 여자의 헝클어진 머릿결, 흐트러진 옷매무새, 조율되지 않은 목소리, 백마 타고 온 기사 같던 남자의 고쳐지지 않는 무절제한 습관, 폭언, 코 고는 소리, 무관심 등은 결혼 전에는 상상할 수도 없는, 결혼 후 일상의 모습이다. 구약성서에 많이 나오는 말이 있다. '선지자도 그 지역에서는 알아주지 않았다.' 즉, 인간은 잘 아는 사람에게서 신비감을 가지지 않는다고 볼 수 있다. 그러므로 고이 간직해도 서서히 풍화해 버리는 '사랑'은 결혼의 일상 속에서 더욱 급격히 소실되고 만다.

결혼 생활을 어렵게 만드는 일은 일상적인 것 말고도 아주 많다. 실제로 돈 문제로 이혼하는 사람이 가장 많아 보인다. 경제적 곤궁함을 못 견디거나 채무 부담을 피하기 위해서인 것 같다. 부부 사이의 또 다른 균열은 배우자의 부모가 한몫하기도 한다. 자식으로선 부모의 편을 들지, 배우자의 편을 들지 곤란한 경우가 다반사인데, 무조건 부모의 편을 드는 것도, 배우자의 편을 드는 것도 현명한 처사가 아니나, 대체로 후자를 선택하는 게 좋은 정책이다. 부모는 자식을 용납해도 배우자는 그렇지 않을 수 있기 때문이다.

그렇지만 하루하루 크고 작은 전투 속에서도 서로 근본적으로 변하는 게 없다는 걸 깨닫을 때쯤이면 이미 인생이 다 흘러가고 얼마 남지 않았음을 알게 된다. 가정폭력이나 다른 특수한 사정이 있는 경우는 어쩔 수 없으나, 웬만하면 호인 관계를 유지하는 편이 낫지 않을까? 한 번의 결혼이 내질러 놓은 것들을 수습하는 과정의 노곤함과 그 후에 오는 고통은, 질곡에서 해방되고 새 사랑에게서 얻는 기쁨을 능히 무찌르고도 남을 수 있기 때문이다.

더구나 결혼은 서로를 전인적(全人的)으로 받아들이기로 한, 평생 동안 유효한 신의의 약조가 아니던가! 혼전의 사랑은 열정이지만, 결혼 후의 사랑은 연민이라! 서로 돌아서는 뒷모습을 눈물 없이 바라볼 수 있는 사연이 있다면 몰라도, '젖은 짚단을 태우듯이',

'개가 닭 보듯이'라도 살다 보면 세월이 약이 되어, 서로 마주 보며 웃는 날이 올지도 모를 일이다. 한때는 서로 좋아했던 적이 있었기 때문이다.

그러나 이미 홀로 되었다면 뒤돌아 자책할 필요는 없다. 인생은 생명처럼 오직 한 번이므로, 이혼을 살아남기 위해 부득이 환부를 도려내야만 했던 수술에 비유한 서양 작가의 말에서 위로받는 편이 나을 것이다. 비록 수술 후 몸의 일부가 제거된 상태로 살아야 하는 게 새로운 운명일지라도!

부부는 0촌, 부모자식 사이는 1촌, 형제 사이는 2촌이다. 촌수는 혈통상의 거리라기보다, 두 객체 사이의 마음의 거리라고 나는 해석하고 싶다. 부부를 동체(同體)라고 말하는 이유는 불완전한 반쪽씩을 합쳐 온전한 한 개체를 이룬다는 생각에 바탕을 둔 것이다. 그런 연유로 무슨 일을 성사시키려면 0촌인 배우자를 공략하라는 처세술도 있는 것 같다.

결혼은 냉정히 말하면 상호간의 호감을 갖는 사랑이란 바탕 위에 경제사회적 가치 등이 어우러져 나타나는 현상이다. 자식이 태어나면 거기에 양육자로서의 필요성이 더해진다. 그러나 시간이 가면서 이런 가치들이 하나둘씩 사라지면 위험이 닥쳐올 수 있는 것이 부부 사이이다. 부부 싸움은 칼로 물 베기라는 말도 있으나, 그건 젊어서 성적(性的) 혹은 경제·사회적 배우자의 가치에 바탕을 둔 미련이 해결 수단으로 존재하는 기간에 한한다.

고작 20여 년 부모와 살지만 배우자와는 거의 40년을 산 중장년 부부의 경우는 셈법이 일차방정식이 아닌 고차방정식이 될 수 있다. 자녀의 결혼 문제로 마지못해 체통을 지키다가, 자혼이 완료되고 난 노년에는 사랑은 이미 박제가 된 지 수십 년이 지난 터라 각자 '마이웨이'를 제동할 생리적, 심리적, 후견인적 이유는 사라지고 만다. 황혼 이혼이 증가하는 이유는 바로 그런 제동장치가 사라진 후에 자신의 행복과 자유를 추구하려는 자연스런 인간 욕구의 표출이다.

부부 사이 관계의 본질을 이해하지 못하면 상호 불행해진다. 결혼은 사랑으로 성립하나 혼인 생활을 유지시켜 주는 힘은 오히려 연민과 신의라고 봐야 한다. 두 사람 사이의 사랑만이 결혼 상태를 유지시킬 수 있다는 믿음은 불행한 결말을 가져오기 십상이다. 사랑은 반드시 식기 때문이다. 이때 대체재의 접촉이 빈번한 환경에 있는 사람들은 자연스럽게 갈라서게 된다. 주변에 사람이 들끓는 이른바 연예인이나 유명 인사들이 여기에 해당한다.

서양 사람들이 쉽게 이혼하는 이유는 사랑이 없는 결혼 생활을 참지 못하는 문화 때문인 듯하다. 그들은 아침저녁으로 '사랑한다'는 말을 통해 서로의 사랑을 확인해야만 하는 것이다. 그러나 시들지 않는 사랑이 없다고 볼 때, 사랑하면 결혼하고 사랑이 식으면 이혼하는 식이면, 일생 동안 서너 번은 결혼해야 할 것이다. 멋모르고 한 첫사랑과 20대에 한 번, 30대 중반에 새 사랑 찾아 한 번, 50대에는 여생을 같이 할 사람을 만나면 딱 세 번의 이상적인 결혼이 완성될지도 모른다. 이것을 실천한 인생도 있다. 얼마나 행복한지는 그만이 알고 있을 터이고 나는 잘 모른다. 그러나 허망하게도 '사랑은 없다'는 결론을 내릴 때쯤이면, 그에게도 이미 노년이 찾아와 홀로 살아가는 모습을 주변에서 볼 수 있다.

배우자에게 원하는 모습은 서로 동반자적 관계다. 고통스럽고 힘들 때. 위안을 받고 싶어 하는 배우자의 마음을 스스로 이해하지 못하면 마음의 거리는 점점 0촌에서 멀어져 촌수가 무한대인 남남으로 돌아갈 수도 있다. 부모와 자식은 생득적 관계라면, 부부 관계는 사회적 산물이다. 혈연을 매개로 하는 부모-자식 사이는 갈등이 있어도 소위 피는 물보다 진하다는 인간 본능의 작동으로 봉합과 화해가 가능할 수도 있다. 그러나 부부는 사회적 관계의 소산이기 때문에 한 번 어긋나면 봉합이 쉽지 않다.

떠들썩하고 요란스럽게 치른 결혼이 몇 년 안에 파경을 맞는 일은 흔히 보는 일이다. 배우자의 제반 가치가 사라진 후에, 남겨진 인간적인 신의가 없으면 당연히 찾아오는 귀결이다. 배우자는 금전이나 명예 같은 현실적 가치로 맺어지면 안 되는 이유가 여기에 있다. 금전이나 지위 같은 외적 요인으로 유지된 혼인 관계는, 그것이 없어지면 아침 안개처럼 사라지고 만다. 말하자면 돈은 옷과 같은 것이다. 옷은 갈아입을 수도 벗어 버릴 수도 있는 가변성의 상징물이다. 언제나 중요한 것은 옷 속에 자리 잡고 있는 몸통의 실체, 그리고 거기에 깃든 정신이다.

애경사 문화

전적으로 인력에 의존하던 농경시대의 농사일은 시기를 놓쳐서는 안 되는 일이므로 이웃이나 친족 간에 상호 도움이 필연적이었다. 아마 품앗이란 말은 이를 두고 생겨난 것 같다. 자고로 음식이 귀했던 시대에 살아온 선조들인 만큼 혼례나 상례 때 찾아온 손님을 대접하기 위해서는 많은 자금이 필요했다. 부조는 참석자들이 그 부담을 조금씩 떠안는 의미에서 생겨났을 것이다. 우리의 애경사 문화는 오래된 씨족사회, 농경사회, 유교사회의 전통과 가치가 어우러져 형성된 것이다.

품앗이가 단기간 내 노무의 교류 행위라면, 유사 개념의 부조는 시차를 두고 발생하는 금품 교류 행위의 성격을 띤다. 주고받는 행위의 표본으로서 품앗이는 일방통행을 허용하지 않는 양방향 행위의 전형이므로, 예로부터 지켜야 할 사회·경제적 관계로 인식되어 온 게 현실이다. 내가 받은 도움에 대한 부담과 준 것에 대한 보상 심리가 불식간에 우리 의식 속에 자리 잡고 있는 한에는 아직은 지켜가야 할 사회 규범으로서 한두 세대에 종식될 관습은 아닌 것 같다. 많은 사람들이 재래의 애경사 관행을 비판하지만 말이다.

요즘 거의 매일 각급 동창회로부터 애경사 소식이 배달되는 것에서도 애경사의 중요성을 확인할 수 있다. 그러면 평생 치러야 하는 지인 한 사람당 애경사는 몇 번이 될까? 부모상 두 번, 자혼 두 번, 장인·장모상 두 번, 본인 및 배우자상 두 번으로, 모두 여덟 번이다. 애경사가 평생에 걸쳐 발생하므로 행사 빈도에 둔감할 따름이지 전체적으로는 상당히 많은 횟수다. 친지를 포함한 지인을 최소한 100명만 잡아도 행사는 모두 800번이 된다. 여기에 이해 관계인 행사까지 포함하면 족히 1000번도 넘을 것이다. 수치상으로 평생 동안 약 3년 정도는 매일 애경사가 발생하는 셈이다. 시간 소모 외에 금전적으로도 회당 5~20만 원을 가정하면 평생 오천만 원~일억 원 이상이 애경사 비용으로 필요하다.

그런데 어느 하나라도 소홀히 하면 당장 주변에 냉기가 돌고, 급기야 인간 관계가 단절되기도 했던 기억이 있다. 동네방네 다 아는 척하고 돌아다니다 애경사 안 챙기면 나쁜 평판에 괜스레 다른 트집까지 잡혀 욕을 듣기 십상이다. 솔직히 나는 그런 애경사에 대한 부담 때문에 지인의 범위를 축소하며 살았다. 궁여지책으로 애경사 부담을 완화하기 위해 장인장모 애사는 불참하기로 했다. 그러나 딸만 둔 분들은 나의 생각에 반기를 든다. 그런 식이면 아늘 없는 사람은 죽어도 문상객이 없을 테니까 일리가 있는 주장이다.

불행하게도 애경사가 상대의 속마음을 읽는 계기가 될 수밖에 없는 이유는, 사람들이 무시할 수 없고 사회적 활용 가치가 있는 인물에게만 시간적·금전적 공여를 하기 때문이다. 나는 개인적으로 청첩이나 부고를 받는 것을 싫어하지는 않는다. 도움 요청은 언제나 상대방의 존재를 인정하는 것이다. 청첩장은 받으면 부담되고, 안 받으면 서운하다는 속설은 그래서 나온 것이다. 요컨대 개별적 청첩이나 부고는 부담을 주는 동시에 상대에 대한 인지도를 드러내는 이중적 함의를 지닌다고 보는 게 나의 애경사 심리학이다.

내 평생 처세의 달인으로 생각하는 어느 선배의 말이 생각난다. "출세하려면 상대가 들어줄 수 없는 힘든 부탁을 많이 해라!" 부탁은 상대방을 인정하는 것이며, 그 사람의 자존심을 세워 주는 행위이므로, 상대방이 부탁을 안 들어줘도 손해 볼 게 없다는 게 그의 영악한 처세의 기교이나 일고의 가치는 있다고 본다.

그러나 자혼(子婚)을 앞두고 청첩장을 보낼 때, 참으로 복잡다단한 심사를 경험하지 않은 부모는 드물 것이다. 청첩을 받고 당혹스러움을 호소하는 사람도 있기 때문이다. 오랜만에 근황을 전한다는 관점에서 보낸 청첩장일지라도 시간·경제적 측면에서 이해하면 그럴 수도 있겠다.

대개 청첩장을 받으면 참여하는 분, 촌지만 보내는 분, 아예 묵살하는 분으로 나뉜다. 문제는 세 번째 경우다. 차라리 훗날 안 마주치면 좋으련만 원수(?)는 외나무다리에서 만나듯 조우하고 말았을 때, 서로가 무어라 할 말이 없는 것이다. 오히려 아무 일 없었다는 듯한 태도를 취하는 무심한 사람의 인격은 필시 입방아에 오르기 마련이다.

솔직히 나도 청첩장을 받고도 별로 인연이 없거나 왕래가 없었던 경우에는 참여를 하지 않은 경험이 있다. 그러나 내가 보낸 청첩장에 아무런 반응이 없을 때, 내가 받은 당혹감은 상당했다. 그 후로 청첩장을 받으면 반드시 참여하는 편이 옳다는 생각을 하게 되었다.

설령 별로 친밀한 관계가 아니더라도 애경사에 참여하여, 조금이나마 경제적 도움을 주는 행위는 사회적 기부로 간주할 수 있어 좋은 일이라 생각한다. 게다가 나이가 들어가면서 왕래도 쉽지 않아 요즘은 애경사 아니면 옛사람 얼굴 볼 일도 없다. 그러니 차라리 애경사가 사교의 장이라고 생각하고 웬만하면 다니려 한다. 더구나 애경사 생략하면 무슨 죄인이나 되듯이 면구스러우니, 나는 분명 구세대일지도 모르겠다. 요즘 세대는 애경사에 대한 개념이 많이 없어 보인다. 그러나 그들도 결국 나이 들면 비슷한 생각을 하지 싶다. 자신의 일에 신경 써 주는 사람은 언제나 돋보이고, 다시 보여 차별화되기 때문이다.

행사를 마치고 사의(謝意)를 표하는 방식 또한 다양하나, 개별적인 성의를 집단적으로 모아 한 편의 다중수신 메일로 대응하는 일괄적 사의는 성의가 없어 보인다. 내용은 같더라도 최소한 상대의 이름은 밝혀서 개별성이 드러나게 하는 방법이 옳다고 본다. 부조는 어디까지나 금전 수수 행위로서, 상주나 혼주에게 전달되기 전에 중간 단계를 거치기 때문에 영수의 징표로서 공여자가 금원(金員)의 전달 혹은 수납 여부를 확인할 수 있도록 개별적 사의 전달이 반드시 필요한 것이다. 전화나 방문을 통한 직접적 사의 전달이 가장 좋으나 대상자가 많으면 현실적인 방법은 아니다.

최근 사회적으로 청첩장 없는 간소한 결혼에 대한 운동이 펼쳐지고 있으나, 그리 간단한 문제는 아닌 것 같다. 그러기 위해서는 양가의 합의가 필요한데, 가문에 따라 처해 있는 모양새가 모두 다르기 때문이다. 우리의 결혼식을 포함한 애경사 관행은 분명히 문제가 있으나 시간을 두고 의식 변화를 기대할 수밖에 없음은 안타까운 현실의 한계다.

풍화하는 사랑

음악가 하이든(1732~1809)에게는 질투심이 강하고 고집이 센, 서로 잘 맞지 않는 부인 마리아가 있었다. 하이든은 부인에 대한 불만 때문인지, 다른 어떤 요인에 의해서인지 알 수 없으나, 그의 나이 47세에 만나 오랫동안이나 부적절한 관계에 있었던 당시 29세의 기혼자 신분인 메조소프라노 루이자가 있었다.

루이자는 그다지 음악적 재능은 없었던 모양이다. 그러나 하이든은 그녀를 바이올린 주자인 남편과 함께 악단에 남아 봉급을 받을 수 있도록 배려하고, 자신의 오페라에 그녀를 출연시켜 주는 등 뒤를 돌봐 주기도 했다. 하이든은 그녀를 통해 음악가로서의 영감을 얻었던 것 같고, 그녀와 혼외자까지 생산했다는 사실에 가까운 소문이 나기도 했다. 부인에 대한 불만 때문인지 하이든은 깊은 신앙심에도 불구하고 내적 갈등이나 도덕적 저항감 없이 오랫동안 외간 여성을 사랑한 것이다.

그들의 사랑이 무르익어 갔을 때, 하이든은 그녀에게 자신이 자유로워지면 결혼하겠다고 약속까지 했다. 그러다 시간이 흐르고 하이든의 아내가 사망하자 그 소문을 들은 루이자가 득달같이 달려와 그 약속을 상기시켰으나, 노년이 된 하이든은 여생을 조용히 창작에 몰두하겠다면서 그럴 생각이 전혀 없음을 밝힌다. 결국 하이든이 그녀에게 약간의 연금만 주기로 하자, 홧김에 루이자는 다른 남자와 재혼함으로써 그들의 21년 동안 지속된 사랑은 불유쾌한 종결을 맺고 만다. 여기에 하이든도 분노하여 그녀에게 주기로 했던 연금을 반으로 줄여 버렸다고 한다.

여기까지는 나의 친구 누님인 이덕희[1] 씨의 저작 『음악가와 연인들』 중에서 하이든의 사랑을 발췌한 것이다.

암석은 물, 바람 등에 노출되면서 작은 입자로 변하는 풍화작용의 결과로 흙이 된다. 그러나 이 과정은 아주 오랜 시간을 필요로 하므로 풍화작용에 결정적 요인은 역시 시간이다. 아무리 단단한 암석도 시간 앞에 부서지듯이, 사랑도 시간 앞에서는 별수 없이 부서지고 만다.

데이지는 전쟁터에 나간 가난한 애인을 버리고 부유한 남자와 결혼한 개츠비의 옛 연인이다. 그러나 개츠비는 그녀를 오매불망 못 잊고, 돈을 좋아하는 그녀와 재회하기 위해 부자가 되어야 한다는 일념에서 불법을 마다않고 악착같이 돈을 벌어 큰 부자가 된다. 우연이라도 그녀를 만날 수 있을 것이란 생각에서 그녀의 집이 보이는 곳에 대저택을 사고, 매일 밤 파티를 연다. 결국 그녀와 재회하며 옛날로 돌아가 다시 사랑을 되찾는다. 그러던 어느 날 교통사고를 저지른 데이지 대신에 범인 누명을 쓴 개츠비는 데이지 남편의 사주를 받은 사람에게 살해된다. 단 세 명만 찾아온 개츠비의 장례식에 참석하지 않은 데이지는 본 남편과 함께 다른 곳으로 떠

1 이덕희, 『음악가와 연인들』, 가람기획, 2003.

나버린다. 스캇 피츠제럴드의 소설 『위대한 개츠비』 줄거리다.

예술이 다루는 사랑은 대개 사회규범상 축복받지 못하는, 정당성이 없는 사랑이다. 사람들은 그걸 비난하고 식상해 하지만, 평범한 사랑이 주는 예술적 감동은 별로 없기 때문이리라. 예술이 절절함과 극한 고통 속에서 나오는 것임을 헤아리면 이해해 줄 수도 있다. 어쩌면 그러한 아픈 사랑이야말로 예술적 모티브이자, 우리 삶의 본질인지도 모르겠다.

흔히들 사랑만큼 아픈 것이 없다고 말한다. 왜일까? 왜 사랑은 아픈 것일까? 나는 불일치와 미련 때문이라고 생각한다.

좋아하다 서로 싫어져 헤어지면 후렴이 있을 수 없으나 그런 경우는 별로 없다. 마음을 주었는데 돌아오는 마음이 없다면 불일치의 시작이다. 반향 없는 메아리는 결국 고통과 증오 속에서 결별을 맞게 된다. 문제는 미련이다. 미련은 어느 일방에게만 남는 일방향성 감정이다. 두 사람 모두에게 남아 있는 미련은 없다. 사랑은 미련에 우는 것이다. 짝사랑이나, 헤어진 후에 남는 미련은 가슴 아픈 것이다. 사람의 마음은 구걸할 수가 없지만, 설령 사랑을 그렇게 얻었다 해도, 그 사랑은 오래 안 간다. 사랑은 죽는 게 아니라 흘러가는 것이라서 지나간 사랑은 돌아오지 않는다. 사랑의 부활을 믿는 것은 무덤 속에서 사람이 다시 살아나오기를 기다리는 것과 크게 다르지 않다고 믿어야 한다. 그래서 끝내 남편과 줄행랑을 친 데이지는 개츠비의 위대성을 또 한 번 높여 주는 설정이다.

사랑의 '결정 작용'이 지속되어 사랑에 목을 맨, 출신이 미천한 순진한 남자의 비극과 속물인 도시 여인의 배반성을 그린 소설 『위대한 개츠비』는 '돈'만이 최고였던 1920년대 미국 사회에서 전 미국인의 가슴을 때려 'Great Gatsby"라 아니할 수 없고, 이것이 미국의 대표적 소설이 된 것도 수긍이 간다.

사랑의 '풍화작용'이 어떤 모습인가는 피천득의 아사코에게서도 쉽게 발견할 수 있다. 수필집 『인연』의 한 대목에서 피천득은 "아사코와 나는 세 번 만났다. 세 번째는 아니 만났어야 좋았을 것이다."[2]라고 했다.

'아사코'는 피천득의 일본 유학 시절 애인 이름이다. 그는 결혼에 이르지 못한 사랑에 대한 미련 때문에 평생 그녀를 세 번 만났다. 소년 같은 감수성을 지닌 순수한 그였지만, 시들은 백합처럼 변한 그녀를 보고 실망한 나머지, 세 번째는 아니 만났어야 좋았을 것이라고 적고 있는 것이다. 이 구절은 평생 동안 미련이 남아 아직도 가슴속 깊은 곳에 간직한 비장의 연인을 만나려는 분에게 참고가 될 수도 있으리라.

인생의 어느 한 시기에 손님처럼 찾아와 잠시 머물다 홀연히 사라진다 해도 사랑은 최고의 황홀경이니, 사랑 앞에서는 모두가 아름다운 화원을 지나 무지개를 좇아가는 아이가 된다. 그러나 사랑은 꽃과 같이 시들고 말아, 계속 머무는 늘 푸른 나무와 같은 존재는 아닌 것이다. 사랑 예찬론자인 스탕달마저 사랑에 눈이 머는 '결정 작용'은 영원한 것이 아니라고 한다. 게다가 사랑에는 풍화성 외에 배반성도 있는 까닭에 남녀의 사랑은 가히 믿을 것이 못된다. "참된 사랑이란 유령의 출현과 같다. 누구나 유령의 출현에 관해 이야기를 하지만, 그것을 직접 본 사람은 거의 없다."[3]

2 피천득, 『인연』, 샘터, 2002, p.137에서 인용.
3 라 로슈프코, 이동진 옮김, 『잠언과 성찰』, 해누리, 2010, p.76 인용.

노래 가사 "Only love can make a memory."처럼 오직 사랑만이 추억을 만들 수 있는 경우는 오직 못 다한 사랑에만 해당하는 건 아닐까? 그러니 사랑의 영원성을 믿고 목숨 거는 청춘남녀가 없기를 기대해 마지않는다.

위험 회피

네 사람이 버스를 기다리고 있다. 목적지까지 택시로 1만 원이면 갈 것이다. 네 사람의 버스비에 조금 보태면 택시를 타는 게 유리한데도 모두 버스를 타고 간다. 제안자 1인에게만 돌아올 수 있는 요금 부담을 회피하기 위해, 네 사람 중 누구도 택시 승차 제안을 하지 않은 결과다.

〈갑〉과 〈을〉은 공범이다. 수사관이 두 사람을 분리해 심문을 한다. 둘 다 상대방의 소행으로 돌린다. 서로 범행을 고발하고 증인이 되어, 결국 둘 다 처벌 받는 길을 택한다. 상대의 범행을 부인하면 모두가 무죄가 될 수 있는데도.

〈A〉와 〈B〉는 동업을 한다. 근무는 하루씩 번갈아 하기로 했다. 수입은 공동계정에 적립하고 차후 이익금을 반으로 나누기로 했다. 〈A〉는 생각한다. 아무래도 오늘 매상은 동업자 〈B〉가 아닌 '내 손님들' 덕택이라 생각한다. 나로 인해 발생한 수익을 반으로 나누어 결산한다면 자신은 손해를 보는 셈이므로 이를 회피할 목적으로 그날 매출금에서 일부를 자기 몫으로 뗀 후 나머지 금액만

적립하면서, 매우 당연한 소행이라 치부한다. 다음날 근무자 〈B〉도 동일한 상황 인식 아래 같은 짓을 한다. 종국에 그 동업은 망하고 만다.

2억에 산 집이 3억까지 올랐다. 너무 오른 집값이 혹시나 떨어질까 집주인은 노심초사 매일 집 시세에 주목하고 있다. 한편 살 사람은 이러다 집값이 더 오르는 게 아닌가 공포에 떨고 있다. 두 사람 사이에는 기어코 거래가 발생한다. 사고판 사람, 두 사람 모두의 행위의 동인은 매매 행위가 지닌 본연의 기능 중에 하나다. 즉, 자신에게 돌아올 위험을 서로 상대방에게 전가하기 위해서다. 주택이나 주식은 아무리 올라도 거래는 반드시 발생한다. 주식의 경우는 가격 상투일 때 오히려 거래가 폭등한다.

이러한 몇 가지 사례에서 보듯이 인간 행위의 근저에는 위험을 회피하기 위해 상대방에게 전가하려는 심사가 자리 잡고 있다. 네 사례 중 매매의 경우는 일방이, 다른 세 경우는 모두가 손해를 본 경우이다. 적은 돈이지만 서로 협의하여, 얼마씩 각출해 택시를 타거나 한 사람이 택시 값을 내는 희생을 치렀다면, 버스 기다리느라 추위에 고생하지 않고 편하게 목적지까지 갔을 것이다. 범인들은 서로 신뢰하며 모두가 하지 않았다고 하면, 사회 정의에는 어긋나지만 모두 석방되었을 것이다. 동업자의 경우도 위험을 회피하지 말고 서로 협력하고 상호 신뢰했다면 공생이 가능했을 것이다.

60~70년대까지만 해도 심리학은 인문학의 한 분야 정도로 인식되어 별로 인기가 없었으나, 요즘은 심리학의 원리가 중요시되고

있다고 한다. 모든 경제 행위의 근저에는 미래의 불확실성을 제거하려는 인간의 위험 회피 심사가 자리 잡고 있다. 이를 위해 생겨난 거래 형태가 '선물'이다.

그런데 이런 위험이나 손실이 다중에게 돌아갈 때는 사정이 달라진다. 낮이 됐는데도 사무실 복도에 전등이 켜 있으나 아무도 끄지 않고 무관심하다. 얼마간의 비용이 내게 청구될 것이다. 누군가의 관심과 희생이 있었다면 물지 않아도 될 비용이 발생하는 순간이다.

나의 이익 앞에는 모두들 눈에 쌍심지를 켜도, 불특정 다수에게 돌아올 위험이나 손실, 말하자면 '사회 비용(social cost)'에 대해서 우리는 무감각하다. 누가 고양이 목에 방울을 달 것인가?

논문 표절에 대해

올바른 공직자를 가려내기 위한 제도인 청문회 제도가 생기면서 논문 표절은 단골 메뉴가 되었다. 더구나 고학력 사회가 되면서부터 논문을 쓰는 계층이 두터워지다 보니 시비도 많아졌다. 청문회마다 벌어지는 현상에 대한 나의 시각은, 우선 명확한 규정이 어려운 논문 표절 시비가 비전문인에 의해 기계적으로 다루어지고 있다는 느낌이다. 그리고 여기에는 우리나라의 학문 발전 역사, 배경, 분야별 관행과 전통 등에 대한 이해도 선결적으로 필요하다고 생각한다.

영어권 최고의 대학인 옥스퍼드 대학은 1096년부터 강의를 시작한 기록이 있고, 파리의 소르본 대학은 1253년에 설립되었다. 우리나라에서는 서울대의 효시인 법관양성소가 1895년, 연세대의 효시인 제중원 내 의학부는 1886년, 고려대의 전신인 보성전문학교는 1905년에 설립되었다.

정식으로 대학 명칭을 붙인 대학은 해방 후 서울대, 고려대가 1946년에, 1957년 연세대가 개교한다. 그나마 6·25 탓에 혼비백산하다 대학으로서의 위용을 갖추기 시작한 것은 60년대라고 봐야 할 것이다. 그러나 대학의 본령인 연구 여건이 못 되고 고작 교육기관으로서의 대학이 존립하던 시기가 오랫동안 지속되어 왔다.

대학에서 연구가 본격적으로 시작된 것은 학문 분야 별로 조금씩 차이는 있으나, 장비를 필요로 하는 공과대학의 경우는 가장 늦어, 잘해야 70년대 중반 정도이다. 천 년이 다 되어 가는 외국 대학에 비해, 연구 연령은 고작 40년 정도밖에 안 되는 것이 한국 대학의 현주소다. 프랑스의 경우 루이 14세 때, 대학이 아닌 개인이 사는 성(城)에 물리실험실이 있어 논문을 써 냈다는 정황도 있는 걸 보면, 한심한 우리나라 연구 역사다.

"46년 대학으로 승격해서 4년제가 되어 이제까지 일본어로 강의하던 것이 하루아침에 우리말로 바뀌었다. 일제강점기에 강의를 듣던 사람으로서는 감회가 새로웠다. 출석을 부를 때, 그전 습성대로 '하이' 하고 일본어로 대답하여, 여러 사람들의 폭소를 자아내기도 했다."

해방되어 첫 강의를 들은 소회를 적은 나의 숙부 수필집에서는 교수가 부족해 한 사람이 이 대학 저 대학을 돌며 강의했다고 적혀 있다.

내가 대학을 다닌 70년대의 대학 교재는 대부분이 일본책을 번역한 것에 지나지 않았다. 우선 교수님들이 일본 대학에서 공부한 분이 많은 이유도 있지만, 갑자기 해방되어 한글 교재가 필요하게 되자, 우선 일본책을 번역해 저자 이름을 넣고 사용해 온 것이리라. 나의 스승님들을 욕되게 할 생각은 추호도 없으나 해방 후 극도로 혼란한 사회 속에서 책을 쓰는 건 불가능했을 것이다.

우리의 학문이 일본 것의 '표절'로부터 시작할 수밖에 없었던 사실은 부끄럽지만 부인할 수 없는 우리의 역사다. 불행하게도 그 영향은 세대를 뛰어넘어 지속되고 있어 용어의 정의로부터 시작하는 학문 각 분야의 전문용어사전을 보면, 일본의 용어와 거의 비슷함을 알 수 있다. 이런 사실을 알고서는 학문을 하지 않는 분들은 아마 크게 실망할지도 모른다. 일제강점기 36년이 끝나고 얼마 안 돼 6·25전쟁이 나면서, 초기에 우리는 일제의 잔재를 청산할 여유도 없이 앞만 보고 달려와 오늘에 이르렀다.

미국 유학생들이 대거 귀국하는 80~90년대부터 우리 학문은 일본의 영향에서 조금씩 벗어나며 이제는 미국의 영향권으로 급속히 재편되어 갔다. 반미(反美)면 어떠냐는 말이 유행하던 시절이 있었다. 자주독립정신이 있어 멋져 보여 그 말에 환호하는 분도 있었지만, 당시 나로서는 착잡한 심경이었다. 대한민국의 지식과 기술의 산실인 대학에, 독자적 학문은 거의 없고 미국에서 발간하는 논문을 주로 읽고 연구하고, 거의 미국 책으로 강의하고 있었기 때문이다.

본시 학문은 세계적이고 보편적인 것이어서 자주성과 독립성을 따질 성질은 아니나, 현실은 그랬다는 것이다. 지금 우리는 일본 학문의 표절로부터 시작해 다시 서양의 학문을 좇아가고 있는 형국이며, 이는 세계화시대의 불가피한 선택이다. 연구 기반이 없는 가운데 이만한 경제성장을 이룬 원동력은 복제와 지식 주입 덕분이다. 그런 경향은 지금도 여전해, 특허 분쟁에 휘말리는 이유도 그 때문이다.

논문 표절은 남의 연구 결과를 도용(盜用)하는 것이다. 출처를 밝히면 인용이고, 숨기면 표절이다. 그런데 여기서 문제가 하나 있다. 어떤 글일지라도 원천적으로는 모두 표절을 면할 수 없는 측면이 있기 때문이다. 왜냐하면, 사람은 누구나 태어날 때부터 알고 있는 것은 하나도 없고, 모두 남의 지식을 얻어들어 알고 있는 것이기 때문이다. 극단적으로 말하면 이 글은 훈민정음을 이용한 것이라고 출처를 밝혀야 할지도 모른다.

중요한 점은, 남이 이루어낸 연구 결과의 핵심적 부분을 내가 한 것으로 하면 표절인 동시에 일종의 범죄가 되는 것이다. 그러나 소소한, 객관적으로 알려져 있는 사항은 표절로 간주하면 곤란하다. 표절의 범위와 한계 설정이 필요한 시점이다. 이것은 전공자가 아니면 판단할 수 없으니 언론이나 정치권 등은 독단을 가져서는 안 된다.

공동연구 혹은 제자 학위논문을 토대로 발표한 학회논문에서 제자의 이름을 빼고 교수 이름만 넣는 경우는 표절에 해당한다. 그러나 교수가 학생과 공동저자가 되는 것은 100% 당연한 것으로 미국학회지에서도 얼마든지 볼 수 있는 관행이다. 교수는 주제 선정, 연구방법지도, 실험지도, 연구 결과의 타당성 검토 등의 핵심적 역할을 하기 때문이다. 본래 독창성이 생명인 논문은, 한마디의 조언이 연구의 핵심이 되는 경우도 많아, 지도교수가 학생 논문의 공동저자가 되는 것은 부당하다 볼 수 없다.

논문은 내용과 형식면에서 일정한 요건을 갖춰야 하다고 볼 때, 한국에서 석사과정 대학원생이 독자적으로 제대로 된 논문을 쓸 수 있는 수준의 대학은 극소수인 듯하다. 때로는 학생을 졸업시키기 위해 논문의 주요부를 교수가 써 주다시피 하는 경우도 발생한다. 논문 저자의 구성은, 데이터를 생성한 자가 제1저자가 되는 것이 원칙이나, 논문에 가장 큰 공헌을 한 사람이 제1저자가 되는 것이 더 합리적이므로, 드물게 교수가 제1저자가 될 수도 있다. 논문 저자의 구성은 연구 참여자 내부의 사정을 반영하므로 외부의 시비 대상이 아니다.

논문 중복 게재는 부도덕한 것이다. 그러나 논문 게재 경쟁이 심화되다 보니 악의적인 의도가 없이, 더 높은 등급의 학회지에 등재하려고 연구 결과를 조금 더 추가하여 재투고하는 경우도 가끔 생긴다. 말하자면 국내 학회지에 싣고 난 후, 추가된 연구 결과를 보태 해외 저널에 재투고하는 일은 현실적으로는 발생할 수 있는 일이다. 또한 같은 데이터를 가지고도 분석 방법에 따라서는 완전히 다른 논문이 될 수도 있다. 한 번은 미국의 유명 학회지 논문을 자세히 분석해 보니, 한 번에 이루어진 연구 결과를 여러 편의 논문으로 쪼개 게재한 듯한 논문도 있었다.

논문의 가치를 차치하면, 일정한 형식을 갖추고 논리적 모순이 발생하지 않으면 논문이 되기 위한 필요조건은 갖춘 셈이다. 일반인의 생각과 달리 논문은 본래 그렇게 대단한 것이 못 되는바, 지금껏 수백 수천만 편의 논문이 다 가치 있다면, 우스갯소리로 인간이 200세를 살았을 것이고, 한국-미국 사이에 터널을 놓고 자동차를 타고 갈 수 있으리라! 논문은 다른 사람이 이룬 성과의 토대 위에서 고작 0.5%만 진보해도 가치 있는 논문이나 그것도 쉬운 일이 아니다.

최근에는 순수한 연구 목적이라기보다 겉치장 학력주의와 맞물려 대학원 진학이 보편화되는 가운데 논문 표절 시비가 많이 발생했다. 전문 연구인들도 논문 쓰기가 쉽지 않은 점을 고려하면, 일반인들이 바쁜 일상 속에서 쓴 논문이 표절 시비에 휘말리는 건 어쩌면 놀랄 일이 아니다. 실상 그들은 표절의 의미는 물론, 논문의 개념조차 모르고 쓴 논문 때문에 망신을 당하고 퇴출 위기를 맞는 사람들도 있으니 안타까운 현실이다.

그러나 언론은 사회의 공기(公器)로서 논문 표절에 대한 경종을 울리는 일은 합당하지만, 연구의 속성을 이해하고 또 학문은 분야별로 전통과 관행이 있으므로 표절에 대한 기계적 판단은 오히려 사회적 혼란을 불러올 수 있으니 자중하고, 어려운 가운데 학문의 발전을 이뤄 가고 있는 학계에 대한 존중과 격려가 필요하다고 생각한다.

스승의 아픔

새로 산 TV가 집에 도착하던 날, 현관으로 들어선 배달 온 청년 중에 한 사람은 어디서 본 듯했다. 무심코 그냥 지나치고 말았는데, 설치를 마칠 무렵 그 청년이 내게 자신은 몇 년도에 우리 대학을 졸업한 제자라고 밝혔다. 순간 나는 조금 전 현관에 들어올 때 안면이 좀 있는 청년이라는 나의 직관이 적중했다는 생각보다는 좀 난처하기도 하고 뭔가 잘못된 듯한 느낌에 어찌할 바를 몰랐다.

청년이 가고 난 후 나는 착잡한 기분에 휩싸여 있었다. 응당 새로 들여놓은 TV에 가야 할 관심이 온통 그 청년에게 쏠려 한참 동안 멍하니 앉아 있었다. 비싼 등록금 내고 어렵사리 대학 공부를 마쳤건만, 지금 하고 있는 일을 어떻게 설명할 수 있단 말인가? 스승으로서 참으로 면구스럽고, 낭패감, 상실감, 죄책감도 들었다.

평소 학생들에게 전공관에 대한 새로운 신념을 심어 주기 위해 내가 꼭 해주는 말이 있다. 여러분들이 지금 배우고 있는 전공은 생애의 한 방편에 불과할 뿐이고, 삶의 목표가 될 수는 없다고. 졸업 후 대학에서 배운 전공 분야에 종사할 수 있으면 최상이지만, 취업이 어려운 요즘 현실을 감안해서 다른 분야의 일을 해도 전혀 실패가 아니므로 자괴감을 갖거나 자학할 필요가 없다고 강조한 것이다.

그럼에도 그날 졸업생과의 조우는 나의 가슴을 아프게 했다. 대학 시절 전공 공부에 밤을 지새운 날의 의미를 찾아 주지 못한 스승으로서의 회한과 미안한 마음 때문이다. 취업은 교수가 해결할 일이 아닌 정부와 사회의 몫인데도 막상 제자들이 힘들게 살아가는 모습은 스승에게는 고통이요, 아픔이다. 그날 TV를 배달해 준 졸업생이 현관을 나설 때, 자네는 이 일을 좋아하느냐고 물었더니 할 만하다고 했다. 그의 마지막 말이 나의 귓전을 때렸지만, 그나마 당사자가 좋다니 엄밀히 말하면 그는 단순 배달사원이기보다 설치 기술자에 가깝다고 내 스스로 자위하고 말았다.

졸업생 중에는 자동차 판매사원을 하는 사람도 있어, 내가 차를 서너 대 팔아 주기도 했다. 공과대학을 졸업한 이른바 1급 기사자격증 소지자로서, 건설회사에 취직이 가능했을 텐데도 굳이 자동차 판매일을 선택했다고 당당하게 말한 친구다. 이런 걸 보면 전공과 다른 분야에 종사하는 것을 무조건 안타까워할 일은 아닌 것이다. 또 가업 승계도 권장할 만한 일로서 선생의 가슴을 아프게 하지는 않는 경우다.

요즘 한국의 유수한 대학을 졸업해도 원하는 곳에 취업하는 사람은 둘 중에 한 사람이다. 젊은이들의 수난은 유럽도 마찬가지여서 '1000유로 세대', 즉 한 달에 우리 돈으로 100여만 원을 받는 세대를 지칭하는 말까지 생겼다. 경제 침체의 영향이라기보다 인력을 필요로 하지 않는 산업구조 개편의 구조적 현상으로 청년실업은 전 세계적으로 굳어지는 양상이다.

1990년 우리나라의 대학 진학률은 27.1%였다. 대학 교육이 보편화되기 시작하면서, 급기야 2009년에는 최대로 77.8%를 기록한 이후 2013년에는 70.7%로 점차 하향세를 보이고 있지만 여전히 한국의 대학 진학률은 OECD 회원국 중 가장 높은 축에 속한다. 대학 진학률뿐만 아니라 연평균 등록금도 OECD 국가 중 상위 수준을 기록하고 있다.

우리 국민의 교육열은 우선 학력주의에다, 무조건적인 평등사상에 기인한다. 대학 나와야 사람 대접받고, 남의 자식이 가는 대학 내 자식도 가야 한다는 생각이 우선이다. 여기에 전통적인 사농공상의 유교적 직업 서열의식 등이 어우러져 남다른 교육열이 생겼다. 요즘은 점차 대학 진학의 필요성이 약해지고, 직업교육이 취업에도 유리하다는 사회 분위기가 형성되고 있어 다행스럽다.

이제 또 스승의 날이 다가오고 있다. 엊그제 대학원 제자에게서 스승의 날 행사 일정을 상의하는 전화가 온 걸 보니, 5월이 또 목전에 왔나 보다. 한때의 인연을 잊지 않는 제자들 모습은 아름답지만, 내심 나는 부담스럽기 그지없다.

그들은 모두 삼사십 대. 지방대 나와, 크게 출세도 못 하고, 애들하고 먹고살기도 버거울 텐데도 나를 찾아오느라 생기는 부담을 생각하면, 영 마음 내키지 않는 모임이다. 그래서 궁여지책으로 몇 가지 조건을 제시했다. 우선 내가 퇴직할 때까지 격년에 한 번 만나고, 절대로 돈을 걷지 말라고 부탁했다.

그래도 제자들은 내 말을 듣지 않고, 매년 연락을 하고, 또 얼마간의 선물을 가지고 온다. 그마저 마다할 수는 없어, 스승의 날 행사에 제자들이 오면, 나는 좀 깨끗한 집에서 술과 밥을 대접해서 보내는 것으로 나의 부담을 덜어 내고 있다. 자기들끼리 뒤풀이하는 것까지는 내 소관이 아니지만, 어떤 해는 그것도 내가 부담한 것 같다. 선생은 퇴직 후에 연금도 받으니 그렇지 못한 제자들보다 경제 사정이 더 좋다고 생각한다. 지금은 스승이 제자에게 용돈 받고 술이나 얻어먹는 그런 시대가 아니다

선생과 제자는 한때 가르치고 배운 관계일 뿐이다. 부모자식간의 불가분의 운명적 관계도 아닌 바에, 제자들도 선생과 대등한 입장에서 경쟁하고 협력하며 살아가야 하는 것이 아닌가? 성공한 제자들의 성화에 못 이기는 척하며 같이 회동하는 즐거운 날이 오면 얼마나 좋을까? 이런 상상을 해보며 착잡한 마음으로 스승의 날을 맞이한다.

좋은 강의

시골 장터 광장에 사람들이 둥그렇게 모여 약장수의 공연에 몰두하고 있다. 사람들이 점점 불어날 뿐, 자리를 뜨는 사람은 없는 것 같다. 만약 약장수가 강의를 한다면 학생들이 저토록 집중할 수 있을까 하는 허튼 생각을 해봤다. 어쩌면 약장수야말로 강의의 고수인지도 모르겠기에 말이다.

나는 초중고대 16년, 대학원 4년, 도합 20년간 학교를 다녔다. 인생의 삼분지 일을 학교에서 강의를 들으며 산 셈이다. 그리고 지금도 대학에서 강의하고 있으니 내 인생은 온통 강의 속에 살았다 해도 과장이 아니다. 그간 스쳐간 스승만 해도 100명이 족히 넘을 것이다. 그럼에도 좋은 강의로 기억에 남는 분은 많지 않다. 소위 강의의 질이 높을 것으로 일반인들이 예측하는 곳에서 교육을 받았건만. 불행하게도 내가 지금 알고 있는 지식의 대부분은 독학과 자습으로 획득한 것이다.

그렇다면 좋은 강의, 좋은 연설은 어떤 것일까?

우선 쉬워야 한다. 장황하고 복잡하게 말하면 안 된다. 오히려 어렵고 복잡한 것을 단순화해서 쉽게 전해야 한다. 그러기 위해서는 화자가 그 내용을 완전히 숙지하고 있어야 한다. 화자 자신의 지식이 깊어야 한다. 단순화는 관련 지식에 대한 충분한 이해와 자기화의 소화과정을 거치지 않으면 불가능한 것이다. 그렇기 때문에 소위 실력 있는 사람의 강의는 알아듣기 쉽고, 지식을 완전히 소화하지 못한 사람의 강의일수록 복잡하고 알아듣기 어렵다.

강의는 재미있어야 한다. 재미있는 얘기나 자료를 준비해야 한다. 재미가 없으면 집중을 안 한다. 그런 의미에서 약장수는 강의의 고수다. 동기 유발은 재미에서 나온다. 그러므로 강의나 연설에는 많은 준비가 있어야 한다.

자신만의 독자적이고 주관적인 어휘를 사용하면 안 된다. 실력이 있어도 어법, 어휘, 표현력에 문제가 있으면 소통이 어렵다. 나만의 언어가 아닌 듣는 사람 위주의 공인된 언어를 사용해야 한다. 해석상의 혼선을 주는 어폐가 있어서도 안 된다. 대개 어법이나 어휘는 신문이나 방송 보도 내용이 표준이다. 언론은 수많은 계층에게 쉽고 명확한 정보전달 매체의 전범이기 때문이다.

말하는 속도도 중요하다. 완급 조절이 필수다. 재미삼아 끼워 넣는 말은 빨리해도 상관없다. 하지만 중요한 대목에선 천천히 하는 게 필수다. 사람마다 두뇌회진의 속도차가 있어 이해가 더딘 청중은 빨리 말하면 못 알아듣는다.

다음은 말하는 태도다. 한곳에 정지해서 말하면 듣는 사람의 눈이 고정돼 쉽게 피곤하고 급기야 졸게 된다. 청중 안구운동을 유도하려면 적당히 왔다 갔다 하며 말하면 좋다. 때로는 청중 속으로 들어가 긴장감을 고조시킬 필요도 있다. 일대 다중의 소통에서 있을 수 있는, 개인의 소외를 보완하기 위해 시선도 골고루 분산해 눈을 맞춤으로서 개별 소통인 듯한 착각을 주는 것도 효과적이다.

그 다음은 동작이다. 갑자기 노래를 한 소절 부르거나, 괴성을 지르거나, 그러다 갑자기 멍하니 말없이 서 있거나, 〈죽은 시인의 사회〉에 나오는 '키팅' 선생처럼 책을 찢거나 느닷없이 책상 위에 올라가는 등, 청중이 예상치 못한 화자의 동작은 느슨한 분위기를 일신하는 데 일조한다. 강의는 지식을 재미있게 전달하는 예능이다. 강의 말고도, 설교든, 연설이든 약장수처럼 하면 80점은 된다. 재미있어 졸거나 자리 뜨는 사람은 없을 테니까. 나의 강의는 학생들이 어떻게 생각하고 있을까?

"좋은 강의는 1/4은 준비이고, 3/4은 공연이다." ("Good teaching is one-fourth preparation and three-fourths theatre.")

—Gail Kathleen Godwin[1]

그러나 교육의 한 방편으로서의 강의에서 중요한 점은 단지 문제 해결과 해석을 가르치기보다 무엇인가를 생각하게 하는 것이다. 소크라테스는 '나는 누구에게도 무엇을 가르칠 수 없고, 오직 생각하게 만들 뿐'이라고 말했고, 프로스트는 '나는 선생이 아니고, 깨우는 자(awakener)'라고 말했다. 기독교 사상가 C.S. 루이스는 '현대의 교육자는 정글에서 벌목을 하는 것이 아니고, 사막에 물을 대주는 것'이라고 말했다.

마른 사막과 같은 학생들에게 물을 끌어다 주기 위해, 준비하는 새 학기 개강이 얼마 남지 않은 2월 중순이다.

1 1937년생, 미국 알라바마 출신 베스트 셀러 여류소설가.

“목사님은 좀 기다리시라니까요!”

학위를 마치고 처음으로 취직을 했을 때 일이다.

출근하고 나서 얼마 안 지난 시간에 내가 다니는 교회의 장로님으로부터 전화가 왔다. 오늘 점심을 같이 하는 게 어떠냐는 것이었다. 나와 평소에 친밀한 관계도 아니어서, 무슨 영문인지 놀라웠다. 더구나 직장으로까지 전화를 했다면 분명히 예사롭지 않은 일일 거라 생각하며 두말없이 그러겠노라 대답했다.

그런데 장로님을 뵈려면 당연히 30대인 내가 그분 처소로 찾아가야 하지만, 점심 시간은 한 시간이어서 부득이 나의 직장 부근인 명동에서 보기로 했다. 식당에 들어가 자리를 잡고 앉았다. 나는 약간 긴장하며 장로님 말씀을 기다리는데 아무 말씀이 없으셨다. 이내 식당 종업원이 나타나 주문을 청한다. 그런데 내게는 뭘 먹겠냐는 질문도 없이 장로님이 음식을 시키셨던 걸로 기억한다.

식사 속도가 빠른 게 나의 식습관이기도 했지만 식사가 끝날 때까지 짧은 시간 동안 우리 사이에 대화는 없었다. 그렇다고 여기까지 오신 이유를 먼저 물어볼 수도 없는 일이다. 우리는 식탁에 머리를 박고 얼마 동안 열심히 밥을 먹었다. 다 드신 후 가신단다. 우리는 밥만 먹고 헤어진 거다.

사무실로 돌아오는 길에 그분이 오늘 왜 왔나 금방 답을 찾지 못했다. 나는 몇 년간 박사과정 대학원생으로 돈 못 버는 백수였다. 이젠 취직도 했으니 지난 달부터 그동안 못 내던 헌금을 하기 시작했다. 그날 장로님은 머릿수만 채운 교인에서 헌금 내는 교인으로 바뀐 나의 변신을 말없이 반기고 가신 거다. 그간 헌금 못한 나는 어쩌면 교인도 아니었는지 모르겠다.

대학으로 전직한 후에 출석할 교회를 찾기 위해 여기저기 탐색하다 한 교회에 정착했다. 아내는 언제나 충직한 교인으로 교회 일을 좀 많이 하는 편이어서 교회 핵심 멤버들과도 가까웠다. 게다가 나도 정식으로 봉급쟁이가 됐으니 헌금도 잘 내고 교회 참석도 거르지 않았다.

그러던 어느 날 교회 내부의 문제를 듣고 불편한 마음에서 그 교회를 떠나기로 하고, 그 교회 부목으로 있던 분이 개척한 교회로 출석하기로 했다. 얼마 후 나의 전 소속 교회에서 개척교회로 출석하는 교인을 확인한다는 말이 돌기 시작했고, 전에 다니던 교회에서 전화가 왔다. 그 교회에 나가지 말라는 종용이다. 교회가 단지 신앙을 실천하는 곳이 아니란 사실을 알게 되는 다소 충격적인 순간이었다.

"청빈 서원을 하지만, 부자로 살아가는 봉헌된 사람들의 위선이 신자들의 영혼에 상처를 입히고 교회를 해친다."

"가난한 사람들이 교회에 들어가는 것을 부끄럽게 만들지 않도록 해야 한다."

"가난한 이들이 가난을 창피하게 여기게 하는 교회, 이것이 바로 영적 번영, 영적 웰빙의 유혹이다."

조그만 차를 타고 몸소 청빈과 섬김을 실천해 우리에게 큰 교훈을 준, 프란체스코 교황이 2014년 8월 중순 한국 체류 기간 동안에 남긴 말이다. 헌금 못 내는 교인은 교인 자격을 박탈하자는 논의도 있었던 한국의 교계는 교황의 말을 참고해야 하지 않을까 모르겠다.

큰 틀에서 한국 교회의 문제는, 일상화되어 잘 느끼지 못하는 우리의 정신문화에서 비롯된 면이 있다는 것을 언급하지 않을 수 없다. 수백 년을 지배하여 우리의 핏속에 용해되어 있는 유교정신이 교회 안에도 들어차 있다고 나는 생각한다. 그런데 한국인의 사상적 뿌리인 유교적 가치는 기독교의 이념과는 상당히 상반된 것이다. 기독교가 내리 사랑의 종교라면, 유교는 위로 섬김의 종교다. 기독교가 가난하고 병들고 힘없는 약자를 사랑하는 종교라면, 유교는 군자, 가부장, 스승에 대한 섬김을 기본으로 하는 기득권사 중심의 도덕이다.

교회 내부에 유교정신의 침투 결과는, 요약컨대 섬김을 실천해야 할 위치에 있는 분들이 반대로 섬김을 받고 있는 것으로 요약된다. 여기에는 신도들의 그릇된 유교적 섬김 의식도 크게 한몫하고 있다. 교회의 목사님 혹은 신부님이 집안의 어른처럼 극진한 섬김의 대상이 되어 있고, 부지불식간에 성직자들도 조금은 관습적으로 대접을 받으려는 의식이 잠재되어 있는 것은 아닌지 모르겠다.

미국에서 자동차 정비업소를 운영하고 있는 먼 친척뻘이 되는 분이 있다. 유독 손님이 많던 어느 날, 기다리던 한 분이 다가와, 나 목사인데 내 차 좀 빨리 봐줄 수 없느냐고 말씀하더란다. 친척이 하는 말이 재미있다. "당신이 예수님이라면 몰라도, 목사님은 좀 더 기다리시라니까요!" 미국에서도 한국 목사님은 대접을 받으려는 의식이 있다는 증거다. 이전에 안 통했다면 그런 말을 했을 리가 없을 테니 쌍방이 잘못인 것이다.

언제나 대중의 지지를 먹고사는 정치가 종교에 기생함으로써, 한국의 종교와 정치는 도움을 주고받는 공생관계가 되고 말았다. 급기야 기독교는 예수의 사랑을 실천하기보다 교세 확충에 힘을 써 대형화 경쟁에 골몰하고 있다. 여기에는 믿음의 전당으로 삼기보다 사업상 지면을 넓히거나, 다른 현실적 목표를 염두에 두고 모여든 신도들의 이해 관계가 맞아떨어져, 큰 교회는 망하지 않는다는 소위 대마불사가 여기서도 통하는 원리가 되고 있다. 은행에서도 교회 신축자금은 우선 순위에 둔다는 말도 들린다.

이제 해외로 눈을 돌려보면, 유럽은 단연 웅장하고 성스러운 성당을 구경하러 가는 곳이라고 말해도 크게 틀린 말이 아닐 것이다. 교황 머리에 쓰는, 고개를 가누기조차 어려울 정도의 금관, 금덩이로 장식한 성당 내부, 세상의 금덩이는 모조리 성당에 있었다. 그리고 천국에 가까워지려고 죽어서도 성당 내부에 매장된 교황의 시신을 볼 때면, 종교의 수장으로서 보이지 말아야 할 그들의 세속성과 나약함에 어느덧 실망을 넘어 종교에 대해 회의에 빠지곤 한다. 그럴 때마다 나는 애써 부정적 식견을 버리려고 고개를 절로 흔들고 만다.

그러고도 모자라 면죄부를 팔아 호의호식하고, 성당 짓고 횡포 부리다가, 특권층만 독점하던 라틴어 성경이 독일어로 번역되고 때마침 발견된 인쇄술 덕분에 두루 퍼지면서 루터의 종교개혁을 초래하고 말았다.

수천 년이 흘러도 인간의 속성은 변하지 않아 역사는 되풀이되며, 절대 권력이 주어지면 반드시 부패하는 것은 종교계도 예외가 아닌 것이다. 정치 권력은 국민의 심판을 받지만, 언론과 종교는 치외법권의 성역이다. 대통령을 잘해도 동네북 신세지만, 종교와 언론 권력은 무소불위요, 영원하다. 부당한 피해를 봐 하소연해도 별반 효과가 없는 철옹성 같은 분야가 그곳이다.

개인적으로 나는 교회에서 나의 역할을 최대한 축소하고 있다. 내 생애도 벅찬데 교회 일은 내 능력 밖이다. 봉사직이 신급(信級)으로 군림하는 관료화된 교회사회에서는, 장로(長老)하려고 신도에게 아부하는 경향도 보인다. 사회에서의 경쟁도 피곤하고 역겨운데, 교회에서 장로 경쟁까지 하랴! 나에게는 거의 매일 교회로 출근하다시피 하는 아내 하나로 족하다. 나같이 헌금이나 하고, 교회 일에 침묵하고 방관하는 사람이 교회에 절대적으로 필요한 존재라고 누가 말해 주어 알았다. 나는 어느 정도의 신념적 영성도, 지식으로서의 성서도 잘 파악하고 있으니 그나마 다행이다.

종교계의 문제는 세계적·역사적 현상이고 어제 오늘의 일도 아니다. 일부 대형 교회를 제외한 90% 이상의 농어촌 지역, 도시 상가 2층에 자리 잡은 소형 교회 목사님들은 그야말로 입에 풀칠하기도 어려운 상황임에도 복음의 전달자로서의 소명을 묵묵히 수행하고 있음에 존경과 찬사를 보내고 싶다.

기독교인에 대한 생각

"알면서도 나쁜 짓 많이 해, 목사와 장로는 천당에 못 간디야~!"

결재를 받으러 간 나에게 이런저런 얘기 끝에 우리 대학 이사장님께서 진한 충청도 사투리로 말씀하셨다.

이사장님은 장로로서, 그 직분에 합당한 역할의 막중함을 잘 아시기 때문에 그런 말씀을 하셨을 것이다. 스스로 천당에 못 갈지도 모른다는 고백은 신앙심이 깊지 않은 분은 감히 입 밖에 낼 수 없다는 걸 나는 잘 알고 있다.

내가 대학에 온 지 얼마 되지 않았을 때, 어쩌다 보니 우리 대학 법인의 사무처장으로 발령이 났다. 전임자의 업무를 인수하면서, 학교 예산 규모가 토목공사로 치면 한 공구 공사비 정도에 불과한 것에 놀랐다. 그럼에도 정부 관료 출신인 내 눈에는 어설픈 부분이 많이 띄었다. 행정이 전문이 아닌 아마추어 교수가 처리한 행정의 한계가 느껴졌다. 해서 내가 이 일 저 일을 꼬치꼬치 캐물으니 전임자가 좀 언짢은 기색을 했다. 업무 인수를 그런 대로 완료할 때쯤, 그분이 뜬금없이 나에게 나의 기독교관에 대해 물었다.

그러고 나서 며칠이 지난 후 뜻밖에 이사장님으로부터 전화가 왔다. 기독교 대학의 법인처장으로서 교회를 안 나간다니, 법인사무처장 발령을 취소할 수밖에 없다는 거였다. 가끔 교회에 못 나가는 주일도 있다고 한 말을 누군가 고자질한 모양이었다.

사실 나는 교육과 연구가 본령인 대학에 와서까지 행정을 하게 되리라고는 생각도 못 했고, 별로 하고 싶은 생각도 없었다. 하지만 이미 발령이 난 상태에서 사의를 표명하면, 가뜩이나 남의 말 하기 좋아하는 건 대학도 예외가 아니어서, 적극적으로 해명할 수밖에 없다고 생각했다. 무슨 오해가 있는 것 같으니 곧 소명자료를 제출하겠다고 약속했다.

당시 나는 같은 교회 출석 교인인 동료 교수들을 증인으로 내세울 수도 있었으나, 그러면 꼴이 더 우스워질 것 같았다. 그것보다는 문서가 더 효과적이고 확실할 것 같아, 전년도 교회 헌금 영수증을 제출하면서 사태는 수습되었다. 대학도 세상의 한 부분인지라 참 무서운 곳이라는 생각이 들었다.

신앙심의 판단 기준이 되는 교회 출석, 헌금, 교회 봉사 등은 지극히 외형적이고 형식적인 것일 뿐이다. 각자의 속마음은 본인만 알 뿐 누구도 모른다. 기독교 사상가 루이스는 영적 쾌락 중에 가장 나쁜 것은 남을 마음대로 휘두르는 것, 험담을 즐기는 것, 권력을 즐기는 것, 증오를 즐기는 것이라고 했다. 교회에 꼬박꼬박 출석하는 냉정하고 독선적인 도덕자가 거리의 매춘부보다 훨씬 더 지옥에 가까울 수 있다고 루이스는 보고 있다.[1]

기독교인의 위선적인 삶은 우선 기독교가 금하는 것이 많기 때

1 C. S. Lewis, 장경철 이종태 옮김, 『순전한 기독교(원제: Mere Christianity)』, 홍성사, 2009, p.167.

문이 아닌가 한다. 한번은 일요일 날 목사님 설교를 듣는데 가만히 들어 보니 내 얘기를 하고 있는 것이었다. 내 나이 30대에는 모두들 한참 담배를 피우고 있을 시기였다. 목사님이 나와 악수하면서 때가 여름인지라 나의 하얀 와이셔츠 주머니에 비친 담뱃갑을 본 모양이었다. 교회 갈 때만 담뱃갑을 숨기고 가는 것도 가식이라는 생각에서 그런 것에 별로 신경 안 쓰고 살던 나였다.

왜 남에게 노출되는 흡연만 유독 비난의 대상이 되고 죄를 짓는 것일까? 흡연은 물론 나쁜 습관이지만 인간이 몰래 짓는 죄는 수도 없이 많다. 유독 흡연을 문제 삼는 건 속 보이는 일이 아닌지. 고작 담배를 안 피우는 것으로 자신의 신앙심을 과시하며 공격하는 분은 자신의 더 큰 죄를 숨기려는 의도가 아닐까 하는 생각이 든다. 미국 목사 중에는 파이프 담배를 피우며 설교하는 분도 있다. 기독교에서 흡연을 금하는 것은 성령이 거하는 옥체인 몸에 해롭기 때문이지 성경에 담배 얘기는 나오지도 않는다. 담배의 역사는 콜럼버스가 아메리카 인디언으로부터 얻은 것이 유럽에 퍼지면서 시작되었다는 설이 유력하니 분명히 성경 시대 이후의 일이다.

내가 처음에 자생적으로 천주교에 입교한 데는 사연이 있다. 내 나이 여섯 살 정도 됐을 때 일이다. 우리 집 앞에는 가로등이 달린 전봇대가 하나 있었다. 비가 부슬부슬 오는 어느 날 전봇대에 사람이 올라가는 모습이 보였다. 아마 며칠 전 고장 난 가로등을 고치러 올라간 것 같았다. 그런데 얼마 후 '쿵' 하는 소리가 들려 그쪽을 쳐다보니 사람이 전봇대 아래 땅바닥에 떨어져 있었다. 그 사람이 감전되어 죽었다고 어른들이 말했다. 그 후로 비가 오는 날이면 가족들이 번갈아 가며 전봇대 밑에 와서 구슬프게 울어댔다. 어린 마음에도 불쌍하고 무서운 생각이 들었다.

앞집에 사는 나의 유일한 소꿉친구인 '은자'의 어머니는 천주교 신자였다. 그즈음에 부쩍 저녁때면 나가는 것 같아, 영리한 '은자'에게 내가 물었다. 너의 어머니는 요즘 어딜 그렇게 자주 나가시냐고. 그러자 전봇대에서 떨어져 죽은 사람을 위해 기도하러 성당에 나간다고 말했다.

그 이후 내 가슴에는 천주교 신자는 거룩한 사람이란 인식이 심어졌다. 결국 그 연원으로 나는 10대 중반에 제 발로 천주교 신자가 되었다. 지금은 개종한 기독교 신자로서 나는 천주교 신자와 기독교 신자의 성향을 비교적 잘 알고 있다.

기독교 신자는 조금은 가식적인 면이 있고 이기적인 사람이 많은 것 같으나, 천주교는 신부님도 신도들도 술 담배는 하지만, 개신교인보다는 좀 솔직하고 선행을 많이 하는 것 같다. 대문에 교회 출석 징표로 문신처럼 걸려 있는 교회 마크 있는 집은 더 매몰차고 동냥을 주는 사람이 별로 없다는 글을 어딘가에서 본 것 같다. 우리나라 교인은 '열'은 있어도 '빛'이 없다고도 말한다.

'믿음'의 종교로서 기독교는 행위보다 믿음을 강조하기 때문이 아닌지 모르겠다.

음식이라는 은혜에만 감사 기도를 하고 여타 생존에 필요한 물건을 향유할 수 있는 것에 대해서는 마음속으로만 감사의 뜻을 품는지 쉽게 이해할 수 없다며, 자신은 하루에 20여 번도 더 감사 기도하고 싶다고, 어눌하면서도 유머 있는 영국의 수필가 찰스 램

(1775~1834)이 말했다.[2] 흡연자들을 두둔할 생각은 추호도 없지만, 담소를 즐겨했다고 알려지는 램은 흡연만 죄라고 생각하는 것은 이상하며, 우리가 매일 짓는 죄는 20여 가지도 넘는다며 흡연자를 안심시킬지도 모르겠다. 아무튼 감사는 많이 하고 죄는 조금만 짓고 선행을 많이 하며 살아야 하는가 보다.

2 찰스 램, 김기철 옮김, 『찰스 램 수필선』, 문예출판사, 2010, p.133.

달라이 라마의 용서

"당신은 카톨릭 불교도요, 아니면 개신교 불교도요?"[1]

신구교도 분쟁지역인 북아일랜드를 방문한 달라이 라마[2]에게 묻는, 『벨파스트 텔리그래프』지에 실린 만화 속에 나오는 대사다. 분노의 뿌리 깊음에 잠시 나왔던 우리의 웃음은 이내 사라지고 만다.

분노는 사람이 품는 감정 중에 가장 조절하기 어려운 심상(心狀)이다. 분노의 표출 끝에는 언제나 비극이 기다리고 있다. 전쟁, 테러, 살인, 폭력 등은 모두 분노의 감정을 다스리지 못해 발생한다. 설령 표출하지 않더라도, 분노의 감정은 상대에게는 아무런 영향을 주지 못하면서, 내 속을 상하게 하여 엄청난 에너지를 소모시킨다. 그러므로 분노의 마음은 초기에 제압하지 않으면 내가 상(傷)하든지 나와 상대방이 모두 상(傷)하든지 둘 중에 하나로 결말이 난다.

아인슈타인은 말하기를 분노는 바보들의 가슴속에서만 살아간다고 했다. 우리가 화를 내고 있는 동안에는 올바른 판단을 유도하

1 달라이 라마, 빅터 챈, 류시화 역, 『용서』, 김영사, 2005.
2 달라이 라마는 티베트 불교 최고 지도자를 지칭하는 말로서, 현 달라이 라마는 14대이고 1935년생이다.

는 이성은 작동하지 않음을 우리는 경험으로 알고 있다. 분노의 감정을 다스리는 일은 아무리 강조해도 지나침이 없다. "노하기를 더디 하는 사람은 용사보다 낫고, 자기를 다스릴 줄 아는 자는 성을 정복하는 자보다 낫다"(잠언16:32). "화가 나더라도 죄를 짓지 말고, 해가 지기 전에 화를 풀어라"(에베소4:26). 용서의 어려움은 성서에서도 확인할 수 있고, 불교에서도 수행 중에서 가장 달성하기 어려운 것이 용서라고 한다.

분노의 해결을 위해 우리는 각자의 종교를 떠나, 여기서 이 시대 '용서'의 큰 스승으로 여겨지는, 가톨릭의 교황과 같은 지위에 있는 티베트 불교의 달라이 라마의 말에 귀 기울일 필요가 있다. 중국의 티베트 침공으로부터 지금껏 백만 명 이상의 희생자가 나왔고, 여전히 계속되는 중국의 티베트 말살 정책에도 불구하고, 달라이 라마는 티베트 민족에게 '용서'를 설득하고 있다. 달라이 라마의 위대함은 자신의 민족을 핍박하는 대상에 대한 '용서'를 말하고 있기 때문이다. 2003년 달라이 라마가 미국을 방문했을 때, 맨해튼 센트럴파크에는 10만이 넘는 사람들이 운집했는데 이보다 많은 군중을 모은 사람은 빌 그레이엄 목사와 교황뿐이었다고, 달라이 라마 동행자인 빅터 챈이 밝히고 있다.

차제에 중국의 티베트 침략의 역사와 배경을 잠시 살펴보면, 1951년부터 시작된 중국의 티베트 침공 명분은 티베트가 원래 중국의 일부였다는 역사에서 기원한다. 하지만 중국의 속내는 티베트의 자원, 인도와 근접한 지정학적 가치, 그리고 큰 면적도 탐이 난 데다, 티베트의 독립이 중국내 소수민족의 준동의 빌미가 될 수 있다는 데에 있다. 이런 이유로 중국은 국제 사회의 비난에도 불구하고 티베트 탄압정책을 지속하고 있다는 것이 중론이다.

『달라이 라마 행복론』[3]에서 주장하는 용서 메카니즘의 핵심은, 화는 자주 내면 점점 커지지만, 화를 삭이는 습관을 들이면 점점 더 용서를 잘할 수 있다는 것이다. 그는 또 다른 저작 『용서』[4]에서 분노를 삭이고 용서를 해야 하는 이유로 '나의 행복'과 '상대방의 변화 가능성'을 들면서, "진정한 승자는 적이 아닌 자기 자신의 분노와 미움을 이겨낸 사람이다."라고 밝히고 있다.

달라이 라마는 붓다와 보살을 역설적으로 가장 이기적인 존재로 보는데, 이는 이타적인 마음을 가짐으로써 궁극적으로는 자신을 위한 행복을 얻었기 때문이라고 설파한다. 나를 아파하는 대신 남을 아파하면 다른 사람에 대한 염려가 오히려 나의 고통을 덜어 준다는 것이다.

그러나 용서를 통한 '행복'의 추구는 분명하게 이해할 수 있으나, 상대방의 변화 가능성까지 염두에 둔 용서는, '상호의존'이라는 불교 원리에서는 맞지만, 현실에서는 쉽게 납득이 가지 않는 면도 있다. 더구나 언제나 분노를 참고 용서하는 것이 무조건적 선(善)인지에 대해서 나는 확신이 없다. 불의에 대한 분노가 자유와 평등을 쟁취하는 원동력이 되었던 역사적 사례가 너무 많기 때문이다. 예외 없는 원칙은 없다. 사회 개혁의 원동력으로 작동하는 정당한 분노는 불가피한 것이 아닐까?

달라이 라마가 설파하는 용서는 중국과의 반복되는 유혈사태 속에서 더 이상의 피해를 막기 위해 강조한 미덕이고 선한 가치임에

3 달라이 라마, 하워드 카틀러, 류시화 역, 『달라이 라마 행복론』, 김영사, 2005.
4 달라이 라마, 빅터 챈, 류시화 역, 『용서』, 김영사, 2005.

는 틀림없으나, 약자의 강자에 대한 용서는 굴종이요, 타협일 수 있다. 약자가 강자를 용서해 획득한 행복은 과연 그 수준을 가늠하기 어려워 불안하기만 하다. 진정으로 가치 있는 용서는 강자의 약자에 대한 관용일 것이다. 그러나 그런 일이 또 인류 역사상 얼마나 있었는지 모르겠다.

달라이 라마를 화두로 삼았으니 이번에는 성경을 인용하면, 하루는 사도 베드로가 예수님께 물었다. "만일 형제가 내게 죄를 범하면 몇 번이나 용서하여 주리이까? 일곱 번까지 하오리까?" 하고 물으니 예수께서 즉답하기를 "일곱 번뿐 아니라, 일흔 번씩 일곱 번이라도 할지니라." 490번이라도 용서하라는 뜻이다.

쉽게 소멸되지 않는 속성을 지닌 분노의 감정은 되레 상대가 아닌 자신을 파괴하는, 내 속의 또 다른 적이다. 또한 분노 끝에는 항상 후회가 찾아온다. 벤자민 프랭클린의 말처럼 '분노에서 시작한 행동은 무엇이든 부끄러움으로 귀결'되기 때문이다. 화는 단 한 번만 내도 10번 잘한 것을 모두 상쇄시켜, 손상된 관계의 회복에는 엄청난 노력이 필요하고, 경우에 따라 관계 회복이 영영 안 되는 수도 있다. 용서는 내 마음을 편하게 하고, 드물게 상대의 변화 가능성도 기대할 수 있다. 용서는 대상에게도 좋지만, 용서하는 사람에게는 더 좋은 것이다. 용서를 통해 평안한 마음을 유지할 수 있으면, 성숙하고 성공한 인생이다.

1, 2, 3, 3악장

음악회에서 가장 조마조마한 순간은 악장 사이에 박수가 터져 나와 연주자들이 움찔하고 놀랄 때이다. 요즘은 음악회 시작 전에 아예 연주자들에게 지장을 줄 수 있으니, 악장 사이에 박수를 삼가해 달라는 안내방송이 나온다. 악장이 끝나고 잠시 적막이 흐르기 전에, 서둘러 연주자에게 찬사를 보내려는 성급하고 선한 마음에서 나온 박수가, 음악 문화 수준을 낮추는 데 선도적인 역할을 하는 것이다.

대부분이 4악장으로 구성되는 교향곡이나 협주곡의 끝 악장은 언제나 장렬하게 끝난다는 고전음악에 대한 기본 상식만 있어도 그런 일은 안 저지를 텐데, 악곡의 기본 형식을 모르고 음악회에 참석한 것은 어쩔 수 없다 해도, '가만히 있으면 중간은 가는데' 먼저 나선 게 두 번째 실수다.

교향곡을 인생에 비유하면 1악장은 10~20대, 2악장은 30대, 3악장은 40대, 4악장은 50~60대이다. 말하자면, 60대는 1, 2, 3악장은 끝이 났고, 이미 시작된 4악장이 반 이상이 지난 시점이 될 것이다. 오케스트라에서 자주 사용되지 않는 트라이앵글, 심벌즈를 비롯한 큰북까지, 모든 악기가 저마다 소리를 내며 장렬하게 끝맺는 4악장의 끝을 향해 가고 있는 것이다.

4악장은 도입부인 1악장에서 설정한 주제들을 2, 3악장에서의 발전과 전개시킨 후 마지막으로 완결하는 악장이다. 만일 4악장에서 새로운 설정을 도입하면 마무리가 어려워지고 음악은 부자연스럽고 혼란스러워진다.

어느새 4악장이 지나 끝났는지도 모르고 흘러간 악장에 미련이 남아 서성이다 보면 나 홀로 남게 된다. 아마 인생 70대는 음악회가 파하고 집으로 가는 길목일 것이다. 흘러간 노래를 다시 들어보려 하지만 음악회는 벌써 끝이 났다.

어떤 친구는 요즘은 나이에 0.7을 곱해야 한다고 강조한다. 그러면 나도 40대이다. 기분 좋은 얘기다. 하지만 누가 인정해 줄까? 눈가에는 주름이 자글자글하고, 목에 줄이 나 있고, 눈에는 총기가 빠져 탁해진 모습에 누가 나를 40대로 볼 것이며, 설령 그렇게 봐준다고 해서 내가 얻는 이문이 무엇일까?

젊어지려는 몸부림은 미래가 아직 많이 남아 있으니 무시하지 말고, 젊은 사람들 모임에서 배척하지 말아 달라는 무언의 항변이지만, 실상은 내게 관심 있는 사람은 벌써 다 떠나고 아무도 없다는 사실을 알면 얼마나 허탈한 일인가!

젊은이들의 노래를 즐겨 듣고, 부르는 걸 자랑으로 아는 어른들도 더러 있다. 제멋에 사는 게 인생이라지만 어쩐지 어색하고 생각이 없는 사람으로 비치기도 한다.

젊은이들과 함께 테니스를 치던 선배 한 분은 더 세게 치라고 주문하신다. 노인이라고 봐주지 말고 스트록을 더 세게 하란 말씀이다. 운동이 끝난 후에는 호기 있게 맥주를 '원샷' 하고, '위다웃 비아그라(without viagra)'를 외치며 대화를 주도하는 노익장을 과시했다. 그런데 몇 개월 지나 그분의 부음이 들렸다.

또 주당이라고 소문난 어떤 친구는 소주를 다섯 병 마시고 일정을 펑크 낸 후배에게 그것도 술이라고 마시냐고 놀리며 자신은 여전히 소주를 박스째 놓고 먹는다고 으스대더니, 그도 얼마 후 돌아가셨다.

위다웃 비아그라
박스 채 마시는 술
그리고 죽음.

모두 불꽃 같은 인생을 살다 가신 분들이라 찬사를 보내는 바이나, 그 죽음이 생경하고 아쉽고, 어쩐지 당혹스러움은 상영 중인 영화의 필름이 갑자기 끊어진 부자연스런 느낌 그 자체이다.

노자(老子)는 "강강(强剛)한 자는 제명에 죽지 못한다. 나는 이것을 가르침의 근본으로 삼는다."고 말했고, "나이 들수록 더욱 활력에 넘치는 것은 어리석은 짓과 크게 다르지 않다."는 서양 사상가의 말도 있다. 아이가 어른 흉내 내는 것 못지않게 노인이 젊은 척하는 것도 순리에 어긋나는 부자연스런 모습이 아닐까?

인생은 제 잘난 멋에 제멋대로 사는 것이다. 권유도 강요도 소용없다. 인생에 정형(定型)은 없고, 인생은 규정할 수도 없다. 이렇게 살고, 저렇게 튀어서, 드러내 보이는 것도 자유이지만, 실상 그런 의도는 허망한 것이기에 안타까워하는 소리다.

소설의 '기승전결'에서 '결'은 없고, '기승전전'이면 이상한 소설이요, 교향곡에서 '4악장'은 없고 1, 2, 3, 3악장이면 불안한 교향곡이다. 그건 위장이고 눈속임이고 반란이다. 파격과 미완성의 예술도 있으나 그건 소수이고, 부자연스러운 것은 오래 가지 않는다.

1, 2, 3, 3악장보다
1, 2, 3, 4악장으로 끝나는 교향곡이,

기, 승, 전, 전보다
기, 승, 전, 결로 끝나는 소설이 더 자연스럽고 아름답지 않을까?

영화도 인생도 끝이 나야 한다. 필름을 거꾸로 돌리면 영화도 인생도 뒤죽박죽이 되는 거다. 이제 4악장이 끝나면 집으로 돌아가야 한다. 더 이상의 음악은 없다. 그러고는 잠들어야 한다. 진퇴를 아는 인생은 아름답다. 파장인 줄도 모르고 여전히 시장에 서성이는 사람은 안쓰럽고 '우리를 슬프게' 한다. 은퇴를 모르고 끝없이 불러대는 생(生)의 노래는 처량하여 듣기도 거북하다. 은퇴 후 다시 돌아오는 모습도 부자연스럽고 민망하다.

"인생을 마감해야 할 때, 인생을 시작하려면 너무 늦지 않을까요?"[1]

이미 씨를 뿌려 놓지 않은 것이라면 지금 수확하긴 어렵다. 어느

1 세네카, 천병희 옮김, 『인생이 왜 짧은가』, 도서출판 숲, 2010, p.15.

날 미완성 속에 끝이 나게 마련인 인생이지만 나는 지금 몇 악장을 듣고 있는지 잘 알고 있다.

학습지능

내가 남보다 못하다는 열등감이 없는 사람은 거의 없다. 열등감을 느끼는 분야는 대개 신체, 외모, 지적 능력, 신체 능력, 가정 환경, 태생, 출신 성분, 학력 등을 들 수 있다. 이런 조건들은 모두 자신의 의지와 상관없이 태생적으로 주어지는 것이거나 이미 기정사실이 되어 변화가 불가능한 것들이다. 따라서 열등감은 생득적인 교착적 상황에 관한 것이므로 물리치기 어려운 운명적 감정일 수가 있다. 사람들은 향후 개선이나 변화가 예상되는 가변적 조건이나 상황에서는 그런 감정을 가지지 않기 때문이다.

만일 신체상의 결함을 조롱하면 노력으로 개선할 수 없는 조건에 대한 것이기 때문에 상대방은 불쾌함을 넘어 절망할 것이다. 그러므로 남에게 무엇을 지적하기 전에 그것이 본유적(本有的) 조건인지 잠정적 조건인지를 생각해 봐야 한다.

지금은 과거보다 인권이 중시되는 시대여서 잘 볼 수 없는 광경이지만, 60년대 학교 오락시간에 가장 인기 있는 희극 소재는 지체부자유자의 걸음걸이를 흉내 내는 거였다. 웃지 못할 아니 웃어서도 안 되는, 개인의 신체적 결함을 희극의 소재로 삼는 '생각 없는' 시절도 우리에게 있었다. 이렇게 비정상적이고 잔인한 소재가 희극의 대상이 되었던 배경에는 대중의 호응이 있었기 때문이다. 대중이 그런 것을 보고 웃고 즐기는 이유는 간단하다. 장애자에 대한 비장애자의 우월감에서다. 게다가 자신은 정상인이라는 안도감도 한몫했을 것이다.

그렇지만 엄밀히 말하면 그런 걸 보고 웃는 사람은 사실 저열한 인간일 뿐이다. 오죽 못나 내세울 것이 없으면 그런 데서 우월감을 느껴 웃는가! 당신은 잘났다거나 당신은 상관이 없어 안전하다는 느낌을 주면 당장에 웃거나 미소가 나오는 게 희극의 원리이고, 칭찬은 고래를 춤춘다는 말도 같은 맥락이다. 칭찬은 상대적 우월감을 주는 언사이기 때문이다. 비극의 원리도 마찬가지여서, 아주 큰 비극을 연출하면서 당신은 저만큼 불행하지는 않다는 사실을 인식시켜 주면 사람들은 동정도 하고 울기도 하면서 이내 안도감을 느끼게 된다.

요즘 코미디 프로그램에서도 그 원리는 여전히 유효하여, 떠꺼머리에 흉물스런 옷을 입고 나와 어눌하고 바보 같은 말투를 사용하게 한다. 여기에 대비되는 인물로 등장하는 잘난 사람은 별로 인기가 없다. 대중은 그런 사람에게는 열등감을 받아 심하면 재수 없다고 생각하기 때문이다. "대부분의 사람들은 어느 정도 자만심을 가지고 있으면서도, 다른 이들의 자만심은 견디지 못한다."[1] 코미디는 상처받는 자만심을 즐기는 향연이 아닐까?

반대로, 대중에게 열등감을 느끼게 하면 싫어하고 심지어 공격하고 비난한다. 열등감은 또 상대방에 대한 우월적 요소를 찾아내

1 벤자민 프랭클린, 이계영 옮김, 『프랭클린 자서전』, 김영사, 2001, p.15에서 인용.

대칭적인 우월감을 보이기도 한다. 열등감으로부터 자신을 지키기 위해서 자기애로 방패삼고, 터무니없는 우월감으로 상대방을 조롱하며 공격의 창(槍)으로 삼는다. 열등감은 또한 칭찬에 인색하고, 남을 깎아내리기를 좋아하게 만든다. 그 이유는 남을 칭찬하면 자신이 더 비참해지기 때문이다. 병적 열등감에서 기원한 '자기애(自己愛)'는 무자비한 복수심으로 무장하고 어느 날 비극을 연출하기도 한다.

사실 인간 관계에서 열등감이 많은 사람과 관계를 맺기는 매우 피곤한 면이 있다. 여차하면 자신의 열등감 방어 메카니즘이 작동하여, 공격 성향을 띄기도 하고 딴죽을 걸기도 한다. 사회 생활은 어쩌면 자신의 가치를 높이는 과정이므로 자신의 약점을 노출시킬 이유는 없다. 그렇지만 남에게 투사된 열등감은 보기도 민망하고 인간 관계를 부자연스럽게 만든다. 자신 위에 군림하는 열등감일랑 다시는 찾을 수 없는 곳으로 던져버리는 게 맞다.

그리고 잘난 체하는 사람을 싫어하면 안 된다. 불쾌감을 앞세우다 그로부터 뭔가 배울 수 있는 기회를 놓친다면 손해다! 벤자민 프랭클린은 자서전에서 '자만심이 강한 사람에게는 배울 것이 있으므로 편견 없이 대하려고 애썼다'고 말했다.[2]

학교의 지능검사는 언어, 논리수리, 공간지각에 국한된다. 이 세 영역에서의 능력을 측정한 지능을 나는 편의상 '학습지능'이라 부른다. '학습지능'은 교과목으로는 국어, 영어, 수 학과목에 해당하

2 벤자민 프랭클린, 이계영 옮김, 『프랭클린 자서전』, 김영사, 2001, p.15 참조.

는 과목의 수행 능력을 측정하는 셈이므로 '학습지능'이 높으면 공부를 잘하는 것이다.

공부에는 소질이 없는 프로운동선수 김봉팔 선수 연봉이 10억이다. 공부 잘해 박사학위 받은 김봉구 박사의 연봉은 1억이다. 그럼에도 봉팔이는 돌머리, 봉구는 좋은 머리인가? 봉팔이가 돌머리라고 말하면 왠지 이상하고, 그렇게 말하면 봉팔이가 인간의 지능을 비웃지나 않을까? 봉팔 선수는 돈 잘 벌어 가족과 사회의 우상이고, 기부 많이 하고 팬들에게 운동 실력으로 기쁨을 주는 존재인데, 공부만 못 했다고 머리 나쁘다 말하는 건 부당하다. 그런 사람 머리 좋다 인정 안 해주면 지능이 무슨 의미가 있나?

인간의 지능은 한마디로 무엇인가를 할 수 있는 능력을 말하는데, 그런 의미에서 학습 능력 이외의 여타 능력을 인간 지능 영역에 편입하려는 시도는 매우 타당한 접근이라고 생각한다. 이를 반영하듯이 교육학자들은 인간 지능에 대한 새로운 제안을 하기 시작했다.

지능의 대명사인 IQ에 대비되는, EQ(감성지능) 이론이 1969년 발표되었고, 2000년대 초에는 하버드 대학의 하워드 가드너(Howard Gardner)[3]의 '다중지능'이론이 나와 주목을 끌고 있다. 다중지능은 지금까지 알고 있던 지능의 범위를 확대한 것으로 지금까지는 공부만 잘하면 머리 좋다는 소릴 들었는데, 그는 인간 지능을 독립된 일곱 가지 영역으로 나누었다. 예를 들어, 운동을 잘해도, 남을 잘 배려해도, 감정을 잘 통제해도, 심지어는 신앙심이 돈독한 것도 지능의 범위에 속하게 할 태세다. 말하자면 세상 살아가는 데 필요한

3 Howard Gardner, 문용린 옮김, 『다중지능(Iintelligence Reframed)』, 김영사, 2004.

인간의 능력에는 여러 가지가 있기 때문이다.

하워드 가드너 교수는 우선 인간의 지능은 매우 중요한 것이기 때문에 일부 사람들의 독점물이 될 수 없다며, 말하자면 소위 국내에서도 문제되는 교육 '마피아'의 독단에 일침을 가했다. 그리고 기존의 지능검사가 흑인에 대한 백인의 우월을 입증하기 위한 음모도 없지 않다는 시각을 살짝 내보였다. 그는 기존의 '학습지능'인 언어, 논리수학, 공간지각 능력 외에 여기에 음악, 신체운동, 대인, 자기내적지능 등 7개 영역으로 확대하였고, 여기에 영성, 실존, 도덕지능도 후보 지능으로 검토하고 있다고 한다.

학교 다닐 때 머리 좋다는 소리 들어도 사회에 나와 성공하지 못하는—물론 성공만이 인생의 목표는 아니지만—수많은 사람들에 대한 해명은 그의 이론을 통해 알 수 있다. 의리(義理)나 싸가지 없는 사람은 대인지능이 약한 것이요, 성질 못 참고 직장 자주 옮기는 사람은 자기내적지능(intrapersonal intelligence)이 약하고, 거짓말 잘하고 나쁜 짓 많이 하면 도덕지능이 낮은 것이다. 학교에서 공부 못 했어도 사회에서 성공하고 존경받는 경우는 '학습지능'은 낮아도 여타 지능이 우수한 경우라고 설명할 수 있다.

가드너가 제안하는 영혼의 감화 능력인 영성지능의 하위 개념으로도 이해할 수 있는 '실존지능'은 삶의 의의, 죽음의 의의, 신체적·심리적 세계의 궁극적 운명, 다른 사람을 사랑하거나 예술 작품에 몰두하는 것을 통해 우주에서 자신의 위치를 알아내는 능력이라고 해석된다.[4]

4 Howard Gardner, 문용린 옮김, 『다중지능(Iintelligence Reframed)』, 김영사, 2004. p.74 인용 혹은 참고.

가드너는 인간의 여러 가지 지능에 대해 'knowing how'와 'knowing that'을 구분해야 한다고 말한다.[5] 나는 이것을 수행 능력과 인식 능력의 차이로 분류하려 한다. '학습지능', 음악, 운동 능력 같은 수행 능력에 속하는 지능은 어느 정도 계측이 가능하지만, 나머지 대인, 자성, 영성, 실존, 도덕지능 같은 인식 능력은 측정이 불가능하여 각자의 삶으로 드러날 뿐이다. 여기서 재미있는 현상은, 사람들이 흔히 갖고 있는 열등감의 근원은 측정이 가능한 수행 능력에 국한되고, 측정이 어려운 인식 능력에 대해 그런 감정을 갖는 사람은 없다는 점이다. 말하자면 공부를 잘 못 하거나 노래나 운동을 못 하면 대개 심한 열등감을 느낀다. 하지만 신앙심이나 도덕심이 부족하여 열등감을 느끼는 사람은 한 사람도 없다.

여기서 우월감과 열등감이 어떻게 생겨나는지 알아보자. 위에서 언급한 7개 지능 영역에서 모두 우월한 사람은 세상에 없다. 대개 자신이 머리가 좋다고 생각하는 사람은 자신이 잘하는 어느 한 부분만을 부각한 결과다. 자신이 할 수 있는 일을 상대방이 못 하면, 상대방은 머리가 나쁜 사람이라고 여기는 것 같다. 그러나 재미있는 사실은 상대방도 똑같은 생각을 하고 있다는 것이다. 어떤 것은 내가 잘하고 어떤 것은 네가 잘하니, 서로 협업하며 살아가도록 세상을 만든 게 신의 조화인 것을 알면, 우월감도 열등감도 터무니없는 것이다.

x+3=12, 이 방정식을 풀기 위해 등식의 성질을 이용하면 x=9인

5 같은 책 p.69 참고.

것을 아는 데 단 1초도 안 걸린다. 그런데 어떤 사람이 답을 구하기 위해 1, 2, 3, 4, 5, 6, 7, 8, 9까지 대입하여 한참 만에 9인 것을 알아냈다면, 우리는 그를 바보라고 놀릴 것이다.

이번에는 다른 문제를 생각해 보자.

$$x^3=2$$

계산기를 이용하지 말고 위 문제를 풀어 보라고 하자. 공식을 이용해 문제를 단숨에 풀어내는 영리한(?) 사람은 인내심 결여로 일반해가 없는 이 문제의 답을 내놓지 못할 것이다.

그러나 뚝심 많은 바보는 이 문제를 풀 수 있다. 하루 종일 이런저런 숫자를 대입하기를 앞의 문제에서처럼 반복하다 결국 유사한 답을 내놓을 것이다. 이 바보가 하는 방법이 전자계산기의 기본 원리임을 알면 일반인들은 조금은 놀랄 것이다.

이 글의 주제와는 좀 빗나간 얘기지만, 우리나라 산업의 위기는 원천기술의 부재이고, 그 원인은 공식을 외워 문제를 빨리 푸는 사람이 득세하고, 숫자 대입하느라 방정식 금방 못 푸는 느림보 바보를 깔보는 데 있다. 이런 풍토에서 원천기술이 나오기는 힘들 것이다.

인간이 조물주에게 받은 능력은 모든 걸 다 잘할 수는 없게 되어 있고, 또 내가 잘하는 게 있더라도 나보다 더 잘하는 사람이 항상 있는 까닭에 열등감은 필연적으로 존재하는 감정이다. 따라서 인간의 마음속엔 우월감보다 열등감이 우세하다고 본다.

젊은이들이여, 머리 좋다 자랑 말고, 머리 나쁘다 비관 말아라.

당신도 잘하는 게 분명히 있고, 당신을 좋아하는 사람도 반드시 있어 성공할 수 있으니 정당한 일거리를 찾아보기 바란다! 더구나 열등감 중에 왕초격인 외모에 대한 열등감으로 외모에 지나치게 신경 쓰지 말아야 한다. 키 작다, 못생겼다고 무시하는 사람은 놀랍게도 당신 자신밖에 없고, 다른 사람들은 의외로 당신의 외모에 관심이 없다는 사실을 알고 성형의 꿈에서 깨어나야 한다.

젊어서는 네가 잘났네, 내가 잘났네 하며 살았다 해도, 장성한 후에도 그러면 추하고 피곤한 인생이다. 너나 나나 별로 잘난 것도, 특별히 못난 것도 없고, 설령 좀 차이가 있다 해도 '잘난 사람 잘난 대로', '못난 사람 못난 대로' 살아도 세월 흐르고 늙으면 모두 다 비슷한 인생이 된다. 당신을 무시하는 사람도 없고, 그렇다고 존경하는 사람도 없다. 우월감이든 열등감이든 다 내던지고 각자 맡은 일이나 성실히 하면서 당당히 살아가야 하지 않을까?

내게 넘쳐나는 게 네겐 없고
네게 넘쳐나는 게 내겐 없구나!

돈

돈은 피도 가른다는 말이 있다. 재산을 둘러싼 재벌가 형제들의 다툼을 보면서, 형제가 차라리 남만도 못하게 되었으니 옛말이 그른 게 하나도 없다. 형제끼리 그럴진대 남남끼리는 오죽하랴! 돈 차용에 응하지 않는다고 연락을 끊는 난감한 친구도 생기니 '돈이 원수'다. 열 번 잘하다 한 번의 서운한 일로 다시 안 보는 사이가 되고 만다.

재산이 생명 다음으로 중요함은, 국가의 존립 목적이 국민의 생명과 재산 보호에 있음에서도 알 수 있다. 의술과 섭생이 좋아진 요즘 세상에서도 우리의 의지와는 상관없는 생명은 논외로 하면, 세상사 논쟁과 투쟁의 중심에는 언제나 돈이 자리 잡고 있다고 할 수 있다.

돈이 중한 이유는 우선 의식주를 해결해 주고, 기본적 욕구 외에 사랑도 지위도 명예도 돈으로 살 수 있는 세상이기 때문이다.

미국의 심리학자 매슬로우의 학설인 인간 욕구의 5단계 관점에서 볼 때도, 돈이 있으면 인간의 본능인 식욕과 성욕의 충족이 가능하므로 1단계 '생리적 욕구'가 충족되고, 돈을 저축해 놓으면 미래에 대한 불안을 해소할 수 있어 2단계 '안전 욕구'가 충족된다.

돈이 있으면 모임에 참여하고 사교할 수 있어 소속감을 가질 수 있으니 3단계 '사회적 욕구' 또한 충족되고, 많은 돈을 기부하면 단체의 회장도 되고 하니 4단계 '존경 욕구'도 충족이 가능하다고 볼 수 있다. 마지막 5단계 '자아 실현' 또한 돈과 관련성이 있는 것으로, 매슬로우의 이론을 나는 다소 엉뚱하게 해석하려 한다.

본래 매슬로우의 이론은 하급 단계의 욕구가 충족되어야 상위 단계 욕구로 이동한다는 것이며, 물질에 대한 욕구는 생리적 욕구가 달성된 후 생기는 2단계 안전 욕구로서 초급 단계의 욕망으로 본다. 그러나 작금의 세상은 위에서 언급한 것처럼 돈이 거의 마지막 단계까지 작동하는 동인이 되고 있다. 그런 관점에서 돈이 없으면 생리적 고통과 미래의 불안은 물론이고, 사회적 욕구나 존경의 욕구 충족도 어렵게 된다. 그러나 일반인들은 거의 무의식적으로 돈이 중하다고 생각하고 있으니 현학적 해석이 무색하다.

그런데 타인을 위해 돈을 쓰는 의미는 무엇인가? 자신을 위해 돈을 써 얻을 수 있는 열락과 편익을 포기하는 것이니 헌신이고, 희생이다. 그러니 남을 위해 돈 쓰는 게 인격의 척도라 아니할 수 없다. 별다른 의도 없이 밥 잘 사고, 술 잘 사는 사람이 인격도 높을 거라고 생각하면 틀림없다. 그들은 돈으로 살 수 있는 매슬로우 인간 욕구의 1, 2단계를 포기하는 대신 4단계인 존경 욕구에의 분출이거나, 마지막 자아 실현을 추구하는 것으로 해석이 가능하다. 말하자면 평생 김밥 팔아 전 재산을 기부하는 사람은 저급한 욕망을 포기한 결과이므로 가치를 높게 평가하며 존경하게 된다.

반면에 대통령이나 고위직의 독직사건은, 범죄 행위를 떠나 존경 욕구를 포기하고 생리적 혹은 안전 욕구 즉, 하위 욕구를 추구하여 저급한 가치관을 노정한 경우이므로 그들은 경멸의 대상이 된다.

미국 식당에서 여럿이 밥 먹고 계산할 때, 예외 없이 꼭 물어보는 말이 있다. "One check or separate check?" 한 사람이 계산할 것인지 각자 낼 것인지를 묻는 말이다. 한국인에겐 좀 살벌하게 느껴지나, 미국에선 식사비를 각자 내는 건 기본이고, 누가 밥을 사는 건 이례적인 일로 간주되지만 우리에게는 우리 문화가 있는 것이니 부러워할 것도 존경할 것도 없는 생활양식이란 생각도 든다. 우리나라에선 밥값도 품앗이여서 오늘 내가 사면 내일은 네가 사고, 그런 식으로 균형을 맞춰가 결과적으론 각자 자기 몫을 내는 셈이니 미국의 셈법과 다를 바 없기 때문이다.

그런데 세네 명 이상 모이는 자리에서는 얘기가 달라진다. 서로 돈 안 내려고 깊숙한 곳에 자리 잡거나 눈치를 보고 결코 먼저 자리에서 일어나지 않는 모습도 보인다. 재미있는 현상은 그런 자리에서 돈 내는 사람은 항상 정해져 있다. 성미 급한 사람이 먼저 내고, 안 내는 사람은 항상 안 낸다. 더 흥미 있는 사실은 그게 각자의 경제력과는 상관성이 없다는 점이다. 하지만 계속 그러면 품격이 떨어지고 자존감도 없어 보여 주위 사람 다 떠나고 외로워진다. 검약은 미덕이나 쓸 데는 써야 한다.

사람들의 돈을 쓰는 유형은 대개 네 가지로 분류된다. 1군은 자신에게도 남에게도 인색한 사람, 2군은 자신 및 남에게 모두 후한 사람, 3군은 자신을 위해서는 돈을 잘 써도 남에게는 인색한 사람, 4군은 남에게는 돈을 잘 써도 자신에게는 인색한 사람으로 분류할 수 있다.

1군에 속하는 사람은 다시 둘로 나뉘는 데, 한 부류는 경제적으로 어려워 누구에게도 돈을 후하게 쓸 수 없는 사람들이다. 또 다른 부류는 돈을 많이 쌓아 놓고도 모두에게 인색한 수전노형이다. 수전노형은 돈을 생명보다 더 중히 여기며 궁상을 떨며 살다 결국 돈은 대개 자식들이 흥청망청 다 날려 버리는 가장 불쌍한 인간군이며, 돈을 너무 사랑한 나머지 사기를 당하기도 잘한다.

2군은 자기의 자존심과 체면을 중시하는 사람으로, 여기저기 분별없이 돈을 써 재산을 모을 수가 없어 말년이 궁하고 배우자는 평생 힘들게 산다. 3군은 매우 이기적인 부도덕한 사람들로 사치, 탈세, 횡령에 능한 자들로서 이 부류에 속하는 사람이 의외로 많다. 이들은 아무도 좋아하지 않고 존경하는 사람이 없어 중년 이후에는 고독한 생을 살다 간다. 4군은 고매한 가치관의 소유자로서 헌신적이고 모범적 삶을 사는 사람들이다. 죽기 전에 재산을 사회에 환원하는 사람들이 여기에 속한다.

그런데 돈은 항상 주는 사람과 받는 사람 사이에는 인식의 차이가 있다. 주는 사람은 많이 주었다고 생각해도, 받은 사람은 반대로 적게 받았다고 생각하거나 받은 사실조차 망각한다. "준 것은 잊고 받은 것만 기억하라(Forget what to give. Remember what to take)" 서양의 격언에도, 동양의 속담에도 있다. 준 것을 기억하면 돌아올 것을 기대하게 되어 있고, 그렇지 못하면 상대를 원망한다. 원망은 미움을 낳고, 미움은 다툼을 낳고, 다툼은 단절을 낳는다.

사람들은 대개 받은 것보다, 준 것을 이상하게도 잘 기억한다. 준 것은 나의 희생과 고통의 산물이기 때문이리라. 안타깝게도 나의 인생에서 내가 준 것을 강하게 기억한 인간 관계일수록 아름답지 못한 종결을 맞이했다. 보은의 달인 5월에 내 평생 받은 것을 찾아나서는 날들이 되기를 스스로 다짐해 본다. 현대 사회는 물질 사회다. 돈이 인격인 세상이니 말이다.

도둑 심보와 금융시장

2000년대 초반 로또 광풍이 불 때, 발행 회사인 '코리아롯터리서비스' 주식 공모에 많은 돈이 몰려 경쟁률이 1.6:1 정도 했던 기억이 난다. 발행가는 4만 원 정도인데, 막상 상장이 되기도 전에, 정부의 사행산업규제안이 발표되어 주가가 반 토막이 났다. 대주주와 주간사는 사전에 알고 주식 공모를 서두른 것 같다. 결국 10년 가까이 속을 썩다가 근자에 1만 원에 팔고 말았다.

주간사는 용의주도하게 약관에 이런 위험을 고지했으므로, 법적으로 하등의 문제될 게 없어, 누구도 제소할 수 없었다. 도덕적으로 비난만 할 뿐. 일반인들은 속은 것이다.

금융시장에서 눈에 거슬리는 사례는 얼마든지 있다. 그중 대표적인 것이 주식 발행 가격이다. 주식은 액면가가 보통 5천 원이나, 코스탁 주식은 액면가 5백 원이 보통이고, 심지어 액면가 2백 원짜리 회사도 있으니, 주가가 2천 원이라면, 발행가 5천 원으로 환산해 5만 원인 셈이다. 액면가를 잘 확인하지 않고 시가만 확인하는 게 일반인들의 속성인 걸 감안하면, 불법은 아니지만 주가 착시로 거래 활성화를 노리는 의도가 엿보여 씁쓸하다.

전공은 아니지만, 나는 독학으로 금융공학을 공부해 이론을 어느 정도 알고 있고, 실무적으로는 금융소비자로서의 웬만한 경험은 다 해봤다. 크게는 자본주의 산업사회, 작게는 금융업이 얼마나 야비하고, 수학과 계산에 능하지 않은 일반인들을 속이고 우롱할 수 있는지, 도덕적으로 타락할 수 있는지를 잘 알고 있다. 금본위 시절 은행이 금 보관증을 발행했으나, 사람들이 무거운 금을 찾으러 오지 않고, 보관증이 화폐 대용으로 유통되었단다. 이를 알아채고, 금 보관 수량보다 많은 보관증을 만들어 대출하고, 만기에 이자를 챙긴 후 대출계약서를 파기하면, 내 잇속은 이미 채운 후이고, 한강에 배 지나간 흔적은 없다. 쑹훙빙의 『화폐전쟁』[1]은 비록 소설이지만, 초기부터 금융인의 도덕적인 잠재적 해이 가능성과 금융이 통제받지 않은 권력이 될 수 있음을 여실히 보여 준다. 그 책이 국내 재벌총수님들이 자가용 비행기 안에서 많이 보시는 책이라고 전용 승무원이 어느 매체를 통해 말하는 걸 들었다.

자본주의의 근간인 주식회사제도는 한정된 개인의 수명과 자본력을 극복하기 위해 탄생한 필연적 제도이기에 현재로서는 필연적 선택이나, 그 기본 정신은 도둑 심보에서 출발한다. 주식을 영어로는 share, 즉 나눔이다. 여러 사람이 조금씩 모아 준 돈으로 회사를 운영하여, 이익이 남으면 경영자가 우선 많이 먹고 주주에게는 쥐꼬리만큼 나눠 주고, 안 남으면 배당 안 주면 그만이다. 회사가 망하면 책임은 개인이 아닌 법적 인간인 '법인'으로 돌아가고, 원론적으로 경영자에게 금전적 책임이 없는 게 주식회사의 특성이다.

대부분 잘하려고 노력하지만, 어떤 경영자는 실적 상관없이 고

1 쑹훙빙, 차혜정 옮김, 『화폐전쟁』, 랜덤하우스코리아(주), 2008.

액 연봉 다 챙기고, 판관비 과다 계상해 마음껏 쓰고 다녀도 문제될 것이 별로 없다. 이사나 감사를 '자기 사람'으로 채워 형식적으로 운영하면 되니까! 어느 회사는 2010년대 23억 적자가 났는데, 등기이사인 대표가 연봉으로 16억을 챙겨갔다는 증권사의 보고서도 본 적이 있다.

결국에는 그런 회사의 주식을 산 사람만 피해 보는 거다. 100억 피해가 나도, 주주가 만 명이면 평균 주주 한 사람당 손해는 1백만 원에 불과하니까. 소액주주는 그냥 잊고 만다. 그래도 경영자가 뻔뻔하게 백주대로를 활보할 수 있는 장치는 절차의 합법성에 있다. 주식 사라고 강요한 적 없고, 회사 경영 전반은 이사회 의결에 따랐으므로 책임이 없다.

일반인들이 흔히 드는 펀드도 한번 살펴보자. 돈이 모아지면 매니저는 특정 종목을 사기 시작한다. 수익이 날수록 펀드로 돈이 더 들어오면 같은 종목만을 계속 더 산다. 그러면 일반 투자자도 따라 붙어 주가가 오르기 시작하면서 펀드 수익률은 더욱 좋아진다. 매니저들이 펀드의 귀재로 행세하지만 그건 머리가 좋거나 노력해서 얻는 결과가 아니라 돈의 힘과 꼼수로 주가를 들어 올린 것에 불과하다. 후발 랩(wrap) 가입자에게 큰 손실을 안겨 준, 2000년대 후반의 LG화학, 기아차, 제일모직 등 한때 잘 나가던 주식시장의 '7공자'는 그렇게 태어난 것이다.

처음에 몇 백억이던 설정액이 눈덩이처럼 불어 수천억, 조 단위로 늘어나지만, 돈이 안 들어오기 시작하면 주가 하락이 시작돼, 늦게 펀드 가입한 사람은 손해가 발생하기 시작한다. 그렇지만 펀드매니저는 주가가 하락해도 팔지 않는다. 팔 수가 없다. 수백억어

치씩 사놓은 단일 종목을 매도한다면 주가는 더욱 하락해 펀드 수익률이 더 나빠지므로 어쩔 수 없이 주가 회복을 기다리는 수밖에 없다. 그래도 펀드 존속기간 동안 계속 수수료를 챙길 수 있으므로 펀드사 이익은 주가가 하락해도 지속적으로 발생한다.

한마디로 잡은 물고기에 미끼 안 준다. 더 큰 비극은 주가가 하락해 손실이 난 상태의 손님은 원금회복 시까지 장기투자 외에 다른 선택이 없어, 몇 년간 수수료만 바치는 충직한 봉이 되는 거다. 투자 손실은 역설적으로 고객이 시장을 못 떠나게 하는 결과를 가져와 수탁자산을 어느 정도 유지하고 수수료도 발생하게 된다.

피도 가른다는 돈 앞에는 양보가 없는 거다. 아무도 내 자산을 지켜주지 않는다. 집 나간 아이는 돌아와도, 내 주머니 나간 돈은, 이미 내 돈이 아니다. 자본시장에서 나를 도우려는 사람은 없다. 모두 나로부터 이익을 취하려는 사람뿐이라고 생각하면 틀림없다.

재화나 용역을 제공하는 거래에는 상대방이 존재하기 때문에 항상 시비다툼이 있을 수 있고, 사후 관리도 필요해 돈 벌기가 어려운 건 두말하면 잔소리다. 그러나 인간 관계로 부대끼지 않고 돈을 벌 수 있는 곳이 제도권 금융이다. 금융시장은 매력이 있는 곳이다. 주식이나 채권투자는 실체적 상대가 없다. 내가 누구에게 주식을 사고파는지 알 필요도 없고, 소리 소문 없이 돈을 따도 찾아와 손해를 읍소해 난처하게 하는 사람도, 찾아와 개평 달라는 사람도 없다. 주식거래 시세차익은 세금이 부과되지 않고, 무엇보다 사람 상대 안 하고 돈 벌 수 있어, 금융시장은 혹자에게는 매혹적인 곳이라 아니 할 수 없다.

막대한 설비투자가 필요한 제조업보다 돈과 컴퓨터와 두뇌만 있으면 되는 금융산업은 신자유주의 결실인 WTO정책으로 날개를 달고 금융시장 개방을 통해 전 세계로 손을 뻗치고 있다. 그러나 많은 사람들이 금융으로 돈을 벌어 보려고 찝쩍대 보지만 개인은 불행히도 거의 다 고배를 마신다. 원인은 심리적 이유 말고도 시장에 대한 지식과 이해 부족에서 찾고자 한다. 일례로 주식시장만을 예로 들어보자. 시장은 항상 상승을 원하고 있지 않다는 데서 우선 이유를 찾아야 한다. 시장에는 주가 상승 시 이익이 발생하는 제도와 반대로 하락 시 이익이 나는 제도가 동시에 운용된다. 주가 상승을 원하는 세력과 하락을 원하는 선물옵션, 공매도 세력이 공존하고 있는 거다. 이를 이해하기 위해서는 주가 선물시장과 공매도에 대한 이해가 필수적이나 이를 잘 아는 개인 투자자는 많지 않은 것 같다.

개인들이 주가 상승을 예상해 주식을 살 때, 큰손이나 외국인 같은 세력들은 주가 하락 시 이익이 나는 선물·옵션 포지션을 잡아 놓았다가 선물을 대량 매도해 이익을 보고, 이에 현물시세가 폭락하면 이를 사들여 주가 회복 후 또다시 큰 이익을 볼 수도 있다. 외국인의 선물과 현물을 연계하는 전략은 일반적 기술에 속한다고 본다. 선물과 현물의 투자 주체가 다를 수도 있다고 항변하지만 서로 연계되어 있지 않다는 증거는 없다.

증권회사에서 주식을 빌려 매도한 후, 주가가 하락하면 매수해 되갚아 수익을 내는 '공매도'는 주가 하락 시에 위험 회피와 거래량 감소로 인한 증권사 수익 감소를 보전하는 차원에서 생긴 얄궂은 제도인 것 같다. 공매도 물량의 증감에 대한 인식이 부족한 일반인들은 투자에 실패할 가능성이 높은 편이다.

장기적으로 주가는 경제의 그림자로서 큰 틀에서 방향성이 있으나 단기적으로는 세력들이 주가를 인위적으로 조작할 수 있다. 개인은 세력들이 조성한 탐욕과 공포 분위기를 이겨내지 못하므로, 주가가 오를 때는 탐욕을 못 참아 매수하고, 폭락하면 공포심에 못 견뎌 손절매한다. 개인은 주식시장에서 우연히 한두 번은 이익을 볼지 몰라도 반드시 돈을 잃게 돼 있다. 현물 투자보다 위험성이 매우 커 일반인에게는 권장하기 어렵지만 선물옵션 제도에 대한 이해는 반드시 필요하다.

금융시장에서 대박, 인생 역전, 일확천금, 금세 발복을 외치며 현혹하는 자들은 모두 믿을 수 없는 세력들이다. 그렇게 주가 전망이 좋으면 '너나 몰래 사지' 왜 그리 떠드는가? 그들은 대개 선행매매해 놓고 사람들을 부추겨 매수하기 시작하면 팔고 나가려는 작전세력이거나, 상담 수수료를 받고 '아니면 말고 식'의 무책임한 조언을 하는 사람들이다. 공식적인 기관의 장세나 종목 전망도 모두 믿어서는 안 된다. 매도 의견을 낸 기관이 몰래 다른 기관을 앞세워 매수할 개연성이 있는 곳이 금융시장이다. 그러기에 금융계는 높은 도덕성이 요구되나 이는 순진한 희망사항일 뿐, 목숨 다음으로 중한 돈이나 주권을 팔고 사는 금권의 세계에서 실제로 무슨 일이 발생한다 해도 별로 놀랄 일도 아니다.

우리 주변에서 흔히 들을 수 있는 금융 관련 용어로는 외국인, 기관, 개인, 현물매수, 현물매도, 선물매수, 선물매도, 콜옵션, 풋옵션, 보통주, 우선주, 성과보수, 환헷지, 제로섬, 대주, 공매도, 윈도우 드레싱, 이동평균선, 이격, 거래량상투, 레버리지, 베이시스, 콘탱고, 백워데이션, 차익거래, 롤오버, 인버스펀드, 엄브렐러펀드,

롱숏펀드, 수수료 선취형, 후취형, 물가상승률, 금리상승과 하락, 환율의 변동, 스왑, 브라질 국채, 통화량, 경제성장률, GDP, GOP, 실업률, 광물값, 원유가, 외채. 가계부채, 사채, 국채, 후순위 채권, 금리와 채권수익률, 스프레드, 역외펀드, ELS, ETF, ELW, ELD, 낙아웃, 적립식펀드, 개인연금, MMF, CMA, RP, CB, 산업동향, 랩어카운트, 주식공모, 공모가, 주당가치, PBR, PER, 기업공시, 발행가, 배당, 배당락, Kospi 200 등이 있다.

우리가 금융기관에 투자한 상품은 모두 직간접으로 위에 언급한 용어들의 지배 아래 있다는 사실을 알면 머릿속이 복잡해진다. 그러나 금융자본시장은 사람 상대 안 하고 편하게 돈을 벌 수 있는 역동적이고 재미있는 곳이나, 여기에는 상당한 지식과 경험이 필요하다. 그렇지 않다면 주식·펀드 대박에 절대 현혹되지 말고, 정기예금만 하는 것도 훌륭한 투자이다. 선의로 쓰는 돈은 안 아까와도, 투자하고 당하면 억울하고 분하다.

주식 투자

돈은 재화나 용역의 대가로서 주고받아야 하는데, 그것 없이 돈이 오가는 노름은 아주 특이한 경제성(經濟性) 행위이다. 단순히 주권의 매매를 통해 손익이 발생하는 증권 투자도 실체의 교환이 없는 노름으로 보아 죄악시하는 시각도 있다. 그러나 그러한 시각은 자본주의를 지탱하는 근간 요소인 주식제도에 대한 경제를 모르는 분들의 단세포적인 해석이요, 몰이해적 현상이다.

만일 주식 투자를 부도덕한 것이라 여겨 투자가가 없다면 주식을 사주어야 성립되는 주식회사는 태동이 불가능할 것이다. 주식회사가 근본적으로 개인의 책임을 회피하고 분산하려는 도둑놈 심보에서 생겨난 얄궂은 제도이나, 현재 주식회사보다 더 나은 제도가 있다는 소식은 아직 듣지 못했다.

주식 투자는 국가 경제에 공헌하는 행위로서 권장해도 무방한 것이다. 잘만 하면 천문학적 연봉을 받을 수 있는 주식을 포함한 금융계는 미국, 영국 등에서는 소위 머리 좋은 사람이 모두 모이는 분야로서 주목할 만하다. 그러나 우리 주변의 현실은 주식에 손 댄 사람마다 손해를 보았다는 부정적 인식뿐만 아니라, 고통받고 불행한 처지에 놓인 사람을 심심치 않게 볼 수 있는 실정이다.

최근 어느 증권사에서 고객 계좌의 수익률을 조사한 결과, 수익률 상위에 속하는 계좌는 휴면계좌였다는 신문기사를 읽은 적이 있다. 주식 투자를 하고 있는 사람보다 아무 활동도 하지 않는 사람의 수익이 더 많았다고 하니 투자한 사람은 대부분이 손해를 봤다는 얘기다. 주식 투자를 안 한 계좌는 이자 수익이라도 발생했을 것이다. 공개적으로 그런 기사를 접하고 보니 착잡하고 허탈하기도 했다.

게다가 관리자를 둔 계좌의 수익이 그렇지 않은 계좌보다 수익이 더 좋은지 내게 확신이 없다. 금융 종사자들은 투자 조언도 해주지만 결국에는 중개인 혹은 금융상품을 파는 상인에 불과하다. 사람들은 물건을 살 때는 요리저리 따져 보지만, 금융상품을 살 때는 왠지 금융기관의 공신력을 믿고 선뜻 사는 것 같다. 그러나 물건은 잘못 사도 실체가 남지만, 금융상품은 잘못 사면 피와 같은 돈이 흔적도 없이 사라지므로 극도로 신중해야 한다. 금융기관은 나에게 상품을 팔아 이문을 남기려 할 뿐, 투자 결과는 철저히 나에게 귀속됨을 명심해야 한다.

사람들은 주식 투자로 돈을 벌기 위해서는 정보가 필요하다고 생각하는 것 같다. 또 이들이 실제로 정보를 이용해 수익을 올린 적이 있었을 수도 있다. 정보를 미리 알아 선투자로 돈을 벌 수 있는 건 사실이다. 그렇지만 그런 위치에 있는 사람은 극소수이고 그 경우도 일회성일 뿐이어서, 정보를 이용한 주식 투자는 일반적이 아닌 예외적인 경우라고 말할 수 있다. 설령 정보를 알아 한 번 수익을 얻은 사람도 결국에는 그릇된 정보에 속아 크게 당하는 날이 반드시 온다. 말하자면 정보를 좋아하는 사람은 결국 정보로 망한다. 정보를 퍼트리는 사람은 대개 그 정보를 듣고 주식을 사는 사람들이 모여들 때를 이용해 팔고 나간다는 사실을 알아야 한다. 또 일반인인 내게까지 들어온 정보는 이미 대한민국이 다 아는 가치 없는 정보이므로 그때 투자하면 필패다.

주식 투자는 정보로 하는 게 아니고, 정석 투자를 해야 한다. 쌀 때 사고 비쌀 때 팔아라. 다 아는 상식이라고? 천만에 말씀이다. 쌀 때는 더 싸게 사려고 안 사고, 비쌀 때는 더 오른다고 안 파는 게 개인들의 속성이다. 주식은 완전 심리 게임이다. 돈 욕심이 지나치고, 돈을 맹목적으로 사랑하는 수전노는 절대로 주식으로는 돈을 못 버니 근처에도 얼씬거리지 말아야 한다. 더구나 끈기를 자랑으로 알고 포기를 모르는 집착형 성격의 소유자는 주식으로 패가망신할 개연성이 아주 높다.

주식시장은 크게 현물시장과 선물시장으로 나뉜다. 현물 거래에 대해서는 모르는 분이 없으나 주식시장를 제대로 이해하기 위해서는 선물, 선물옵션 시장에 대해 알아야 한다. 쉽게 설명하면 선물은 상승 하락을 맞추는 게임이고, 선물옵션은 미래의 지수를 맞추는 게임이라 볼 수 있다. 선물 거래에서는 상승 하락을 맞추거나 맞추지 못하면, 그에 비례해 수익이 나거나 손실이 나는 것이다.

선물제도는 불확실한 미래의 가치를 현 시점에서 매매하는 것으로, 본시 투자 위험을 회피하기 위해 만든 제도이다. 예컨대 보유하고 있는 많은 주식이 금융 위기가 닥쳐 주가가 폭락하기 시작했다고 가정하자. 그러면 손실이 점점 커지는데 수익률 관리 차원 혹은 고객 자산의 보호 차원에서 이를 지켜보고만 있을 수는 없다. 이런 경우 선물을 매도하면, 현물 주가 하락으로 인한 손실과 대략 같은 금액의 수익이 발생하게 되므로 추가 손실은 발생하지 않고 일단 선물매도 시점에서 손실을 고정시킬 수 있다.

주가가 하락하기 시작하면 팔고, 더 떨어진 다음에 다시 사면 되는데, 왜 선물제도를 이용하는지 의문이 들 것이다. 개인과 달리 주식을 대량으로 보유한 기관이 만일, 주가 하락을 예상해 단기간에 대량으로 주식 매도에 나서면 주가가 급락하고 시장의 붕괴 위험을 초래할 수도 있기 때문이다. 이런 손실에 대비하는 방편으로 선물제도가 이용되고 있는 것이다. 이를 금융 실무에서는 '헤지(hedge)'라고 말한다. 그러나 선물 혹은 아래에서 언급하는 선물옵션 거래는 위험 회피 목적의 당초 취지와 달리 투기 거래에도 이용되고 있음은 불가피한 필요악적 현상이다.

선물옵션은 미래의 지수대를 매매할 수 있는 권리를 매수하거나 매도하는 것이다. 옵션을 매수하면 손실은 일정하고 수익이 무한대이고, 옵션을 매도하면 수익은 일정하고 손실은 무한대가 된다. 주가 상승이 예상되면 콜옵션을 매수하며, 하락이 예상되면 풋옵션을 매수하면 된다. 선물 혹은 선물옵션 거래는 완전히 대칭구조로 설계되어 시장 참가자들의 수익은 완전히 zero sum이다. 선물옵션 거래는 현물 거래와 달리 약간의 학습과 지식이 필요하다.

2001년 9월 12일 행사가격 62짜리 풋옵션이 전날 종가 0.01에서 이날 고가인 5.45포인트까지 올라 504배 폭등했다. 실제로 국내 어느 투자자는 9·11테러 전날 매수해 둔 풋옵션 5600만 원을 이날 팔아 하루 만에 50억의 수익을 냈다.[1] 그러나 테러가 없었다

1 최규찬, 『선물옵션』, 국일증권경제연구소, 2011, p.125 참조.

면 만기일에 투자금 5600만 원은 완전 휴지가 되었을 테니 선물옵션 투자는 선불리 하면 안 된다.

어떤 날에는 대외 경제 요건 변화로 주가가 크게 내리거나 오를 것으로 예상했으나 주가가 반대로 움직여 이상하다고 생각한 적이 있을 거다. 이런 날은 대개 세력들이 선물 관련 파생상품 투자에서 자신들이 유리하게 인위적으로 주가를 만들어낸 날이라고 생각하면 된다. 돈에는 피도 눈물도 없고, 증권금융은 인정사정없는 오로지 숫자의 세계다.

시장 참여자들의 이해가 복잡하게 얽히고 있는 주가의 예측은 불가능한 것이란 사실을 안다면 처음에 단맛을 본 기억을 잊지 못하고 주식시장을 얼씬거리는 '개미'들은 공부를 더 하거나, 아예 주식시장을 떠나는 게 옳다. 그래야 안 먹고 안 입고 모은 피와 같은 돈을 잃지 않는다.

요즘 바람직한 주식투자법 한 가지를 소개하겠다. 세 가지 원칙만 지키면 된다. 첫째, 개별 종목은 사지 않는다. 삼성전자 주가는 지금 100만 원이 넘지만, IMF 시절 3만 원대였음을 상기하라. 개별 기업의 운명은 신도 모른다. 둘째, 나라가 망하지 않으면 주가가 제자리로 돌아온다. 국가를 사라. 코스피 200을 반영하는 상장지수펀드(ETF) 같은 것이 대표적인 예다. 셋째, 현금 비중 50%는 생명선이다. 주가가 폭락해도 현금이 있으면 두려워할 필요가 없다.

말하자면 주가가 반 토막이 나서 50이 25가 됐다 치자. 그럼 손실이 25가 발생한 상태이다. 그때 나머지 현금 50을 투입하고, 그 후 주가가 제자리로 돌아가면, 처음 투자손실 25는 만회되고 새로 투자한 것에서 50의 수익이 난다. 그럼 50% 수익을 얻는 것이다.

이는 극단적인 가정이고, 바닥이 어디인지를 모르는 난점이 있으나 나름대로 자신의 기준을 정해 분할매수로 대응한다면 수익을 내기 어렵지 않다.

주식 투자는 빚을 내서 투자하거나 자금에 여유가 없는 사람은 초조하여 평정심을 잃고 감정적으로 매매하게 되므로 자기 자본으로 해야 하고, 투자를 게임으로 생각하고 손실이 발생해도 웃을 수 있는 여유가 있는 사람만 해야 한다. 주식 투자는 공부도 하고 관록을 쌓으면 심심치 않게 수익도 내고 자본시장 발전에 기여한다는 자부심도 느끼면서 합법적인 도박도 즐길 수 있는 재미있는 곳이다.

나는 돈을 버는 것은 둘째요, 경제 동향을 관측하고 게임을 하는 기분으로 주식 투자를 하는 편이다. 눈에 불을 켜고 목숨 걸고 하기보다 가볍고 냉정한 마음으로 하면 수익도 더 잘 나는 법이다. 재미있는 현상은 욕심 많고 집착하는 성격의 소유자가 주식시장에서 웃는 모습은 못 봤다.

천석꾼은 천 가지 걱정, 만석꾼은 만 가지 걱정

금년부터 등기임원의 보수를 공개하기로 한 모양이다. 기업인들이 반발하는 분위기 속에, 일반인들은 잘한 조치라고 보는 것 같다. 연봉은 사실 내밀한 개인정보에 속하므로, 이번 조치를 '시샘'과 '관음증' 차원에서 바라보는 시각도 있다. 연봉 공개가 사회적 감시를 통해 부도덕한 연봉 인상을 억제하려는 시도라고 볼 때, 기업인의 윤리성 제고 차원에서 옳은 처사로 보인다.

수입이 조금이라도 있으면 일단 동물적 고통은 면할 수 있고, 조금 더 많은 수입이 생기면 인간다운 생활이 가능하며, 더 나아가 품격 있는 삶을 살 수도 있다. 연봉 2천만 원과 3천만 원은 분명히 차이가 있다. 연봉 2천만 원 시절 라면으로 점심 때우다가, 연봉 3천이 되어 밥이라도 사먹을 수 있으면, 한계효용이 극대화되어 행복감을 느낄 수 있다.

그렇지만 연봉 2억과 3억 사이에는 무슨 차이가 있을까? 여기서 기독교사상가 C. S. 루이스(1898~1963)의 말을 들어 보자. "일 년에 1만 파운드를 버는 사람이 2만 파운드를 벌려고 안달하는 이유는 무엇일까요? 더 많은 즐거움을 누리겠다는 탐욕이 아닙니다. 1만 파운드는 누구라도 온갖 사치를 누릴 수 있을 만큼 큰돈이니까요.

진짜 이유는 교만—다른 부자보다 더 부자가 되고 싶은 바람, 권력욕—에 있습니다."[1] 그는 교만을 만악의 근원으로서 가장 큰 죄악으로 보았다.

개인으로서 성취감은 있을 테지만, 일정한 금액을 넘어선 많은 돈은 그냥 쳐다보고 즐기는 숫자에 불과할 뿐이다. 99섬 가진 사람이 1섬을 빼앗아 100섬을 채우려 한다는 우리 속담도 있다. 그렇지만 숫자 자체가 사람을 행복하게 하는가?

"비둘기는 제일 좋은 고기가 있는 그릇 옆에서 굶어 죽고, 고양이는 산처럼 쌓인 과일이나 곡식 위에 있어도 굶어 죽을 것이다."[2] 장 자크 루소는 굶어 죽어도 먹지 않는 행동 준칙이 있는 동물에 비해 아무것이나 잘도 먹는 방종한 인간의 무절제를 문제 삼았다. 동물은 사냥하고 먹다 남으면 그냥 놔두고 가버리지만, 사람은 실컷 먹고도 남은 것을 다음에 먹으려고 싸가지고 간다. 창고와 냉장고는 그래서 생긴 거다.

식당 안에서만 음식을 먹을 수 있는 게 뷔페식당의 규칙이다. 식당 밖으로 가지고 나오는 건 반칙이다. 유럽의 호텔뷔페식당 직원이 한국인은 계란을 껍질째 먹느냐고 비아냥거린다. 분명히 삶은 계란을 가져갔는데, 한국 손님이 앉았던 자리의 접시에 껍질이 없다는 것이다. 부끄러운 한국인이다.

어느 회장님은 작년에 수백억을 받았단다. 나 같은 사람은 300살까지 퇴직 안 하고 일해야 받을 수 있는 돈을 1년에 벌었다. 삼

1 C. S. Lewis, 장경철 · 이종태 옮김, 『순전한 기독교(원제: Mere Christianity)』, 홍성사, 2009, p.196에서 인용.

2 장 자크 루소, 최석기 옮김, 『인간불평등기원론』, 동서문화사, 2007, p.43에서 인용.

성전자 임원의 연봉이 애플의 1/8 정도이므로, 실적을 고려하면 더 받아야 한다고 주장하는 신문기사도 봤다. 연봉은 업무 수행 실적 평가라는 차원에서 분명히 작년보다 올해 실적이 좋은데도 연봉을 그에 상응하게 안 올려 주면 동기 부여가 안 될 수도 있다. 동기가 없으면 의욕이 없고, 의욕이 없으면 인간은 잘 움직이려 하지 않기 때문에 기업의 딜레마가 있을 것이다. 그러나 설사 기업 성장에 큰 기여가 있더라도 그렇게 많은 돈을 받는 게 합당한지 일반인들의 정서로는 납득이 안 된다.

미국의 캘리포니아 도시 지역에서 밤하늘을 쳐다보면 마치 반딧불이 지나가듯이 하늘에 비행기가 수도 없이 떠가는 것을 볼 수 있다. 공항에서 자동차를 세우고, 격납고를 향해 걸어가, 마구간에서 말고삐를 쥐고 나오듯이 소형 비행기를 줄에 매달아 끌고 나오더니 곧바로 비행기에 올라타고 하늘 높이 사라진다. 자가용 비행기다. 뒷마당에는 골프장이 있는 집도 있고, 집에서 말 타고 다니는 사람도 있는 미국은 세상에서 가장 빈부 격차가 심한 나라일 것이다. 그럼에도 어마어마한 빈부 격차에 크게 분개하는 미국 사람은 별로 못 봤다. 중세 유럽 신분사회와 근대 식민지배 시대를 경험한, 신대륙으로 이민 오기 전의 조상을 생각하면서, 계층간의 격차를 역사적 필연으로 보고 체념하고 사는 건 아닌지 모르겠다. 한국의 부자는 돈이 있어도 적어도 국내에서는 미국 부자처럼 사는 꼴은 잘 안 보이니 다행이라고 생각하자.

일반인들의 허탈감과 이른바 '위화감' 속에서도, 개인의 능력에 따라 제한 없이 소득을 올려 주는 체제를 경제발전의 원동력으로 삼는 자본주의 시장경제 체제에서, 고액 연봉은 기술적으로 불가피한 선택으로 보인다. 다만, 세상의 재화가 한정되었다고 보면 많이 버는 사람이 있으면 누군가는 소외될 수밖에 없으므로, 분배 정의 실현은 필수적이고 이는 적선(積善)의 차원에서 접근할 일이 아니다. 초고소득자의 과실은 보통 사람들의 희생을 바탕으로 얻은 것일 수 있기 때문이다.

한계효용체감으로 인해 재화가 인간의 행복에 한정적으로만 기여함은 잘 알려진 경제학적 사실이다. 행복은 소유한 재산에 비례하지 않아, 부자들 중에서도 스스로를 불행한 사람이라 여기는 경우도 많이 볼 수 있다. 오히려 재산을 유지하기 위해 불가피하게 발생하는 여러 가지 마음고생은 행복감이 손상되는 요인으로 작용할 정도다. 자신이 그토록 원하는 것을 실제로 가지고 있는 사람은 얼마나 행복할까? 우리 속담에도 천석꾼은 천 가지 걱정, 만석꾼은 만 가지 걱정이란다. "우리는 지나치게 외관에 의해 행복을 판단한다. 우리는 가장 행복하지 않은 자에게 행복을 가정한다."[3]

고소득을 부러워하고 박탈감을 느낄 필요는 없다. 돈은 사람을 관능적 향락에 빠지게 하며, 쾌락은 감각기관의 피로 때문에 더 큰 자극을 원해, 종국에는 마약, 도박, 대통령병 등으로 흘러 결국 자신을 죽음에 이르게 하고 만다. 인간이 과도하게 쌓아 올린 욕망의 바벨탑은 언제나 무너지게 되어 있다.

욕심이 잉태한즉 죄를 낳고, 죄가 장성한즉 사망을 낳는다. 욕심이 근심을, 근심은 두려움을 부른다는 말도 있다. 이는 성경에도, 불경에도 있는 말이다. 말하자면, 욕심이 생겨 투기를 했다가, 가

3 장 자크 루소, 김순화 옮김, 『에밀』, 청목, 2002, p.212에서 인용.

치가 하락하면 근심이 생기고, 이런 시간이 길어지면 점차 근심은 두려움으로 변하고, 이를 잊기 위해 위락에 탐하다, 육신에 병이 찾아와 그만 세상을 떠나고 만다. 재물이 없는 고통보다 재물을 잃는 고통이 더 견디기 어려울지도 모른다.

직무상의 영향력에 따라 차이가 있을지언정, 공사(公私)를 불문하고 한평생 살면서 금전적 유혹을 받아 보지 않는 사람은 단연 한 사람도 없을 것이다. 시대와 국가를 막론하고 사람들이 모두 그런 세상에 노출되어 살아가고 있음은 부인할 수 없는 실증적 사례가 너무 많다. 그 유혹이란 탈세, 판공비나 공금 유용, 뇌물성 촌지 등이다. 사람은 본능적으로 물질의 효용을 아는 욕망의 화신이지, 근본적으로 도덕적 사고(思考)의 현자(賢者)이기를 기대하기 어렵다. 하물며 영국의 유명한 철학자 프랜시스 베이컨(1561~1626) 같은 사람도 나이 60에 뇌물수수 혐의로 탄핵을 받기도 했다니, 세상에 돈을 싫어하는 사람은 없는가 보다.

물질의 유혹 앞에서 한가하게 무슨 도덕이나 윤리 같은 고차원적 원리는 너무 먼 곳에 있기에 즉각 이용할 수 없으므로, 아주 직관적인 방법을 생각해 보자. 즉, 물질로 내가 누릴 수 있는 행복의 무게를 한 쪽에, 다른 쪽에는 그 후 찾아올 양심의 고통, 불안함을 올려 놓고, 어느 쪽으로 천칭이 기울어지는지를 쳐다보면 답은 금방 나온다. 행복은 가볍고, 고통은 무거운 거니까.

평소에 착하게 보인 사람이 가끔 독직에 연루되는 것은 평소에 사고의 훈련이 안 된 상태로 살다가 어느 날 순간적으로 일을 저지르고 마는 것이다. 사람은 내부에 천사와 악마가 동시에 존재하는 피조물이라, 누구나 돈을 보면 순간적으로는 유혹을 느낄 수 있으므로 하루도 빠짐없는 수양이 필요한 것 같다.

그러나 이런 직관에는 함정이 있다. 부당한 물질로 얻을 수 있는 고통보다 행복의 가치가 더 크다고 오판하여 천칭이 그 쪽으로 기우는 경우에는 안타까운 선택을 할 개연성(蓋然性)이 있기 때문이다. 따라서 도덕률을 알아야 한다.

물질적 유혹 앞에선 두 가지 선택이 있다. 극소수의 사람들은 뒤에 올 현실적 고통을 걱정해 올바른 선택을, 더 많은 부류에 속하는 사람들은 우선의 향락을 선택할 것이다. 칸트의 도덕 관점에서 보면 선한 행위를 택한 경우라도 '선의지'의 실천 동기에 따라 도덕적 가치는 둘로 나뉜다. 즉 선을 행해야만 하는 무조건적 의무에서 한 행위, 즉 '의무의식' 아래 행한 경우는 도덕적이라 평가하나, 두려움이나 위험을 피하기 위해 어쩔 수 없이 행한 선은 '합의무적'이나, 도덕적 가치는 별로 없는 것으로 판단한다.

17세기 프랑스 사상가 '라 로슈푸코'(1613~80)는 인간의 행위는 한 꺼풀만 베끼면 모두가 이기심과 자애심에서 나온다고 말한다.[4] 그의 말에 동의한다면, 두 경우 모두 같은 부류의 인간이라는 엉뚱한 해석도 가능하다. 왜냐하면 한편은 고통을 피하기 위해, 다른 쪽은 향락을 위한 선택이므로 이는 모두 자기 행복을 위한 이기심과 자애심을 위한 것이기 때문이다. 그러기에 자기 행복은 도덕의 원리가 될 수 없는 모양이다. 그러나 옳고 그름은 명백히 존재하고, 행위는 동기 못지않게 결과도 중요한데, '라 로슈푸코'의 생각은 행위의 동기 측면만을 중시한 언명인 것 같다.

4 라 로슈프코, 이동진 옮김, 『잠언과 성찰』, 해누리, 2010.

반대로 이번에는 돈을 쓰는 경우에도 같은 원리가 적용된다. 돈을 쓰지 않아 절약해 얻는 이득과, 쓰지 않을 때 발생할 주변의 비웃음과 경멸의 크기를 비교하면, 내가 어떤 선택을 해야 할지 답은 금방 나온다. 그러나 도덕가 칸트에게 높은 점수를 받으려면 도덕적 의무에서 돈을 써야 할 것이다. 동정 아니면 자존심을 지키려 혹은 욕먹지 않으려고 쓴 돈이라면, 안 쓴 것보다는 훌륭하나 도덕적 가치는 부족한 행위이다.

현자는 쾌락을 추구하지 않고, 고통이 없음을 추구한다고 아리스토텔레스는 말했다. 사람들이 행복해지려고 추구하는 향락에는 필연적으로 고통이 수반된다. 따라서 우리가 행복해지기 위해서 쾌락보다는 고통이 없는 삶이 우선이라면, 고통을 잉태하는 향락을 택할 이유가 없음을 알 수 있다.

쇼펜하우어는, 행복은 소극적이고 고통은 적극적이라고 말한다. 행복은 환상이나 고통은 현실이라는 볼테르의 지적도 있다. 행복은 잠깐이고, 고통은 길다. 언제나 고통과 행복이 다투면 행복이 백전백패다. 그러니 고통을 배태(胚胎)하는 쾌락을 통한 행복의 추구는 이상 그 가치를 논할 거리도 못될 것이다.

물적 탐욕은 고통의 씨앗이며 동시에 발전의 동력이 되는 양날의 칼이다. 아울러 물욕의 사촌격인 정욕은 대체로 죄악을 낳을 뿐이다. 두 가지만 잘 다스려도 평안은 나의 것이나, 쉬운 일이 아니므로 매일 수양을 쌓지 않으면 악행으로 귀환하기 십상인 게 인간이다.

사진 취미

제법 고급의 카메라를 사들인 지 며칠 후 4학년 학생들의 야외 단체졸업사진 촬영이 있었다. 사진사의 카메라 기종을 곁눈질해 탐색하는 초보자의 부질없는 호기심도 드러내면서 의기양양하게 사진관의 카메라맨과 함께 사진을 찍었다. 사진을 찍고 단숨에 사무실에 들어와 찍은 사진을 컴퓨터로 확인해 봤다. 와~ 이게 웬일인가! 글쎄 학생들의 하얀 와이셔츠가 모두 파랗게 나온 거다. 소형 디카, 소위 '똑딱이' 찍을 때도 없던 일이 발생했다. 망연자실, 난감하고, 창피하기도 해 안절부절못했다.

실패의 원인을 알기 위해 이런저런 자료를 찾아보았다. 화이트밸런스가 문제였다. 흐린 날 응달에서 그런 현상이 종종 일어난단다. 사진을 알아 가는 길목에서 만난 첫 번째 실패의 원인은 일단 파악되었다. 화이트밸런스 조정은 그레이카드(gray card)나 컬러메타(color temperature meter)도 사용하고, 포토샵으로도 어느 정도는 사후 수정이 가능하나, 와이셔츠의 색깔을 완전히 흰색으로 복구할 수는 없어 큰 좌절을 맛보았다.

그후 친구 아들 결혼식 사진을 찍으러 식장으로 갔다. 스토로보(플래쉬)까지 장착해 3kg 정도는 되는 무거운 카메라를 들고 하객을 맞이하는 친구 부부를 촬영했다. 그런데 이번엔 또 무슨 일인가? 찍은 사진을 즉석에서 확인해 보니 어둡게 나와 사진을 알아 볼 수 없었다. 당황해 각도를 달리해 여러 장 다시 찍었다. 그런데 이번엔 얼굴이 하얗게 나왔다. 과다노출이 된 것이다. 스트로보에 대한 연구와 실습을 하지 않고 쉽게 생각한 내가 부끄럽고 당혹스러워 더 이상 사진 찍기를 포기하고 말았다. 아마 그 친구는 왜 결혼사진을 찍다 말고 내가 사라졌나 궁금했을지도 모르겠다.

자동으로 터지는 디카 플래쉬는 별다른 고려 없이 사용하면 되지만 스트로보를 사용하는 촬영은 쉽지가 않다. 같은 장소에서도 빛의 반사조건이 화상에 큰 영향을 준다는 것을 집에 와서 깨달았다. 또다시 각성하며 이번에는 스트로보 공부에 돌입했다.

또 이런 일도 있었다. 미국에 계신 장인어른 팔순 잔치에 한국에서부터 각종 렌즈와 스트로보를 챙겨 해외원정 출사를 했다. 결과는 대 실패다. 실내에서 별도의 조명 없이 스트로보만 가지고 촬영한 여러 장의 사진에서 얼굴색이 붉게 나와 못 쓰는 사진이 되고 말았다. 아주 곤욕스럽고 자책이 앞섰다. 중요한 기념사진이므로, 사진을 살려내려고 포토샵으로 수정도 해봤으나 촬영 시에 빛이 부족한 실내사진은 수정에 한계가 있었다. 실내에서도 촬영 인원이 많은 경우에는 소프트 박스 같은 조명장치의 필요성을 깨닫게 되었다.

내가 사진에 관심을 둔 것은 30년 전쯤으로 거슬러 올라간다. 당시 사진기는 재산목록에 들어갈 정도로 고가의 물품이었다. 한 달 봉급에 맞먹는 돈으로도 신품을 사지 못해 〈아사이펜탁스〉 중고를 사서 커 가는 애들 모습, 그리고 여행 사진을 찍었다. 그것도 잠시, 그 후 펼쳐진 생존의 치열함 속에 사진기는 잊힌 물건이 되어 먼지를 뒤집어쓰고 서랍장 위에 방치된 채 근 20년의 세월이 사정없이 흘러갔다.

나이가 들어 '언젠가 친구도 배우자도 다 떠나고 나 혼자 남는다면, 그 많은 시간에 무엇을 하고 보내나?' 하는 생각을 하게 되었다. 쭈그리고 앉아 젊어서처럼 잡기에 열중할 생각도 없고, 모임에 나가 잡담이나 할 것 같지도 않았다. 독서는 좋지만 나중엔 눈이 침침해 못 할 것 같고, 등산도 무릎 아파 그만 둬야 할 것이다. 그렇다고 하루 종일 TV만 볼 수도 없다. 이리저리 제하고 보니 골프, 사진, 악기, 서예 정도가 남았다.

골프는 수속이 복잡한 데다 3~4인이 하는 요란한 운동이고, 서도는 정적이어서 물리적 운동이 안 된다. 악기는 소음 때문에 집에서는 못 하는 한계가 있다. 사진은 옥외 촬영은 물론 실내 촬영도 가능하다. 촬영은 외업이요, 수정은 내업이다. 야외 촬영을 하려면 많이 걷고 서 있어야 하므로 건강에 좋고, 수정은 머리를 많이 써야 하니 정신 건강에 좋다.

이렇게 생애 후반기 취미로 지정한 사진을 다시 시작한 시기는 50대가 된 2000년대 초반이었다. 시대가 바뀌어 디지털카메라가 나와 비싼 값 들여 산 필름 카메라는 고물이 되어 있었다. 처음에는 2백만 화소 컴팩트 카메라부터 시작해, 2004년에는 하이브리드로 개종하였고, 렌즈를 갈아 끼는 DSLR은 워낙 고가여서 엄두가 나지 않았으나, 2010년부터 본격적으로 필요한 장비를 갖추기 시작했다.

사진 장비는 선택의 폭은 넓으나 기본적으로 소요되는 경비가 만만치 않다. 사진 취미의 최대 난점은 생각보다 돈이 많이 들어, 남자 취미 중 자동차, 오디오와 함께 가장 고가의 취미에 속한다. 다만 한 번 장비를 장만하면 오래 쓸 수는 있다. 그런데 사진 취미 가진 사람치고 돈 많은 사람은 의외로 많지 않다. 사진에 빠져 빠듯한 돈을 아낌없이 투자할 뿐, 정작 돈 많은 사람은 골치 아프고 인내심이 필요한 사진 취미에 빠져들지는 않는 것 같다.

사진기에 대해 일반인이 아는 정보는 화소인 것 같다. 카메라 살 때, 대개 화소수를 먼저 묻는다. 화소는 대형사진을 인화하지 않는 한, 5백만이 넘으면 거의 차이가 없다. 사진의 질을 크게 좌우하는 것은 CMOS라고 부르는 이미지센서의 크기이며, 필름 카메라에 비유하면 화상을 받는 필름의 크기다. 대부분 디카는 손톱만한 크기의 CMOS를 장착하고 있는, 이른바 '크롭바디'다.

35mm 필름 크기의 CMOS를 장착한 카메라는 이른바 풀프레임(full frame) 카메라라고 부른다. 선명도를 이해하기 쉽게 설명하면, 크롭바디 사진기로 찍은 사진은 작게 쓴 글자를 확대한 것이고, 풀프레임 사진기로 찍은 것은 처음부터 보다 크게 쓴 글씨를 확대한 것이라고 생각하면 이해가 쉽다.

풀프레임 사진기의 가격은 거의 3백만 원 이상이니 일반인들이 구매하기는 어렵다. 소형 카메라에서 고작 화소수가 증가하면 이에 비례하여 화질이 좋아지는 양, 착각을 유도해 판매 증대를 꾀하는 것이 사진기 회사의 전략이다. 풀프레임 사진기를 사지 않는 한, 화소에 현혹돼 '디카' 사는 데 돈 쓸 필요가 없다.

그러나 풀프레임 카메라를 산다면 얘기는 달라진다. 일단 그걸 사면 그에 맞춰 여러 장비를 구비하게 돼 있으니, 돈 쓸 각오를 해야 한다. 약간의 사진의 질을 높이기 위해 쓰는 비용은, 이제부터 증가하기 시작할 것이다. 마치 오디오 취미를 가진 사람이 걷게 되는 과정과 흡사하다.

우선, 스트로보, 표준렌즈, 광각렌즈, 망원렌즈, 단렌즈, 사진 전용 모니터, 삼각대, 볼헤드, 플레이트, 노출계, 조명기, 수많은 가방, 각종 필터 등등 최소 천만 원도 부족하다. 참고로 덧붙이면, 아무리 좋은 카메라도 모든 기능을 다 주지 않는다. 하급 기종에 있는 기능이 고급에는 없는 경우도 있다. 그건 액세서리를 따로 사서 쓰라는 얘기다. 실제로 고급 기종 사용자는 메이커의 전략을 알고도 살 수밖에 없다. 풀프레임 사용자는 사진기 회사의 비열한(?) 분할 판매전략을 군말 없이 허락하는 단계에 진입한 사람들이다.

좋은 사진기가 없어 좋은 사진을 찍을 수 없는 것은 아니다. 다만 저가의 카메라가 표현할 수 없는 한계가 존재하는 것일 뿐이다. 그걸 용납할 수 없는 경우에는 좋은 장비를 사면되고, 그렇지 않으면 단순히 사진 찍는 걸 즐기면 된다. 문제는 눈이 자꾸 높아져 자기 사진에 만족을 못하고 결국에는 애꿎은 장비 탓에 고가의 장비를 사게 된다.

금세 장소 이동을 해야 하는 패키지 여행에서는 사진 찍다 보면 구경을 못 하고, 구경에 열중하면 사진을 못 찍으니 진퇴양난이다. 그래도 구경보다 사진에 열중하는 사람들이 더 많다.

사진 장비로만 보아 사진 전문가처럼 보이는 나에게, 지금껏 현장에서 사진에 관해 문의를 하는 사람은 단 한 사람도 없었다. 그 말은 사진에 관한 한 다 자신이 있고, 별 애로 사항이 없다는 뜻이다. 사진은 누구나 들이대면 결과물이 나온다. 그러니 공부할 것도 배울 것도 없이 그냥 찍으면 된다고 생각하는 것 같다. 더구나 휴대전화 부착 카메라가 나와 사진은 더 쉬워졌다. 그러나 열심히 찍었는데 얼굴이 검게 나와 실루엣이 된 사진에서부터 무엇을 찍었는지 알 수 없는 혼란스런 사진까지 가치 없는 사진만 찍고 간다. 수많은 사진보다 잘 찍은 한 장의 사진이 더 가치 있다는 사실을 알아야 한다.

사진 찍는 기술에도 발전 단계가 있다고 생각한다. 사진의 발전 단계는 노출의 산정 이해, 삼각대 필요성 인식, 아웃포커싱 이해, 장노출 촬영, 흑백사진 촬영, 화이트밸런스 이해, 편광필터 및 ND 필터 등 사용, 포토샵 습득, 스트로보 사용. 앵글화인더 사용, 조명기 배열의 중요성, 세트 설정, 모델 중요성 인식, 포즈 연구, 소품 이용, 동적 피사체의 이용 등으로 이루어진다. 자신의 사진에 불만이 생기고, 사진을 보는 안목이 생기면, 더 좋은 사진을 찍기 위해 그런 단계를 자연히 거치게 된다.

여기서 잠시 일반인에게 사진을 조작하는 부정적인 기술로 인식되는 포토샵에 대해 잠깐 언급해 보자, 결론적으로 포토샵은 카메라가 할 수 없는 기능을 보완해 주므로, 사진가는 반드시 알아야 할 기술이다. 포토샵은 디지털 세계에서 색의 조합 원리를 수치적으로 파악하는 데 우선 도움이 된다. 디지털 색채의 과학적 배경을 알게 하는 것이다. 사물에게 제 색깔을 찾아 주기도 하고 렌즈의 태생적 한계인 왜곡된 화상을 정상화하기도 한다. 무엇보다 포토샵의 중요한 기능의 하나는 사진을 단순한 기록을 넘어, 예술적·창조적으로 수정을 가능하게 하는 점이다. 포토샵의 여러 기능을 알고 나면 탄성이 절로 나올 것이다. 설렁설렁 공부해도 포토샵은 1~3달 정도면 배운다.

위에서 언급한 것은 어디까지나 사진 기술의 기계적 속성에 관한 문제에 국한된 것이다. 사진 기술의 습득과 숙달이 좋은 사진을 보장하는 것은 결코 아니다. 좋은 악기가 좋은 소리를 내지만 연주의 질은 결국 연주자에게 달려 있는 것과 마찬가지다.

사진에 관한 가장 큰 오류는 지금 왜 이 사진을 찍으려 했는지 그 이유가 사진에서 나타나지 않는 점이다. 사진에서 제일 중요한 것은 다른 예술과 마찬가지로 주제이다. 사진을 보는 순간 즉각적으로 떠오르는 생각이 있으면 대개 주제가 있는 사진이라고 나는 판단한다. 사진은 기본적으로 사실주의적 시각을 통해 전달되기 때문에 감각이 즉각적으로 반응하지 않으면 곤란하다. 물론 다른 예술주의를 추구하는 사진도 있으나 사진의 일반적 본령은 아니지 싶다.

미국 코닥사는 이 지구상에서 찍히는 사진의 90%는 인물 사진이라고 한다.[1] 한 시대의 삶과 인생을 집약한 기록으로, 사회를 고발하고, 증언하는, 역사성을 중시하며 휴머니티를 구현하기 위해 인물 사진을 찍는 사진작가들과 달리 일반인의 사진 촬영은 취미 차원에 머문다고 볼 수 있다.

인물 사진을 잘 찍으려면 일단 인물에 다가가는 게 중요하다. 사람은 촛대만 하게 보이고 배경만 잔뜩 보이면 '인증샷'일 뿐 아무 가치 없는 사진이 된다. 초보자는 대개 인물의 전신상에 집착하지

1 최민식, 『사진이란 무엇인가』, 현실문화연구, 2006, p.72.

만, 신체의 일부만 찍어도 상관없다. 차렷 자세로 찍은 사진은 0점이므로, 포즈의 핵심인 두 손을 적극 활용해야 한다. 손에 간단한 소품이라도 들고 있으면 단조로운 사진을 면할 수 있고, 대각선 구도로 찍으면 역동성이 있어 보인다.

단체사진이 아니라면 사람을 중앙에 배치하는 건 대체로 피하는 것이 좋다. 배경보다 인물을 강조하려면 조리개를 크게 열어 아웃포커싱이 되게 찍는 건 기본에 속한다. 인물 사진은 연출도 트리밍도 하지 않고 가장 의미 있는 '결정적인 순간'에 찍어야 한다는 카르티에 브레송[2]의 사진론은 일반인들이 추구하기는 어려운 주문이다. 흑백사진은 음양의 단순화를 통해 신비하고 강한 의미를 던져 주므로 자주 시도해 볼 만하다. 비 오는 날 스트로보를 사용하면 화사한 느낌의 사진을 얻을 수 있다. 인물 사진에 관해 책을 추천한다면 『인물사진 잘 찍는 100가지 방법』[3]이다. 인물 사진은 초상권의 문제로 찍는 사람의 신분을 밝히지 않고 찍은 이른바 '몰카'는 망신을 당하거나 심지어는 카메라를 빼앗길 수도 있다. 미리 명함을 주고 신분을 밝혀도 허락을 얻기는 쉽지 않아 피사체 부족에 시달린다.

구도가 중요한 요소가 되는 풍경 사진은, 여러 가지 표준적 구도를 생각할 수는 있으나 촬영자의 선천적 감각이 더 우선시된다. 여기서 시선의 높이와 각도가 매우 중요하다. 서서 찍은 사진은 평범한 사진이 되기 쉽다. 왜냐하면 우리가 매일 걸어 다니며 보는 익숙한 시선 높이에서 본 사진은 감동을 주기 어렵기 때문이다. 만일

2 앙리 카르티에 브레송(Henri Cartier Bresson, 1908~2004), 프랑스 사진작가, 스냅샷의 대가.

3 본 토마스 & 다니엘 르자노와, 『인물사진 짤 찍는 100가지 방법』, 북웨이, 2007.

우리 눈이 발 등에 있다면 세상은 달리 보일 것이므로, 대체로 자세를 낮추고 찍는 버릇을 들이면 좀 더 비범한 사진을 얻을 수 있다. 마찬가지로 시선이 아주 높은 곳에서 찍어도 특이한 사진이 된다. 풍경 사진은 인물 사진과 달리 특별한 이유가 없는 한, 전면이 다 세밀하게 나와야 하므로 조리개를 조이고 팬포커싱으로 찍어야 한다. 이 경우에 셔터타임이 짧아지므로 삼각대가 꼭 필요하다. 풍경 사진은 날씨에 영향을 받는 제한이 있고, 하루 중에도 피사체에 직각에 가까운 햇빛을 비추는 아침저녁에 편광필터를 이용하면 더욱 찬란한 색의 구현이 가능해, 매혹적인 단풍잎 색이나 푸른 하늘색을 얻을 수 있다.

여행 사진은 좀 특이한 사진이다. 왜냐하면 인물과 풍경을 모두 담아, 여행자의 정체와 여행 장소의 식별이 가능하도록 찍어야 하기 때문이다. 일반인들의 여행 사진은 인물 식별도 안 되고 배경도 산만해 누가 어디서 찍은 것인지 분간이 안 되는 경우가 많다. 사진에서도 욕심을 부려 사진 안에 너무 많은 것을 담으려 하기 때문에 일어나는 현상이다. 피사자의 표정이 드러나고, 촬영지의 식별이 가능하도록 절충하여 여행 사진을 찍는 게 좋다. 햇빛이 있는 대낮에도 응달에서는 발광해서 찍지 않으면 얼굴이 검게 나오므로 스트로보의 사용은 필수적이다.

사진 예술이 음악이나 미술 같은 예술과 다른 점은 대상 및 환경 의존성이다. 대부분의 예술품은 자신의 실력에 의해 질이 결정되지만, 사진은 대상과 환경에 영향을 받는다. 말하자면 날씨가 쾌청하고 풍광이 좋고, 사람들이 무질서하게 왕래하여 촬영에 방해받지 않는 곳이라면 보다 나은 사진을 얻을 수 있는 조건이 된다. 좋은 사진을 얻으려면 발품을 팔아 장소를 선정하고 결정적 순간을 기다려야 하니 '좋은 사진=노동의 결정품'이다.

사진과 관련된 지식은 10여 권의 책을 읽으면서 바닥이 보이기 시작했다. 내 경험에 국한하여 말하자면, 사진 촬영과 교육에 관한 최고의 실력자는 브라이언 피터슨[4]이고, 포토샵에 대해서는 Scott Keiiby[5]와 Katrin Eisman/Sean Dugan[6]의 저작을 참고할 수 있을 것이다.

사진은 기다림의 예술이다. 피사체의 결정적인 순간 그리고 원하는 빛의 촬영 환경이 좋아질 때까지 무한정 기다려야 한다. 그런 의미에서 사진은 노동집약적 예술이다. 내가 장비만 장만해 놓고 본격적으로 사진에 매진하지 못하는 이유가 여기에 있다. 사진은 보통 사람들이 생각하는 것보다 훨씬 어렵다. 입문한 지 수 년이 지났지만 실력이 잘 안 늘어 사진 찍기가 겁난다. 이 고비를 넘기려면 엄청난 열정과 에너지가 필요하다.

사진 잘 찍는 법은 일일이 다 열거할 수 없으나, 우선 여기서 말한 몇 가지만 지켜도 사진은 훨씬 좋아진다. 뭔가를 알려 주려 한다면 초보도 대가도 아닌 중간 수준에 도달한 것이다. 초보는 아는 게 적어 할 말이 없고, 대가는 작품으로만 말할 뿐, 말로 설명하는 일은 드물다. 나의 사진 수준은 초보를 면한 중급 정도인 것 같다. 사진이 쉽다고 공부 안 하면 아무리 열심히 찍어도 사진 수준은 언제나 제자리다.

4 브라이언 피터슨, 김문호 외 옮김, 『사진의 모든 것』, 청어람미디어, 2011.
5 Scott Keiiby, 윤혜원 옮김, 『사진가를 위한 포토샵, 정보문화사, 2010.
6 Katrin Eisman/Sean Dugan, 윤혜원 옮김, 『크리에이티브 포토샵과 라이트룸』, 정보문화사, 2009.

SNS와 블로그에 대하여

60~70년대 초까지는 통신수단이래야 편지가 고작이었다. 부잣집에나 집 전화가 있던 시절이다. 편지를 부치고 답장을 기다리며 집배원이 올 시간을 눈이 빠지도록 기다리던 시대! 답장이 없어 주소를 들고 애인의 집을 찾아가, 감히 문을 두드리지는 못하고 혹여 외출한 사람이 돌아올 때를 하염없이 기다렸던 기억이 난다. 진실이 담긴 편지 한 통에 감동하고 울고 웃던 시절의 이야기이다.

요즘은 개인휴대전화, E-mail은 물론이고, 인터넷이나 통신을 통해 사람들 사이에서 연결망을 구축해 주는 페이스북, 트위터, 한국의 카카오톡을 포함하는 SNS(Social Network Service) 그리고 그 이전부터 운용되어 오던 블로그 같은 것들이 새로운 소통 장치가 되고 있다. 소통 수단의 홍수 속에서 자신의 일정, 생각, 심지어 그날의 느낌까지 불특정 다수와도 소통이 이루어지고 있지만, 정작 요즘 시대의 화두는 '소통 부재'이니 참 역설적이다.

휴대전화에 보관된 수백 개의 전화번호! 정보 전달과 간단한 의사소통 수단으로 이용되고 있을 뿐, 자신의 깊은 생각이나 의견을 개진하기에는 왠지 가까이하기엔 멀고, 너무 고가의 통신수단이다. 게다가 단추 하나만 누르면 즉시 통화가 가능하건만, 특별한 용무가 없는 한 선뜻 손이 가는 번호가 없음을 느끼는 순간, 소통을 남발하지 않는 자신의 사려 깊음에 자존하기보다, 씁쓸함, 고독감, 당혹감이 드는 경험은 누구에게나 있을 법하다.

이메일은 경제성과 편이성에서 최고의 소통 장치이건만, 정보의 확산을 통한 여러 주체들의 이익을 추구하는 수단으로 주로 이용되고 있는 것 같다. 아침마다 습관적으로 열어 보는 이메일은 모두 다 홍보 메일일 뿐이어서, 열어 보지 않고 쓰레기통으로 날려 버리는 게 아침의 일과가 된 지 오래다. 일 년에 한두 번이라도 개인적 사연이 담긴 메일을 받는다면 얼마나 큰 행운이며 기쁨일까!

네트워크의 개념을 수학적으로 점과 선으로 생각한 네트워크 이론의 창시자는 노트르담 대학의 알버트 라즐로 바라바시[1] 교수다. 그에 따르면 네트워크는 수많은 개인을 절점으로 표시하고, 이들 사이의 관계가 있는 사람을 선으로 연결한 것이다. 어느 한 점(사람)에 연결된 선을 따라가면 이론상으로는 세상의 모든 점(사람)에게 도달할 수 있게 된다. 왜냐하면 모든 인간은 적어도 한 사람 이상의 사람과 관계를 맺고 있기 때문이다. 이게 네크워크의 기본 개념으로 피라미드식 판매도 일종의 네트워크를 이용한 것이다.

네트워크 시대를 사는 사람은 모두 세상과 연결돼 있다고 생각하면 여기서부터 많은 힌트를 얻게 된다. 네트워크상의 절점에 많은 선이 모이면, 즉 한 장소에 사람이 많이 모이면 일단 성공이다. 그들 중에 누군가는 나의 의도대로 움직이는 사람이 나오니까 말이다. 그 장소가 포탈, 홈페이지, 블로그 등에 해당한다. 물론 거기

1 알버트 라즐로 바라바시, 강병남 · 김기훈 옮김, 『링크(LINKED)』, 도서출판 동아시아, 2002.

에는 사람을 유인하기 위해서 컨텐츠(내용)가 있어야 한다. 가치 있는 내용을 접할 수 있는 접점의 역할만 수행할 수 있으면 수많은 사람이 들락날락해 오늘날 엄청난 수익을 창출하는 구글, 네이버 같은 '포탈'이 되는 것이다.

컴퓨터 혹은 스마트폰을 통해 소통하는 사람은 이미 네크워크 상의 한 점을 보유하고 누구와 연결이 되어 있음을 기억해야 한다. 네크워크 상에 존재한다는 사실은 엄청난 기회요, 위기이다. 네트워크 상의 모든 절점은 잠재적 방송국, 신문사, 도서관이 될 수도 있으니 말이다. 가치 있는 것은 반드시 연결된다는 점을 주목해야 할 것 같다.

여기서 세계의 휴대전화 보급 현황을 살펴보는 것도 이 시대를 이해하는 데 도움이 된다. ITU(국제전기통신연합회)는 2014년 세계 휴대전화 보급이 73억에 달해, 전화기 수만 놓고 보면—중복 소유자가 있기는 하나—인구수를 추월할 것이라고 2013년차 회의에서 전망했다. 사회비평가 제러미 러프킨[2]은 2001년 발간한 저서에서 세계 인구의 65%는 평생 전화를 한 번도 사용해본 적이 없는 사람들이며, 세계 인구의 꼭대기 1/5과 너머지 4/5는 수입과 재산에 격차가 벌어져 대부분의 전문가들은 글로벌 네트워크가 구성될 가능성을 낮게 본다고 밝혔다. 새천년의 전문가들 예상대로, 세계 인구의 45억 명은 여전히 온라인상에 없다는 발표도 있었다.[3]

포탈의 '웹페이지'에 개인이 계정을 만들어 놓고 글이나 사진, 음악을 올릴 수 있는 인터넷 상의 공간인 '블로그'는, 개인 홈페이

2 제러미 리프킨, 이희재 옮김, 『소유의 종말(원제: The age of access)』, 민음사, 2002.
3 ITU mobile world congress 2013 opening speech, Feb. 25 2013, Barcelona, Spain.

지보다 개설이 더 쉽다. 십여 년 전 나도 한때 운용한 적이 있었으나 일주일이 채 안 되어 그만두고 말았다.

우선 손님이 찾도록 블로그를 꾸며야 하니, 글, 사진, 음악 등이 있어야 하고, 일단 내용물을 올린 다음에는 누가 와서 보나 매일 확인해 보고 댓글 다는 사람에게 답글도 보내야 한다. 블로그는 웹상에서 나의 집과 같은 곳이어서 방문자가 끊이지 않도록 볼거리 읽을거리를 꾸준히 제공해야 하므로, 여기에 쏟아야 하는 시간과 정력이 만만치가 않았다. 더구나 며칠만 관리 안 하면 쓰레기가 쌓인 집안처럼 불법물들이 도배를 한다.

잠시 블로그를 운영하면서 내가 느낀 점은, 블로그는 암암리에 서로 컨텐츠 경쟁을 하면서 잠재적 강제성과 집착을 불러오기 쉬운 공간이라는 것이다. 그런 집착은 트위터 같은 SNS에서는 더욱 심해진다. 유명인의 트위터는 추종자가 몇만 명이나 된다. 그 사람의 하루 일상과 생각을 추종하는 사람이 많다 보니, 당초의 순수성을 잃고 정치에 영향을 주려는 권세를 누리기도 한다.

나의 짧은 기간 운영 경험에 의하면, 블로그 운영자 사이에는 상호간에 방문을 해주는 게 예의처럼 느껴지는 관행도 부담이지만, 무엇보다 가장 참을 수 없는 혼란은 블로그 내용물의 정체성에서 왔다. 우선 블로그 상의 글이 누가 쓴 것인지 확인이 안 되는 경우가 대부분이었다. 이른바 어디서 '퍼 온' 글을 자신의 블로그에 올려놓은 것이 태반이고, 또 그게 블로그 세계에서 으레 당연한 것으로 여겨지며, 블로그 공간을 제공하는 포탈들이 상업성이 있는 음악의 불법 게재는 제재하지만, 글에 대해서는 상업성이 없다는 판단에서 무단전재를 용인하는 것 같다.

이런 일은 학계에서도 벌어지는데, 대면심사가 아닌 서류상으로 논문 심사할 때 가장 곤욕스러운 점은, 논문 내용이 저자의 연구 결과인지, 남의 주장인지 모호하게 써 놓은 대목을 발견할 때이다. 연구 결과의 도용(盜用)을 잡아내려면 심사자가 논문 저자보다 더 많이 알고 있어야 함은 물론이고, 그걸 확인하는 데는 무진 애를 먹기 마련이다.

자신의 블로그에 제대로 된 글을 써 올리는 건 쉬운 일은 아니다. 부실한 정보들이 블로그를 통해 무차별 확산되지 않도록 책임질 수 있는 글이 되도록 고증도 해야 하니, A4 용지 한두 장 분량의 글을 쓸려면, 반나절 이상 족히 걸린다. 그렇다 보니 남의 블로그를 방문해 글을 퍼다가 자신의 방을 꾸미려는 유혹도 발생한다.

나로서는 남의 글을 퍼올 생각이 전혀 없으되, 또한 나의 글을 퍼가는 행위도 허용할 생각이 없었다. 더구나 출판을 염두에 둔 글의 확산을 사전에 허용하는 일은 어리석고, 허망한 것이다. 블로그에 복사방지 설정기능이 있으나. 화면을 캡쳐해 복사하면 그만이므로, 그런 장치는 큰 의미는 없는 것 같다.

블로그에 대한 예외적인 나의 불편한 인식에도 불구하고, 어떤 블로그는 희귀한 사진, 저작권이 만료된 희귀한 음악이나 노래를 싣고 있어, 여러 사람들에게 행복을 선사하고 있음은 블로그의 순기능이요, 사회적 기쁨이라 할 수 있겠다.

그런데 수많은 소통 장치가 물질사회, 경쟁사회로부터 오는 인간 소외와 고독을 달래 주는 기능을 통해 인간에게 행복을 가져다 줄 것이란 당초의 기대와 달리, 오히려 소통 부재와 단절의 심상을 확인하는 공간이 되기도 한다. 다중에게 자신을 알리고 또 상대방의 얘기를 듣기도 하지만 그런 소통을 통해 우리가 더 행복해졌다고 생각하는 사람이 얼마나 될까! 그 이유는 SNS의 일대 다중의 소통 특성 때문인 것 같다.

보다 건강하고 바람직한 소통은 양방향성에 있다. 양방향성이 없는 일방적으로 주거나 받기만 하는 관계는 의미를 만들어 낼 수가 없어 오래 안 간다. 수많은 소통 매체 속에 살면서도 여전히 삶이 허전하고 공허한 이유는 소통의 양방향성 결여에 있는 것은 아닐까?

또한 개별성, 독점성, 유일성이 없는 소통은 누구도 소중하게 생각하지 않는다. 누구에게나 친구인 사람은 아무에게도 친구가 아니란 속담이 있다. 우리가 좀 더 행복해지기 위해서는 일대 일의 인간 관계를 맺는 데에 보다 많은 노력과 시간을 투자해야 할 것 같다. 하루에 단 한 친구에게라도 안부 전화를 하거나 이메일을 보내면 행복지수가 높아진다는 연구 결과도 있다. 오늘은 잠시 말미를 내어 생각나는 사람에게 안부 전화라도 해보자.

니체와 짜라투스트라는 이렇게 말했다

나는 왜 철학적이어야 하는가?
그리스 신화와 구약성서
쇼펜하우어와 고독
두 얼굴을 가진 하나님
인생은 왜 짧은가?
무위(無爲)
생애 후반기의 과제
유일신(唯一神) 출현
인생의 정점
RGB 컬러와 플라톤 이데아
철학 여행
재미있는 『캉디드』와 볼테르
『무소유』의 소유
약속 시간 10분 늦었다고 화내?
자존심과 자기애
관능의 정체
부끄러움
인생의 빈자리
유교적 가치의 문제
애도의 한계
원증회(怨憎會)
문상(問喪)의 발견
니체와 『짜라투스트라는 이렇게 말했다』
인생의 안착
화장실의 돈가방
진화론과 창조론
솔로몬의 후회와 플라톤의 예찬
행복의 나라로
변하지 않는 사람
그래 봤자 너도 죽는다
〈빌헬름 텔〉과 히틀러
구르는 돌이 멈추는 곳

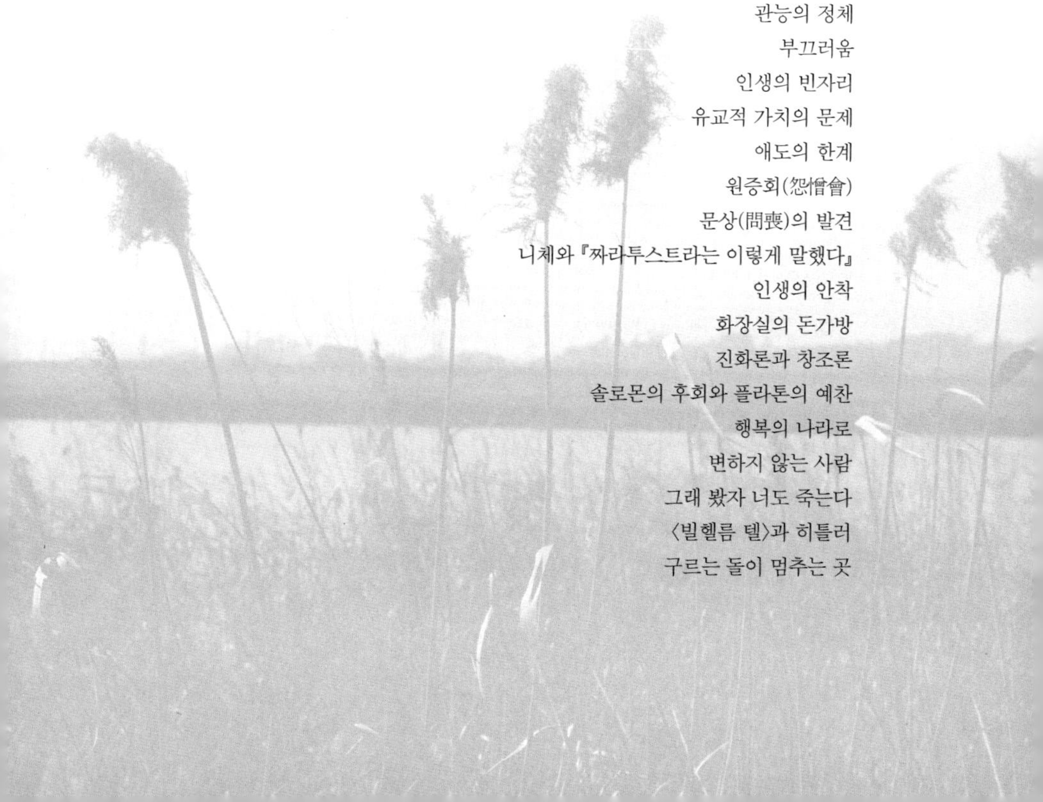

나는 왜 철학적이어야 하는가?

나는 왜 이 세상에 태어났나
나의 존재는 무엇인가
나는 어디서 와서 어디로 가는가
삶은 무엇이고 죽음은 무엇인가

사람은 어떻게 살아야 하나
나는 무엇을 위해 살았나
무엇을 남기고 죽는가
앞으로는 무엇을 위해 살아야 하나

선은 무엇인가
무엇이 도덕이고 나는 왜 도덕적이어야 하나
어떤 행위와 생각이 옳고 그른가
나는 무엇을 잘못했고 잘못하고 있는가
수치심은 무엇이고
나는 무엇을 부끄러워해야 하나

학문은 무엇이고
나는 무엇을 알고 있고
무엇을 알아야만 하나

무엇이 행복인가
자기 행복과 윤리와는 어떤 관계에 있나
나에게 종교는 무엇이고
나는 무엇을 믿었나
또 믿을 수 있는 것인가.

불행은 어디서 오고 그 의미는 무엇인가.
이성은 완전한 것인가
경험은 완전한 것인가
무엇이 가치 있는 것인가.
무엇이 버려야 할 것인가.

직업은 내게 무엇이며 직업윤리는 무엇인가.
취미는 무엇이며 나는 무엇을 위해 취미에 의지하는가
배우자는 내게 무엇이고 자식은 또 나와 어떤 관계인가
친구는 내게 어떤 의미적 존재인가
사회 현상에 대한 분노와 반감은 적합한가
사람과 다른 생물과는 어떤 관계인가

행선지를 모르는 열차를 타고 간다면 나는 얼마나 불안한가

지금 통과하는 지점을 알 수 없다면 나는 또 얼마나 두려운가

나는 왜 철학적이어야만 하는가?

존재의 의미를 묻지 않는다면 나는 인간이 아닌 취식과 배설을 일삼는 한갓 동물에 불과할 터이므로, 인간이기 위해 인간으로 살다 가기 위해, 나는 처절하게 철학적 사유를 하지 않을 별 다른 도리가 없음을 깨닫는 辛未 元旦이다.

그리스 신화와 구약성서

신화의 의미는 신과 인간 사이의 관계 그리고 종교의 시작에서 찾을 수 있고, 거기에서 우리는 인간의 본성, 도덕의 변천도 엿볼 수 있다. 인류의 대표적 신화인 그리스 신화에 나오는 신의 특징은 자연이나 사물을 관장하는 것은 물론, 물체가 아닌 감정이나 생각에도 신격이 부여된다. 또 대지의 신처럼 스스로 존재하는가 하면, 신들끼리 교배하거나 홀로 신을 탄생(파생)시키기도 한다.

신화에서 인간의 의지대로 실현할 수 없는 불가능한 일은 필요에 따라 만들어낸 신의 고유한 역할을 통해 기이한 방법으로 해결되는 것을 볼 수 있다. 신화는 스스로 존재하는 것이 아니라 인간이 만들어 낸 것이기 때문에, 그리스 신화의 핵심 요소인 현상의 해석과 해결은 필연적인 결과로 간주할 수 있다. 신이 일방적으로 인간을 판단하기보다, 인간이 임의로 파생시켜 만든 신을 조종하여 인간과 자연을 움직인 사실에 우리는 주목할 필요가 있다. 철학자 이전에 그리스 문헌을 해독하는 문헌학자였던 프리드리히 니체는 그리스 인들은 인간의 사악한 점에 있어서까지도 어느 정도까지 그리스 신을 이용하고 있다는 점을 지적하고 있다.[1]

다른 여신을 물리치고 Miss 그리스에 등극한 시기심이 많고 음탕한 여신 아프로디테를 로마 사람들은 흠모하여 비너스로 이름만 바꾸어 부르고 미의 여신으로 모신다. 아프로디테의 아들인, 우리 모두에게 잘 알려진 에로스가 사랑의 신으로 군림하는 것 또한 그럴듯한 인간적 설정이라 할 만하고, 에로스는 로마시대에 이름만 바뀌어 큐피드로 환생한다.

인격을 가진 그리스의 다신(神) 체계와는 달리 구약성경에서는 유일신 체제를 취한다. 이것이 신에 대한 사상의 통합인지의 여부를 확인하려면 연대적 선후 관계가 파악되어야 하나 지금까지 나의 노력으로는 불가능했다. 구약성경에서 연대가 확인된 것으로 간주되는, 가장 오랜 된 사사기 5장 드보라 전승가는 BC12경이고, 그리스 신화는 그 이전 또는 이후에 오랜 연대에 걸쳐 형성된 것이기 때문이다.

서양문화의 2대 지주는 헬레니즘과 헤브라이즘이다. 독일의 역사가 드로이젠(1808~84년)이 처음 사용했다는 헬레니즘이란 용어는 인본주의 그리스 정신으로 해석되고, 헤브라이즘은 구약성경을 중심으로 하는 유대인과 기독교인의 신본(神本)주의 문화다. 서두에서 언급했듯이 그리스 신화는 인간이 신을 이용하는 문화이고, 헬레니즘은 신이 인간을 지배하는 문화이다. 연대상으로 로마에서 기독교가 공인되는 313년은 두 문화가 겹쳐지는 시기이다.

두 문화 사이에는 상호 연관이 없고 독자적으로 형성된 것이라고 전문가들은 보고 있는 것 같다. 그러나 무비판적, 종교적인 신념을 버리고 학술적 접근으로, 이 두 문화권 사이의 관련성을 규명

1 프리드리히 니체, 김대현 옮김, 『도덕의 계보』, 청한, 2011, p.102 참고.

하는 일은, 구약성서와 그리스 종교·신화와의 대비로서 중요하고 재미있어 보이지만 상당히 방대한 연구가 필요할 듯하다.

구약의 창세기를 비롯한 앞부분 5경은 하나님의 계시를 받아 모세가 썼으나, 주목하는 부분은 모세도 역시 인간이었고, 유일신 기독교에서도 그리스 신화처럼 인격을 가진 예수가 등장하는 점이다. 인간의 감정을 가진 인격신은 노하기도 하고, 기뻐하기도 하고, 불쌍히 여기기도 한다. 종교는 역시 인간의 문제이다. 따라서 인간과 관련이 없는 것은 의미가 없으므로 신의 대리인으로서 인격을 가진 예수의 출현은 종교적 필연이었다고 종교학자들은 생각하는 것 같다.

나의 신구약 성경 통독은 1999년부터 2000년 봄까지 나무숲이 우거지고, 창을 열면 새가 지저귀는 것이 마치 천국 느낌의 분위기가 물씬 풍기는 미국 동부의 한 도시에서였다. 작은 분량이 아닌 성경을 끈질기게 다 읽어낸 데는 솔직히 신앙심보다 기독교의 본질을 알고자 하는 문헌적 호기심이 앞선 결과이다. 구약성경을 통독한 후의 느낌은 차라리 안 읽는 게 나았다는 것이다. 종교적 경건함보다 여차하면 파괴하고 벌을 내린다는 점에서 왠지 그리스 신화를 읽을 때와 유사한 느낌이 들었기 때문이다.

중세기를 풍미한 스콜라철학=기독교+철학(이성)이었다. 기독교 시대의 위세에 눌려, 혹은 신앙심에서, 이성은 기독교 정신을 공고히 하는 데 기여하였다. 세월이 흐르며 이성으로 잘 무장된 철학자들 사이에도 유신론과 무신론으로 양분되었고, 특히 사상의 나라 독일을 대표하는 철학자들과 현대 철학은 대개 무신론적 색깔을 띠는 것 같다.

사례 몇 가지를 들어 보면, 독실한 기독교 집안에서 자란 인류의 불후의 철인 칸트는 성장한 후에는 교회에 나가지 않았고, 특히 대학총장 시절에는 빌헬름 2세의 대학 방문에 맞춰 개최한 특별예배에도 참석하지 않았다.[2] 무신론자 쇼펜하우어는 교회가 천국의 중재자로 나서며 사제 앞에서 신자들이 참회해야 한다는 발상은 재미있으며 괴테나 셰익스피어 같은 위해한 정신과 영혼의 소유자에게 어떤 종교의 교리를 믿도록 강요하는 것은 거인에게 난장이의 구두를 신으라고 명령하는 것[3]이라고 우회적으로 종교를 비판하고 있다. 니체는 만인이 아는 무신론자이고, 신학교를 2년간 다닌 경력이 있는 20C 철학의 대표 주자격인 하이데거는 기독교 철학은 오해 그 자체라고 주장하면서, 대학총장을 역임한 후에도 독실한 기독교인은 교수로 임용되지 못하도록 애를 썼다.[4]

앞서 밝힌 그리스 신화에서 인간에 의한 신의 창조를 연상하게 하는, 독일 철학자 포이에르바흐(1804~72)는 신이 인간을 만든 것이 아니고 인간이 신을 만들었다는 주장을 하기에 이른다. 정신분석학의 창시자 Freud(1856~1939)는 '종교는 환상이다(Religion is an illusion)'라고 말하며, 종교는 인간의 본능적 욕망에서 그 강성함을 얻었다고 했다.

플라톤의 『향연』에는 다음과 같은 구절이 나온다. 절대적 아름다움에서 참된 선을 알게 된다. 그것을 아는 사람은 신의 사랑을 받아 영생의 특권을 갖게 될 것이라고.[5] 여기서 인간이 육적 영적

2 랄프 루드비히, 이충진 옮김, 『쉽게 읽는 칸트 정언명령』, 이학사, 2012, p.23 참조.
3 쇼펜하우어, 이동진 옮김, 『쇼펜하우어 에세이』, 해누리, 2014, p.124, 125 에서 인용.
4 이본 세라트, 김민수 옮김, 『히틀러의 철학자들/여름 언덕』, 2013, p.187 참고.

번식을 원하는 영적 존재로서 영생을 언급하고 있음은, 플라톤이 기원전 즉, 예수 탄생 이전의 사람이라는 점에서 주목할 만하다.

프랑스의 천재 수학자 파스칼은 이성의 마지막 발길은 신으로 향해야 한다고 주장하며, 신이 없는 인간의 괴로움과 신이 있는 기쁨을 강조함으로써, 최고의 지성이 이성의 한계를 알고 이성의 틀인 철학을 넘어 신에게 다가가는 모습을 보이고 있음도 주목할 만한 대목이다.

종교 경전에 대한 학술적, 역사적 해석과 관점은 논란의 여지가 있으나, 맹목적 신앙 또한 사상누각과 같아 바람 부는 대로 현실 앞에 흔들리는 모습을 보이기 쉽다. 종교는 일종의 영의 세계이므로 각자의 믿음 대로인 것이니 서로의 방식과 신념을 존중하며 살아갈 뿐이다.

5 플라톤, 황문수 옮김, 『향연』, 문예출판사, 2014, p.272 참조.

쇼펜하우어와 고독

얼마 전 어느 결혼식장에서 고교 졸업 후 40여 년 만에 만난 'ㅂ'군은 여전히 애수의 눈빛을 하고 있었다. 고2 때 내 옆자리에 앉았던 그가 어느 날 자신이 읽고 있다는 『쇼펜하우어의 인생론』이란 책을 보여주며, 인간의 삶은 고통이라는 쇼펜하우어의 주장을 대변한 적이 있다. 그를 보고는 그날의 눈빛이 다시 생각났다.

요즘에 그런 책을 읽는 사람은 별로 없으나, 당시는 교육적 차원에서 독서의 가치와 중요성이 많이 강조되기도 했고, 별다른 오락거리가 없어 일부 청소년 계층에서 책읽기가 도락의 한 부분으로 자리 잡고 있었던 시대였다.

40여 년 전에 읽어 세세한 내용은 기억이 나지 않으나, 쇼펜하우어가 그 책에서 전하고자 하는 메시지는 부단한 욕망인 삶의 의지는 충족시켜도 또 다른 욕망이 생겨나 결코 만족이 어려우므로 인간의 삶은 고통일 수밖에 없다는 것이다. 따라서 삶에의 의지의 단절을 주장한, 이른바 그의 염세철학에 동조하여 자살을 시도한 사람도 있었다고 기억한다. 그는 또 쉽게 잊히는 행복, 참기 힘들고 오래도록 기억되는 불행으로 인해 인생은 고통스럽고 슬픈 것일 수밖에 없다는 것이 내가 사춘기에 읽은 쇼펜하우어 인생론의 요지였다.

그의 인생론에 선천적으로 염세적이었던 나의 어머니의 영향이 보태지면서 쇼펜하우어 철학은 젊은 시절 나의 삶을 지배하는 정신이었다. 끝없이 발생하는 욕망 성향의 의지는 대체로 충족이 어려운 까닭에, 나뿐만 아니라 누구에게나 삶은 결과적으로 고통일 수도 있다고 생각했다. 그러므로 내게 있어 인생은 줄곧 고통 속에 살아내야 할 생명의 과제에 불과하다는 인식 속에 대부분의 생애가 흘러간 것 같다. 인도 철학의 영향을 받은 쇼펜하우어의 사상인 '행위의 덧없음'은 지금도 사용하고 있는 나의 호이며 필명인 '무위(無爲)'로 나타났다.

"나는 사람보다 개가 더 좋다."

쇼펜하우어는 고독했다. 나도 고독을 좋아한다. 고독한 삶의 시간은 나의 것이기 때문이다. 내가 숭상하는 이념인 '자유'란 삶을 남에게 빼앗기지 않는 상태이므로, 온전한 나의 시간인 고독은 '자유'의 가치를 실현하는 토대이다. 그러므로 나에게 고독은 일락(逸樂)이다. 쇼펜하우어는 고독을 사랑하지 않는 자는 자유를 사랑하지 않는 사람이라고 말한다.[1] 나는 혼자 있는 것을 편하게 즐긴다. 그러나 정신활동이 없는 고독은 죽음 직전의 황량함과 유사한 것이므로, 나의 고독은 정신의 향연을 전제로 조성하고 선택한 인위적이고 의도적인 상태임은 두말할 필요가 없다.

1 쇼펜하우어, 박현석 옮김, 『쇼펜하우어 인생론』, 나래북, 2010, p.252에서 인용.

사교나 모임에 나가는 일은 내게는 이례적인 경우이다. 내가 비사교적이고, 사람을 싫어해서 그런 건 아니다. 오히려 속마음을 숨기는 내향적인 사람과 달리 속내를 잘 털어 보이는 편이고, 때때로 여러 사람 앞에 나서는 일도 잘한다. 마음만 먹으면 단 10분 안에 모든 사람을 내 친구로 만들어 버리는 사교적인 어머니로부터 물려받은 유전자와 기술도 가지고 있다. 또한 나는 개별적 호불호의 감정은 뚜렷한 편이지만, 본원적으로는 사람을 좋아하고 인간 자체에 대한 연민도 있다.

그럼에도 불구하고 사교나 모임 참석을 꺼리는 이유는, 내 자신이 외부로 나가면 나의 자유가 심히 제한되기 때문이다. 우선 약속 장소와 시간에 늦지 않도록 해야 하며, 모임에서는 주위 사람을 의식하며 맞장구도 치고, 비위도 맞추고, 무슨 말이 됐든 들어주고 때로는 내 의견을 개진하기도 해야 한다. 혹시 싫증나거나 피곤해도, 반감을 드러내거나, 내 마음대로 도중에 뛰쳐나오기도 어렵다. 무엇보다 잡담이나 하다 오는 모임 후의 후회는 대가치고는 비싼 것이라고 나는 생각한다.

사교에 큰 의미를 두지 않는 또 다른 이유는, 자유의 제한 이외에도 사람들과의 교제에서 새로운 가치나 기쁨을 얻기 어렵다는 결론을 냈기 때문이다. 모여서 기껏 해야 어느 식당의 음식 맛이 어떻다는 등 시시콜콜한 대화를 지껄여대는 "사교는 대개 너무 천박하다(society is commonly too cheap)."[2] 나는 사교뿐만 아니라 시공(時空)상의 자유를 제한하는 학교 생활, 군대 생활, 직장 생활도 끔찍

2 Henry David Thoreau, Walden, 『더클래식』, 2013, 영문판 p.129

이 증오하고 공포심마저 느낀다.

쇼펜하우어가 사교를 소위 어리석은 사람들의 행위로 폄하하는 대목은 그의 잠언에서 수도 없이 나온다. 쇼펜하우어는 정신이 빈곤한 사람은 끊임없이 사교계에 의지하며 산다고 말하면서, 지적 수준이 낮은 사람들의 전유물로서의 사교를 그는 혐오하고 있었다. 사교계의 문제로 강제와 분쟁, 어느 정도의 위험 등을 지적하고 있는 쇼펜하우어의 생각에 나는 동의한다. 그는 대신에 고독과 은둔을 높이 평가하고 있다.

아울러 그는 건강 다음으로 중대한 행복의 요소로 마음의 평온을 들면서, 그것을 깨트리는 요인으로 "우리의 불쾌함은 모두 혼자서 있지 못한다는 사실에서 발생하는 것이다."라는 라 부리예르의 말을 빌려 사교를 지목하고 있다.

나는 가끔 혼자 여행을 간다. 어떤 친구는 혼자 무슨 재미로 여행을 가느냐고 묻는다. 같이 가는 여행은 외롭지는 않을지도 모르나, 자유가 제한되는 대가를 지불해야 된다. 혼자 가면 도중에 일정이나 행선지를 맘대로 바꿀 수도 있고, 여행 중 아무 때나 숙소에 들어가 쉴 수도, 식사도 오로지 내 맘대로 택할 수 있을 것이다. 혼자 가는 여행을 이해하지 못하는 그는 아마 혼자라는 것을 참는 것이, 같이 있음으로써 자신이 져야 할 속박보다 참기가 더 어렵기 때문일 것이다. 그런 사람은 단체 생활에 잘 적응할 수 있고, 종속적 삶도 부담 없이 받아들일 수 있는 순응적인 사람이다.

"당신이 혼자 있을 때 외롭다면, 당신은 나쁜 친구와 있는 것이다."

—사르트르

사람은 사회적인 동물이어서 혼자는 살 수 없고, 생존을 위해 남으로부터 무엇을 얻어내거나 내가 남에게 도움을 주어 세상에 기여하려면 세상 속으로 들어가야 한다. 또한 대부분의 사람들은 현실적 삶이 아닌 고독이 두려워 사교에 열중하기도 한다. 사정이 그럴진대 나로서도 무작정 고독의 가치를 주장하는 것은 아니고 사교적 삶을 폄하할 생각은 추호도 없다. 단지 삶의 유형에 따른 속성과 가치를 따져볼 뿐이다.

쇼펜하우어는 고독에 대한 실례로, 어린애는 엄마와 단 몇 분만 떨어져 있어도 두렵고 슬퍼서 울어버리고, 소년을 홀로 내버려 두는 것은 체벌이 되며, 청년은 툭하면 모이는 걸 좋아하나, 나이가 들어 '경험과 숙고'의 결과로 성숙해지면 혼자 있는 것이 가능해진다고 지적한다. 말하자면 인간은 이른바 미성숙에 비례해 혼자 있는 시간을 참지 못하고 두려워한다고 해석할 수 있을 것이다.

나는 정신이 풍요한 사람은 냉장고 안에 재료가 골고루 들어 있어 언제든지 요리를 만들어 먹을 수 있으나, 정신이 빈곤한 사람은 냉장고가 비어 있어 요리가 불가능하니 끼니때마다 밖에 나가 음식을 사먹어야 하는 것에 비유하고 싶다. 쇼펜하우어는 자신의 내부에 모든 것을 갖추고 있을 것을 요구한다. 그런 사람은 사교가 필요치 않으며 오히려 고독을 즐긴다고 한다.

천재는 언제나 우울했다는 점을 수없이 강조한 그는 고독과 은둔을 높이 평가하고 있다. 인류 역사상 위대한 철학자, 사상가, 문인, 화가, 작곡가 등은 대개 고독한 생애를 살면서 위대한 작품을 생산해냈다. 고독은 좋은 것이나, 그 사실을 말해 줄 상대는 필요하다는 프랑스 작가 발자크의 말은, 고독의 생산성을 설명할 한 가지 근거가 될 수 있을 것이다.

유독 사람을 구분하는 경향을 보이는 쇼펜하우어는 귀족을 세 부류로[3] 나누었다. ①출생과 지위 상의 귀족, ②금권 귀족, ③정신상의 귀족, 이중 정신상의 귀족이 최고의 귀족이라고 생각했다. 그러면서 인간의 지성적 가치는 외부에서 내부로 들어오는 것이 아닌 자신의 내면 깊은 곳에서 발생하는 것이기에, 바보로 태어난 사람은 바보로 죽을 수밖에 없다면서 정신이 빈곤한 사람을 유난히 천대하는 오만함을 드러내 보이기도 했다.

유산을 물려받아 평생 경제적 어려움 없이 연구에만 전념한 그는, 철학을 돈벌이 수단으로 삼는 사람을 비판하며, 생전에 인정받지 못하였지만 누구에게도 굴하지 않은 점에서 니체의 존경을 받았다. 그의 염세주의적 경향은 좀 생경한 느낌이 들기도 하나, 17세에 부친이 자살했다는 설이 있고 그 후 소설가인 어머니가 사교계에 데뷔한 것에 분개해, 끝내 어머니와 의절하며 평생을 독신으로 살았다. 그는 어머니의 작품을 폄하하고, '정신적으로 빈약하고, 열등한 사람들이 사교적'이라면서 어머니를 거침없이 비하하기도 했다. 그의 염세주의, 자살 옹호, 여성 비하 사상은 그의 삶의 배경에서 나온 듯하다. 하지만 그의 필력은 어머니의 재능을 물려받은 것 같다.

30세에 1판을 발행한 후 71세에 교정 3판이 나온 『의지와 표상으로서의 세계』는 쇼펜하우어의 대표작이다. '칸트의 철학을 수정하여 완성하려는' 의도로 쓰인 이 책을 이해하기 위해서는 쇼펜하

3 쇼펜하우어, 박현석 옮김, 『쇼펜하우어 인생론』, 나래북, 2010, p.277 에서 인용.

우어의 논문 2편[4]과 칸트철학의 철저한 이해가 전제되어야 하고, 두 번은 읽어야 알 수 있을 것이라고 그는 서문에서 강조하고 있다.[5] 서문만 읽고 그만둔 독자에게는 돈을 주고 책을 샀으므로 자신에게 손해배상을 청구할지도 모른다면서 이 책의 난해함을 예고하고 있다. 그럼에도 불구하고 나는 700쪽이 넘는 이 책을 꾸역꾸역 읽고 있다.

쇼펜하우어는 유명도에 비해 저작이나 논문은 그다지 많은 편이 아니다. 그의 사후 전 세계적으로 일반인에게까지 명성을 얻게 해준 것은 아마 62세에 여러 출판사의 거절 끝에 겨우 발표한 『소품과 부록』의 영향이 아닌가 싶다. 우리나라에 소개된 쇼펜하우어 저작은 주로 이 책의 일부분을 발췌하여 번역한 것이다. 철학자 이전에 풍자, 비유, 유머 등을 자유로이 구사한 대단한 문장가인 그의 글을 읽는 일은 흥미진진하다.

또한 베를린 대학에서 수강생이 많은 헤겔의 인기에 치어 강의를 포기하고 은둔한 쇼펜하우어는 헤겔을 '정신적 괴물'로 비하하며 평생을 살았고, 사후에는 그의 예언대로 헤겔보다 더 큰 반향을 불러일으키며 니체에게 큰 영향을 주었다. 니체는 '삶에의 맹목적 의지' 대신에 '힘에의 의지'를 주창하며 '초인'의 개념을 만들어 냈다.

고교 시절 쇼펜하우어 책을 내게 빌려 주었던, 얼마 전 결혼식장에서 만난 'ㅂ'군은 그날도 여전히 슬픈 눈빛을 하고 있었다. 서울

4 25세에 발표한 그의 박사논문 「충분근거율의 네 가지 뿌리에 대하여」와 28세에 괴테에게 보낸 「시각과 색체에 대하여」.

5 아루투어 쇼펜하우어, 홍성광 옮김, 『의시와 표상으로서의 세계』, 을유문화사, 2009, pp.10~13.

○○동에서 정신과를 개업하고 있다니 역시 그다운 직업을 선택했다. 사춘기 시절은 인생관이 결정되는 시기인 것 같다. 나도 지금까지 '무위'로 살아가고 있으니 말이다. 이제 내 나이 장년이 되어, 오늘 그 책을 다시 읽어 본다. 세속적 출세나 큰 돈벌이의 야망을 가진 사람들에게 쇼펜하우어의 글을 읽는 것이 적합하지 않을지도 모르겠다. 강요된 고독은 형벌이나, 스스로 택한 고독은 향연이라고 주장하면서 이 글을 마친다.

두 얼굴을 가진 하나님[1]

미국의 대서양 연안 북부로부터 남쪽으로 95번 국도를 따라 내려오다 보면 버지니아 주를 지나면서부터 교회가 자주 눈에 뜨이기 시작한다. 북, 남캐롤라이나 주를 지나 조지아 주에 이르면 어디서든 번듯한 교회 건물을 더 많이 볼 수 있다. 시골의 작은 마을에서도 단출한 개인집들 사이로 한눈에 들어오는 멋진 건축물은 어김없이 교회다. 그런 교회 건물을 보고 있노라면 아무래도 북부에 비해 남부 사람들의 신앙심이 강한 것으로 믿게 된다. 조형물의 규모와 품격을 반드시 신앙심의 척도로 간주할 수는 없겠으나, 그를 통해 지역의 교세 정도는 가늠해 볼 수 있지 않을까?

미국에서 인종 차별이 없어졌다고는 하나, 특히 남부 지역에서 경험하는 유색 인종에 대한 백인의 차별적 태도, 2000년에도 볼 수 있었던 백인 전용 화장실, 유색 인종을 혐오하는 범죄 집단 등의 차별적 잔재가 남아 있다. 아울러 큰 도시에서도 지정된 곳 말고는 술을 판매하지 않을 정도로 음주에 대한 엄격한 기독교 근본주의적 전통을 유지하는 남부에서 신앙과 노예제도가 어떻게 병

1 김형인, 『두 얼굴을 가진 하나님』, (주)살림출판사, 2009.

립할 수 있었는지가 매우 궁금했다. 북부인들보다 신앙심이 돈독했던 것으로 보이는 남부인들이 비인륜적이고 부도덕한 노예제를 지키려다 끝내 남북전쟁이 발생했다는 사실은 다들 익히 알고 있는 사실이다.

그런데 공업지역인 북부와 달리 농업지역인 남부는 노동력 문제로 노예제를 고수할 수밖에 없었다는 게 지금까지 미국 노예제도에 대해 배운 역사 지식의 전부였다. 최근에는 북부의 노예 해방 주장을 인권적 측면으로만 해석하는 게 감상적이고 순진한 것이며, 경제적 측면에서 보아야 한다는 의견도 개진되고 있는 상황이다. 아마 노예를 해방시키면 남부의 노동력이 북부로 유입되어 싼 값에 노동력을 사용할 수 있을 거라는 북부 산업인의 음흉한 속내를 연상했는지도 모르는 추측이다.

아무튼 기독교 신앙과 노예제도 사이의 관계를 더 자세히 알기 위해 여기저기 뒤져 보았으나 단편적인 잡설만이 있을 뿐이어서 궁금증은 해소가 안 되고 있었다. 그러다 우연히 성서와 미국 노예제도를 주제로 미국에서 박사학위를 받은 김형인 씨의 『두 얼굴을 가진 하나님』이란 책을 구해 읽다 보니, 나의 오랜 궁금증을 푸는 데 다소 도움이 되었다. 그의 저작은 미국 노예제도에 대한 학술적이고 객관적인 해석이라고 간주해도 무방한 것이다.

노예제 폐지론의 중심 사상은 '황금률'이고, 옹호론의 중심 사상에는 '함의 저주'가 있었다. '황금률'은 마태복음 5-7장 산상수훈 중에서, 남에게 대접받고자 하는 대로 너희도 남을 대접하라는 부분이다. 북부인들은 노예제가 이에 저촉된다고 믿었다. 반면에 '함의 저주'는 노아의 세 아들 중 하나인 함의 아들 가나안에게 내린

종이 되라는 저주를 말하는데, 이는 노예제의 승인을 의미한다고 남부인들은 믿고 있었다.

이스라엘 민족에 대한 모세의 설교인 구약성경 신명기는 이교도 살해를 정당화하는 근거가 되고 있다. '신이 택한 백성(God's Chosen People)'이란 부제를 단 신명기 7장의 2절에는 이교도와 협상하지 말며, 불쌍히 여기지도 말고 모조리 죽이라고 명하고, 우상숭배에 대한 경고인 13장에서는 이교도를 사정없이 돌로 쳐 죽이고, 가축까지 모조리 죽이고, 그 소유물을 끄집어내어 광장에 모아 놓고 불태우고 성도 불 지를 것을 명하고 있다.

이에 이교도를 죽이지 않고 노예로 삼음은 어찌 보면 은전이라 생각할 수도 있다. 그러나 죽음보다 노예가 낫다는 것은 노예제도에 대한 지배자의 논리적 배경이 아닌가? 포로를 살려 두는 대신 노예로 복속시킬 수 있다는 생각, 즉 패망국 백성의 생명을 보존하는 대신 인격권을 압수하는 것이 포로제의 밑바탕에 깔려 있는 억지 철학의 근거인 것 같다.

전쟁은 적을 살육하여 적국을 제압하는 것이다. 전쟁의 대상은 토지, 재물, 종교의 전파 등이지 사람 자체가 아닌 까닭에 승패가 갈린 후까지 사람을 살육하거나 노예로 삼을 수 있는 권리는 없다고 봐야 한다. 이교도나 전쟁 포로를 노예로 삼는 제도의 부당성을 성경에서 찾기 이전에 인간은 양도할 수 없는 천부적 인격이 있는 존재이므로 사물이 아닌 인간을 목적으로 하는 일은 전쟁 아래서라도 용납될 수 없는 것이다.

이 밖에도 폐지론자들은 인류는 모두 아담과 이브의 자손임을 상기시키며 노예제도의 부당성을 지적한다. 반면에 옹호론자들은 이교도와 포로를 노예로 삼는 것을 성서에서도 인정하였다고 본다. 즉, 구약에서 '아브라함의 이주', '희년', '할례', 그리고 종들은 주인에게 충성을 다해야 한다는 신약의 내용을 근거로 들었다.

노예제 옹호론자들의 입장은 성경 자구에서 충분히 찾을 수 있었던 반면에, 폐지론자들이 성서에서 명시한 반론을 찾기는 쉽지 않은 실정이었다. 이에 대해 김형인 씨는 노예폐지론자들이 성서를 포괄적 · 대의적으로 해석하였으나, 옹호론자들은 성서를 협의적으로 해석한 결과라고 밝히고 있다.

오늘날 이단적 종교집단의 성서 해석에서 보이는 공통된 경향은, "성경은 사실이다" 혹은 "성경대로 하는 게 어찌 이단?"이라며 반문한다. 성서 전반의 대의적 해석에 눈감은 채, 어느 자구에 집착하여 이를 집중적으로 강조하는 측면이 강하다. 이를테면 '이웃을 사랑하라'처럼 특별하지도 않고, 이행 여부의 판별도 쉽지가 않은 광범위한 포괄적 명령은 무시하고, 특정 구절에만 집착하여 근본에 충실함을 정통성의 근거로 삼고, 일반 종교단체와 차별화를 시도하는 전략을 추구하는 것 같다.

성경의 자구적 해석에 몰두하는 노예옹호자들도 성서가 궁극적으로 지향하는 박애와 평등을 외면하였지만 실제로 양심의 가책이 없지는 않았던 것 같고, 북부인들 또한 다른 생활양식을 갖기 어려운 남부에 대한 인내심도 있었다고 본다. 이는 남북간 무력충돌까지는 상호 상당한 인내의 시간이 있었음이 이를 반증한다고 나는 생각한다.

루터가 성경을 번역하여 일반인들이 성경을 볼 수 있었던 시기는 종교개혁 이후이고, 그 이전에 성경의 내용은 사제의 독점물로서 성경의 내용을 모르던 일반인들은 사제의 명령에 따라 전쟁을 수행하고 번제를 드렸다고 본다.

노예제도 외에 '두 얼굴의 하나님'이 환상 속에 어른거리게 만드는 또 다른 사건은 나치의 유태인 학살, 즉 홀로코스트이다. 홀로코스트는 본래 신에게 동물을 태워 바치는 이른바 번제(a burnt offering)의 동의어다. 유태인 학살에 누가 홀로코스트란 명칭을 붙였는지 알 수 없으나, 이른바 이교도를 손본 종교적 행위임을 암시하려는 의도는 없었는지 모르겠다. 홀로코스트라는 용어는 '유태인=동물'을 연상하게 하여 유태인 학살이 종교적 행사임을 은연중에 암시함으로써 죄악을 종교적으로 합리화하고 미화하는 것이다. 이러한 사고의 일단이 숨겨진 이중성으로 말미암아, 나는 이 명칭에 대해 내심 큰 저항이 있다.

유럽을 여행할 때 현지 운전사가 한국에서 가져온 구운 오징어를 제발 먹지 말라는 부탁을 하기도 한다. 이는 오징어 타는 냄새에서 홀로코스트를 기억하고 있는 사람이 아직도 생존해 있다는 증거다. 세대가 흘러갔으나 아직도 유럽인들에게 홀로코스트의 상처가 매우 깊은 모양이다. 1978년 교황으로 선출된 후 26년간 재임했던 교황 요한 바오로 2세는 교회의 인종 차별적 교리가 신랄한 비판을 받아야 하고, 특히 유태인 차별주의는 절대적으로 저주받을 일이며 정당화할 수 없다고 말했다.[2]

종교 경전의 해석도 시대 변천에 맞게 하지 않으면 안 된다. 경전의 경직된 해석은 오늘날 종교 자체의 존립을 어렵게 할 수도 있다.

2 1997년 11월5일자 동아일보 참고.

예를 들어 십일조도 당시에는 현물로 냈으니, 자구대로 해석한다면 오늘날의 교회는 모두 곡식 창고를 하나씩 지어야 할 것이다.

양측이 모두 하나님은 나의 편이라고 믿고 벌인 남북전쟁에서 하나님은 노예폐지론자들의 손을 들어 주었다. 그 결과로 오늘날 미국이 있다고 보면 하나님은 미국의 편인가?

그러나 이후에도 흑인들의 삶에는 큰 변화가 없는 것 같다. 미국의 흑인 여성 지도자 마야 안젤루(1928~2014)가 10대를 회상하며 쓴 자서전의 한 부분에서 자신의 고향에 대해 이렇게 말했다.

"아칸소 주의 스팸프스란, 조지아 주의 '흑인을 때리는 채찍'과 같았고, 앨라배마 주의 '놈들을 높이 내달라'는 구호와 같았으며, 미시시피 주의 '검둥이여, 네 등에 해가 지도록 하지 말라'라는 구호와 같았다." "스탬프스에서는 인종 분리가 너무나 완벽해 대부분의 흑인 아이들은 백인들이 어떻게 생겼는지조차 정말로 알지 못했다."[3]

1930년대 미국 남부 흑인들의 인생관과 기독교 신앙관을 엿볼 수 있는 구절도 있었다.

"백인들이 돈, 권력, 권세, 인종 차별, 빈정거림, 커다란 저택과 학교, 카펫 같은 잔디밭, 책들을 갖도록 내버려 두자. 그리고 무엇보다도 그들이 하얀 피부를 그들 몫으로 갖도록 내버려 두기로 하자. 영원토록 지옥불에서 불타느니 차라리 잠깐 동안 이승에서 침 뱉음을 당하고 학대받

3 마야 안젤루, 김욱동 옮김, 『새장에 갇힌 새가 왜 노래하는지 나는 아네(원제: know the caged bird songs)』, 문예출판사, 2009, p.65 에서 인용.

으면서 힘없고 비천하게 사는 편이 나을 것이다…… 그것은 성경에서 말씀하신 것이고 성경은 절대로 빈말을 하지 않는다."[4]

노예 해방 후에도 여전히 체념적 삶을 살아온 흑인들은, 1960년대 마틴 루터 킹 목사의 "I have a dream."의 연설을 듣고, 애절한 목소리의 Joan Baez의 "We shall overcome~"을 따라 부르며 행진한 끝에 조금씩 인권을 회복하더니, 마침내 흑인 최초로 1조 원 이상의 부자가 된 오프라 윈프리, 대통령 오바마가 출현함으로써 일단 흑인의 꿈이 실현된 모양새다.

그럼에도 불구하고 지금도 여전히 흑백 갈등 사건이 발생하는 것을 보면, 사람은 본래 자신과 다른 모양의 종족을 구분하고 이질감을 갖는 본유적 속성이 있는 존재라서 인종 문제의 근본적 해결은 미망(迷妄)에 그칠지도 모른다.

4 같은 책 p.174에서 인용.

인생은 왜 짧은가?

"우리가 사는 것은 인생의 부분에 지나지 않는다."[1]
그 나머지는 인생이 아니라 그저 시간일 따름이다.

로마의 철학자, 정치가, 문필가인 세네카(BC4~AD65)가 밝힌 인생의 짧음에 대한 단서가 되는 행복론의 화두(話頭)이다. 짧은 인생에 대한 세네카의 조언은 그의 명성에 걸맞게 무슨 거창한 담론이 아님을 알고 조금은 실망할 수도 있다. 세네카의 명언(明言)은 많은 시간을 낭비하기 때문이지 인생이 결코 짧은 것이 아니며 재대로만 배분하면 수명을 크게 늘릴 수도 있다는 주장이다.

"사람들은 재산을 지킬 때는 인색하면서도, 시간을 낭비하는 일에는 너그럽다. 시간에 관한 한 탐욕이 정당한데도……."

아무도 자기의 돈을 나누어 주려 하지 않으면서 많은 사람들이 자기의 인생을 나누어 주는 데는 너그럽다는 것이다. 재산을 지키

1 세네카, 천병희 옮김, 『인생은 왜 짧은가』, 도서출판 숲, 2010.

는 데에는 인색한 반면, 시간에 관한 한 탐욕이 정당한데도 그것을 낭비하는 일에는 관대하다고 그는 말한다.

그의 나누어 주는 인생이란, 주로 어떤 일에 소모하는 시간의 관점에서 말한 것 같다. 그가 밝히는 낭비의 내역은 근거 없는 괴로움, 어리석은 즐거움, 탐욕스런 욕망과 교제에 쏟은 시간, 그리고 질병으로 보낸 시간, 부부 싸움, 바쁘게 시내를 쏘다닌 시간 같은 것들이다. 그러면서 우리는 언제까지 살 것처럼 시간을 낭비하고 있다고 한탄하고 있다.

"좋지 못한 일에 인생을 다 소모하고 나면, 그때는 마침내 죽음이라는 마지막 강요에 못 이겨 인생이 가는 줄도 모르게 지나가버렸음을 뒤늦게 깨닫게 된다."

세네카의 말대로, 돈이 생기면 그 가치를 따져 돈의 효용을 극대화하기 위해서 어떻게 쓸까 고민할 것이다. 그런데 돈으로 가치를 매길 수 없는 중요한 인생에 대해서는 가치를 따져 보고 사는 사람은 별로 없다.

바로 그 점에서 약 2000년 전의 세네카는, "사람들은 돈을 나누어 주는 데는 인색해도, 인생을 나누어 주는 데는 관대하다."라고 말하며 삶에 대한 별다른 의식이 없고 생명의 의미를 망각하고 사는 사람들에게 경종을 울리고 있는 것이다.

인생을 길게 살려면 술에 빠지지 않아야 한다. 술은 마시는 데 2시간, 뒤풀이에 또 2~3시간, 늦잠에 2시간을 소모하므로, 음주는 하루를 짧게 만드는 인생 킬러다. 담배도 마찬가지다. 담배 한 개비 피는 데 6분이면 한 갑 피는 데는 120분 즉, 2시간이 소모되니 이 또한 인생 킬러다. 거기다 건강 악화, 수명 단축까지 생각하면 음주 흡연은 가히 '내주는 인생'의 본보기이다. 우리 인생의 큰 부분을 앗아가는 습관적 음주는 그걸 대체할 별다른 취미가 없는 사람에게는 근절이 더욱 어렵다. 음주나 흡연은 심신에 이상이 생기기 전까지 아무도 못 말린다.

다행히 나는 젊은 시절에 음주는 많이 하지 않았으나 습관적으로 담배를 피우며 보낸 시간은 후회한다. 나머지 돌려받고 싶은 시간은 카드놀이 같은 잡기에 몰입한 시간, 다방에 앉아 음악을 들으며 잡담한 시간, 서울 명동이나 종로 거리를 배회한 시간, 과도한 낮잠 시간, 사소한 논쟁으로 소모한 시간이다. 지금 생각하면 나도 모르게 내 인생을 빼앗긴 것이다.

아주 가끔 하는 경우를 제외하고 잡기도 나를 빼앗아 가는 행위다. 딱히 할 일이 없어 공원에 앉아 장기를 두거나, 그 모습을 멍하니 구경하는 사람도 있다. 거기에도 또 다른 삶이 있다고 누군가는 말할지도 모르지만 아무리 좋게 봐도 그곳에는 그저 흘러가는 시간이 있을 뿐이다.

평소부터 문화를 즐기고 취미를 가질 만한 여유가 없었던 고단한 삶을 산 우리들 인생의 모습이 그렇다면 서글프다. 또 고작 공원에 앉아 매일 술파티를 하며 옛 얘기를 하다가 어느 날부터 안 보이면, 문득 찾아온 죽음 앞에 끌려가고만 것이리라.

이런저런 모임에 나가 자신의 인생을 나누어 주며 소속감을 얻고 교제가 필요한 사람도 있으나 "인간들 사이의 교제는 대체로 너무나 싸구려 티가 난다."[2]

인생을 나누어 주는 행위 중에 가장 엄격해야 할 필요가 있는 행동은 단체 행동에 가담하는 일이다. 소신과 양심의 명령에 따라 하는 행위라면 바람직하지만, 맹목적으로 남의 선동에 이끌리거나 친구 따라 하지는 말아야 한다. 의식 없이 한 행위의 대가가 생각보다 가혹하다고 느낄 때면 이미 후회해도 늦다.

사람들에게 빼앗긴 시간으로 인생이 짧다면, 세네카가 주장하는 인생을 길게 사는 방법은 무엇인가?

"철학이야말로 모든 시대의 위대한 인물과 사귀며, 과거의 경험을 공유할 수 있게 하는 까닭에 짧은 인생도 길게 만들어준다."

로마 제국의 초대 황제가 된 아우구스투스는 야인으로 돌아와 안식 속에 '여가'를 즐기고 싶다고 말했고, 세네카 또한 주어진 시간이 얼마든 남의 지배를 받지 않고 자신만을 위해 쓰는 시간, 즉 여가를 유독 강조하고 있다. 여가를 보내는 방법으로는 위대한 현인들과 더불어 대화하고 사귈 수 있는 철학을 위해 살 것을 권장하면서, 그렇게 사는 것이 짧은 인생을 길게 사는 방법이라고 주장하고 있다.

개인적 인식의 불완전함과 체험의 한계로 생겨난 다양한 철학에 귀 기울이는 일은 인식을 확장하고 간접 체험을 늘리는 일이므로, 짧은 인생을 연장하는 것이라 해석할 수 있다. 종교가 도덕적 삶을 일깨워 준다면, 철학자의 전유가 아닌 '나와 절실한 관련이 있는

2 Henry David Thoreau, 김성 옮김, 『월든(원제: Walden)』, 책만드는집, 2004, p.189에서 인용.

학문'인 철학은 가치 있는 삶을 알려 준다.

말하자면 하루 종일 돈 버는 일에만 열중하며 사는 사람에게 철학자는 높은 점수를 줄 것 같지 않다. 삶의 의미를 파악하는 능력인 이른바 '실존지능'[3]이 무엇보다 중요한 의미를 가지는 이유는 각자의 삶을 조절할 수 있는 능력을 주기 때문이다.

어떤 삶을 살든 거기에는 개체적 인격이 있으므로, 각자의 삶에 대한 무한한 존중과 실존적 개체에 대한 '타인의 지향을 이해함'[4]이 반드시 필요하다. 그렇지만 앞서 말했듯이 철학자의 시각으로 가치 있는 삶이 무엇인지 생각해 볼 필요는 있다.

네로 황제의 어릴 적 스승으로 자신의 암살을 기도했다는 죄목으로 자결 명령을 받은 세네카는, "언제 마지막 날이 오더라고 현인(賢人)은 머뭇거리지 않고 흔들리지 않는 발걸음으로 죽음을 향해 나아간다."는 자신의 말을 실천하며 태연히 죽어간 사람이다. 마드리드 프라도 미술관에는 고야, 벨라스케스 등의 그림과 함께 세네카의 죽음을 그린, 친구들의 슬픔과 분노 속에 정맥을 자른 후 욕조로 들어가는 세네카의 그림이 전시되어 있다

한편으로 여기서 나는 세네카의 주장과 달리 좀 더 다른 관점에서 인생의 연장을 말하고 싶다. 우선 좀 따져 볼 것은 인생이 짧다는 것을 어떻게 느끼게 되었는가 하는 점이다. 그것을 알면 인생이 짧게 느껴지지 않도록 하는 방법 즉, 인생을 연장하는 수단을 찾아낼 수도 있을 것이다.

인생의 짧음은 과거라는 시간의 인식에 대한 우리의 느낌이다.

3 하워드 가드너, 문용린 옮김, 『다중지능』, 김영사, 1999.
4 사르트르, 방곤 옮김, 『실존주의는 휴머니즘이다』, 문예출판사, 2012, p.43에서 인용.

짧음이 인식의 결과라면 인식은 결국 기억을 바탕으로 생겨나는 것이므로 기억을 증대시키면 인생도 신장된다고 볼 수 있다. 매일 같은 유형의 일상을 살며 따분하고 가치 없는 일에 바쳐진 과거에 대한 기억은 별로 오래 남아 있지 않는 법이다. 하루하루가 그저 의미도 없는 곳으로 흘러간 시간에 대한 회상은 압축되어 기억은 아주 소량만 남는다. 좋지 못한 일에 바쳐진 일도 스스로의 기억에서 지워져 남는 것이 별로 없을 것이다.

수명이 짧다고 느끼지 않으려면 많은 좋은 기억을 머릿속에 저장해 놓아야 한다. 그러려면 다량의 기억거리를 만들어 놓아야 할 것이다. 거기엔 창작, 헌신, 봉사, 기여, 사랑, 여행, 성취 및 그를 위한 열정, 새로운 문물 등에 대한 기억이 해당된다. 새롭고, 아름다운 기억이 많을수록 인생을 길었다고 느낄 것이다. 정신의 향락으로서 좋은 기억을 형성하는 철학이야말로 수명을 연장하는 방법이란 세네카의 말에도 동의하면서, 나의 인생 연장 해법으로 '기억의 증대'를 말하고 싶다.

무위(無爲)

나의 필명(筆名)인 동시에 호(號)인 '무위(無爲)'는 고등학교 1학년 때 지은 것이다. 그러나 지나치게 허무적인 의미를 풍겨 '무위'는 한동안 사용 안 하다가 60대 들어와 다시 필명으로 사용하고 있다.

나만의 고유한 철학에서 나온 호로서 무위는 인위적인 행위의 무상함을 느끼고, 무리한 힘을 가하지 않는 순응하는 삶을 가치로 인위의 반대 개념으로서의 가치를 추구한다. 훗날 철학을 공부하며 무위에는 절대 존재로서의 의미 등이 있다는 걸 알게 됐고, 나의 무위는 노자의 무위사상과 흡사한 것이었다.

60년대 말에서 70년대는 한국의 시대 상황도 우울했지만, 개인적으로는 어머니를 가슴속에 품고 살던, 웃음기 없었던 내 청소년기였다. 어머니는 평생을 온갖 질병으로 고생하신 것도 모자라서 급기야 50대 초반에는 무슨 저주가 내렸는지 암투병으로 병석에 누워 있었다. 고1 때 지은 나의 호 '무위'는 쇼펜하우어의 염세적 사상을 접하면서, 내 고유한 생각과 공명을 일으키며 큰 반향을 일으켜 주는 데 한몫했다.

노자의 '무위'는 인위의 반대 개념으로 자연을 따르고 동시에 도(道)를 실천하는 행위인데, 인위(人爲)는 자연의 정복 혹은 분석의 대상으로 삼는 일체의 행위라고 한다. 무위가 글자 그대로 아무것도 하지 않음이 아니라, 보다 높은 차원의 행위라는 것이다. 즉, "도는 항시 아무것도 하지 않으나, 하지 않는 일이 없다."고 말한다.

누구에게나 감수성과 자의식이 극에 달하는 사춘기에 나는, 인간은 결국에 무(無)로 돌아가므로 자연회귀가 마땅하다는 생각을 했다. "내가 살아 있는 동안에는 고기를 잡아먹어 소화를 시켜 피를 만드나, 내가 죽으면 벌레들이 나의 시체를 뜯어 먹어, 재가 되거나 해골이 될 것이다." 얼마 전에 읽은 마르쿠스 아우렐리우스 명상록에서 이 말을 발견하는 순간 나도 당시의 그와 비슷한 생각을 했었다고 회상한다.

마르쿠스 아우렐리우스(121~180)는 또 "탄생은 원소들의 결합이고, 죽음은 원소들이 모두 흩어지는 것이다." "전체 속에 내재하는 당신은 당신을 생성해 준 그 속으로 사라질 것이다."라고 말한다. 로마 제국의 정신적 지주가 된, 유물론적, 범신론적 경향도 보이는 스토아 철학의 자연이 곧 이성이요, 신이라는 개념은 로마가 기독교를 인정하는 이념적 토대가 되었다고 생각한다.

물질로 구성된 인간이 물질의 지배를 받는다는 생각은 나에게도 있다. 가까운 예로, 약을 먹으면 마음이 반응을 하는 것이나, 술 같은 물질을 먹으면 얌전한 사람도 다른 사람으로 변할 수 있다. 약, 알코올이 각각 사람의 마음을 지배한 결과이다.

반대로 사람이 독한 마음을 먹으면 평소보다 초인적인 힘을 발휘하는 것을 보면 유물적 사고가 꼭 맞는 것도 아닌 것 같다. 정신이 육체를 지배하는 모습이기 때문이다. 그러니까 유물론도 유심론도 맞는 것은 아니고 물질과 정신은 서로 간섭하는 상호작용을 하고 있다고 봐야 한다.

다시 나의 호 얘기로 돌아가면, 무위의 깃발을 든 나의 삶은 전적으로 무위로 살지는 않은 것 같다. 그러니 표리부동이요, 생각과 행위의 불일치일 수도 있으나 나의 본질적인 삶은 역시 무위의 범주에 속한다. 인생 고비마다 꿈틀한 적은 있으나, 물 흐르듯 순응하며 산 기간이 훨씬 많았기 때문이다.

요즘은 스토아 철학에 심취해 세네카, 마르쿠스 아우렐리우스[1]를 탐독하고 있다. "부 · 지위 · 명성 · 건강 · 지능 같은 것은 모두 인간의 본질과 상관이 없고 오직 중요한 것은 인간 영혼의 경향, 내적 태도"라는 요지에 공감하고 있다.

"한 사람이 죽으면 다른 사람이 묻어 주고, 그 사람도 다시 사체가 되어 또 다른 사람이 그를 묻어 준다. 이 모두가 짧은 시간에 이루어지니 인생은 얼마나 덧없고 하찮은 것인가?" 그러니 생명이 붙어 있는 동안 착하게 살 것을 마르쿠스 아우렐리우스는 권하고 있다. 무리한 힘을 가하지 말고 자연에 순응하면, 정신과 더불어 신체도 이에 부합하는 삶을 살 수 있지 않을까?

1 마르쿠스 아우렐리우스, 천병희 옮김, 『명상록 마르쿠스 아우렐리우스』, 도서출판 숲, 2005.

생애 후반기의 과제

노후 대비로 건강이나 돈 얘기는 모두 알고 있어 언급할 필요가 없고, 정작 중요한 것은 죽음에 대한 대비가 아닐까? 인생의 전반기에 정욕으로 인해 눈에 끼어 있던 장막은 노년기에 이르러 걷히게 된다. 해서 노년기는 예지(銳智)의 시대로서 인생의 황금기인 한편 '인생의 출구'로 향하는 시기이기도 하다.

인생은 유한(有限)한데 사후 세계는 어떤 형태가 됐든 무한(無限)하다. 내가 어디서 왔는지 모르나, 실존(實存)하는 동안은 존재 자체를 향유(享有)하지만, 죽은 후의 행선지를 모르니 불안하지 않은가? 사람들은 죽음이 두려운 나머지 생각조차 싫은 까닭에 일단 묻어두고 절망감에서 위락(慰樂)을 즐기기도 한다. 그러나 사후에 어디로 끌려가는지도 모르고 영겁(永劫)으로 가는 무한대의 여행은 두렵기 짝이 없는 것이다.

어떤 지인은 암진단 받고 병세가 그다지 악화된 상태도 아닌데, 죽음의 공포에 시달리다 그만 세 달 만에 죽었다. 그는 평소에 죽음에 대한 생각을 거의 하지 않고 살다가 어느 날 갑자기 중병에 걸렸다는 사실만으로 겁을 먹고 투병 의지도 없이 소멸된 것 같다.

인간은 누구나 불확실성 속에 살고 있어 단 십 분 후의 일도 예측할 수 없지만 확실한 한 가지는 인간은 반드시 죽는다는 것이다. 그럼에도 자신의 죽음을 깊게 의식하고 상상하며 사는 사람은 실제로 별로 많지 않다. 쇼펜하우어는 현명한 사람은 죽음에 대해 자주 생각하지만, 어리석은 자는 파티할 생각만 한다고 말했다.

"지혜로운 사람은 죽음에 대해서 많이 생각하지만 어리석은 사람은 눈앞에 보이는 즐거움밖에 생각하지 못한다." "죽는 날이 탄생하는 날보다 낫다."는 구약성경 솔로몬 전도서에 나오는 말이다.

탄생은 축복이고 죽음은 저주로 여기지만, 탄생과 죽음은 본시 한 쌍. 우리는 태어나는 날과 죽는 날도 받아 나온 거다. 오늘도 생명의 하루를 지워 나가고 있다고 생각하면 세월 가는 게 두렵고 아깝다. 시한부 인생의 확장은 삶의 다변적 변화에서 찾아야 한다. 어제와 오늘이 같고, 내일이 오늘과 같다면 백 년을 살아도 삶은 별다른 의미가 없을 것이다.

삶의 동적 변화는 여행에서 찾을 수 있고, 정적 변화는 독서와 사색 그리고 종교에서 찾아야 하지 않을까? 역사적으로 동서양을 막론하고 사람들이 종교를 공격하고 비하하는 이유는 종교의 비과학성, 비합리성이라기보다 종교인의 행태에 대한 불신과 혐오가 주류를 이루고 있다고 봐야 할 것이다. 사교(邪教)가 아닌 모든 종교는 인간에게 위안과 희망을 주는 좋은 것이다.

아침에 TV에 한 노인이 나와 건강하게 살 수 있다며 자랑하는 아침 식단에는 각종 과일, 견과류와 야채 등이 잔칫상처럼 차려져 있었다. 하나하나 먹는 방법을 설명하며 의기양양한 그의 모습을 보며 속절없이 약간은 허탈한 느낌이 들었다. 저렇게 먹으면 죽지 않고 영원히 살 수 있는 걸까? 건강을 지키기 위한 노력은 좋지만, 수명은 연장의 대상일 뿐이며, 결국 그도 곧 죽을 것이기 때문이었다.

생로병사 중에, '생'은 이미 얻었고, '로'는 진행 중이고, '병'은 문지방 너머에서 한 발 들여놓을까 말까 한다. 다음에는 '사'가 찾아와 우리의 생로병사가 완성될 것이다. 살아 있는 동안에 아프지 않고 사는 게 중요하나, 사실 병을 고쳤다는 것도 죽음의 연장 이외에 아무것도 아니다.

우리는 고통을 당할 때, 시련의 의미를 생각해 봐야 한다. 아프면 고통을 줄이려 약을 복용해야 하지만 사라진 어떤 신체기능은 자연스럽게 받아들여야 할지도 모른다. 생애 후반기에 비아그라를 통해 기쁨을 맛보거나, 종교를 찾아 죽음의 두려움에서 벗어나는 것도 좋고, 비아그라와 종교 모두를 추구하는 자세도 자유다. 하지만 한 손에는 비아그라를 쥐고 다른 손으로는 종교를 찾는 모습은 어쩐지 좀 어색하지 않을까?

죽음에 대한 대비는 생애 후반기의 사람에게만 해당되는 건 아니다. 젊은이들도 인생 후기에 대한 고려가 있어야 삶의 올바른 지표 설정이 가능할 것이다. 젊은이의 욕망은 용인해 줘야 하지만, 여생이 얼마 남지 않은 사람이 맹목적으로 추구하는 부당한 물욕, 정욕은 어리석음 그 자체인 것 같다. 필시 다 놓고 가야 할 종점이 있는 우리네 인생의 이정표를 깊게 인식하면 더욱 그렇다. 특히 장년의 인생은 남은 생명의 날수를 생각하며 여러 모로 삶을 조율하는 시기이다.

신앙의 선택은 자유다. 설령 신이 있다고 믿어도 나와 관련 없는 신은 인정하지 않고 서로 싸우니 어떤 종교를 믿는 게 좋다고 말할 수는 없다. 그러나 생애 후반기에는 영적인 존재로서의 인간의 삶에 대한 사유가 필요하다는 생각이 든다. 죽음이 접근하고 있기 때문이다. 계몽사상가 볼테르는 평상시 종교를 비방하고, 종교인을 조롱하였으나 죽기 전에 유언으로 신앙고백을 했음은 눈여겨 볼 대목이 아닐까?

유일신(唯一神) 출현

80년대 초반의 일이다. 끊임없이 신부감을 만나는 것 같으나 늦도록 장가를 못 간 친구가 있었다. 나와 만나면 주로 최근에 만나는 여자에 관한 얘기다. 한 날은 좀 괜찮은 여자를 만났다는 것인데, 여자의 아버지가 고위직이고, 집의 담벼락 높이로 보아 집도 크고 잘사는 것 같다고 내게 자랑한다. 속으로 이제 이 친구가 장가를 가나 보다 생각했는데 얼마 후 만나 물어보니 그만두기로 했단다.

요즘은 어떤지 몰라도 예전엔 데이트가 끝나면 여자 집까지 배웅하는 게 예의고 관례였다. 여자들은 자신의 집을 정확히 알려 주기 원하지 않고, 미안한 마음도 있어서인지 대개 집 부근까지만 바래다 주길 바라는데, 그는 아마 친절하게도 그녀의 집 대문 앞까지 바래다 주면서 그 시대에는 필수품인 문패에 적힌 주소와 이름을 외웠던 모양이다

사전을 찾아보면 속물(俗物)은 '금전이나 명예를 제일로 치고 눈앞의 이익에만 관심을 가지는' 사람, 영어로는 'materialistic person(물질만능주의자)', 때로는 'snob'이란 단어도 쓴다. 이는 고상한 체하는 사람 혹은 상류층을 동경하는 사람이라 사전은 적고 있다. 과거에는 좀 점잖은 사람에게서 저열한 가치관이 노출될 때,

상대방을 비판하거나 인신공격용으로 심심치 않게 사용되었던 단어가 '속물'이었다.

그런데 요즘에 '속물'이란 말을 들어본 적이 없다. 그런 말을 쓰는 사람이 없는 것이다. 그 이유는 모두가 속물이거나, 물질적 삶은 너무나 당연한 것이므로 속물은 요즘 세상에서 개념조차 없는 언어가 되었다는 증거다. 만일 상대방에게 속물이라 말하면 돌아오는 대답은 두 가지 중에 하나일 것이다.

"너는 속물 아니냐?"

"속물이 뭐예요?"

그녀를 집 앞까지 배웅하며 알아 놓은 그녀 집주소를 이용해, 그는 등기부 등본을 떼어 본 모양이다. 그런데 그 고래등 같은 집이 그녀 아버지의 명의로 되어 있지 않더라는 것이다. 그 친구는 당시로는 속물로 보였으나, 요즘 같아선 노골적으로 실속을 챙기는 '지혜'로운 사람이라 한다면 '지혜' 씨에게 결례가 되는 걸까? 그 후 그 친구가 부잣집으로 장가갔는지 궁금하다. 아무쪼록 어디선가 잘 살고 있기를 바랄 뿐이다.

요즘은 그야말로 속물 천국이다. 눈만 뜨면 느끼는 성형공화국, 비싸야 잘 팔리고, 외제차 타야 대출 쉽고, 외관 보고 대접하고, 옷 보고 사람 판단하고, 집 평수로 재산 계량하고, 사는 동네로 차별하고. 혹시 요즘 도로명 주소가 아파트로 사람 판단 못 하게 하는데 일조했다고 생각하는 사람도 없지 않을 듯하다. 차선 2개에 걸쳐 주차하기가 일수인 고급차 주인은 아침저녁으로 차 닦으며, 차에 흠집 낼까 감시 카메라까지 설치하고도 모자라 건드리면 경보음을 내 새벽잠 깨우기 등, 꼴불견이 지나쳐 공해가 되고 있다.

쇼펜하우어에 의한 속물의 표징(表徵)은, 정신적인 욕망은 없고, 정신적 향락보다 관능적 향락을 구하고, 부나 지위 권세 등으로 타인의 존경심을 사려는 허영심이 있는 사람이다. 그들은 지적 능력자에게는 혐오감, 증오감을 보내며, 거기에 내심으로는 열등감과 질투심을 느끼고, 인물의 평가도 부와 권세에 의해서만 하고, 이상보다는 현실에서 위로를 받으려 하다가 그 결과로 현실의 재앙을 떠안게 되는 존재라고 한다.

지식에서 얻는 기쁨이 물질이 주는 기쁨보다 더 크면 아무리 말려도 사람들은 책을 읽을 것이나, 정신이 빈곤한 사람의 일차적인 특징은 책을 별로 좋아하지 않는다. 이들이 처음부터 책을 멀리한 것은 아니다. 왠지 책을 사랑해야 할 것 같아 수많은 책으로 집을 장식하고 읽는 시도는 있었으나, 독서는 따분하고 별로 재미없다는 경험을 갖고 있는 사람들이다. 책이 재미없는 이유는 읽어도 그 뜻을 헤아리지 못하기 때문이다. 이해되지 않는 것이 재미가 있을 리 없다. 정신이 빈곤한 사람들은 대개 지적 호기심이 적고, 시류에 추종하며 남의 시선을 무엇보다 중시한다.

만연한 물질만능의 풍조는 이미 사회 깊숙이 자리 잡아 변화를 기대하기 쉽지 않은 상황이다. 정신적 빈곤은 보상 차원에서 필시 외적 치장으로 만회하려 든다. 남자는 고급차를, 여자는 명품 코트를 산다. 외관이 멋지면 내면도 좋을 것이라는 사람들의 인식에 기대어 자신을 돋보이고 싶어하는 애석한 본능적 행위다.

명품을 소유해서 행복할 수 있다면 그렇게라도 해야 하나, 까딱하다가는 허영심의 대가를 혹독하게 치르기도 한다. 이러한 예를 모파상(1850~93)의 단편소설 「목걸이」에서 찾아볼 수 있다. 파티에서 잃어버린, 친구에게 빌린 목걸이가 가짜인 줄도 모르고 변상하기 위해 십년간 일하느라 폭삭 늙어버린 가난한 여자의 이야기다. 그러나 요즘 같아선 그런 내용의 책은 큰 관심을 끌기엔 부족할지도 모른다. 왜냐하면 요즘 사람들은 명품을 얻으려면 그 정도 고생쯤은 각오하고 있을지도 모르니까. 내면의 빈곤을 드러내는 짓이란 걸 아는지 모르는지, 부자들이 한다고 해서 저도 덩달아 무리를 해서라도 명품을 추구하는 모습은 너무도 안타까운 현실이다. 정신이 풍요해지면 그런 물건 없이도 잘살 수 있고, 무엇보다 명품 같은 물건을 사지 말아야 하는 이유는 가격에 걸맞는 가치가 있는지 의문이 들고, 없어도 되거나 기능상 다른 합리적인 가격의 물품으로 대체가 가능하기 때문이다.

그러나 그런 경향은 앞으로도 더욱 기세를 올릴 것이다. 부자들의 차별화 욕구가 있고, 인간의 일정 비율은 반드시 허영심에 목매사는 부류가 있기 때문이다. 위신에 대한 욕구는 원시부족에서도 나타난 현상이다. 그 뿌리가 매우 깊어 타 부족보다 더 성대한 잔치를 벌이려고 피나는 경쟁을 하고, '일생을 바쳐 헤아려도 다 헤아릴 수 없을' 선물을 주는가 하면, 경쟁자에게 복수하기 위해 더 많은 선물을 제공하며, 자신의 집과 재산을 불태워 과시하기도 한다.[1]고 인류학자 마빈 해리스는 말했다. 그러나 한 가지 알아야 할

1 마빈 해리스, 박종렬, 『문화의 수수께끼(원제: The riddles of culture)』, 한길사, 2002,

것은 당신이 그토록 집착하는 위신이고 외양(外樣)이건만, 예상 외로 당신에게 관심 있는 사람은 그리 많지 않다는 점이다.

우리는 지금 외관에 치중하여, 내면가치는 외면하는 세상에 살고 있다. 니체가 말하는 '말종(末種) 인간'[2]은 획일화된 가치관을 가지고 사는 왜소한 사람들이다. 유행에 무조건 추종하지 않으면 불안하고, 나의 가치를 구축하기보다 남을 곁눈질하며 사는 불쌍한 현대인의 군상이 그것이다. 지금의 대한민국은 여러 신들이 제각기 다투다 물신(物神)이 유일신(唯一神)으로 군림하고 있는 단일종교 국가가 된 건 아닐까?

2 프리드리히 니체, 장희창 옮김, 『차라트스트라는 이렇게 말했다』, 민음사, 2004.

인생의 정점

건강이 날로 좋아지고, 지위가 날로 높아지고, 재산이 날로 증가하면 행복할 것이다. 그러나 60대에 그런 일은 거의 일어나지 않는다. 건강이 더 좋아질 리 만무하고, 다시 조직사회로 돌아갈 일도 없으니 지위가 높아질 턱이 없고, 목돈 드는 자식 혼사 치르며 재산 늘어날 일도 없다.

"요즘 어떻게 지내십니까?"

"이제 죽는 것밖에 안 남았어!"

대학총장 연임이 여의치 않자, 방향을 돌려 국회의원 공천 받기를 시도했으나 뜻을 못 이루고 퇴진한 어느 선배의 말이다. 대학에서 총장을 하려는 사람들은 대개 사회적 성취 욕구가 강한 가치관의 소유자들이다. 총장 연임도 안 되고 의원 공천도 못 받아 꿈이 좌절되자 그 선배는 이제 자신에게 남은 것은 죽음뿐이라고 생각한 것 같다. 실제로 그는 그러고 얼마 안 있다 저세상으로 떠났다.

"현직에 있으니 얼마나 좋아?"

아파트 엘리베이터 안에서 만난, 오래 전에 은퇴한 분이 내게 한 말이다. 아마 그는 매달 봉급 받고, 적당한 스트레스 속에 할 일이 주어지는 현직 상태가 그리운가 보다.

학교 졸업 후, 사람들은 제각기 최선을 다해 산 결과, 직장인은 진급을 거듭해 각자 최고의 직위에 달하고, 사업가는 창성하는 기업을 일구어내고, 예술인은 각기 인기 절정 시대를 열어 간다. 그러나 그것도 다 때가 있는 법이다.

"추락하는 것은 날개가 있다."

이 말은 오스트리아 여류시인 Ingeborg Bachmann의 "That which falls has wings"에서 따온 말로서, 80년대 이문열의 소설 제목이기도 했다. 본래 시에서의 의미는 "날개가 있는 것은 하늘을 날 수 있지만, 그게 작동하지 못하면 땅으로 떨어질 수 있다"는 뜻으로 인생의 원리를 말해 주는 시다.

날개가 있어 화려한 날갯짓으로 고공을 비상해 본 사람들은 더 많은 3차원 세상을 보았을 것이나, 무한대를 향한 욕망 앞에서 자신이 정복할 수 있는 영토가 더 이상 없다면 고통스러울 것이다. 그러나 지렁이처럼 2차원의 땅 위를 기어 다니는 민초들은 애초에 날개가 없는 머저리여서 비상해 본 일이 없으므로 추락할 일 없이, 오직 앞을 향해 나아갈 뿐이다. 때론 곁눈질도 해보지만 날개가 있어 비상한 사람보다 많이 볼 수가 없으니 욕망도 한정되어 고통은 적다. 그런 의미에서 인생은 공평한 것이다.

인생은 어느 시기가 되면, 직장에서 나와야 하고, 사업도 정점을 찍어 내리막이고, 인기도 시들해지고, 건강 악화와 함께 재산도 감소하고, 자식도 출가하여 떠나 보내면서, 생의 후반기를 맞는다. 외관상으로 인생은 어느 시기까지는 플러스적 삶을 이루나, 어느 시점부터는 마이너스적 삶으로 전환되는 것이다. 우리는 그 경계가 되는 곳을 인생의 정점이라고 보는 것 같다.

그렇지만 인생 정점에 대해 외적 가치를 기준으로 보는 인식은 상당히 수용하기 거북한 결론을 안겨 준다. 비상을 하든 안 하든 인생은 필시 정점 이후는 내리막이고 다시 상승하는 법은 없다. 그런 관점은, 끝내 노년은 언제나 정점에서 미끄러져 내려가는 추락과정이고, 죽기 전에는 최악의 상태에 도달하는, 논리상 비극성을 지녔다는 점을 지적하지 않을 수 없다.

서양인들은 업무 강도가 강한 직장에서 받는 스트레스로부터 해방되어 여유로운 연금생활을 하며 여생을 즐길 수 있는 은퇴 후를 인생의 정점으로 생각하는 경향이 있다. 그러나 우리는 은퇴 후 사회적 소외와 경제적 곤경에 처해 '잘 나가던 시절'을 회상하며 그리워하다가, 삶은 점점 위축되고 건강도 나빠져 죽음을 재촉하는 삶을 산다. 대부분 사람들은 현직에 있을 때는 역발산(力拔山)의 기개를 보이다가, 퇴직하면 '찐붕어'가 되어 무력감에 시달리며 고통을 받는다. 은퇴가 곧 인생의 몰락이라고 생각하는 사람들이 많은 것이 우리네 현실의 모습이다

불행하게도 노년에는 건강의 사다리, 지위의 사다리, 재산의 사다리에서 더 이상 올라가지 못하기 때문에, 사회적 계층의 사다리 관점에서 보면 크나큰 좌절을 맛보게 된다. 앞서 예를 든 선배도, 자신의 여생에서 더 이상 올라갈 곳이 없음을 확인하고 모든 희망

을 내려놓아 죽음을 재촉해 일찍이 세상을 뜬 것이다.

최근에 내가 깨닫는 노년의 행복에 대한 나의 결론은 생뚱맞게도 공부하고 사색하는 것이다. 그건 정신의 정점으로 가는 마일스톤이며, 적어도 내게는 그 외에 행복해지는 다른 방법이 없다. 그러기 위해서는 매일 책 읽고 생각하며 공부하여 정신의 창고를 채워야 한다. 가능하다면 지혜를 공유하려는 '선의지'에서 가끔 글로 써서 주변 사람들에게 나누어 주기도 해야 한다. 루소는 일찍이 깊은 지성 없이는 참된 행복이 없으며, 지성은 모든 신분에 골고루 있다는 것을 배웠다.

기쁘게도 진리의 사다리는 한 번 올라가면 결코 아래로 내려오는 법이 없고, 진력만 한다면, 언제나 한 계단 한 계단 오히려 위로 올라갈 뿐이다. 그러면 나의 인생의 정점은 죽기 직전이 된다. 그때는 나의 정신적 재산이 최고일 때가 될 것이기 때문이다

그러면 노년은 하루하루 진리의 사다리로 올라가는 재미에 물질이 없고 몸이 불편해도 고통을 상쇄할 수 있는 삶이 될 것이다. 영혼의 창고가 날로 쌓여 가니 어찌 아니 기쁠쏘냐? 여기에는 정년도 없고, 죽는 날이 정년 날이다.

그렇다고 니체(1844~1900)의 말대로 '사자가 먹이를 탐하듯 지식을 탐하는' 자세까지 가지는 말자. 진리는 자연스럽게 알아보는 게 좋다. 시험에 대비하여 암기하거나 창작용 재료로 삼는 지식에는 진정한 내가 없고 목표에 끌린 수동적 자아만 판을 치니, 진정한 기쁨보다는 고단함이다. 학창 시절 시험 공부가 싫은 이유는 그것에 대비해야 하는 강제성과 수동성이다. 목표는 항상 우리를 강제하고 그것이 유인한 수동성은 진정한 자아의 상실이다. 그러나

지식 자체가 목적인즉, 목표 없는 지식은 기쁨이요, 그 자체로 즐거움이다. 하지만 한 가지 경계하고 자각해야 할 부분은 지식의 충일이 자칫 자만심을 불러오는 일이다. 무지한 자를 깔보는, '선의지'가 없는 부도덕한 지식이 될 수 있음은 칸트의 도덕법칙으로부터 배울 수 있는 교훈이다.

하지만 한 가지 걱정은 있다. "여보게! 나는 책이 싫고, 공부하는 것은 더더욱 싫어!" 하시는 분이 많다는 점이다. 그런 경우는 내가 어떻게 해결해 드릴 방법은 없으나, 한 가지 대체할 만한 좋은 방법이 있다. 바로 동물이나 식물을 기르는 일이다. 매일 커 가는 생물에서 신비감을 느끼면서 때로는 거기서 소출을 얻을 수도 있다. 지성적 삶의 추구가 어려우면, 생명을 키우는 삶에서 성취와 보람을 느낄 수도 있으니, 행복은 각자 찾는 대로의 몫이다.

RGB 컬러와 플라톤 이데아

색의 삼원색은 빨강, 노랑, 파랑이다. 한편 컴퓨터상에서 화상의 색을 조정할 때, RGB는 빛의 삼원색인 빨강(Red), 녹색(Green), 파랑(Blue)를 뜻한다. 미술 시간에 빨강색과 노랑색을 섞으면 주홍색이 되는 것을 우리는 경험으로 알고 있다. 빛의 세계에서도 마찬가지로, RGB를 섞어 새로운 색깔을 만들어 내는 것이다.

아날로그 시대에는 원하는 색깔을 얻기 위해 물감을 섞는 비율을 경험에 의존해야 했으므로, 특정한 색을 재현하려면 상당한 시행착오가 필요했고 노력이 많이 들어 실제로는 불가능할 수도 있었다.

그러던 것이 디지털 시대가 도래하여 색깔을 숫자로 기억하게 되면서 사정은 확 달라졌다. 과거에는 영화배우가 입고 나온 옷의 색깔이, 무슨 색을 어떤 비율로 섞은 것인지 알기 어려웠지만, 디지털 시대에는 그 옷 위에 커서를 들이대면 색의 성분 비율을 수치로 알아낼 수 있다. 내가 포토샵을 공부하며 감탄한 부분이 바로 이것이었다. 색깔의 수치화는 모든 색의 재현을 가능하게 해준다는 면에서 경이로운 발상이다.

디지털 세계에서는 한 가지 색에 하나의 숫자쌍을 대응하게 만든다. 말하자면 256 컬러는 빛의 색깔에 0부터 255까지의 숫자를 부여하므로 RGB 세 채널의 색을 혼합하여 만들어 낼 수 있는 색의 경우의 수는 256x256x256=16,777,216가지가 된다. 즉 이만한 수의 색깔을 만들 수도, 인식할 수도 있다는 얘기다. 물론 이렇게 많은 가짓수의 색깔을 인간의 눈이 모두 정밀하게 식별하기는 어려우나, 이론상으로는 진실이다.

RGB를 수학의 3차원 공간 좌표계에 표시하면, 빨강의 공간좌표는 (255, 0, 0), 파랑은 (0, 255, 0), 녹색은 (0, 0, 255), 빛이 아주 없는 검정은 (0, 0, 0)이다. RGB에 최대값을 주고 혼합한 흰색은 (255, 255, 255)이 된다.

모든 빛은 이렇게 3차원 좌표계로 표시가 가능하므로, 색공간(color space)[1]이란 용어가 자연스럽게 만들어진 것 같다. 모든 색은 색공간의 내부나 표면에 존재하고, 색공간 상에 한 점을 지정하면 그 좌표와 함께 대응하는 색깔이 정해지고, 이들 사이에는 1:1로 대응하는 함수관계에 있으므로, 그 역도 반드시 성립한다.

수학에 기반을 둔 디지털 시대의 세계관은 색깔뿐만 아니라 소리까지도 모두 숫자로 표현하는, 말하자면 관념의 수치화라고 말할 수 있다. 형상들이 일단 수로 변환되면, 본래 형상의 의미는 뒤로 숨고 오직 숫자로만 행세하게 된다. 이런 발상은 디지털 시대의 사고의 원형이요, 출발점이라 말할 수 있다.

무한(無限)을 유한(有限)으로 변환한 디지털 시대는 본래 관리 불가능했던 무한대를 우리 손안에 넣고 주무를 수 있는 유한대로 만

1 김기덕, 『Camera Raw』, 정보문화사, 2008.

들어 버린 것이다. 침묵하고 있는 자연에 대한 도전이 지금 숫자를 이용한 모사(模寫)를 통해 벌어지고 있는 것이다.

여기에, 수학과 밀접한 관계가 있고, 존재의 본질 문제를 다루는 철학이 개입할 여지도 엿보인다. RGB로 모든 영상의 색깔을 만들 수 있다면, 색의 본질, 소위 플라톤이 말하는 색의 '이데아'는 RGB가 아닐까? RGB의 분유(分有)를 통해 모든 색깔이 탄생하고 있으니 말이다. 그렇다면 RGB를 있게 하는 원인, '이데아'는 무엇일까? 태양? 그러면 태양을 있게 한 것은 또 무엇인가? 태양은 스스로 존재하는 것인가? 의문은 꼬리를 물고 발생한다.

그러나 허탈하게도 RGB는 빛의 '이데아'일 수가 없는 것 같다. 왜냐하면 태양광, 즉 백색광을 분산한 결과를 나타내는 자연의 무지개나 프리즘을 통과한 태양 빛의 스펙트럼 상의 색은 RGB뿐만 아니라 여러 가지 색이 나타나고 있기 때문이다. 결국 RGB는 단일 파장의 빛이 아니고 여러 파장의 빛을 조합한 결과로 밝혀졌다.

컴퓨터는 자연광을 모사하기 위해 RGB함수를 만들어 낸 것이다. 즉 RGB는 각각 빛 함수(light function)에 예민도 함수(sensitivity function)를 곱한 것을 빛의 파장에 대해 적분한 것에 불과하다. 그러니까 빨강, 녹색, 파랑색이 빛을 만들어 내는 근본 원인이라 볼 수는 없는 것이다. 자연을 흉내 낸 편의상의 결과인 것이다.

더구나 가시광선은 파장 400~700나노미터(nm)까지가 한계이고, 인간의 이성은 보이지 않는 광선이 있다는 것을 밝혀냈으나 이것이 전부일까? 색은 색이로되 우리 눈으로는 볼 수 없는 색이 분명히 존재하므로, 우리 눈으로 보고 있는 게 '만물의 실상'이 아님이 분명하다.

그러므로 우리는 오직 눈에 보이는 것만 가지고 판단하는 오류와 한계 속에 살아가고 있는 허망한 존재라는 것을 알아차릴 수 있다. 아직 인간의 이성이 발견하지 못한 진리도 많이 있을 것이라서 나의 지식의 한계와 무지를 절감하지 않을 수 없다. 보이지 않는 것이라고 함부로 없다고 말할 수 없지 않을까?

철학 여행

나이 40세가 넘자 '현존재'에 대해 생각해 볼 필요를 느끼기 시작했다. 나의 정체와 유래를 알기 위해 봉건적이고 고리타분한 것으로 여겨 외면하던 족보에서 가계의 내력을 찾아보기도 했다. 그러다 환갑을 지나 인생의 종점을 향해 가는 시점에서 때늦은 감은 있으나, 가계(家系)의 울타리를 넘어 나의 존재와 더 나아가 만물의 존재 근원 등에 관심을 갖게 되었다.

대학 시절 학문으로서 접한 철학 수업은 언제나 알쏭달쏭, 알 듯 모를 듯했다. 철학은 용어부터도 어려운 한자말을 남용한다는 나의 억지와 편견도 있었고, 더구나 철학자는 여름에도 망토를 걸치고 직업도 없이 무위도식하며 항상 심각한 얼굴로 강변을 거니는 소모적 인간이란 환상과 선입견도 있었다. 철학 시간은 뒷자리에 앉아 졸거나 다른 공부를 하는 시간쯤으로 생각했었다.

그러나 지금은 생각이 바뀌어, 철학은 인간을 포함하는 우주의 존재를 탐구하는 진리의 사다리 제일 꼭대기에 있다고 믿게 됐다. 이 세상의 모든 문물은 인간의 실존을 위한 장치에 불과하므로, 존재에 대한 사유이며 지혜의 탐구인 철학의 위상은 다른 학문에 비할 바가 못 된다. 지혜 탐구는 인생의 수단이 아닌 그 자체로 목적

일 수밖에 없다는 철학자의 지적은 철학에 입문하는 자가 제일 먼저 깨닫고 숙지해야 하는 교훈이다.

인생을 길게 살려면 철학을 해야 한다는 세네카의 충고도 있었거니와, 나 스스로도 이제 나이가 들어 가며 존재에 대한 의문이 솟구쳐 오르기 시작했다. 나는 어디서 와서 어디로 가는지, 우주와 나는 어떤 관계인지 등 내가 살아오며 품었던 의문은, 여러 철인들의 사유를 통해 이미 내놓은 답이 분명히 있을 것이다. 그러므로 나는 줄곧 철학을 하며 살다간 현인들의 말을 마땅히 들어봐야 할 것이다.

물질 가치에 몰두한 이 사회에서 철학에 보내는 냉대와 비웃음은 철학의 무생산성에서 기인한 것이긴 하나, 이는 매우 안타깝고 협량한 사고라고 생각한다. 육신만이 아니라 정신에도 '밥'이 필요하기 때문이다. 오히려 물질적 결핍 속에 사는 사람은 정신의 풍요로 보상받아야 하고, 물질적 풍요 속에 사는 사람은 정신적 풍요마저 누리게 되면 행복이 배가 되는 까닭에, 철학의 지혜 사랑은 모두에게 절실히 필요한 가치라고 말할 수 있다. 다만, 진리 탐구를 위해 필요한 공부와 사색은 두 가지 모두가 일반 대중에게는 다소 힘들고 생소할 수는 있을 것이다.

철학을 독학하며 여러 가지 모르던 사실을 알게 되었다. 우선 고대나 중세기의 존재론, 근세의 이성론과 경험론을 포함하는 인식론, 유물론, 프라그마티즘, 실존사상 등의 현대 철학에 이르기까지 철학적 사고의 발전에 대한 개관을 알게 된 것이 큰 수확이었다. 시대와 인물에 따라 생각이 다르듯이 철학의 사조 또한 변화해 왔고, 제반 진리상(眞理上)의 합일점은 여전히 찾지 못했다. 이런 현상은 앞으로도 지속될 것 같으나, 두서없이 이런 저런 철학책을 읽으며 사고의 지평을 넓히면서 신천지를 경험하고 있고, 여기에 새로이 얻은 흥미로운 지식도 아주 많다.

고대 그리스에서 철학은 물리학, 윤리학, 논리학으로 구분되었고, 플라톤이 철학에서 차지하는 비중이 절대적이라는 주장, 과학은 비교적 근세에 철학에서 분가하여 나온 학문이란 것이다. 철학이 지혜를 탐구하는 도구로서 수학, 물리학, 생물학, 천문학 등을 이용하고 있으므로 철학자가 수학자, 과학자 등을 겸하고 있음도 자연스런 현상이어서, 칸트는 34세까지는 주로 지구물리학에 관한 논문을 썼고, 피타고라스는 철학자였고, 데카르트는 수학자였다. 스피노자는 이신론적 입장으로 유대교에서 파문당하고 나치 치하에서 그의 저작이 불태워졌다는 얘기도 신기하다.

특히 파스칼, 까뮈, 사르트르 등의 '본질보다 실존'을 중시하는 실존주의를 알 듯 말 듯 어렵게만 느낀 이유가 그 이전의 철학사조에 대한 무지 때문이라는 걸 알게 되어 기뻤다. 무엇보다 철학 공부를 하며 얻은 가장 큰 수확은 칸트의 도덕철학을 통해 윤리학의 기본 원리를 알게 된 것이다. 여기에 영향을 준 데이비드 흄의 이성을 폄하하고 경험을 중시한 철학도 일리가 있어 공감이 간다. 볼테르의 파스칼 비하, 볼테르와 루소의 논쟁, 루소와 흄의 만남과 절교도 흥미롭다. 철학자의 개별적 성향도 관심을 끄는데, 칸트, 쇼펜하우어, 니체, 하이데거는 무지한 인간을 경멸하는 오만한 성격의 소유자들이었으나 훗날 칸트는 루소의 『에밀』을 읽고 인간 존중을 배운다.

지금까지는 주로 소크라테스, 플라톤 등의 그리스 철학과 마르쿠스 아우렐리우스, 세네카 등의 스콜라 철학, 루소, 볼테르 등의 계몽사상, 그리고 주로 칸트, 쇼펜하우어, 니체, 하이데거 등의 독일 철학자의 저작을 보았으나 앞으로는 영국으로 건너가 베이컨, 흄, 로크 등의 경험철학에 대해 공부하려고 한다.

젊어서는 어렵게 느껴진 철학책이 이제는 술술 읽히는 것으로 보아 철학의 이해는 공부만으로는 안 되고 삶의 경륜과 내면의 성숙이 전제되어야 하는 것 같다. 인생의 끝자락을 맛있는 음식 찾아다니고, 여행 다니는 소모적인 일에 바치기보다 내게는 한 권의 철학책을 읽는 것이 훨씬 유익하고 재미있다. 독서를 통해 지난 시대의 현인과 사귀고 여기에 혼자만의 사색을 더하면 더 좋다. 현실적이고 감각적인 쾌락을 떠나 미지의 유토피아 즉, 진리의 세계로 들어가면 즐겨도 질리거나 지치지 않는 끝없이 지속되는 기쁨과 경이로움이 있을 것이다. 더구나 여러 학문의 통섭 대상이 되는 철학을 하다 보면 필시 학문의 외연이 확대될 것이므로 더욱 기대되는 철학 여행이다.

나는 30대에 학위를 마치고 곧바로 일자리를 구하지 못해 3개월 정도 백수 생활을 한 경험이 있다. 동이 트면 하얀 천장을 바라보며 오늘은 또 무얼 하나? 어디로 가야 하나? 할 일도 갈 곳도 없었다. 아침이 밝는 것이 광명(光明)이 아닌 두려움인 걸 그때 알았다. 이제 은퇴하면 또 백수 생활이 시작되지만, 아침부터 책을 펴 공부하고 사색하며 탐구하는 일과를 만들어 놓으면 그런 걱정은 없을 것이다. 깨어 있는 정신에 동조하는 육체도 반기며 춤춘다.

생애 후반기에는 종교에 귀의하거나 공부하지 않으면 삶의 허전함과 공허를 못 참고 술에 빠지기 쉽다. 노년에 알코올 의존 상태에서 죽음에 도달한 명사(名士)가 한둘이 아니로되, 앞서 소개했던 「노인과 바다」의 헤밍웨이, 가난에서 출발해 책으로 큰돈을 번 『위대한 개츠비』의 피츠제럴드, 모두 만년(晩年)에 술독에 빠져 살다 죽었다. 남의 눈에는 '쓸모없는 지식에 대한 무모한 열정'으로 보일지라도, 이제 철학은 나의 친구이며 삶의 기쁨이다. 철학여행으로 나의 생을 마감할 것이다.

재미있는 『캉디드』와 볼테르[1]

선천적으로 허약 체질이었던 어머니는 돌아가시기 5~6년 전까지 병석에 계신 날이 더 많았다. 당시 천주교 신자였던 나는 어머니의 병이 낫기를 간구했건만 끝내 내가 군에서 제대하던 해, 57세의 나이에 돌아가시고 말았다.

나는 어머니의 임종을 도저히 받아들이기 어려웠다. 평생 자식들에게 헌신하고 조금도 악을 저지르지 않은 결백한 성격의 어머니였기에 하나님이 꼭 살려 주실 거라 믿었던 확신이 산산이 부서졌기 때문이다. 기복적 초보 신앙에 머물렀던 나는 더 이상 성당에 다니지 않고 기도도 하지 않기로 했었다. 어머니의 죽음은 나의 인생에서 신앙과 삶에 큰 영향을 준 사건이었다.

신이 있다면 왜 이 세상의 질병, 폭력, 살인, 인신매매, 사기, 전쟁, 홍수, 지진 등 온갖 악이 횡행하는 것일까? 내가 가톨릭교에 입문하면서 가장 궁금한 점은 바로 그것이었고, 아마 다른 사람들이 품고 있는 의문도 비슷했을 거다.

볼테르(1694~1778) 만년의 저작인 철학소설 『캉디드』를 읽게 된

1 볼테르, 고원 옮김, 『캉디드』, 동서문화사, 2013.

동기는, 편향적 독서가 되지 않도록 할 요량으로 파스칼을 조롱한 볼테르의 생각을 들어보기 위해서였다. 그러나 파스칼 누이의 전기를 인용해, 파스칼이 나중에는 평범한 수학자요, 형편없는 형이상학자가 됐다고 조롱한 것 말고는 별다른 게 없었다. 대신에 볼테르는 세상이 이미 최선의 상태로 되어 있다는 라이프니츠(1646~1716)의 변신론(辯神論)에 회의를 품고, 소설 전편에서 그의 낙천주의를 조롱하는 데 전념하고 있었다.

소설 『캉디드』는 순진한 청년 캉디드가 자신보다 신분지수가 높은 남작의 딸, 키네공드를 좋아하다가 성에서 쫓겨나면서 시작된다. 그로부터 그녀를 추적하며 유럽에서 남미까지 전전하다가 방랑을 멈추고 농사를 지으며 그녀와 같이 사는 것으로 이야기를 맺는다.

한 남자가 한 여자를 잊지 못하고 추적하는 연애소설 형식인 이 소설의 줄거리는 의미가 없고, 등장인물들이 겪는 일과 대화 속에서 당시의 사회상과 볼테르의 철학 및 종교적 사상을 엿볼 수 있었다. 즉, 세상이 최선으로 되어 있다는 말과 달리, 세상은 종교재판, 화형, 고문, 전쟁, 지진, 강간, 인신매매 등 '도덕의 악과 자연의 악'으로 가득하다는 것이다. 볼테르는 악의 사례를 매우 흥미롭게 기술하고 있다.

종교의 횡포를 보여주는 예로서, 종교에 배치되는 말을 한 이유로 캉디드의 스승 판그로스는 교수형을 당했고, 그 말을 찬성하는 자세로 들은 캉디드는 성가곡이 계속되는 동안 노래의 리듬에 맞춰 볼기를 맞았다. 리스본의 대지진[2]이 있은 후 이 나라 현자들은

2 1755년 발생한 지진으로 3만 명이 사망.

대지의 진동을 막기 위해서 반드시 효과가 있는 비책인 이단자의 화려한 화형식을 민중에게 보여주어야 한다고 주장했다.

타락한 종교인이 남의 여자를 가로채는 사례도 소개했다. 포로가 된 키네공드를 돈 주고 산 유대인에게 종교재판장은 그녀를 양보할 것을 제의해 거절당하자, 이단자에게 하듯 화형에 처한다고 위협하여 그녀를 공유하기로 합의한다. 월요일, 수요일, 유대교 안식일에는 유대인이, 그 외의 날은 종교재판장이 그녀를 차지하도록 했다. 죽은 후 종교재판장은 으리으리한 교회 묘지에, 유대인은 쓰레기장에 버려졌다. 볼테르가 고발하는 종교인의 타락은, 무시무시한 종교재판에 회부될 가능성을 염두에 두고 쓴 것이므로, 아마 최소의 악만을 보여주었을 것이니 종교인의 최대의 악은 상상을 초월하는 수준이었을 것으로 추정된다.

또한 당시의 시세 풍속을 보여주는 사례로는, 스페인 정복 이전의 페루에선 여행자의 편의를 도모하기 위해 여관 경비를 모두 정부가 부담했다느니, 프랑스 인의 관심사는 첫째는 연애, 둘째는 남의 험담, 세 번째는 하찮은 이야기라고 했다.

해적선에서 식량이 떨어지면 포로들의 엉덩이 살을 베어 먹는 아랍 인들, 해적에게 잡히면 남녀 불문 다이아몬드를 감춰놨는지 수색한다며 항문에 손가락을 넣는 것이 공법(公法)이었고, 전쟁 포로나 해적들에 의해 노예가 된 인신에 대해서는 매매가 보편적으로 이루어져 계속 주인이 바뀌고 있었다.

남미 파라과이에서 캉디드가 겪은 일은, 아가씨들의 비명소리가 들리는 곳을 쳐다보니 원숭이 두 마리가 쫓아다니면서 그녀들의 엉덩이를 깨물고 있었다. 캉디드는 가엾은 아가씨를 구해 주기 위해 원숭이들을 쏘아 죽였는데, 어이없게도 아가씨들은 원숭이의 주검을 끌어안고 큰 소리로 슬프게 울부짖는 거였다. 원숭이가 그녀들의 연인이었고, 그를 죽인 죄로 고발당한 캉디드는 가마솥에 삶아 죽임을 당할 처지에 놓인다.

당시 유럽에서는 신분에 점수를 부과해 가계의 고귀한 정도를 나타내는 지수가 있었다. 양친과 4명의 조부모가 모두 귀족이면 고귀도는 6인데, 캉디드는 고귀도가 71이라 키네콩드 아버지가 결혼에 반대해 성에서 쫓아낸 것이다.

원인이 있으면 결과가 있다는 주장을 반복하는 대목도 나온다. 코는 안경을 걸기 위해 만들어졌다. 그러므로 우리에겐 안경이 있다. 다리는 뭔가를 꿸 목적으로 만들어졌다. 그러므로 우리에게 바지가 있다. 또 캉디드의 짐을 운반해 준 붉은색의 털을 가진 양의 털이 왜 붉은지에 대해 보르도 아카데미에서 현상논문을 모집한 결과, 북쪽의 한 학자가 수식 A+B-C/Z로 증명하면서 그 양이 마마로 죽을 것까지 예언하여 상금을 받아갔다고 하니 당시의 학구적인 시세(時世)가 놀랍기도 했다.

결국 『캉디드』는 전제정치와 종교의 타락에 재미라는 옷을 입혀 고발함으로써 대중의 권력에 대한 저항의지를 자극한 작품이다. 볼테르는 프랑스 대혁명의 사상적 책임자로 지목된 용감한 계몽가인 것이다. 그의 고발자적 자세로 보아 그를 최초의 저널리스트로 보는 해석도 있다.

볼테르는 리스본 대지진을 자연의 악으로 보았고, 생전에 경험한 7년 전쟁이나 종교 및 사회의 타락을 도덕의 악으로 보았다. 라이프니츠의 변신론은, 세상의 악은 선을 돋보이게 하기 위해 있는 것이고 인간에게 신이 '자유의지'를 주었기 때문에 행위의 여부는 인간 각자에 있고 신에게는 책임이 없다는 것이 요지이다. 라이프니츠의 주장처럼 하나님이 창조한 세계가 이미 최선의 상태라는 주장에 대해 볼테르는 심각한 의문을 제기하고 있다. 하나님이 이 세상을 창조하신 것은 맞지만, 세계는 하나님의 간섭을 받지 않고 자연법칙에 따라 움직인다는 계몽사상의 주된 특징인 이신론(理神論)을 주장하여 볼테르는 종교계의 분노를 샀다.

그는 성질이 급하고 반항적이며, 타협할 줄 몰랐으나, 막대한 재산을 소유한 기득권 세력이었다. 결혼을 하지 않았고, 16년 사귄 애인으로 샤틀레 후작부인이 있었다. 평생 동안 한 번은 필화사건으로, 또 한 번은 귀족과 말다툼 끝에 바스티유 감옥에 투옥된 경험도 있었다. 카드놀이를 하다 자신의 애인이 돈을 잃자, 루이 15세의 왕비를 사기꾼 취급하는 실언을 하는 바람에 왕의 진노를 사, 1750년부터 1778년까지(파리로 돌아와 죽을 때까지) 귀국이 금지되기도 했다. 그는 루소와는 경쟁 관계에 있었는데, 서로 아옹다옹 다툰 내용이 담긴 둘 사이의 편지가 지금도 남아 있다.

종교인과 기독교에 비판적이던 볼테르였지만, 그가 죽기 직전에 비서에게 다음과 같은 말을 남겼다고 한다. "나는 하느님을 숭배하고 벗을 사랑하며 적을 미워하지 않고 미신을 혐오하면서 이 세상을 떠난다."[3] 그가 죽은 후 프랑스 혁명기인 1791년에는 60만 관중의 축복 속에 수도원 묘지에서 프랑스 국립묘지 격인 '팡테옹'으로 이장됐다고 전한다.

3 볼테르, 고원 옮김, 『캉디드』, 동서문화사, 2013, p.432에서 인용.

『무소유』의 소유

돈이 없는 사람에게 큰돈이 생기면 잠시 행복감을 느낄 수 있다. 하지만 곧 감각의 순응이 발생해 일상적 기분으로 돌아오며, 또다시 상당량의 돈이 들어오지 않는 한 감각의 변화를 느낄 수 없어 행복의 양은 증가하지 않는다. 새 차를 사서 얼마 동안은 자랑도 하고 기분이 좋았는데 얼마 안 가 무덤덤해지고 만다. 복권 당첨자도 기쁨은 잠시이고, 오랜 고생 끝에 진급하여 하늘을 날을 것 같았던 직장인도 그 기분이 얼마 지속되지 않는다.

처음 자극과 다음에 주어지는 자극의 세기 간의 차이가 일정한 비율 이상이 되어야만 인간의 감각기는 자극의 변화량을 느낄 수 있다는 것이 생리학자인 E. H. 베버가 발견한 법칙이다. 일단 감각이 느껴지면 곧 감각의 순응이 발생하여, 또다시 감각을 느끼려면 일정 크기 이상의 감각이 와야 한다는 것이다. 이런 원리는 불행에도 적용되어, 큰 병에 걸려 처음에는 절망하다가도 시간이 지나면 체념하고 평소 기분 수준으로 돌아온다고 한다.

베버의 법칙으로부터 인간이 행복감을 느끼기 위해서는 무언가 좋은 것의 플러스(+)적 증분(增分)이 지속적으로 발생해야 한다는 걸 알 수 있다. 하루하루 재산이 조금씩 늘어난다든지, 건강이 좋아지는 게 지표로 확인된다든지 등등. 사람들은 현상 유지를 싫어하고 자꾸 더 많은 돈을 벌려고 하고, 더 높은 지위를 얻으려 하는 것은 바로 정체 상태에서는 얻을 수 없는 감각을 느끼기 위해서이다. 그러기에 인간은 자기도 모르는 사이에 경쟁하고 투쟁에 매진하는 모습이다.

그런데 문제는 플러스적 증분의 발생은 분명히 현실적 한계에 부닥치게 되어 있는 점이다. 수입이 무한정 늘어나고, 계급이 지속적으로 높아질 수는 없는 노릇 아닌가. 그러므로 물질, 명예, 지위를 통한 행복의 달성은 쉽지 않을 것이란 생각을 갖게 한다.

직장에서는 입사 동기가 나보다 먼저 진급하는 꼴을 보면 속이 뒤집히고, 더구나 그가 나의 직속상관이 돼 거들먹거리며 돌아오는 꼴이라도 볼라치면, 자존심에 큰 상처를 입어 극심한 갈등을 겪는다. 그래도 호구지책이 두려워 굴욕적인 직장 생활을 지속할 수밖에 없지만 분노하여 직장을 그만 박차고 나가는 사람들도 있다. 불행하게도 그렇게 직장을 떠난 후 더 잘되는 사람도 간혹 있으나 대부분은 가시밭길을 걷게 된다. 인고의 세월을 죽이다 보면 상하가 역전되는 경우도 발생하나, 한 고비를 넘기지 못해 조그만 자존심을 지키려다 직장을 떠나 큰 고통을 불러오는 사례도 많다.

프로 운동선수들은 수십억, 수백억에 이르는 자신의 연봉에 대해 몹시 불평한다. 자신이 받은 연봉보다 같은 팀에 있는 동료가 더 많이 받기 때문이다. 미국의 언론인이며 비평가인 H. L. 멘켄은 세상에서 가장 부유한 남자는 '자기 동서보다 한 해에 100달러 더 받는 남자'[1]라고 말한다. 지금 받고 있는 돈으로도 풍족한 생활이 가능하건만, 자신의 능력이나 조건을 따져 보기보다 타자(他者)와 비교해 기어코 불공평 요소를 찾아내 스스로 불행의 구덩이를 파고 들어가니, 그 어리석음은 아무도 말릴 수가 없다. '소유'의 비교는 언제나 불행으로 종결된다.

법정 스님이 돌아가신 후 그의 수필집 『무소유』[2]를 소유하려는 사람들이 서점가에 폭주하여, 책이 품절되고, 159쪽의 손바닥만한 책이 십만 원까지 암거래되어 세간에 화제가 된 적이 있었다. 실제로는 무소유를 경멸하고 혐오하는 대중이건만, 비정상적으로 『무소유』라는 책에 열광하는 현상이 노출된 일종의 사건이었다. 당연하게 생각되는 종교인의 무소유가 그토록 대중의 큰 관심과 반향을 일으킨 것은 개운치 않는 일종의 시세(時世)의 단층이 노출된 현상이다.

그 책의 초판은 오래 전인 1976년에 발간되었으나, 사장되어 있다가 법정의 사후 유명해진 책이다. 오래 전에 그 책을 읽은 당시 책의 제목이 좀 못마땅하고 이상하다고 나는 생각했었다. 종교인으로서 재산을 소유하지 않는 것은 지극히 당연한 일인데 어찌 '무소유'가 제호가 될 수 있는가 하는 의문에서다. 실제로 책 23쪽에 「무소유」라는 제목의 글이 있기는 하다.

그러나 법정은 책에서 자신의 '무소유'를 자랑하고 있는 것이 아니라 '소유'의 속성인 집착을 버릴 것을 설파하고 있으므로, 그의 무소유가 시비의 대상이 될 수 없을 것이다. 법정 스님을 통해 무소유에 열광하는 대중이 나타나고, 한때나마 화두가 된 것은 현대사회에서 성공의 척도로 여기는 '소유'의 좌절에서 오는 대중의

1 달라이 라마 · 하워드 커틀러, 류시화 옮김, 『달라이 라마의 행복론』, 김영사, 2002.
2 법정, 『무소유』, 범우사, 2001.

소외와 절망을 『무소유』라는 책을 '소유'하고 읽어 봄으로써 위안을 얻고자 했던 것으로 해석한다.

대입입학 논술시험이 있던 90년대는 난해한 철학적 문제가 단골메뉴였다. 고교생에게는 조금 어려운 책이고, 대학교수조차 읽어봤을 것 같지 않은 에리히 프롬의 『소유냐 존재냐(To Have or to Be?)』[3] 같은 저서는 사유적·관조적 삶을 살아본 시간이 별로 없던 사람은 읽어도 무슨 뜻인지 의미를 알기 어려울 터인데 논술시험에 나왔다. '소유'와 '무소유'가 아닌, '소유'와 '존재'가 대립된 제목의 구조부터 선뜻 이해가 가지 않았다. 사실 나도 그 책의 중반부를 넘기면서 비로소 왜 그런 제목을 붙일 수 있었는지 알 수가 있었다.

우선 언어라는 형식을 통해 살펴볼 때, 작자는 분명히 소유와 존재를 상반되는 삶의 형태로 본 것은 분명하다. 만일 '소유냐 존재냐'를 '비존재냐 존재냐'로 바꿀 수 있다고 가정하면, 논리상, 소유는 비존재라는 결론이 나온다. 무엇이 비존재하는가? 당연히 사람 혹은 '나'다. 즉, 소유에는 내가 존재하지 않는다는 뜻이다. 소유의 대상인 물질을 추구하는 삶에는 물질이 '나'를 끌고 가기 때문에 주인인 '나'는 거기에 없다. 그러므로 소유=비존재 등식이 성립하고, 비로소 '소유나 존재냐'가 제호로 성립할 수 있었다.

인생에서 가장 큰 교훈이며 위대한 교육은 '조실부모'라는 말이 있다. 결핍이 제일의 스승이란 말과도 같은 의미다. 사랑과 물질의 결핍으로 좌절하고 자학해, 인생을 망치는 사람들도 있으나, 더 많은 사람들이 결손을 딛고 억척스럽게 살아내 성공한 인생들이 더

3 에리히 프롬, 최혁순 옮김, 『소유냐 존재냐(원제: To Have or to Be?)』, 범우사, 1999.

많지 않을까? 소유가 결코 인생의 금과옥조가 될 수 없고, 오히려 결핍을 스승으로 삼고 사는 것도 삶에 긴장감이 있어 더 좋다고 생각한다. 교육가 페스탈로치에게 큰 영향을 준 루소의 『에밀』에는 다음과 같은 말이 나온다. "가난한 자는 교육이 필요 없다. 가난한 상태 그 자체가 그에게 교육을 강요하기 때문이다."[4]

그렇지만 돌아보면, 현실사회에서 '소유'가 할 수 있는 일을 외면할 수밖에 없는 '무소유'의 무력함은 침울함이요, 부끄러움이지만, 소유의 속성은 지속적 증분을 바라는 탐욕으로 발전하기 마련이어서 소유가 행복의 조건은 아닌 것이다. 살아 있는 동안 모두가 부와 명예와 건강과 행복을 소유하려고 발버둥쳐 보지만 결국 우리의 생은 '무소유'로 끝이 나는 것이다.

그렇다면 '소유'의 증분을 무한정 발생시킬 수 있는 분야는 없는 것일까? 바로 지식과 정신의 영역에서 찾을 수 있다. 지식과 지혜의 증분을 매일 발생시키면, 그때마다 행복은 찾아오고 말 것이다. 쇼펜하우어는 "배우는 것 이외에는 아무런 행복도 느끼지 못한다."[5]고 말한 이탈리아의 시인 페트라르카의 말을 인용하면서 동조하고 있다. 배우는 것 외에도 깊은 사유를 통해 정신의 창고를 채워 나가는 경우도 행복을 느낄 수 있다. 깨달음은 움직이지 않고 제자리에서도 발견이 가능한 신세계다. 애걸하지 않고도 행복을 내 곁에 둘 수 있는 길이 여기 있다. 그러니 '소유'가 맘대로 안 되어도 '무소유'를 소유 삼아 담담한 마음으로 살아가는 게 좋을 것이다.

4 장 자크 루소, 김순화 옮김, 『에밀(Emile)』, 청목사, 2002, p.32.
5 쇼펜하우어, 박현석 옮김, 『쇼펜하우어 인생론』, 나래북, 2010, p.239.

약속 시간 10분 늦었다고 화내?

여자가 약속 시간에 10분쯤 늦게 나왔다. 남자가 화를 냈다. 여자는 그 정도 늦은 걸 가지고 화를 내는 건 이해할 수 없다고 말한다. 결국 이날의 만남은 다툼으로 시작하여 냉랭하게 헤어진다.

약속 시간에 늦은 건 잘못이다. 늦었다는 말은 정해진 시간이 있었다는 말이다. 그 시간에 일치하지 않는 시간은 옳음이 아닌 그름이다. 여자는 일치시켜야 되는 시간을 지키지 못해 남자의 시간 10분을 허비하게 만든 피해를 주었으므로 사소한 일이지만 이성적으로 생각할 때, 부도덕한 행위를 한 셈이다.

남자가 화를 낸 것은 어떻게 봐야 하나? 10분 정도 늦은 걸 가지고 화를 내는 건 다소 옹색하고 포용력이 적다는 인상을 준다. 하지만 화 자체는 원초적 반응이다. 불일치가 없어 무조건적으로 정당하다. 왜냐하면 화를 내지 말아야 하는 정당성도 주장할 근거가 없기 때문이다.

시간에 늦었다는 건 이성의 판단이고, 불쾌한 건 감정이다. 이성과 감정은 대립되는 서로 다른 두 트랙의 독립된 인간 본성이다. 이성은 따져 봐야 하나, 감정은 즉각적이고 절대적이고 본원적이다. 이성은 옳고 그름이 있지만 감정에는 그런 게 있을 수 없다.

남자의 불쾌감을 이해할 수 없다고 말한 여자의 말은 오류다. 왜냐하면 감정은 이성의 대상이 아니다. 즉, 이해의 대상이 아니다. 여자는 인간의 감정에 이성의 잣대를 들이댄 것이다. 감정에는 일단 공감이나 비공감이 있을 뿐이다.

아마 여자가 남자의 불쾌감에 공감하는 모습을 보여주었다면 이 날의 다툼은 없었을 것이다.

우리 주변에 이런 일이 너무 많이 벌어진다. 길 가던 아이가 넘어져 아프다고 운다. 엄마는 뭐가 그리 아프냐고 따지며 빨리 울음을 그치라고 다그친다. 그러면 아이는 더 세게 운다. 그래 많이 아프지 하며 공감하면 아이는 금방 울음을 그칠지도 모른다.

우리는 이성적으로 진의, 혹은 사실 여부를 확인할 일에는 감정적으로 대응하고, 감정적인 일에는 엉뚱하게 이성적 잣대를 들이댄다. 불소통과 인간 사이의 장벽은 이렇게 만들어진다. 마음이 아프다면 아픈 것이다. 아픈지 아닌지는 감관의 주체가 아닌 타자는 알 수가 없지 않은가? 뭐가 그리 기분 나빠? 하면 관계는 소원해지고 틀어지기 시작한다. '그래 많이 불쾌했지' 위로 한마디면 만사형통인데 감정에 어깃장을 놓으면 분위기는 냉각되고 인간 사이에는 건널 수 없는 심연이 자리 잡고 만다.

데이비드 흄은 이성만이 도덕의 기준일 수 없고 인간의 행위나 의지는 오히려 감정의 지배를 받는다면서, 이성만이 도덕의 기준이라는 기존 철학의 도덕관을 비판했다. 심지어 좀 과장한 표현으로 '이성은 정념의 노예'로까지 폄하한 데는 이성의 한계를 보여주려는 의도로 해석된다. '이성의 영원성 · 불멸성'에 대비해 '정념의 맹목성 · 불안정성 · 기만성'을 들어, 이성의 명령을 따르는 것이

도덕이라고 보는 형이상학적 철학의 허위성을 이렇게 반박했다. 첫째 오직 이성만이 의지의 동기가 될 수 없고, 둘째, 이성은 의지의 방향을 결정할 때, 정념과 상반될 수 없다는 것이다.[1] 정념에는 '직접 정념'인 욕구·혐오·비탄·기쁨·희망·두려움·절망·안도 등이 있고, '간접 정념'인 긍지·소심·야망·허영심·사랑·미움·질투·연민·심술·관용 등이 있다.[2]

사실 사람들은 자신의 이익에 반하는 일을 하는 경우도 많다. 전쟁에 나가면 죽을 수도 있으나 적대감에서 자원 입대를 하는 사람도 있고, 불이익을 당할지도 모를 시위에 참가하는가 하면, 허영심에서 위험한 일도 서슴지 않는다. 또 몸에 치명적인 것을 알고도 담배를 평생 피워 대지를 않나, 위험하기 짝이 없는 도박과 섹스에 탐닉하기도 하고, 부당한 일에 가담하기도 한다. 모두 이성의 지시가 아닌데도 말이다.

흄의 지적은 전적으로 수긍이 가지는 않으나 일면 귀 기울일 필요가 있어 보이고, 이런 흄의 사상은 칸트에게 이성의 한계를 일깨워 주는 큰 충격을 주었다. 그러나 흄도 이성의 역할을 전적으로 무시하는 건 아니다. 정념도 이성과 불일치되는 건 이성을 추종하도록 했고, 충동이 이성에서 발생하는 것이 아니라고 지적할 뿐, 이성의 지배를 받는다는 점은 명백히 인정했다.

옳고 그름, 선과 악을 구별하는 능력인 이성이 결국에는 감정을 다스리는 역할을 하지만 맹목적인 감정이 언제나 먼저 발현하는 형상은 간과할 수 없는 인간 본성이고 본질임을 깨닫는 것도 필요

1 데이비드 흄, 김성숙 옮김, 『인간이란 무엇인가』, 동서문화사, 2009, p.450 참조.
2 같은 책, p.310 참조.

하다. 이성이 작동하려면 시간이 소요되나, 감성은 아무런 조건이 없어 즉각적이다. 이성은 생각한 후에 결과를 얻어내지만, 감성은 느낌 그대로다. 형장으로 끌려가는 죄수를 보며 불쌍한 느낌이 든다는 점에서 사람이 이성적 존재임에도 동시에 터무니없는 감정과 충동의 소유자임을 알게 된다.

어떤 일이 발생했을 때, 느낌에 의존하여 일을 처리하려는 감성적 인간과 생각에 의존하는 이성적 인간으로 크게 구분할 수 있다. 생후 9일째 되던 날 어머니를 잃고 10세까지는 아버지와 함께 살았던 장 자크 루소는, 아버지가 죽은 아내 얘기를 아들에게 해줄 때면 언제나 울었다고 했다. 이런 환경 탓에 생각의 천재 루소지만 "나는 생각하기 전에 먼저 느꼈다."고 했다. 그건 모든 인간에게 공통되는 현상으로서, 감정이 먼저고, 생각은 그 다음이다.

대중은 대체로 생각보다 느낌에 의존하려는 경향이 강해 군중심리는 감정의 소산인 경우가 많다. 생각은 재료가 있어야 하는데 일반인들은 초기에 그것을 찾아내기 쉽지 않고 또 그만큼 한가롭지도 못하기 때문이다. 세상의 변화를 기대하거나 목적을 달성하기 위해서는 대중이 잘 읽지 않는 글보다 즉, 무거운 이성보다 가벼운 감성에 호소하는 '말' 혹은 '사진' 등이 유리하다.

누구든 군중을 자극하기 위해 느낌이 있는 장면을 보여주면, 그들은 즉시 반응하기 시작한다. 수많은 '소' 중의 한 마리가, 광우병(?)으로 쓰러지는 걸 보면 내가 먹은 쇠고기라고 즉각 분노하고, 어른이 '우는' 장면을 보여주면 관중은 무조건적으로 동정하며 의도대로 끌려간다. 이 원리를 잘 알고 있는 사람들은 이 점을 십분 활용해 자신의 목적을 달성하여 이문을 본다. 누가 이익 본다는 건 내가 손해를 보고 있다는 말과 크게 다르지 않다.

누군가 나에게 친절을 베풀면 즉각적으로 감성이 작동해 기분이 좋다. 좀 시간이 지체된 후 동원된 이성은, 친절의 동기를 생각하게 된다. 만일 친절을 베푼 이가 사기꾼이라면 감성에만 끌린 사람은 사기당할 개연성이 있다. 나쁜 일을 저지르는 데도 이성은 계획적이나, 감정은 우발적이다.

감성은 아름다운 것이나 위험한 것이다. 한편 이성은 냉정한 것이나 안전한 것이다. 이성적인 사람은 예술에 약하고, 감정만 살아있는 사람은 세상의 일을 처리하는 데는 부적합한 이유가 그 때문이다. 그러나 감성은 때때로 이성이 하지 못하는 일을 해내는 위력을 발휘하기도 한다. 혁명에 가담하면 죽을 수도 있다는 이성의 가르침을 물리치고, 성난 군중이 일궈낸 역사적인 대혁명은 모두 감성의 소산이기도 하다.

감성이 주도하는 사회는 무원칙과 비논리적인 일처리가 나타나 혼란과 무질서가 뒤따르기 쉽다. 더구나 이성과 달리 아주 복잡한 양상을 띠고 수시로 변하는 감성에 의존하는 사회는 그만큼 합리성이 떨어진다. 하지만 수학 문제의 답은 언제나 하나이듯이, 누가 생각해도 같은 결론에 도달해야 하는 이성이 강하면 온기가 없고, 인간미가 없는 사회가 된다. 이성과 감성은 교차하지 않는 평행선이다. 이성은 무너지지 않는 집을 지을 수 있으나 모양새는 성냥갑이요, 감성은 아름다운 집을 지을 수는 있으나 무너질 수도 있다. 따라서 둘 사이에는 협동이 필수적이다.

지금 우리 사회에서 벌어지고 있는 여러 문제들은 감각을 지나치게 중시하는 풍토에 기인한 것이다. 영어(囹圄)의 울타리 속에 있는, 범죄를 저질렀을 것 같지 않는 사람들의 또 다른 '악의 평범함'에 놀라는 경우도 많다고 한다. 순간적 감정에 자신을 맡긴 대가를 치르고 있는 것이다. 느낌이 우선인 유아적 사회에서 생각하는 성인의 사회로의 전환이 필요하다고 생각한다. 이성과 감성이 조화를 이룬 사회가 이상적인 삶의 토대이다. 감정을 늦추면 생각이 살아나 답을 알려 준다. 이성과 감성은 동시에 작동하지는 않기 때문이다.

자존심과 자기애

무시를 당하거나 부당한 대우를 받았다고 생각할 때 자주 거론하는, 스스로를 존중하는 마음을 뜻하는 '자존심'은 주로 타자와의 관계에서의 반응으로서 자주 들을 수 있는 말이다. 어떤 사람은 '자존심'이란 말을 너무 자주 사용하는 나머지 한 글자 줄여 아예 '존심'이라 짧게 말하기도 한다. 이들은 대개 다른 사람과 무언가를 비교하며 외적으로 드러난 측면에서 자존(自尊)의 이유를 찾고 있다. 말하자면 남성의 경우는 모자란 자신의 학력이나 재물이 없다는 이유로 창피해하고, 여성의 경우는 자신의 외모에 열등감을 느껴 자존심을 들먹인다.

자신의 외관이나 소유물을 남과 비교하여 자존심을 거론하는 것은 반쪽짜리 자존심이다. 진정한 '자존심'은 자신과의 문제에서 거론해야 하지 않을까? 말하자면 금연이나 금주를 결심하고도 자신과의 약속을 번번이 깨버린다면 스스로를 기만한 것이므로, 몹시 '자존심'이 상해야 하나, 그런 때 '자존심'을 들먹이는 사람은 없고, 오히려 자신에게 한없이 관대한 모습이다. 죽는 순간까지 담배를 물고 죽을 거라고 강짜를 부리다, 50대에 심장마비로 죽은 어떤 분은, 금연은 패배요, 흡연은 '자존'이란 확신을 가진 것 같았다. 그렇지만 그런 분도 자신이 조금이라도 무시당했다고 판단하면 자존심을 들먹이며 싸움을 걸어 왔다. 자격지심일 뿐이지 아무도 자신을 무시한 사람이 없는 데도 말이다.

자존심을 자주 언급하는 사람들의 공통된 특징은 내면이 공허하고 정신 능력이 약한 사람들이라는 것이다. 왜냐하면 내면에 보고(寶庫)가 있는 사람은 그런 외적 현상에 민감하게 반응할 이유가 없다. 그러나 별다른 이유도 없이 '자존심' 상했다면서 내게 따지고 불쾌감을 드러내는 사람들에게는 무조건 사과하는 게 현명한 처사다. 왜냐하면 그들은 대개 열등감이 많은 약자이므로 그렇게 해주지 않으면 평생 원수가 되거나 등지고 말 것이기 때문이다. 이건 내 평생의 경험이요, 확신이다.

나는 남에게 무시당하면 유쾌하지는 않으나, '자존심'까지 상하지는 않는다. 남이 나를 백안시할 때는 그럴 만한 요인이 있기 때문이라 생각하면 그만이다. 반성적 자세는 필경 개선 의지로 나타나, 남의 무시가 나에게는 자극이 되고 약이 되는 경우로 승화한다. '자존심'을 자주 거론해, 자신의 허약함을 들어내는 용렬(庸劣)함은 어리석음 그 자체이다.

남을 무시하거나 조롱하는 사람은 의외로 열등의식이 많아, 그렇게 함으로써 자신의 무능을 달래는 데 익숙한 사람들이다. 또 이들은 칭찬에 매우 인색한 경향이 있다. 그럴 만한 여유도 없거니와 칭찬이 곧 자신의 저열(低劣)함과 비참함을 드러내는 일이라고 생각하기 때문이다.

루소는 자기애와 자존심을 구별하여 이렇게 말한다. "자기애는 자기 자신에게밖에 주목을 하지 않기 때문에 자기의 진정한 필요가 채워질 때 만족한다. 그러나 자존심은 자기를 남과 비교하기 때문에 절대로 만족되지 않으며 또 만족할 수도 없는 것이다."[1] 자존심은 결코 채워질 수 없는 것이어서 터무니없는 것이다. 왜냐하면 언제나 내가 세상의 정상에 있을 수는 없지 않은가? '자존심'은 때로는 약이 되어 자기 발전의 동력이 되기도 하지만, 한편으로는 고통이요, 부끄러움이다.

루소의 지적대로 자존심은 결코 채워질 수 없는 것도 사실이지만, 한편 자기애는 조금이라도 지나치면 큰 부작용을 낳고, 심지어 비극을 연출하기도 한다. 자기애(Narcissism)는 연못에 비친 자신의 얼굴을 너무 사랑한 나머지 연못에 빠져 죽었다는 그리스 신화 속의 인물 Narcissus에서 나온 용어임은 익히 알고 있는 사실이다.

힘 있는 인간의 어리석은 횡포의 전설은 어릴 적에 동화를 통해 알고 있는 쉴러의 희곡 〈빌헬름 텔〉의 이야기다. 아들의 머리 위에 얹어 놓은 사과를 활로 쏘아 명중시켜 죽음을 면한 빌헬름 텔의 죄는, 꽂아 놓은 창에 씌어 놓은 총독의 모자를 향해 경의를 표하지 않았다는 것이다. 이는 지배국 국민에게 복종심을 유도하기 위한 통치술이었다 해도, 자기애와 인간에 대한 지배 욕구의 극단적 한계를 노출시킨 희극이다.

왕조시대에 왕이 행차를 하면 백성들은 감히 쳐다보지 못하고 길 옆에 엎드려 있어야 했던 것은 그 시대의 예절이라 치더라도, 현대에 와서도 북한의 초기에는 김일성 행차 시에 포복하지 않는 사람이 발견되자, "재는 왜 안 엎드려?" 하고 김일성이 힐문했다

1 장자크 루소, 김순화 옮김, 『에밀(원제: Emile)』, 청목, 2002, 4편 p.190에서 인용.

는 일화도 있다.

언젠가 높은 공직에 있는 학교 동창에게 어떤 일로 전화를 걸었더니, '내게 반말하지 말라!'는 퉁명스런 충고를 받았다는 얘기도 들려왔다. 아마 부탁을 들어줄 수 없는 상황임을 암시하기 위한 수법일 수도 있으나 그 소리를 듣고 경악했던 기억이 내게 있다. 공식 석상에서 잘 알고 지내는 사람임을 과시하기 위해 서로 반말하는 것도 꼴불견이지만, 전화상에서 반말했다고 면박을 주는 것은 자기애의 극치를 보여준다.

경기장 난동은 서양에서도 가끔 발생하지만, 우리나라도 90년대 초까지는 자신이 응원하는 팀이 지면 경기장 안으로 오물을 투척하거나 난입하여 난동을 부리는 일도 있었다. 이는 자신과 별로 이해 상관도 없는 운동경기인데도 내가 응원하는 팀을 잠정적으로 나와 동일시하면서 나의 패배로 받아들이는 일종의 자기애의 난동이다.

자기애는 자존심보다 더 위험한 행동을 불러와 난폭해지고 순간적으로 이성을 잃기도 한다. 상처받은 자기를 보듬으려는 자기애의 좌절은 분노를 낳기 때문이다. 세상에서 그다지 성취한 것이 없는 인생에서 쓴맛을 본 사람일수록 잃어버린 자기를 찾기 위해, 엉뚱한 곳에 자아를 치환해 놓고 과민하게 사소한 일에 집착하거나 목숨 거는 모습을 보인다. 고속도로에서 운전 시비로 사소한 일에 큰 불행을 자초하는 경우도 한 예이다.

우리 주위에도 평소에는 아주 겸손하고 얌전한 사람인데 감투라도 쓰게 되면, 마치 감추어 두었던 원한이라도 있었던 것처럼 마구 권한을 휘두르고, 걸음걸이에다 말투마저 변한 모습에 생경함을 느낀 경험은 누구에게나 있을 거다. 또 어떤 이는 둘이 대화할 때와 여러 사람 앞에서 대화할 때의 모습이 전혀 달라, 우리를 당황하게 만들기도 한다.

충족되지 않는 사회적, 정치적 욕구에 대한 불만이 내면화되어 감추어져 있다가 보복적으로 발동하거나, 오랫동안 지속되고 위축된 삶에서 형성된 응어리가 이른바 출세하여 자아도취의 형태로 표출되는 현상을 우리는 종종 목격한다. 그런 이중적 성향의 사람들은 대개 지나치게 자기애가 강한 사람들인 것 같다.

그러나 권력은 오래 유지되는 경우가 거의 없으므로 부자연스러운 행태는 오래 지속될 수가 없다. 그런 사람은 권좌에서 내려오면 운신할 곳이 없어 쥐구멍 속에 들어가 살아야 하므로, 자신의 처신이 어리석었음을 자각하게 된다.

비록 문학작품 속이지만 총독은 빌헬름 텔의 화살을 맞고 죽었고, 자신을 몰라본다고 대중을 꾸짖다가 힘든 세월을 사시는 분들도 있다. '내가 누군지 알아?'는 이제 아무도 입 밖에 낼 수 없는 언사가 되었음에도, 누군가 자기애를 충족시키기 위해 또 그런 말을 하지 싶다.

보편적 자기애는 '자기 행복'의 도구로서 삶에 긍정적인 영향을 주기도 하지만, 행복한 사람을 만드는 것과 선한 사람을 만드는 것은 전혀 다른 일이므로 자기 행복[2]이 윤리의 기초가 될 수 없다고 철학자 칸트는 말하고 있다. 자기 행복의 가치는 중요한 것이지만 자기애를 통한 행복의 실현은 경계해야 한다는 말로 해석된다.

2 임마누엘 칸트, 백종현 옮김, 『윤리형이상학 정초』, 2014, p.172 참조.

상실감과 열등감에서 발원한 자기애는 권한 남용, 지배욕이 지나쳐 타자에게 고통과 모욕을 주며 즐거워하고, 자아도취적으로 자신의 힘을 확인하면서 불우했던 과거에 대한 보상을 받으려는 모습을 보인다. 지나친 자기애는 항상 대접받고 인정받아야 하는 특별한 존재로서의 자아가 타자에 의해 부정되고 무시되는 것을 참지 못한다.

병적 자기애의 특징은 별다른 성취가 없고 이유가 없음에도 자신을 우월한 존재로 인정받기 원하고 특권의식이 있고 복종을 바라는 불합리한 기대감을 가지고, 거만하고 오만한 행동을 보인다.[3] 고 한다.

역사상 히틀러처럼 자기애가 강한 사람은 없었을 것이다. 그의 저작 『나의 투쟁』에서 히틀러는 세상의 이런저런 일에 의견을 개진하고 관심을 보이지만 독서를 통해 얻은 단편적이고 감상적인 견해일 뿐, 자신을 게르만 민족의 정치적 지도자는 물론, '철학적 지도자'로 미화한 자기애의 화신이었다. 2차 대전 말기 이탈리아의 무솔리니가 지지자에 의해 처형된 후 밀라노 시장에 거꾸로 매달리자, 군중들이 시신을 때리고 물건을 집어던지며 광분했다. 이 소식을 들은 히틀러는 자신은 물론 부인인 에바 브라운이 죽으면 '아무것도 남지 않도록' 시신을 불태우라고 부하들에게 신신당부했다.[4] 그는 죽어서까지 자신을 사랑한 사람이었다.

개인적으로 자기애의 화신이 히틀러라면, 자기애의 민족은 일본인이 아닐까? 일본이 과거사에 대해 반성하고 사과하지 않는 이유

3 권석만, 『인간관계의 심리학』, 학지사, 2004, p.86 참조.
4 이본 세라트, 김민수 옮김, 『히틀러의 철학자들』, 여름언덕, 2014, p.333 참조.

는, 근세까지 보잘것없던 섬나라에서 살아온 조상들이 힘을 길러 대륙을 침범한 역사를 내심 자랑스럽게 생각하기 때문인지도 모른다. 여기에 덧붙여, 중국 문자를 변형하여 사용하고 있는 일본은 오랫동안 중국과 한국에 대한 문화적 열등의식도 없었다고 볼 수 없는 나라가 아닌가? 그에 대한 보상심리로 자리 잡은 집단적 자기애는 필연적이라 믿어진다.

자존심과 자기애는 모두 자만심을 위한 것이다. "사실 우리 인간이 가진 감정 중에서 '자만심' 만큼 굴복시키기 힘든 것도 없다. 감추려 해도 때려 눕혀도 숨통을 눌러도 자만심은 여기저기서 그 모습을 드러낸다. 내가 쓰는 이 글에서도 그것이 보일 수 있다. 내가 그것을 완전히 극복했다고 한다면, 그 또한 내가 겸손하다는 자만이다."[5]

자존심과 자기애를 버리는 것은 불가능하다. 오히려 자존심은 자기 발전의 동력으로 삼고, 자기애는 타인에 대한 이해와 배려로 승화시키면서, 자존심과 자기애를 달래는 방향으로 살아가야 하지 않을까?

죽으면 한 줌의 흙이 되어 남의 발에 밟히고, 물속에 부유하여 물고기 밥이 될 물질에 불과한 인생들끼리 왜 그렇게 서로 괴롭히고 힘을 주며 사는 걸까.

5 벤자민 프랭클린, 이계영 옮김, 『프랭클린 자서전』, 김영사, 2001, p.171에서 인용.

관능의 정체

성적 열락(性的 悅樂)은 인간에게 주어진 공짜 선물이 아니다. 거기에는 수반된 고통스럽고도 성스러운 유인(誘因)이 있기 때문이다. 꽃 속에 숨겨진 꿀의 달콤함이나, 씨가 들어 있는 과일의 향미가 종의 번식을 위한 유인이듯이, 인간에게 성적 열락인 관능은 거역할 수 없는 번식을 위한 미끼로서 조물주의 섭리이며 자연법칙이다.

수태기에만 교미하는 동물과 달리, 인간은 본래의 목적은 잊은 채 즐기기 위해서도 교접하는 특징이 있다. 사람은 동물보다 수태의 확률이 높지 않고, 한 번에 많은 번식이 이루어지지 않으며, 성인으로 양육하기까지 장시간이 소요되는 까닭에 그토록 잦은 빈도의 교접이 필요한지도 모른다. 인간은 무의식적으로 종의 번식을 위해 관능에 매진하고 있다고 볼 수 있다.

재미있는 현상의 한 예로, 도피자들이 지나간 자리에 정교(情交)의 흔적이 남는 것도 따지고 보면 위기에 쫓기는 상황은 잠재적 번식이 불가능한 조건이므로, 가능한 시기를 틈타 서둘러 관능을 추구한, 자연의 섭리에 아주 합당한 모습이라고 볼 수 있다.

남녀의 만남과 결별에는 '사랑'이라는 허울을 쓴 실존적 관능이 상당히 큰 관여를 하고 있다고 봐야 한다. 제반 난관이 있어도 관능이 살아 있는 동안에는 별리(別離)가 나타나기 어렵다. 사람은 무엇보다 쾌감을 주는 대상을 지속적으로 유지하려는 의지가 매우 강한 존재이기 때문이다. 관능에 이끌리는 동안에는 모두가 시인이 되어 사랑을 찬양하고, 상대를 그리는 천사가 되는 것은 신의 미혹(迷惑)으로서, 그를 통해 번식이라는 대임을 완수할 수 있는 토대가 우리에게 마련되는 셈이다. 성적 욕망이 강한 시기에 별리가 발생하면 비 오는 날 받고 있던 우산을 빼앗기는 것 같은 큰 상실감과 상처가 남게 된다.

잠복해 있던 별리는, 관능과 생존 사이의 평형 상태가 깨진, 관능이 패배하는 순간에 다른 이유를 들어 발생한다. '살자니 고생이요, 죽자니 청춘'이란 말도 그런 의미이다. 결혼이란 제도는 관능의 소실을 무력화하는 비교적 견고한 결속장치이나, 관능의 상실을 대체할 만한 무엇이 주어지지 않은 채 혼인 상태가 장기간 지속되면 파경이 찾아오게 돼 있다. 남녀 사이에 열정이 식기 전에 서둘러 결혼해야 한다는 속설은 은밀한 관능의 소멸성을 폭로하고 있는지도 모른다.

관능의 종말에 언제나 도사리고 있는 무관심은 또 다른 관능의 대상을 찾아 나서기도 한다. 왜냐하면 관능은 추동일 뿐 대상을 식별할 자체의 능력이 없기 때문이다. 관능의 피로는 어쩌면 더 많은 종의 번식을 유도하려는 조물주의 의지로도 간주할 수 있으므로, 생물학적으로 무의식적이고 무분별한 관능 추구는 합목적적으로 해석할 여지도 없지 않다. 도덕적으로 현실적으로 허용할 수 없는 무분별한 관능은 많은 문제를 야기하지만, 증식만을 고려한 이론적 측면에서 본다면 그렇다는 것이다. 결혼제도는 인위적이나, 관능은 자연 그 자체이기 때문이다.

아무런 통제나 도덕의 굴레에서 벗어나 있는 절대 권력의 황제나 왕은 예외 없이 여러 명의 여자를 거느리고 살았다. 금욕주의 스토아 철학의 영향을 받고, 명상록으로도 유명한 마르쿠스 아우렐리우스(121~180)는 로마의 황제 중에 유일하게 한 명의 부인을 둔 매우 성스러운 예외적인 왕이었다. 그러나 도덕 이전에 왕처럼 무제한의 관능을 추구할 수 없는, 모두가 평민인 현대 사회에서는 종의 양육을 위한 능력은 사뭇 제한될 수밖에 없고, 그러한 현실에서 우리는 살고 있다.

그럼에도 종의 번식은 무조건적으로 달성돼야 할 신의 의지이며 자연인 까닭에, 쾌락과 기쁨을 탑재한 관능은 끝없이 우리를 유혹하고 있다. 그러나 관능은 아주 제한된 조건 아래 인격성을 바탕으로 얻을 수 있으므로, 상호 존중과 합의 없이는 획득이 불가능한 매우 성스럽고 존엄한 가치를 지닌 것이다. 부당하게 추구한 관능은 언제나 인격적 충돌을 가져와 불행한 결말을 만들어 내고 만다.

"쾌락을 추구하는 자는 선(善)을 자기 관능에 맡긴다."[1]

플라톤은 대화편 『파이돈』에서 신은 쾌락과 고통간의 싸움을 화해시키려다 도저히 불가능해 머리는 하나요, 몸통을 둘로 만들었다는 것이다.[2] 하나를 얻으면 다른 하나가 뒤따라오는 이유가 그

1 마르쿠스 아우렐리우스, 함희준 옮김, 『명상록 마르쿠스 아우렐리우스』, 나래북, 2013, 표지 글에서 인용.

2 플라톤, 황문수 옮김, 『파이돈』, 문예출판사, 2014, p.88 참고.

때문이다. 쾌락과 고통은 정반대이지만 한 쌍으로 구성되어 있어 쾌락 후에는 반드시 고통이 있다는 말이다.

아주 짧은 성적 기쁨에 수반하는 소산(所産)에 대한 장기간 양육의 고통과 염려는 관능이 치러야 할 대가임에 틀림없다. 그렇듯 관능이 무조건적으로 주어진 것이 아님을 생각할 때, 관능의 추구는 신이 요구하는 종의 증식을 감당할 수 있을 경우에만 정당하다고 보는 것이 자연법칙에 합당할 것이다. 종의 번식을 책임지지 않는, 대가 없이 거저 가지려는 관능은 자연법칙에 어긋나는 것이다. 공짜 관능은 없다.

부끄러움

박완서의 단편소설 「부끄러움을 가르칩니다」에는 '양공주'가 되지 않는다고 닦달하는 어머니, 시집 세 번 간 여고 동창생, 서울 거리에 넘실대는 소매치기가 등장한다.

이 소설을 소재로 어느 학자가 쓴 수필을 읽은 적이 있다. 글 자체가 좀 현란하여 주제 파악이 쉽지 않았으나, 부끄러움은 가르칠 수 없고, 또 그것을 안다고 해도 행위 여부는 별개라는 요지로 해석됐다. 100% 맞는 말이다. 부끄러움도, 부끄러움이 속한 일반적 경향인 도덕적 감수성도, 가르칠 수 없는 것이다. 수치심은 느낌이고, 느낌은 가르칠 수 없는 대상이기 때문이다. 부끄러움을 안다 해도 악행을 멈추는 것은 별개의 문제라는 말도 맞다.

나와 가끔 점심을 하는 먼 친척이 있다. 식당에 자리를 잡고 앉으면, 입을 막지 않고, 옆자리를 향해 재채기를 서너 번은 꼭 한다. 독감은 아니고 비염 때문에 하는 거란다. 나는 주변을 둘러보고 눈치를 살핀다. 옆자리에 앉은 사람이 눈살을 찌푸리는 기색이다. 그 광경에 안절부절못하는 나의 부끄러움은, 입도 가리지 않고 미안하다는 말도 없이 재채기를 해대는 친척과 같이 있어서가 아니라, 그런 행동을 말리지 않고 보고만 있는 나 자신이다.

"어디 양갈보 짓이라도 해먹겠나. 어느 눈먼 양키 놈이라도 덤벼야 해먹지. 아무리 해먹고 싶어도 이 년아. 양갈보 짓은 어떻게 혼자 해먹니. 우리 식군 다 굶어 죽었다. 이 독살스런 년아. 이 도도한 년아. 한강에 배 떠나간 자국 있다던? 이 같잖은 년아."[1]

6·25전쟁 직후 어머니는 식구들의 생계를 위해 미군에게 몸을 팔려 했으나 늙은 몸이라 아무도 거들떠보지도 않자, 딸에게 양갈보가 되기를 강권한다. 식구들이 먹고 살기 위해서는 어쩔 수 없이 이제는 시집 안 간 딸이나마 갈보 짓이라도 해야 한다는 어머니에게 수치심은 별로 없어 보인다.

재채기가 생리적 현상이고, 비염 때문이므로 그 속에 균은 전혀 없어 걱정할 필요가 없다는 입장이므로, 그에게도 부끄러움은 별로 없다. 오히려 옆자리 손님에게는 내가 대신 죄 지은 양 연신 '죄송합니다'를 연발한다.

돈벌이 수단이 마땅치 않던 6·25전쟁 직후의 시대 상황에서 가족을 부양해야 하는 어머니의 심정을 십분 이해할 수도 있다. 하지만 그 상황에서 모두가 꼭 그런 생존방식을 택하지는 않았을 것이다. 어머니의 사고가 한순간 '매춘=돈'이라는 등식에서 벗어나지 못해 생긴 슬픈 얘기다. 그 어머니에게 부끄러워할 이유가 있었다.

알레르기성 비염으로 인한 재채기는 실제로 균은 없을지도 모른다. 그러나 옆자리 손님은 재채기의 원인을 모른다. 틀림없이 저 사람은 감기나 결핵 환자라고 생각하는 것이 분명하다. 서양 사람

1 박완서, 『부끄러움을 가르칩니다』, (주)문학동네, 2006, pp.316~317에서 인용.

이라면 'God bless you!' 하며, 중세기에 만연한 흑사병으로 재채기하는 걸 연상하기도 했을 것이다. 요즘에는 소매로 입을 가리는 재채기 예법도 나왔다. 악행은 아니지만 그도 약간은 부끄러워할 이유가 없다고 볼 수 없다.

우리는 세상의 수많은 사건에서 드러나는 인간의 사악함에 놀라기보다 행위자의 뻔뻔함에서 더 큰 충격을 받는다. '왜~ 나만 가지고 그래?' 하고 말하는 사람은 부끄러워할 이유는 알고는 있는 셈이니 그래도 낫다. 옳은 것을 눈이 있어도 보지 못하고 귀가 있어도 듣지 못하는 시청(視聽)이 마비된 사람, 눈이 있어도 안 보고 귀가 있어도 듣지 않으려는 시청을 외면하는 사람들이 범람하는 시대에 우리는 살고 있는 건 아닐까? 외면상의 부끄러움이 안 보이는데 내면의 부끄러움이 있을 리 없다. 악행을 계속하는 데 망설임이 없는 이유가 여기에 있다.

까뮈의 『이방인』의 주인공인 살인자 뫼르소는 감옥에서 사제와의 대화 속에서, 죄라는 것이 무엇인지 알 수 없었고, 자신이 죄인인 것을 사람에게서 배워서 알았다고 말한다. 부끄러움은 가르칠 수 없어도, 부끄러워할 이유는 알려 주어야 한다. 아마 박완서 씨가 말한 '부끄러움을 가르칩니다.'는 '부끄러워할 이유를 가르칩니다.'를 의미한다고 해석해야 할 거다.

그 이유를 발견하고 수치심을 갖는다 해도, 악행을 멈출지는 알 수 없다. 그렇지만 수치심은 언젠가 악행을 멈추게 할지도 모르는 자각의 증거이지만, 수치심 없음은 뻔뻔함 속에서 지속적 악행을 가능하게 할 것이다. 그러므로 부끄러워할 이유는 가르쳐 주고 배워야만 한다. 수치심은 부도덕한 행위로 가지 않는 출발점이다. 어쩌면 우리가 공부하는 이유도 부끄러움을 알고, 선악을 구별하는 능력을 갖추기 위해서일지도 모른다. 자기만의 비밀스런 부끄러움이 없는 사람은 없다.

"내 주위에는 많은 학생들이 출렁이고 그들은 학교에서 배운 것만으론 모자라 ××학원, ○○학관, △△학원 등에서의 별의별 지식을 다 배웠을 거다. 그러나 아무도 부끄러움은 안 가르쳤을 거다. 나는 각종 학원의 아크릴 간판의 밀림 사이에 '부끄러움을 가르칩니다.'라는 깃발을 펄러덩펄러덩 휠휠 휘날리고 싶다 (중략) 모처럼 돌아온 내 부끄러움이 나만의 것이어서는 안 될 것 같다."[2]

소설의 마지막 구절이 영 뇌리에서 사라지지 않는 일요일 이른 아침이다.

2 박완서, 『부끄러움을 가르칩니다』, (주)문학동네, 2006, p.327에서 인용.

인생의 빈자리

행복한 가정은 가정마다 다 비슷하지만 불행한 가정은 그 이유가 제각각이라고, 톨스토이의 소설 『안나 카레니나』는 그렇게 시작한다. 소설의 서두에서 안나의 불행을 암시한 복선이지만, 대부분의 가정들도 제각기 어려운 문제를 안고 살아가고 있는 것 같다.

우리의 생애가 애달픈 것은 상실과 결핍 때문이다. "우리의 존재는 모자라는 한 조각 때문에 영원히 맞출 수 없는 퍼즐과도 같다."[1] 내 인생의 빈자리는 그렇게 생긴다. 살아도, 살아도, 채워지지도 채울 수도 없는 비어 있는 인생의 한 부분이 없는 사람은 없다.

자신의 신병으로 고통받는 사람, 가족의 신병으로 신음하는 사람, 가족간 불화로 고통받는 사람, 불행한 결혼 생활로 하루하루 힘들게 사는 사람, 먼저 떠난 자식을 가슴에 묻고 슬픔 속에 사는 사람, 사랑하는 사람을 여의고 홀로 외롭게 사는 사람, 결혼 생활에 실패하고 우울한 나날을 보내는 사람, 직장 내부 갈등으로 괴로워하는 사람, 실직의 불안 속에 살아가는 사람, 직업이 없어 무력하게 살아가는 사람, 명예를 잃고 은둔자로 사는 사람, 학업 성적

1 파스칼 키냐르, 송의경 옮김, 『섹스와 공포 중』, 문학과지성사, 2007, 송의경 해설 p.343에서 인용.

이 부진하여 고민하는 학생, 돈이 없어 생계에 지장이 있는 사람, 장사가 안 돼 부도 위기에 처해 있는 사람, 제 짝을 구하지 못해 외롭게 사는 사람, 결혼은 했으나 자녀를 얻지 못해 전전긍긍하는 사람, 자녀의 일탈로 고민하는 부모, 외부로부터의 위협에 시달리며 두려움 속에 사는 사람, 심지어 의미 없는 무료한 삶을 한탄하는 사람 등, 저마다 무거운 짐을 등에 짊어지고 헐떡이며 인생의 언덕을 오르고 있다.

겉은 멀쩡해도 속을 들여다보면 모두가 결핍의 멍에를 짊어지고 살아가는 형국이니 완전한 인생은 없다. 무거운 짐을 지고 오르다가 중도에 쉬기도 하나, 언젠가 짐을 벗는 날이 올 거란 희망을 가지고 살아가지만 대부분의 인생은 짐을 짊어진 채 세상을 등지는 경우가 더 많은 것 같다.

"상실된 것은 언제나 정당하다."[2] 상실은 과거에는 있었으나 지금은 없는 것이다. 잃어버린 건강, 상실한 명예, 잃어버린 재산, 이제는 가고 없는 옛 사랑, 먼저 저세상으로 떠난 배우자와 부모형제, 그리운 옛 직장, 떠나온 고향과 조국 등의 상실에 오늘도 운다.

잃어버린 건강은 노력하면 어느 정도 보전할 수 있으나 누구도 예외 없이 생로병사의 궤도 속으로 들어갈 운명이다. 늙고 병들어 죽는 것이 삶의 일부이고 자연스러운 것이라 생각하면 공손히 받아들일 수 있다. 이미 지나버린 시간도, 오고 있는 시간도 우리의 것이 아니다. 잃는 것은 오직 현재일 뿐이다. 그러므로 오래 산 사람과 짧게 산 사람은 모두 동등한 것이라고 현명한 철인은 말하고

2 파스칼 키냐르, 송의경 옮김, 『로마의 테라스』, 문학과지성사, 2002.

있다.

빈손으로 태어났으니 잃어버린 재산도 애초부터 내 것이 아니었다 생각하면 마음 편하다. 또 잃은 돈은 돌고 돌아 다시 돌아오기도 한다. 명예도 허망한 것이다. 지금은 내 이름을 기억해 주고 있지만 조만간 잊어버릴 것이요, 지금은 칭찬하지만 머지않아 비난할 사람이 얼마나 많은지를 생각해 보면, 기억과 명예도 아무런 가치가 없다는 것을 알게 될 것이다.[3] 호랑이는 죽어서 가죽을 남기고 사람은 죽어서 이름을 남긴다지만, 죽은 후 남긴 나의 이름을 죽은 내가 어찌 알까? 명예는 덧없는 허영이다.

가버린 사랑에 슬퍼하고 원망하지 말아야 한다. 집 나간 아이는 돌아와도 흘러간 사랑은 돌아오지 않는다는 어느 시인의 말처럼 사랑은 흘러가는 것이다. 강물이 흐르고 또 흐르듯이 사랑은 가면 또 다른 사랑이 찾아온다.

상실은 현존하는 실체에 있어서 언제나 피할 수 없는 운명이다. 상실된 것은 언제나 뼛속 깊이 사무치는 무엇이 있기에 정당한 것이다. 새 것을 얻기 위해서는 무언가를 잃어야 하기에 상실은 정당한 것이다. 상실된 것에는 언제나 우리의 안타까움과 그리움이 있기에 정당한 것이다. 상실된 것은 그것을 얻기 위해 과거에 지불해야 했던 우리의 노력이 있었기에 정당한 것이다. 한편으로 상실은 재발견의 습득이고 재회의 약속이기도 하다.

어느 철학자는 필요한 물건을 다 사지 말라고 충고한다. 원하는 모든 것이 다 있으면 신마저도 그에게 줄 수 있는 것이 없지 않을

3 마르쿠스 아우렐리우스, 함의준 옮김, 『명상록』, 나래북, 2013, 2편 14, 9편 32에서 인용.

까? 100% 충족은 나태요, 이완이고, 어쩌면 죽음을 의미할지도 모른다. 내 인생의 빈자리는 우리의 이상이 될 수 있다. 그걸 채워버리는 순간 꿈도 사라진다고 위로하자. 설령 내 인생의 모자란 부분이 채워진다 해도, 그 순간 또 다른 한 부분이 비워진 채로 발견될 것이다. 결핍은 나의 동반자이며 나를 잠에서 깨우는 자명종이고 내 삶의 동력이다.

유교적 가치의 문제

대부분의 가정에서 어머니에게 하는 말과 아버지에게 하는 말이 달랐다. 아버지는 집안의 어른으로 섬겨야 할 특별한 존재이므로 아버지에게는 예를 갖춘 좀 색다른 말을 사용해야 한다고 어머니는 가르치셨을 것이다. 말을 배운 후 첫 존댓말의 대상은 아버지였다.

아버지에게 쓰는 존댓말은 이후 나보다 나이 많은 사람에게 사용하는 말로 발전하여 급기야 중학생 정도만 돼도 1~2년 상급자에게까지 사용하는 언어가 되는 웃지 못할 현실을 낳고 말았다. 한 발 더 나아가 존댓말은 나이와 상관없이, 나에게 위해를 가할 수 있는 상대방에게 사용하는 굴종의 언어이기도 하다. 어떤 단체에서는 동급생끼리라도 감투 쓴 사람에겐 의장님이라 부르며 절대 존경을 바친다는 어처구니없는 말도 들린다.

요즘도 다툼의 현장에 단골 메뉴는 반말 시비다. 빚 받으러 가서 빚쟁이에게 반말이라도 했다가는 자칫하면 돈도 못 받고 반말 다툼으로 끝나는 모습도 흔히 본다. 심심치 않게 시비 다툼의 대상이 되는 또 다른 것은 인사다. 먼저 보는 사람이 아는 척하는 것이 인사이건만 어찌된 일인지 한국에서 인사는 아랫사람이 윗사람에게 먼저 해야 하는 것으로 인식되어 있다.

요즘은 어떤지 모르지만 관가에서는 정초가 되면 사무실 돌이를 했다. 우르르 실국의 사무실을 몰려다니면서 새해 인사를 돌다 보면 반나절이 걸린다. 정치인들은 한 수 더 떠 보스 집으로 세배를 간다. 이때 신발 켤레 수가 세 과시의 기준이고 그 사람의 위상이다. 이건 미풍양속이 아님에도, 언론이 은연중에 세시풍속인 양 세태를 보도하고 있다. 상향식 인사는 권위주의의 온상이어서, 세배 안 온 사람은 블랙리스트에 오를 것이다.

부모는 나이가 많은 사람이다. 또 다른 나이 많은 이도 부모와 비슷하게 존대해야 한다는 생각으로 발전할 수 있다. 존댓말로 시작된 아버지에 대한 섬김인 '효'는 나이를 존중하는 장유유서의 도덕을 낳았다고 나는 믿는다. 언젠가 미국 사람에게 한국의 문화를 소개하며, 장유유서를 말했더니, 관심을 표명하며, 아주 재미있어 했고, 한편으로는 이해할 수 없다는 표정이었다. 한국에서는 나이도 하나의 신분이 된 것은 유교의 영향이라고 설명해 주었던 기억이 난다.

그럴 이유 없건만, 어른 앞에서는 담배도 못 피우고, 술잔은 고개를 돌리고 마셔야 한다. 담배 피운다고 훈계하던 50대가 어린 학생에게 맞아 죽는 사건도 얼마 전에 있었다. 나는 대학생들과 같이 여행하는 경우, 내 앞에서 담배도 피우게 한다. 물론 먼저 담배를 꺼내는 학생은 없으나 흡연이 가능한 곳이면 허용한다.

어떤 이는 나이 들어 대접받는 게 인간적으로 좋은 제도라고 하고, 우리나라 노인 경배 사상은 서양 사람도 좋게 생각한다고 말한다. 그러나 생각의 바탕이 달라, 서양에서 노인을 보살핌은 약자이기 때문이지, 우리처럼 나이 자체를 존경하는 경로사상에서 하는 게 아니다. 가끔 노인 대접 않는다고 외장치며 난동을 부리는 노인의 생각도 거기서 나온 거다.

'효'로부터 파생된 장유유서는 연하자(年下者)에 대한 비판과 억압의 논리를 제공하고, 여기에 군림하고자 하는 인간의 본성적 욕구가 가미되면서, 선후배 문화가 발생했다. 졸업기수, 고시기수, 입사기수, 데뷔년도 등은 이를 구분하는 기수문화의 지표이다.

어른이 보기엔 다 애들인데도 한 학년 차이에도 선배는 구타 혹은 억압을 하고, 후배는 선배의 명을 따를 수밖에 없다. 다들 이렇게 인간 관계를 상하로 인식하는 문화 속에서 성장해 사회로 나온다. 처음 만나는 사람이면 상대가 나보다 나이가 많은지 적은지, 동문이면 선배인지 후배인지부터 먼저 따져 보고 상하를 설정하고 나서야 인간 관계가 시작된다. 명쾌하게 밝혀지지 않은 관계는 소원하여 친밀해지기 어려운 관계로 남거나 다시는 보지 않는다.

이렇게 많은 문제를 파생한 '효'의 타당성을 따져 보자. '효'는 길러준 행위에 대한 보답이다. 그러나 낳은 자식을 양육해야 하는 것은 부모의 의무일 뿐이며, 그 의무 행위에 대한 권리로서 부모가 섬김을 받아야 한다는 주장은 근거가 미약하다고 나는 생각한다. 아마 자식에 대한 한국 특유의 과잉 투자도 '효'를 기대하는 한 원인이 되고 있다.

공자가 '인'의 실천을 위해 '효'를 강조한 시대 배경은 농경사회다. 당시는 부모의 노동력으로 소출을 얻어 자식을 기르고, 노동력을 상실한 노년에는 자식이 부모를 모시는 게 당연했다. 그러나 현대의 산업화된 사회에서는 뿔뿔이 흩어져 살고, 삶의 형태가 다변화되었으며 수명이 연장되면서 효의 이행이 그렇게 간단한 문제가 아니게 되었다. 더구나 지금은 부모에게 밥만 먹여 주면 살 수 있는 시대가 아닌, '효'의 품목이 많아진 상황에서 무조건 효의 실천을 강요하고 기대할 수만은 없는 복잡한 사회에서 우리는 살고 있다. 현대의 가정에서 '효' 문제로 갈등이 얼마나 많은지는 다 아는 사실이다. 효는 이제 사회안전망 차원에서 다루는 것이 옳다고 본다.

'효'는 또한 장유유서만 만들어 낸 게 아니고, 엉뚱하게 내가 속한 나라에 대한 충성의 개념으로까지 발전했다고 나는 믿는다. 아래에서 위를 향하는 수직적 문화는 개인에서 국가로 향하는 게 자연스러운 것이 아닌가? '충'의 대상인 나라에는 곧, 그 상징물인 국가 권력이 있다. 그러나 나라에 충성하는 것과 국가 권력에 충성하는 것은 엄연히 다르다. 국민의 국가에 대한 의무는 이해할 수 있으나 솔직히 나는 충성이 구체적으로 무엇을 지칭하는 말인지 잘 모르겠다. 충은 어쩐지 국가 권력이나 정책에 맹목적으로 군말 없이 따라야 한다는 느낌마저 주기도 한다. 공교롭게도 유교의 핵심 요소인 충효가 강조되는 시대는 어김없이 자유평등의 가치가 훼손된 시대 아니었나?

내가 잠시 공무원 하던 시절의 한 풍경이다. 함께 가던 과장이 갑자기 걸음을 멈추고 부동자세를 취했다. 왜 그러나 사방을 둘러보니 장관이 멀리서 지나가는 거였다. 대단한 경외감의 표출이다. 장관이 봉급 주나? 난 그런 장면이 생경하고 민망했다. 객쩍은 반골(反骨) 기질이 있어 나는 공무원이 체질에 안 맞았다. 그가 과연 자신에게 봉급을 주는 국민에게도 그렇게 할까? 천만의 말씀이다. 웬만한 국민은 만나 주지도 않고, 국민은 잘못하면 그분에게 혼난다. 그런 사람의 관심은 어제나 위를 향해 있으니 아래로 베풀 여력은 없는 것이다.

내가 모시던 분=상사? 뭘 모셨나? 같이 일한 것뿐이다. 그는 다만 나보다 책임지는 폭이 좀 더 넓었을 뿐이다. '모심'은 업무 외에 인격적 봉사를 포함하는 말로서, 공사 무분별의 표상어가 아닐까? 상관은 업무상의 상하관계 그 이상도 그 이하도 아니다. 업무 추진을 위해서는 지휘 계통이 필요하지만, 신분 자체에 대한 수직 서열은 완화하거나 수평 전환이 필요하다. 장관도, 사장도, 선생도, 청소부도 사회의 한 기능이요, 직분이지 신분이 아니다. 스승도 섬김 대상이 아니므로, 잡음 많은 스승의 날도 폐지가 마땅하다.

유교의 계층은 자식은 부모에게, 유년은 장년에게, 제자는 스승에게, 하급자는 상급자에게, 국민은 왕에게 충성을 바쳐 모든 섬김은 왕에게 수렴되는 구조다. 여기에 효의 연장선상에서 망자에게 보내는 섬김으로 조상 숭배도 나온다. 윗사람을 바라보고, 시간은 미래보다 과거를 향한다. 왜냐하면 윗사람과 과거는 나이가 많기 때문이다.

언어에 나타난 유교사상을 살펴보자. 남녀 차별의 언어인 '사내대장부', 그럼 여자는 뭔가? 여성의 사회 참여가 늘어 요즘은 잘 안 쓰지만, 연속극에서나 듣는 "암탉이 울면 집안이 망한다"는 말도 있었다. 직업 차별 언어인, 사농공상, '사'는 나리, 대감, 선생이요, '농'은 농삿꾼, '공'은 공돌이, '상'은 장사치이다. 위선과 허세의 상징어로 "양반은 얼어 죽어도 겻불은 안 쬔다." 섬김의 상징어로서 호칭의 끝에 붙는 '님'자는 필수, 안 붙이는 건 상상도 못해 어딜 가도 '고객님'이다. 서열과 차별 언어로는 1류, 2류, 3류 학교, 1류 작가, 3류 작가, 일반실, 특실, 국회의원도 내부적으로 계급이 있어 최고위원의 위세는 당당하다. 하다못해 음식 이름에도 계층이 있어 '설렁탕특'도 있다. 지역 차별적 격언도 생겨나 '사람은 서울로, 말은 제주도로'라는 말도 있다. 서울 소재 아닌 대학은 싸잡아 지방대라 부르는 편리한 이분법적 사고는 중앙 지향적 지역 차별 의식의 표상이다. 이런 사회에는 특권의식을 가진 특권층이 반드시 존재하게 돼 있다.

공자의 트레이드마크이면서, 공자 자신도 정의내리지 못한 '인(仁)'은, 대체로 인본주의적 가치를 가지고 있다. 그러나 정치사회적으로는 2천 년 전 봉건적, 수직적 질서 수립을 위한 계층간 차등을 두는 전제시대의 윤리임을 생각할 때, 유교는 유효기간이 만료된 사상이라 아니 볼 수 있을까?

유교에 대한 비판적 사고의 근거는 자유평등이 근간인 자유민주주의에 배치되기 때문이다. 인간 관계를 수직적 구조로 보아, 아버지, 왕, 남편을 섬겨야 한다는 3강(부위자강, 군위신강, 부위부강)은 평등사상 위배요, 5륜의 한 덕목인 장유유서는 나이 차별, 부부유별은 성 차별, 그리고 사농공상은 직업 차별이다. 신분 차별적, 성 차별적, 출세 지향적 가치관을 표방한 유가(儒家)사상은 이 시대에는 잘 맞지 않는 사상이다.

이러한 차별의 문제는 인권상의 이유는 물론이고, 사회구성원 사이의 갈등을 유발해 사회 발전에 저해가 되고, 규격화된 행동과 관념은 새로운 사고와 창조를 가로막기 때문이다.

통계에 의하면, 유교적 가치관은, 유교의 종주국 중국이 가장 적고, 다음이 일본이고, 한국이 가장 많이 남아 있다고 한다. 일본은 명치유신 때 신분 철폐 등 대대적으로 유교 잔재를 청산했고, 중국의 모택동은 정적을 제거하기 위해 벌인 속내가 있긴 했으나 문화혁명의 일환으로 공자의 묘를 파헤치고 사원을 불태우는 소위 '비공운동'을 통해 공자를 확실히 제거해냈다.

실제로 유교의 종주국인 중국에서도 유교는 시대에 따라 변천을 거듭하였고, 중국의 전통사상은 유교 외에 불교와 도가 사상이 균점하는 형태로 존재해 왔다. 최근에 중국이 공자를 회생시키려는 움직임을 보이는 것은 국제정치적 이유와 우리나라의 3공화국이 써먹은 것처럼 공산당 일당 독재에 공자의 '충' 사상이 도움이 된다고 판단한 것 같다.

중국과는 달리 조선의 유교는 특정시대 즉, 송명대의 성리학을 도입하고 심화시킴으로써 더욱 깊게 착근되었을 개연성도 높다. 공론에 그치는 관념적 성리학을 빗댄 '허학(虛學)'에 대비하여, 백성의 실생활을 중시하는 실학(實學)사상도 조선 후기 잠시 나타났으나, 당시 집권세력의 이념인 성리학을 폐지할 정도의 영향력은 없었던 것 같다.

게다가 해방 후에도 정통성이 없는 정권이 상당 기간 지속되다 보니, 치자(治者)에게 유리한 윤리인 유교를 공격할 이유가 없었다는 게 나의 판단이다. 500년 동안 실질보다 명분을 숭상하는 허상의 관념인 성리학을 신봉한 조선은 경제 발전은 뒷전이고 당쟁과 사화(士禍)로 일관해 백성은 굶주리고, 끝내 망국의 비극을 초래했다.

요즘도 연말이 되면 신년 휘호는 대학교수도 알아먹기 힘든 사자성어요, 공맹을 논해야 지식인인 양 신문논단에는 어김없이 논어(論語)가 등장한다. 이는 아직도 이 사회에 유가사상이 뿌리 깊게 자리 잡고, 여론을 유도하는 기득권 세력의 가치로 군림하고 있다는 증거다.

유교 정신의 완화는 지난 100년간 조금은 이루어졌고 앞으로도 퇴출의 길을 밟을 것이나 이를 못마땅하게 생각하는 층위(層位)도 있는 것 같다. 조선 500년간 지속된 유가사상의 잔재를 말소하는 데는 또 다른 오백 년이 걸릴 수도 있다. 때문에 유교의 폐해에 대해서는 토의가 필요하다고 본다. 90년대 후반, 공자를 비판하는 김경일[1] 씨의 저서가 한때 주목받은 적이 있으나 흐지부지되었다. 유학사상이 워낙 뿌리 깊어 1회성 심정적 동조에 그치고 만 것이다.

권력자, 나이 든 사람, 남자 같은 기득권자의 윤리인 유교는 사회의 저변에 도도히 흐르는 사상적 토대다. 하다못해 한국에서는 신흥종교라고 볼 수 있는 기독교, 재래 종교인 불교에도 침투된 결과 호화사치를 일삼는 종교의 실태도 유교적 섬김 문화가 빚어낸 참극이라 볼 수도 있다. 2014년 한국을 방문한 교황처럼 소형차 타고 섬김을 실천하는 분과는 얼마나 대조적인가.

지금 우리 사회의 문제는 자유민주에 배치되고, 비능률과 신사고를 가로막는 유교를 적극 비판할 세력이 없는 것이다. 지금 60대 초반의 나이는 유교 문화의 마지막 세대가 되어야 한다. 지금 젊은이는 유교적인 가치를 많이 탈피했으나 겉치레 문화, 선후배 문화 등 수직적 사고의 잔재는 아직 많이 남아 있다.

1 김경일, 『공자가 죽어야 나라가 산다』, 바다출판사, 1999.

북한의 지도자를 수행하는 사람들은 손바닥만한 수첩에 그의 말을 받아 적느라 정신이 없는 모습이다. 그런데 우리네 회의 풍경도 별반 다름이 없다. 모두 착실한 학생처럼 지도자의 말을 받아 적고 있다. 북에선 서서 적고, 남에선 책상에 앉아서 적는다는 차이뿐이니, 우스갯소리로 민족의 동질성을 확인할 수 있는 한 대목이다. 그러다 보니 지도자의 말을 깊이 생각하여 응용하는 정책은 안 나오고 받아 적은 대로 기계적으로 집행하는 결과를 초래함은 겉치레 문화를 중시하는 사회의 한계이다. 차라리 적는 데 열중하기보다 지도자의 어조, 표정, 몸짓 같은 것에 주목하며 듣는 것이 의도를 파악하는 데 더 효과적이지 않을까?

내가 이런 주장을 펴는 배경은 나 자신이 유교적 배경을 가지고 있기 때문이다. 나는 조선을 대표하는 성리학자인 우암 송시열 선생의 13대 손으로, 전통적 유가의 집안에서 태어났다. 나의 고조부(송병위[2]), 증조부(송준헌[3])는 고종 때 유교 경전에 능통해야 하는 과거에 급제하여, '대현(大賢)'의 자손이라고 고종으로부터 특별히 격려까지 받았다는 기록이 실록에 나와 있는, 골수 유가(儒家)의 후손이다. 어릴 적에 우암 선생이 쓴 대문짝만한 족자도 집에 있었고, 어머니가 부엌 바닥에 앉아 볏짚 수세미로 놋그릇을 이리저리 돌려가며 닦은 며칠 후 어김없이 돌아온 제삿날에는, 낮에 미리 마당의 빨랫줄을 걷고, 새벽닭이 울기 전 늦은 삼경(三更)에 자다 말고 일어나 제사를 지내는 모습을 일 년에 아홉 번은 봐야 했다. 불과 예닐곱 살도 채 되지 않은 나는 죽은 사람에게 음식을 차려 놓고 절하는

2 국사편찬위원회, 조선왕조실록, 고종 17년 8월 7일.
3 국사편찬위원회, 조선왕조실록, 고종 29년 9월 16일.

제례를 포함하는 제반 유가적 가치와 사고에 의문이 들어 반발심이 많았다.

인도적이고 인간적인 사상이 유교에 없는 것은 아니나 자유, 민주, 평등사상이 보편적 가치인 이 시대와는 안 맞는 부분이 많다. 차별적 계층의식을 버리기 위해서는 우선 권위주의적 언어부터 점차로 추방하고, 유교의 문제를 인식하며 살다 보면 유교의 잔재는 점진적으로 소진될 것이라고 믿는다.

그렇지만 수백 년간 조선을 지배한 이념인 유교는 지금도 민족의 핏속에 흐르고 있는 우리의 정신문화유산이므로 이를 일부 보존할 가치가 없다고 말할 수는 없다. 따라서 유생들은 필요한 존재이므로 핍박당해서도 안 되고, 그들의 삶의 터전인 유생촌이 잘 보존되도록 국가 사회적 지원도 필요하다고 본다.

애도의 한계

주인공 뫼르소는 시골 양로원에 있는 어머니가 별세했다는 전보를 받고 휴가를 받아 양로원으로 달려간다. 뫼르소는 슬픔보다 귀찮다는 감정을 가지고 상복을 입고 장의 뒤를 따르면서도 자기 생각에만 잠기어서, 행렬에서 떨어졌다가 지름길로 달려가 합류하며 예를 갖추기는 한다. 장례가 끝나자 그는 해수욕장으로 달려가 놀다가, 밤에는 애인과 섹스를 한다. 그러다 해변에서 아라비아 인을 권총으로 쏘아 죽이고, 감옥으로 끌려갔으나 죄책감은 없다. 재판이 열리고 재판장이 살인 동기를 묻자 그것은 태양 때문이었다고 답하고 사형선고를 받는다. 1957년 노벨문학상을 받은 20세기 실존주의 지성의 상징인 까뮈의 소설 『이방인』의 줄거리다.

우리 조상들은 불과 지난 세기까지도 부모가 죽으면 아침저녁 상식을 올리고 상복을 입고 부모 묘 옆에 지은 초막 속에서 잠을 자는 3년 상을 치렀다(실제로는 3년이 아닌 25개월이므로 '3년상'이란 용어는 조금 과장된 면도 있다). 이러한 상례의 관습은 부모가 자식을 낳아 3년 키웠으니 자식도 부모를 3년간 돌봐야 한다는 공자의 교지(敎旨)에 따른 애도 기준으로 알려지고 있다.

부모의 죽음에 대한 어떤 인간의 태도와 우리 조상의 모습에서 우리는 죽음을 대하는 실존의 양극단을 보게 된다. 『이방인』의 주인공 뫼르소는 물론 정상적인 표준적 인간이 아니다. 그러기에 그는 '이방인' 아니던가! 그는 어머니의 죽음에 대해 슬퍼하지 않았다. 그가 부도덕한 인간인지, 죽음의 본질을 알고 있는 인간인지, 관습을 거부하며 기존 질서에 대해 반항하는 인간인지는 알 수 없다. 다만 그가 죽음을 대하는 실존의 한 모습일 수 있다는 것이다. 한편, 3년상을 치르는 우리의 조상들은 엄숙하게 죽음에 대한 극한의 예를 갖추고 있었다.

"실존주의자가 상상하는 인간이란 정의되지 않는 것이다."

"인간성이란 있을 수가 없다."

"사람은 다만 그가 스스로를 생각하는 그대로일 뿐 아니라, 또한 그가 원하는 그대로다."

"존재는 본질에 앞선다."

실존주의자 사르트르[1]가 쏟아내는 실존하는 인간에 대한 해석이다.

죽음은 이별이고 슬픔을 의미한다. 죽음을 대하는 양극단의 모습에서 슬픔은 어떻게 처리되고 있는 것일까? 가상의 죽음을 수없이 연마한 사람에게 남겨진 슬픔은 얼마나 될까? 뫼르소에게는 진정 슬픔이 없는 것일까? 슬픔을 대하는 태도만으로 애도의 깊이를 가늠할 수 있을까?

1 장 폴 사르트르, 방곤 옮김, 『실존주의는 휴머니즘이다』, 문예출판사, 2014, p.17 참조.

때로는 우리는 그 누구도, 남이 모르고 공유할 수 없는 나만의 슬픔을 가슴속에 품고 살아가기도 한다. 남이 알지 못하기에 위로받을 수 없는 슬픔은 진정한 슬픔이다. 그런 슬픔은 우리를 남몰래 혼자 울게 한다.

형식은 언제나 본질에 영향을 준다. 장의의식도 어쩌면 슬픔을 완화시키는 결과를 가져올지도 모른다. 의식화(儀式化)된 일련의 의식 속에서의 슬픔은 온전하게 보존되기 어렵다. 내팽개친 애도는 진정 슬픔일 수 있으나, 제도화된 장기간의 애도 속에는 슬픔은 없고 형식만이 도사리고 있는 것은 아닌가? 실제로 우리 조상들이 '3년상' 동안 줄곧 진정한 애도가 가능했는지 모르겠다. 남 말하기 좋아하고, 남의 눈을 의식하는 전통 유교사회에서 규격화된 관습만큼 적합하고 편안한 제도는 없을지도 모른다.

삶에서 가장 고통스럽고 두렵고, 힘든 문제는 죽음이다. 같은 죽음이라도 노인의 죽음과 젊은이의 죽음은 다르다. 부모가 죽으면 산에 묻고, 자식이 죽으면 가슴에 묻는다는 우리 속담에서도 죽음을 대하는 존재의 모습이 다름을 알 수 있다. 사랑하고 사랑받던 대상의 소멸, 오랫동안 함께 한 시간 속의 회한, 내 자식의 부모로서의 역할의 상실, 생계의 위협과 불편을 초해하는 배우자의 죽음은 남겨진 자들에게 주는 고통과 슬픔이 커서 다른 죽음에 비할 바가 못 된다. 그러나 큰 애상(哀傷)을 초래하는 배우자의 죽음은 대체할 수단을 찾는 역설적 반전을 초래하기도 한다. 죽음을 대하는 존재는 인연에 울며 소멸한 것에 대한 애착을 보이지만, 사뭇 죽음의 영향에 지배되어 새로운 삶을 꿈꾸는 이중적 존재로서, 불가피하게 스스로 애도를 청산할 수밖에 없는 경우도 발생한다.

한동안의 애도는 자연스럽고 슬픔을 이기기 위해서도 필요한 시간이다. 눈물은 슬픔을 완화시켜 주는 장치이므로 충분히 눈물을 흘려야 한다. 마치 빗물이 흘러내려 대지를 정화하듯이 흐르는 눈물은 우리의 슬픔을 씻어내 준다.

그렇지만 애도가 지나치면, 너는 죽었지만 나는 영원히 살 것 같은 착각의 오류에 빠질 수도 있다. 우리는 늘 죽음을 끼고 살아가고 있으나, 다만 죽는 그날을 모를 뿐이다. 오늘도 한 그루의 사과나무를 심고, 희망의 노래를 부르고 있지만 어느 누구도 영원히 삶을 지속할 수는 없다

종교는 죽음을 대비하기 위한 것이라고 여겨지면서, 저마다 자신의 신에게 기구하고 있는 게 존재의 모습이다. 기독교는 믿음을 통한 영생을, 불교는 윤회를 통한 재생을 말한다. 무종교인 사람은 죽음에 대한 수행자적 인식을 통해 '사(死)'에 대한 재인식의 기회를 가질 필요도 있어 보인다.

"삶이라는 것은 의식의 투영으로 시작하고, 이 투영된 의식이 사라졌을 때를 죽음이라고 한다. 죽음의 공포는 단지 계속 살고자 하는 욕구, 즉 타인으로부터 '독립된 나'라는 환상의 실체를 계속 유지시키고자 하는 욕구의 산물일 뿐이다. 따라서 '나라는 것'의 정체를 아는 사람은 삶과 죽음이라는 표면적 이중성의 허위를 아는 것이다."

"이러한 혼란의 근본 원인은 태어남과 죽음, 그리고 그 사이에 벌어진 삶이라는 사건을 경험하고 느끼는 자율적인 실체가 있다는 그릇된 믿음에서 비롯된 것이다."

단지 시간의 흐름 속에서 느끼는 '나'는 본시 실체는 없는 의식의 투영이라고 인도의 수행자 '마하라지'[2]는 주장하고 있다. 육신은 시간이 되면 흔적도 없이 사라지는 존재이고, 삶은 현상에 불과한 것이므로 단지 의식의 소멸인 죽음은 그에게 두려움의 대상도 슬픔의 대상도 아닌 것이다.

애도에는 한계를 둘 수밖에 없다. 우리는 모두 죽어야 할 운명이기 때문이다. 더구나 아무리 슬픈 죽음도 나와 직접 상관없는 죽음은 곧 잊히기 마련인데도, 집단적 사회적 과도한 애도는 불순하고, '열정' 후의 '냉정'을 초래하여 급격한 망각을 초래할지도 모른다. 죽음은 누구에게나 찾아오고, 망자를 따라갈 수도 없으니, 죽음은 언제나 승화의 대상일 뿐 별다른 도리가 없다.

2 라메쉬 발세카, 이몽규 · 송영훈 옮김, 『담배가게성자(Pointers from Nisargadatta Maharai)』, 책세상, 2012.

원증회(怨憎會)

기독교가 인간의 죄의 문제를 해결하는 종교라면, 불교는 인간이 받는 고통의 문제를 해결하는 종교이다. 인생 '고(苦)'의 인식으로부터 시작되는 종교인 불교에서 보는 고통은, 우선 생로병사의 사고(四苦)가 있고, 여기에 싫은 사람을 만나 같이 있어야 하는 원증회고(怨憎會苦), 좋은 사람과 헤어져야 하는 애별리고(愛別離苦), 원하는 것을 얻을 수 없는 수구부득고(所求不得苦), 오온[1]에 집착하는 오온성고(五蘊盛苦)가 보태져 팔고(八苦)라 한다.

나는 불교도가 아니지만, 불교가 운명적인 생로병사 외에, 중생의 일상적 고통을 헤아려주는 면에서 대중에게 사랑받는 일상 친화적인 매우 인간적인 종교라 생각한다. 신의 존재나 영혼의 문제 같은 형이상학을 논하기보다 인간 고의 해결에 주목함으로써 '붓다는 때로는 반형이상학적 실용주의자로 불린다.'[2] 이는 기독교의 신은 인성과 영성을 가진 존재이나, 불교의 석가모니는 오로지 인간이었기 때문인 것 같다. 더구나 석가모니는 왕자로 태어나 결혼

1 색수상행식: '색'은 육체를, '수'는 고통·쾌락의 작용, '상'은 심상(心像). '행'은 의지작용·'식'은 인식을 지칭.

2 R. 폴리간들라, 이지수 옮김, 『인도철학』, 민족사, 2006, p.55에서 인용.

해 아들까지 뒀던 사람으로서 인간 세상의 고통을 너무도 잘 알고 있었던 것이다.

어느 날 업무상으로 관계가 있는 분이 찾아와 단도직입적으로 지인(知人)에 대한 듣기 거북한 비밀을 내게 말해 주고 갔다. 누군가가 내게 남의 비밀을 알려 주려 하면, 말을 꺼내기 전에 단호하게 듣지 않겠다고 선을 긋는 게 나의 신조였으나, 그날은 내가 말릴 틈도 없이 느닷없이 말을 꺼내고 말아, 뒷맛이 여간 개운치 못한 것이 아니었다. 다만 비밀이 노출된 당사자와 내가 친밀한 사이가 아니어서 다행이다 싶긴 했다.

호기심 많은 사람이라면 누구나 남의 비밀을 듣고 싶어 한다. 그러나 남의 비밀은 내가 알아 좋을 게 하나도 없다. 우선 당사자가 내가 자신의 비밀을 알고 있다고 생각하면 불쾌감을 넘어, 원한을 사고, 이상한 행동을 한다. 공연히 나를 피하거나 외면하고, 타자에겐 나를 이유 없이 비방하기도 한다. 혹여 내가 자신의 비밀을 발설할 것에 대비해 나의 신뢰도를 낮춰 놓는 게 유리하다고 생각하기 때문일 것이다. 남의 약점이나 비밀 얘기는 일체 듣지 않는 게 상책이다. 더구나 그런 말을 들으면, 상대방에 대한 선입견이 생긴다는 측면에서도 반가운 일이 아니다.

직장 내부에 혹은 동업자 중에 어떤 이가 나를 유독 싫어하거나 반대로 내가 특별히 싫어하는 사람이 있을 수 있다. 그 이유가 경쟁 관계에 있거나, 서로 가치관을 경멸하거나, 사고방식에 이질감을 느끼거나, 자신을 백안시하거나, 내게 피해를 주기 때문이라면 그럴 수도 있으나, 이와는 차원이 다른 이유로 원증회의 대상이 되는 건 어처구니없는 일이다.

상대방의 비밀을 알고 있으면 안 된다. 상대방이 자신의 비밀을 알고 있다는 사실을 눈치챘다면, 원한과 미움을 사는 원증회의 고통을 주게 되는 것이다. 원증회고는 경우에 따라 위해가 뒤따를 수 있어 상당한 위험을 수반하기도 한다.

사실 비밀이래 봐야 가문, 출생, 가내 사정, 사생활, 학력, 인간관계 등에 관한 것으로 타자가 알아도 별것 아닌 것이라는 내 생각과는 달리 당사자는 상당히 심각하게 생각할 수도 있다.

나는 아이들 기를 때에 애들 일기장을 보거나, 서랍을 열어 무슨 물건이 있는지 뒤져보지 않았다. 자녀에게 이상한 면이 보이는 상황이 아니라면, 자녀들이 스스로 공개하거나 말한 것 이외에 자식의 내면이나 사생활을 훔쳐보는 건 아무리 부모라도 인격 침해에 해당하고, 실제로 교육적으로도 이롭다는 보장이 없다.

사회 생활에서 자신의 존립 방편으로 남의 약점을 수집해 필요에 따라 사용하려는 경향을 보이는 사람도 있다. 하지만 그건 매우 위험하고 어리석은 짓이다. 왜냐하면 기밀을 알고 있을 개연성 하나만으로, 무슨 일을 같이 도모하기도 전에 그는 배척을 당할 수 있기 때문이다.

수십 년 전의 일이다. 내가 잠시 방을 비운 사이에 내 방에 혼자 남겨져 있던 지인이 내게 온 편지를 읽는 모습을 목격한 적이 있었다. 그 후로 경계 대상이요, 인격을 의심받는 처지가 된 그는 불행한 일을 자초한 셈이다. 나는 남의 서신을 몰래 볼 생각도 없고, 보여줘도 안 본다. 그리고 타자의 개인적 처소에 내가 홀로 남겨지는 상황도 피하는 게 좋다고 믿는다.

사실 국가기관에서도 통치자가 가장 두려워하는 사람은 자신의 약점을 아는 자이므로 그런 자리에는 심복을 앉히기 마련이다. 그럼에도 자리에서 물러나게 하면 비밀을 발설하여 죽임을 당하는 경우도 볼 수 있었다.

기업에서 물러나는 임원에게 후한 사례를 하는 것도 업무상 기밀을 지켜달라는 것이고, 전관예우도 비슷한 맥락의 한 이유가 될 수 있다. 사실 같이 일을 도모하고서 나중에 자신만 빠져나가는 행위는 소위 배신으로 간주하지만, 같이 한 일이 정당성이 결여된 일이었다면 배반이 일어나지 않는다고 가정하는 건 어리석다.

부처님도 인간인지라 싫은 사람과 같이 있어야 하는 고통을 '원증회고'라 지칭하였으니, 부처의 인간적 측면이 느껴지기도 하지만, 그게 우리네 삶에서 적지 않은 고통인 것을 새삼 깨닫게 한다. 나는 아무런 행위도 하지 않았는데, 단지 내가 너의 비밀을 알고 있을지도 모른다는 이유만으로, 내가 증오의 대상이 된다면 억울한 일이다. 그러니 타자에 대한 비밀스런 거북한 얘기는 들으려 하지도 말고, 말해서도 안 된다. 혹시 들었다 해도 내 선에서 틀어막고 발설해서는 안 되는 것이리라!

'피타고라스 정리'로 유명한 그리스 철학자 겸 수학자인 피타고라스는 한 변의 길이가 1인 정사각형의 대각선 길이를 수로 표현할 수 없다[3]는 것을 알고 크게 당황하고 수치스럽게 생각한 것 같다. 그는 세상의 만물을 수로 표현할 수 있다고 공헌한 선지자로서 정사각형 내부의 일을 모른다는 것을 인정하기 어려웠을 것이다. 피타고라스는 추종자에게 이 사실을 비밀에 부치고, 절대 발설하

3 레오나르드 믈로디노프, 전대호 옮김, 『유클리드의 창: 기하학 이야기』, 까치, 2013.

지 말도록 명했으나, 이단자는 언제나 있는 법! '히파수스'라는 제자가 이를 발설해 죽임을 당했다는 말이 전해 내려온다. 입을 다물고 있었다면 '히파수스'는 죽임을 당하지는 않았을 것이다. 무리수 도입에 대한 저항은 그 후로도 수천 년간 계속되다 19C 후반에 독일 수학자 칸토어에 의해 입지가 구축된다.

남의 비밀은 모르는 편이 좋다. 모르면 말할 가능성은 0이고, 원증회의 대상이 되는 일도 없을 테니까 말이다.

문상(問喪)의 발견

국화꽃 한 송이 영정 앞에 바치고 잠시 고인의 명복을 빈 후, 유족에게 위로의 말 몇 마디하면서 물러나면 기계적이고 형식적인 문상은 끝이 난다. 고작 걸린 시간은 단 2~3분 정도이다. 문상 후에는 잠시 다른 문상객과 잡담을 하다가 이내 되짚어 집으로 돌아와야 한다.

같은 지역이 아닌 먼 곳에서 찾아와 문상을 하고 돌아서는 사람의 마음엔 언제나 공허함이 있다. 내 경우를 예로 들면 서울-대전 사이 KTX로 1시간 거리라고 가볍게 생각하는 게 서울 사는 사람들의 생각이다. 실상은 그렇지 않다. 기차 타는 시간만 1시간일 뿐, 집에서 기차역까지 나가고, 표 사고 기다리고, 서울역 내려 목적지까지 가는 데는 총 3시간 이상이 걸린다. 운 좋으면 왕복 6시간 소요되지만, 기차표 매진 된 날은 서울에서 자고 아침에 내려와야 한다. 그러나 나는 여기서 문상의 번거로움을 말하려 하는 것은 아니다.

문상 후 찾아드는 느낌이나 생각은 두 가지다. 첫 번째는 앞서 언급한 수고함에 대한 허탈함과 문상 의무를 완수한 홀가분한 마음이다. 같이 슬퍼함으로써 상주에게 위로가 필요한 슬픈 죽음도 간혹 있기는 하지만, 대개 노인의 일상적 죽음을 접하는 경우가 대부분이다. 거추장스런 의례적 문상은 '현존재'의 일상이 다른 사람의 지배하에 놓여 있음을 입증하는 대목이다. 천수를 다한 노인의 죽음은 호상이지만 설령 '슬픈' 죽음이라도 마찬가지다. 나의 생애에 영향을 주지 않는 죽음은 어쩔 수 없는 잠시의 슬픔일 뿐이다.

고인의 명복을 빌고 유족을 위로하는 의식인 문상은 살아 있는 자가 어떤 사람의 죽음을 확인하는 자리이기도 하다. 문상 후 오는 두 번째 생각은 놀랍게도 그는 죽었으나, 나는 여전히 살아 있다는 부당하고 뜬금없는 불경한 안도감이다. 문상은 언제나 '죽음'을 애도하고, 생각하기보다 산 자와의 불가분의 관계를 확인하고, 아직은 멀리 있는 나의 죽음에 대해 안도하고 곧 안온한 일상으로 돌아오는 자신을 확인하는 어이없는 프로세스이다. 문상은 '사람은 죽는다'는 죽음의 일상성을 확인하는 자리일 뿐이다.

철학자 하이데거(1889~1976)는 인식하는 인간에서 시간 속의 인간으로 인간 해석의 전환을 시도한, 그의 저작 『존재와 시간』에서 무려 40여 쪽[1]을 할애해 죽음을 대하는 '현존재'의 모습에 대해 예리하게 파헤치고 있다. '사람은 죽는다'라는 말에서, '사람'이라는 단어 자체가 죽음을 세인의 신상에 일어나는 남의 일처럼 여기고 있다는 느낌을 준다고 그는 지적한다. 사람은 언젠가 반드시 죽지만 지금 당장에 그런 것은 아니라는 세인의 태도에서 죽음의 확실성을 애매하게 인정하고 있을 뿐이라고 말한다. 발생하는 사건으로서의 사망은 단순한 경험적 확실성밖에 가지지 못하므로 그런

1 마르틴 하이데거, 전양범 옮김, 『존재와 시간(원제: SEIN UND ZEIT)』, 동서문화사, 2014, pp.302~344.

자세로는 '현존재'가 죽음을 본질적 '존재 양상'으로 확실하게 깨닫기는 불가능하다고 하이데거는 단언한다. 그는 인간을 '죽음으로부터 끊임없이 도망치는 존재'로 보았다.

그의 주장은 "죽음의 확실성을 알면서도 죽음의 가능성을 자신의 존재에 적용하여 확인하는 일은 하지 않는다."로 이어진다. '사.람.은.죽.는.다'. 그러나 '나.는.죽.는.다.'는 말은 결코 들어본 적이 없고, 나 또한 그런 말을 입 밖에 꺼낸 적이 없다. 사람은 죽지만 언제 죽는지는 모른다는 미확정성을 앞세워 사람들은 교묘하게 삶의 '안온'함 뒤에 죽음을 내던지고 살아가고 있는 것이다.

죽음의 은폐와 회피를 지적하는 하이데거의 인용을 떠나, 사람들이 죽음에 대한 깊은 생각을 회피하는 이유는 무엇일까? 죽음에 대한 두려움이 있기 때문이다. 선험의 대상으로서 죽음의 본질을 아는 건 사람에겐 어려운 과제이다. 종교인조차 죽음 앞에 두려운 모습을 보이는 경우에 대한 목격담도 있고 보면 더욱 그렇다. 죽음이 두려운 이유는 미지의 세계에 대한 불안 때문이다. 의지적 삶을 계속할 수 없는 미지의 곳은 불안 그 자체다. 현실에서의 생존조건이 좋건 나쁘건 간에, 살아 있음을 택한 자는 생사의 다툼에서 긍정의 편에 서 있음을 뜻한다. 자살하는 사람은 현재의 삶의 유지가 고통스러웠기 때문이라는 사실에서 역으로 생명에의 애착 이유를 추적할 수 있을 것이다.

죽음이 두려운 또 다른 이유는 양심 때문이다. 양심이 무엇인지에 대해서는 철학자 사이에서도 많은 논란이 있으나, 나는 단지 나의 잘못을 깨우쳐 주는 마음의 도구 정도로 해석할까 한다. 이 세상에서 지은 죄가 너무 크기 때문에 양심이 해결하지 못하고, 떠나는 저세상에 대한 두려움이 있기 때문이다.

죽음의 두려움에도 불구하고 '현존재'에게 죽음이 확실한 실존임을 깨닫게 하는 이유는 무엇일까? 간단하다. 죽음에 대한 절절한 인식은 현재의 나의 삶을 인도하여 어떻게 살 것인가를 지시하기 때문이다. 또 죽음의 인식은 다른 사람의 지배에서 벗어나 본래의 자아로 회귀할 수 있는 잠자던 의식을 일깨워 준다.

사람은 어려서는 자신이 하고 싶은 대로 하고 산다. 이것은 '아(我)'의 본 모습이다. 그러나 나이가 들어가며 조금씩 자기를 위장하기 시작한다. 생존에 이롭기 때문이다. 위장된 자아, 가짜의 나를 '위아(僞我)'라고 부른다면, 우리네 삶은 '아'+'위아'의 연출이다. 아니, 대부분의 사람들은 가짜인 '위아'를 전면에 포진하며 살아가고 있는지도 모른다. 인간의 행위는 한 꺼풀 벗기면 모두 이기심에서 나온 것이고, 우리의 미덕은 위장된 악덕이라고 말한 '라 로슈푸코'의 말은 냉소적 과장이라고 말하기 어렵다.

진정 어떤 죽음을 애도하고 산 자를 위로하기 위해 가는 문상은 얼마나 될까? 산 자와의 관계를 의식하여 내키지 않는 발걸음을 한 게 아니었을까? 상가에 모인 많은 사람 중에 누군가를 만나 사교하고, 나의 존재를 알리려는 의도는 없었나? 사방을 두리번거리며 불이익을 당하지 않기 위해 문상을 하는 사람도 있을 것이다. 남과 같아지려고 노력하고, 때론 남과의 차별을 위해 애쓰며 살아가는 삶에, 나는 없고 고작 '남'이 나의 안방을 차지하고 있는 것은 아닐까?

광의로 보면 '위아'도 '아'의 지시를 받은 결과이므로 '아'의 한 부분이지만, 진정으로 가치 있는 삶은 '위아'를 몰아내고 '진아(眞我)'로 돌아온 생애다. '위아'는 나의 본성과는 상관없이 생존을 위해 불가피하게 도입한 가식과 위선 그리고 관습의 껍데기이기 때문이다. 그러나 '진아'로의 삶은 '자유'에의 고귀한 승리임에도 현실의 초월이므로 언제나 죽음에 대한 강력한 자각을 품고 사는 자에게만 주어지는 용기와 결단의 산물이다.

홀로 외롭게 죽어야 하는 게 인생의 숙명인데, 홀로 죽는 연습이 필요하지나 않을까? 요즘은 문상 가면 영정 속의 인물을 들여다보며, 내 사진이 그 속에 들어가 있는 상상을 해본다. 그 모습까지 자아가 숙성하는 데는 60년 이상의 세월이 흘렀다.

한 사람의 삶을 변화시킬 수 있는 자율적 의지는 죽음에 대한 확실한 자각 이외에 아무것도 없다. 왜냐하면 죽음은 모든 것을 다 내주고 '무(無)'로 돌아가는 명백한 과정이기 때문이다. 여기에 신념과 종교의 역할은 사람마다 제각각이다.

니체와 『짜라투스트라는 이렇게 말했다』

내가 70년대 대학 시절 가정교사로 있던 집의 학부모는 재벌기업 회장의 비서실장이었다. 살림살이의 형세로 보아 그 자리의 위세를 감지할 수 있었으나, 정작 그분은 친화력이 있어 나와 마주칠 때면 언제나 정월 초하루처럼 '오랜만입니다' 하며 정말 반가워 어쩔 줄 몰라 했다. 교습을 마치고 나올 때면, 항상 차 한 잔 하고 가라며 붙잡고, 어떤 때는 그 부부와 내가 셋이 화투놀이도 같이 한 적도 몇 번 있었다.

"공대 출신은 시야가 좁다. 기술자는 철새다. 다른 기업에서 돈을 더 준다면 미련 없이 가버리더라."

계열사의 인사 전모를 파악할 수 있는 재벌기업의 비서실에서 본 그분의 시각이어서 나로서는 새겨들을 필요가 있었다. 그 말에 나도 동의한다. 당시 공대생은 나라의 앞날을 토의하고 학생운동에 가담하기보다 언제나 현실적이고 실리적인 대화를 하는 부류가 주를 이룬 것 같다. 엔지니어들은 효율과 수치를 중시하고, 관념적인 것을 배격하는 성향이 강하다. 엔지니어는 시야가 좁다는 문과 출신의 판단은 인정해 줄 부분이 있다. 그러나 공대 출신이 보는 문과 출신은 어떤가? 무슨 일에나 말이 앞서고 할 줄 아는 게 별로 없을 뿐더러 비현실적이고 실행력 없는, 뜬구름 잡는 사람들이란 인식이 마음속에 자리 잡고 있었다.

그런 연유에서인지 2000년 하고도 10여 년이 지난 지금의 한국은 이른바 '인구백'이란 말이 유행어가 되었다. 인문계 출신 9할이 백수라는 것이다. 기업 측에서 볼 때, 인문계가 할 수 있는 일을 이공계 출신은 다 할 수 있으나, 인문계 출신은 특별한 능력이 없다고 보는 것이다. 경기가 좋을 때는 구색을 맞춰 사람을 뽑았으나, 인건비 절약이 절실한 시점에서는 기술자에 편중된 인사는 불가피한 선택이고, 대기업의 사장 또한 공대 출신이 득세하는 시대가 되었다.

학과의 행정조교도 수치에 밝은 이과계 출신이 통계 등의 업무처리에 효용성이 더 큰 것 같다. 이것이 저것보다 많다고 개관을 말하는 인문적 표현보다, 이것이 저것보다 몇 % 많다고 구체적 수치를 들어 말해 주면, 되물을 일이 없지 않은가! 더구나 세상은 아날로그에서 디지털 시대가 되면서, 모든 게 숫자로 표시되는 세계가 되었으니 앞으로도 이공계 출신의 지평은 더 확장될 전망이다.

그런데 나이 들어 세상을 살아 보니 꼭 숫자와 능률만이 능사가 아니란 생각이 슬며시 들게 되었다. 공대생의 '좁은 시야'를 극복하고 인문적 소양을 쌓기 위해 평소 책을 가까이 하고 살아온 나의 생애 때문인지, 나이가 들자 실물이 인간에게 주는 본질적 가치가 무엇인지 자꾸 되묻게 된다. 그까짓 돈 몇 푼 더 받는 게 뭐 그리 중하고, 좀 더 성과를 내는 게 내 인생의 행복과는 어떤 관계인지, 생에 대한 보다 근원적 의문과 회의가 들기 시작했다. 내가 니체를 읽게 된 것은 그러한 이유에서다.

철학자 니체(1844~1900)는 내가 책으로 만난 사람 중에 가장 웃기는 사람이었다. "나는 왜 이렇게 현명한가?" "나는 왜 이렇게 영리한가?" "나는 왜 이렇게 좋은 책을 쓰는가?" 그의 저작 『이 사람을 보라』는 읽어 보기도 전에 그 소제목만 봐도 웃음이 나왔고—물론 내용은 우습지 않다—그의 대표작 『짜라투스트라는 이렇게 말했다』를 읽으며 여러 번 또 웃었기 때문이다. 내용이 다소 어려워 니체의 작품으로 박사학위를 받은 독일인 '뤼디거 슈미트'가 발간한 해설서[1]의 도움을 받을 생각도 있었으나, 그런대로 쉽게 읽혀져, 그의 해설서가 나의 생각과 비교하는 용도로만 확인된 점은 그간 철학공부 덕인가도 싶었다.

니체는 '수천 년 이래 최초의 책이자 미래의 성서이며, 인류 문명이 내재하고 있는 인간적 창조성의 최대의 폭발'인 '짜라투스트라'가 최초로 조망되고 있다면서, 자신이 지은 책이 성서가 될 것이란 터무니없는 주장에다, 이 책이 인류에 대한 역사상 가장 위대한 선물이라고 자화자찬하며, 스스로 너무도 많은 꿀을 모은 벌처럼 지혜에 지쳐 그걸 베풀어 주려고, 10년 만에 산에서 '도를 닦은' 후 하산한 사람이 '짜라투스트라'라고 한다. 물론 그는 니체의 생각이 투사된 글 속의 인간이다.

'민음사' 번역본을 기준으로, 4부 소제목 84편으로 구성된 서사시 혹은 수필 형식을 취한 이 책에서, 모든 소제목이 끝날 때마다 후렴처럼 읊조리는 대목인 '짜라투스트라는 이렇게 말했다'는 책

1 뤼디거 슈미트, 코르도 슈프레 켑젠, 김미기 옮김, 『쉽게 읽는 니이체』, 이학사, 2009.

의 제목이 되었다.

이 책의 핵심은 '인간은 극복되어야 하는 존재'로서 기존의 가치와 사고를 버리고 새로운 인간상인 '초인(超人)'이 되라는 것이다. 극복 대상으로 답습적인 삶을 사는 인간의 행태를 말하고 있다. 니체는 젊어서 '생에 대한 맹목적 의지'의 제거를 통해 인간 고통의 해결을 주장한 염세적인 쇼펜하우어 철학에 심취했다. 그러나 니체는 쇼펜하우어의 사상을 '극복'하고, '힘에 대한 의지'를 내세우며, 긍정적 삶을 살아 새로운 가치를 창조하는 미래적 인간인 '초인'을 주창하기에 이른다.

니체의 『짜라투스트라는 이렇게 말했다』는 초인, 최후의 인간, 힘에의 의지, 영원 회귀 등이 핵심이다. 초인(ubermensch) 이전의 인간을 지칭하는 'der letze Mensch'는, 적합한 어휘를 찾는 데 어려움이 있었는지, 옮긴이에 따라 '최후의 인간', '말종인간', '천민' 혹은 '말인'으로 표기한 부분은 비전공자들이 초인의 개념을 파악하는 데 다소 혼란이 있을 수 있다는 주제넘은 생각도 든다.

제4부 '차원 높은 인간에 대하여' 3절에 보면 짜라투스트라 앞에 수식어로서 첫 번째 인간이란 표현이 있다. 인간 스스로를 극복하고 '초인'이 된 첫 번째 사람으로서 '짜라투스트라'를 지칭하는 것에서 이전의 인간을 '최후의 인간'('der letze Mensch')으로 명명한 것 같다. 구시대 '최후의 인간'을 보내고 최초의 초인이 된 짜라투스트라를 첫 번째 인간으로 맞이하면서 새로운 인류, 즉 초인의 시대가 열리기를 기대한 것이다. 여기서 구시대의 마지막 인물을 묘사하는 용어가 '최후의 인간'이라 해석할 수 있다. '최후의 인간'은 새로운 가치 창조 없이, 세속적 가치를 추구하며 별 생각 없이

살아가는 '보통 사람'을 지칭한다고 봐도 무방하지 않을까?

아무튼 초인의 개념을 이해하는 단서를 주는 '최후의 인간'에 적합한 우리말 용어를 부여할 수 있었으면 좋았을 텐데, 별다른 대안이 없는 것 같아 아쉽다. 그저 '보통 사람', '지난 시대 인물' 혹은 '비초인'이라고 옮기는 것도 어색하니 말이다. 번역자의 고뇌가 느껴진다.

목사의 아들이고 목사가 되길 원했던 어머니를 둔 니체이건만, 그의 '신은 죽었다'는 말은 철학을 모르는 사람들도 한번쯤은 들어봤을 것이다. 니체는 사상적 가치대립의 관점에서 인간의 역사를 '로마 대 유태' 혹은 '유태 대 로마'로 보았고 여기서 유태가 승리하였다고 결론짓는다. 이는 기독교인에게는 큰 충격이요, 모욕이 될 수 있는 '세 명의 유태인 남자와 한명의 유태인 여자'(나사렛 예수, 어부 베드로, 양탄자 짜는 바울, 그리고 예수의 어머니 마리아)[2] 앞에 수천 년간 머리 숙여온 유럽의 기독교 역사를 지칭하는 것이다.

니체는 나라를 잃은 유태인의 원한과 복수심의 줄기에서 나온 '사랑'을 앞세우고, 인간의 자연 본능에 원죄 의식을 발명해 내어, 죄 사함이란 거부할 수 없는 유혹을 내세운 기독교 앞에 유럽의 인간들이 내던져졌다는 것이다. 동물의 일종인 인간의 욕망에 죄의식(=신에 대한 채무의식)의 너울을 씌운 기독교는 아름다운 여인을 보고 음심(淫心)을 품기만 해도 죄가 된다고 하고 있으나, 이 언명(言明)은 인간에게 적용할 선악의 개념이 될 수 없다는 게 니체의 생각으로 해석된다. '죄 속에 자리 잡은 음심이 현존재의 근원이

2 프리드리히 니체, 김대현 옮김, 『도덕의 계보』, 2011, 청하, p.61에서 인용.

아니던가?' 하고 '너무나 인간적'으로 따져 묻고 있는 것 같다.

죄인인 걸 인정하지 않을 수 없게 설정된 조건 아래 놓인 인간들에게 나를 믿으면 죄 사함을 받는다는 유혹은 떨쳐버리기 힘든 것이라고 니체는 생각했다. 기독교의 신이란 그렇게 만들어진 것이므로 인정할 수 없다는 게 니체의 기본 입장이다. 따라서 그 앞에 찬가를 읊조리는 유럽의 인간들의 무력감, 나태, 겸손, 나약함을 지적하면서 그 원인으로 기독교를 지칭하고 있다. 니체는 또한 자신들이 만들고도 정작 기독교를 믿지 않는 유태인의 모습에서 그들의 속내를 꿰뚫어 보고 있었는지도 모르겠다. 왜냐하면 유태인의 무력감과 복수심에서 자신들을 짓밟은 타민족에 대한 정신적 우위를 점하기 위해 만들어 낸 종교라면—물론 초기 기독교는 '할례 면제'를 앞세워 유태인에 대해서도 선교 노력은 있었다—굳이 유태인 자신들이 믿어야 할 이유를 이심전심으로 발견할 수 없었기 때문인지도 모르리라.

이렇게 니체가 '신은 죽었다'며 기독교를 공격한 원경(遠景)에는 우선 그리스 로마의 글을 해석한 문헌학자 출신인 그가 역사상 신들의 개념의 변화를 보며 느낀 모순에서 출발했을 거라고 상상할 수 있다. 나의 이런 생각은, 『짜라투스트라는 이렇게 말했다』가 나온 직후, 니체가 미치기 전 해인 1887년에 쓴 논문 형식의 글 『도덕의 계보』를 읽은 후 형성된 것이다.

그리스의 신은 인간이 주체적으로 필요에 따라 창조하고 이용한 신이었으나, 니체에게 기독교는 군림하며 인간을 단죄하고 구원하기도 하는 이질적 신이었기 때문이 아니었을까? "그리스의 신들은 인간이 사악한 점에 있어서까지 인간을 옹호하는 데 이용되었던 것이다."[3] 반면에 기독교의 신의 출현은 최대한의 '채무의 죄책감'[4]을 지상에 가져왔다고 주장하면서 이를 해결하기 위해 채권자의 희생, 즉 예수의 죽음을 통해 구원받는다는 기독교의 핵심 교리를 니체는 공격하고 있다. 그의 저작 『우상의 황혼』에서, "뭐라고? 인간이 신의 실책에 불과하다고? 아니면 신이 인간의 실책에 불과한 것인가?"[5] 묻고 있는 데서, 그의 신관(神觀)을 엿볼 수도 있다.

니체의 '신은 죽었다'는 말에 대해, 전통 형이상학의 완성 혹은 정점, 정반대로 형이상학의 몰락으로 보는 광범위한 해석은 너무 포괄적인 것이 아닐까 싶어, 나는 다소 협의적으로 해석하려 한다.

유태인의 정치적 우위는 아니더라도, 정신적 우위에 대한 극도의 거부감과 구역질은 니체의 등록상표인데, 기독교를 폄하하고 공격한 더 근본적인 이유는 앞서 지적했듯이, 인류사상 가장 종교적이고 영리한 유태인의 원한과 무력감이 만들어 낸 기독교에 유럽의 인류가 무비판적으로 순종해 온 점이다. 이처럼 평균적으로 길들여지고 답습하는 사람인 '최후의 인간'에 대비해, 여기서 깨어나 자유정신을 가지고 새로운 가치를 창조하는 신인류로서의 '초인'을 주창하기에 이른 것 같다.

그러기 위해 인간 본연이 갖고 있는 잠자는 능력을 일깨워야 함에 '힘에의 의지'를 주장하고 있다. 그의 '힘에의 의지'는 주로 자기 극복이나 초월을 통한 자기 발전을 의미하는 것이므로 '권력에의 의지'로 번역한 것은 약간 오해의 소지가 있지 않나 싶다.

3 프리드리히 니체, 김재현 옮김, 『도덕의 계보』, 청하, 2011, p.102에서 인용.
4 같은 책, p.98에서 인용.
5 프리드리히 니체, 김재현 옮김, 『우상의 황혼』, 청하, 2011, p.824에서 인용.

니체가 『짜라투스트라는 이렇게 말했다』에서 제시하는 또 다른 사상처럼 보이는 '영원 회귀'에 대해서는 '모든 것은 가고, 모든 것은 되돌아온다. 존재의 수레바퀴는 영원히 굴러간다.'는 인용 이상의 시원한 해설을 철학자로부터 아직 듣지 못한 나로서 무척 궁금했다. 이는 '신은 죽었다'는 그의 반기독교와 무신론적 사상에 기인한 것으로, 존재는 형태만 변해 계속 존재할 뿐 영생이나 천국에 도달하는 것이 아니라는 우회적 표현이 아닌가 추론해 본다.

니체는 자신이 반유태주의자로 오인되는 걸 피하기 위해, '유태인은 1급, 독일인은 5급'[6] 인간으로 자국민을 폄하하기도 했으나, 이는 유태인에 대한 빈정댐이란 의구심도 든다. 어쨌든 니체의 사상을 다소 곡해하여 이를 행동에 옮긴이가 히틀러(1889~1945)다. 거리의 불운한 화가 시절에도 독서는 그 자체보다 목적을 위한 것이라고 믿은 독서광이며, 권좌에 오르기 전에 쓴 『나의 투쟁』을 통해 민족, 정치, 노동 문제, 하물며 당시 유럽에 창궐한 성병 퇴치 방법으로 조혼을 제시하는 등 온갖 사회 문제에 대해 자신의 견해를 밝힌 그가 감옥에서 니체 책을 탐독했다고 밝히고 있지만, 정작 그가 얼마나 니체를 정독했는지에 대해서는 그의 감옥 동료들도 의문을 제기하고 있었다.

그러나 항상 사회 개선 의지가 충만한 히틀러는, 도덕철학의 상징이면서도 유독 유태인에 대해서는 비이성적이고 부도덕하다며 혐오한 칸트에 의해 확신을 갖고, 니체의 '힘에의 의지'에 의해서는 실천력을 얻고, 자신을 '초인'으로 지칭하며 아부하는 동시대의

6 프리드리히 니체, 김재현 옮김, 『도덕의 계보』, 청하, 2011, p.60에서 인용.

지성인 하이데거를 대표로 하는 학계 지식인의 지지를 받아, 급기야 열등한 민족은 우수한 민족이 이끌어야 한다는 그릇된 민족주의로 무장한다. '쥐'에 비유한 유태인의 멸절을 시도한 히틀러는 바그너를 숭배했던 것까지 니체를 빼닮았고 어쩌면 콧수염마저도 그와 비슷하다. 감옥에서 시작된 히틀러의 니체 숭배는 출옥하자마자 니체의 박물관을 방문해 니체의 여동생으로부터 니체가 생전에 산책할 때 쓴 지팡이를 선물로 받았다는 일화도 있다.[7]

철학자 중에 칸트가 오로지 이성적 철인(哲人)이라면, 니체는 철학은 물론, 문헌학자이고 수사적 표현을 즐기는 시인이며, 문명비평가이자 심리학자적인 측면도 보이는 다양성의 인간이다. 칸트의 책은 어려워도 논리적이어서 이성이 발달된 인간이면 이해할 수 있으나, 니체의 저작은 그다지 논리적이지 않아 이성은 물론, 문학, 심리학적 소양이 없이는 이해가 어려운 측면이 있어 모호하고 난해한 느낌을 받게 한다. 그가 방바닥에 아무렇게나 흩뿌려 놓은 생각의 구슬을 잘 꿰어야 비로소 그의 생각의 전모를 파악할 수 있기 때문이다.

1878년 볼테르 사망 1백년 기념으로 '자유정신들을 위한 책'으로 니체가 그에게 헌정한 책이 『인간적인 너무나 인간적인』이라 하니, 종교인의 전횡을 조롱한 볼테르의 자유정신과 교감하여 볼테르를 높이 평가한 인상을 주는 점은 매우 흥미롭다.

그의 자서전 격이며 그의 마지막 저작인 『이 사람을 보라』에서, "사실 나를 염세주의자가 되지 않도록 해준 시기는 나의 기력이

7 이본 세라트, 김민수 옮김, 『히틀러의 철학자들』, 여름언덕, 2014, p.56.

가장 쇠진한 때였다."[8]고 밝히고 있다. 병약한 그가 24세에 시작한 교수직을 10년 후에 그만두게 된 것도 건강 악화 때문이었다. 그의 '힘에의 의지' 철학은 병마와 싸우며 승화시킨 그의 삶에 대한 의지의 소산으로 믿어진다. 실제로 자신의 명민함도 병약함이 자극이 되었다고 니체는 고백하고 있다.

돌이켜 보면, 나의 삶의 족적도 나의 신체적 조건과 무관하지 않다. 50대에 돌아가신 어머니를 닮아 유난히 잠이 많고 허약한 체질인 나는, 젊어서나 지금에나, 시간만 나면 누워 지내야 했으므로, 9시 출근 6시 퇴근, 9시간 근무하는 일반적 근무 형태의 직장생활이 근본적으로 불가능했다. 그러다 보니 내 마음대로 쉴 수 있는 직업을 찾아 지금에 이른 것이다. 내가 쓰고 있는 이 책의 상당 부분도 소파에 누워서 통신기기를 이용해 쓴 것이다. 강의할 때는 물론, 집에서 손님을 맞이할 때도 항상 정장 차림을 했다는 철학자 칸트가 평생 두 번의 청혼을 망설이기만 하고 독신으로 산 것도, 159cm 신장의 왜소한 신체 조건과 무관하지 않을 것이란 억측도 있을 수 있어, 한 사람의 신체와 건강 상태는 생애와 사상에 상당한 영향을 주는 것 같다.

다시 니체로 돌아와, 『짜라투스트라는 이렇게 말했다』가 신약성서의 4복음에 이어 제5복음서로서 미래의 성서가 될 것이란 그의 주장은 책의 신뢰성을 오히려 낮추는 면은 있으나 그의 본질을 관통하는 통찰과 사색은 지성의 등불이 되기에 충분하다. 더구나 살살 눈치만 보며 실리나 추구하고, 무비판적으로 유행이나 사조를

8 프리드리히 니체, 김대현 옮김, 『도덕의 계보/이 사람을 보라』, 청하, 2011, p.197에서 인용.

추종하며 살아가는 '최후의 인간'들만이 존재하는 이 시대에 거침없는 독설과 쾌설의 카타르시스를 제공하는 이 책이 '현존하는 최고의 책'이라는 니체의 자평은 일고의 가치가 있다. "아무리 퍼내도 마르지 않는 샘이며, 그 샘에 두레박을 내리면 황금과 선(善)이 가득 담겨져 나오지 않을 수 없을 것"[9]이란 대목에서 시대의 재조명의 필요성을 느낄 수도 있다. 다만 니체의 무신론적 견해에는 마땅히 개인 간에 이견이 있을 수는 있겠다.

천여 년을 지배해 온 거대한 유럽 정신문화의 뿌리인 기독교를 거침없이 공격한 니체는 광인이 아니면 할 수 없는 글을 써냈고, 당시에는 아무도 듣지 않던 그의 말이 20세기 철학의 출발점이 되었다고 하니, 교회 가지 않는 유럽 사람, 미국 사람의 모습에서 화석화된 유럽과 미국의 기독교에 결정타를 날린 꼴이다.

정작 그가 '기독교를 유감없이 비판할 수 있는 배경은 어렸을 때의 그리스도교적인 환경이 좋은 추억만을 남겨 주었기 때문이다.'[10]라고 고백하며 성직자의 가계에서 태어난 것에 감사하게 여겼다는 아리송한 그의 말은 당혹스럽기도 하다. 타 종교의 공격은 있을 수 없지만, 자신이 속한 종교권 내에서는 비판이 가능했다는 의미로 니체의 말을 해석할 수도 있겠다. 문화의 비판에 익숙하지 않은 순전한 기독교인들은 니체의 말을 들으면 속이 뒤집어질지도 모를 일이나 이는 협량함을 드러내는 것 이외에 아무것도 아닐 것이다.

9 프리드리히 니체, 장희창 옮김, 『차라투스트라는 이렇게 말했다』, 민음사, 2014, p.191에서 인용.

10 프리드리히 니체, 강두식 옮김, 『인간적인 너무나 인간적인』, 동서문화사, 2007, p.936에서 인용.

25세에 교수가 된 천재답게, 각 부의 저작에 단 "10일이면 족했다"[11]니 확신에 찬 그의 영혼을 느끼게 된다. 더구나 누구의 말도 인용하지 않고 니체 자신의 생각만으로 쓰였음은 『짜라투스트라는 이렇게 말했다』의 표제가 스스로 입증하고 있는 셈이다.

"나의 지혜는 이미 오래전부터 구름처럼 모이고 있으며, 더욱 조용해지고 더욱 어두워지고 있다. 언젠가 번개를 낳게 될 모든 지혜는 이와 같이 된다. 오늘을 살고 있는 인간들에게 나는 빛이 되지도 빛으로 불리고 싶지도 않다. 다만 그들을 장님으로 만들고자 한다. 나의 지혜의 번개여! 그들의 눈을 뽑아버려라!"[12] 사람들의 현실에 천착한 눈을 뽑아버리게 하여, 보통 사람을 초인이 되게 하려는 니체의 오만과 독선을 느끼게 하는 구절이다.

"내가 처음으로 인간들에게 갔을 때 나는 커다란 어리석음을 저질렀다. 시장으로 갔던 것이다. 나는 모든 사람들에게 말을 했지만, 사실은 그 누구에게도 말하지 않은 셈이 되고 말았다."[13] 평균적 인간의 표본인 시장 사람에게 다가가 지혜의 말을 들려 주려 했으나 모두 듣지 않았다는 말에서 우리는 니체의 '고독'을 느낄 수 있다. 짜라투스트라의 말을 누구나 자유로이 들을 수 있는 능력이 있는 것이 아니어서, 선택된 자만 들을 수 있는 특권이 있다고 니체는 주장했다.

짜라투스트라 4부는 1~3부와 달리 나중에 출판을 시도했으나

11 뤼디거 슈미트, 코르도 슈프레 켑젠, 김미기 옮김, 『쉽게 읽는 니이체』, 이학사, 2009, p.35에서 인용.
12 프리드리히 니체, 장희창 옮김, 『차라투스트라는 이렇게 말했다』, 민음사, 2014, p.508에서 인용.
13 같은 책 p.502에서 인용.

출판업자를 찾지 못해 자비로 오직 40부만 출판했다고 하니 현실에서도 그의 '고독'이 처량할 뿐이다. 더구나 38세가 되도록 단 한 번도 자기의 애를 낳게 하고 싶은 여자를 찾지 못했지만, 이 여자만큼은 예외라고 실성한 사람처럼 일곱 번[14]이나 니체를 절규하게 한 '살로메'를 만났으나, 결국 청혼을 거절당한 지 5년 후 그녀의 결혼 소식에 우울증에 빠졌다고 한다.

그후 니체는 몇 편의 저작을 더 내고, 죽기 전 12년은 정신병원을 전전하다 세상을 떠났다. 여기서 양대 세계대전에서 독일의 적국이었던 영국 출신의 작가 세라트가 최근에 펴낸 니체에 대한 평을 들어보는 것도, 그에 대한 균형적 사고를 유지하는 데 도움이 될 것 같다.

"니체가 죽은 뒤에 대중은 그와 그의 저서에 소름끼치도록 매혹됐고 그는 악명 높은 베스트셀러 작가가 되었다. '초인'이라는 개념이 처음 등장한 가장 악명 높은 책 『짜라투스트라는 이렇게 말했다』는 제1차 세계대전 기간에 15만 부를 찍어 전선의 독일군에게 배포됐다. 심지어 런던의 어느 방송사는 제1차 세계대전을 '유럽 니체주의자의 전쟁'이라 부르기까지 했으며, (중략) 토마스 하디는 '어떤 나라가 단 한 명의 저자에 의해 그토록 도덕적으로 타락했던 예는 유사 이래 없다'고 목청을 높였다."[15]

14 같은 책, pp.402~407 참조.
15 이본 세라트, 김민수 옮김, 『히틀러의 철학자들』, 여름언덕, 2014, p.88.

니체의 철학은 유태인 혐오와 힘의 의지 측면에서, 세계대전을 일으킨 히틀러에 의해 암암리에 부당하게 이용당했으니, 그가 죽은 후 발생한 두 차례의 세계대전에서 오용된 그의 철학사상은 만약 니체가 살아 있었다면 취소하고, '공생에의 의지' 혹은 '관용에의 의지'로 자신의 생각을 변경했을지도 모를 일이다. 그의 정신병이 동일한 질병을 앓은 부친으로부터 받은 유전성 질환이거나 단 한 번의 유곽 출입에 의한 매독이 원인이었다는 설이 유력한 가운데, 니체는 56세의 나이에 19세기가 끝나고 20세기가 시작된 1900년에 죽고 말았다. 20세기의 철학은 니체에서 시작된 셈이다.

인생의 안착

나는 한 인간이 평생 동안 저지르는 실수의 7할은 30대에 저지른다고 믿는다. 30대가 되면 인생에 대해 뭔가 알 것 같아, 설익은 확신 아래 보다 거리낌 없이 세상사에 대처하게 된다. 그렇지만 실수와 시행착오를 저지르며 인생이 그다지 만만한 것이 아님을 알게 된다. 5~60대가 되면 이제 인생이 다 끝나간다고 생각하며 조금은 오만해질 수 있다. 그런데 이 시기에 하는 실수는 마치 다 된 밥에 코 빠트리기처럼 치명적이다. 다른 사람을 단죄하는 권좌에 오랫동안 앉았던 분들이 말년에 되레 단죄 대상이 되어 세인의 입에 오르내리는 걸 보며, 인생은 끝날 때까지는 끝난 것이 아니란 생각을 갖게 된다.

허물과 오류가 없는 인생은 없다. 젊은 날의 실수는 잊히지만, 인생을 마감할 무렵의 오점은 안타까운 것이다. 죽음과 같이 동행할지도 모르기 때문이다. 사람은 영화에서처럼 마지막 장면을 잘 기억한다. 삶은 생명의 숙제다. 내 앞에 던져진 생명의 과제를 어떻게 풀어내야 하는가는 늘 고민거리다. 인간의 행위에는 관성과 가속도 법칙이 존재한다. 쾌감이 있는 것은 한 번 시작하면 계속하고 싶은 관성이 생기고, 하다 보면 더욱 세게 하고픈 가속도가 출현한다. 하지만 이런 무한질주의 끝에는 언제나 파국이 기다리고 있다.

과속이라고 의식되는 순간에 언제나 인생의 브레이크를 밟고 정지하거나 방향을 선회해야 한다. 궤도를 이탈하는 순간에 필요한 것은 삶을 온전히 지탱할 수 있는 단절을 통한 복원력이다. 복원은 엄밀히 말하면 자유를 포기한 통제요, 절제이기 때문에 이것은 어찌 보면 자신과의 또 다른 타협일 수도 있지만, 인생의 전도를 막기 위해서는 어느 한 시기에 시작한 폭주를 지속해서는 안 된다. 꽃은 피면 시들고, 씨를 뿌리면 조용히 죽어야 한다.

경치가 좋은 산의 큰 바위에는 어김없이 글자가 새겨져 있다. 솜씨 좋은 석수장이를 시켜 새긴 게 분명할 정도로 명필로 쓴 개인의 이름들이다. 호랑이는 죽어서 가죽을 남기고, 사람은 죽어서 이름을 남긴다는 격언의 영향도 있었을 것이다. 나는 바위에 새겨진 이름을 볼 때마다 측은한 마음을 숨길 수가 없다. 거기에 자기의 이름을 새겨 무엇을 어쩌겠다는 건가! 그 이름이 바로 나라고 인식할 사람도 없거니와, 설령 나를 알아본들 그게 죽은 나에게 무슨 영광이 되는 걸까? 차라리 다른 사람이 나의 이름을 짓밟고 침을 뱉지 않도록 하는 게 나을 것이다.

중요한 것은 인생에 있어 진정한 자유의 결말이 무엇이었냐는 것이다. 역사에 나의 이름을 올리기보다 소리 없이 소멸된 인생은 아름답다. 바윗돌 위에 새긴 허명보다 살아생전 존경받는 삶으로 사람들의 가슴에 이름을 새기는 게 옳지 않을까? 세간의 사람들에게 이름을 불리기 위해, 아름다운 은퇴 후에 다시 돌아오는 모습도 안쓰럽고 측은하다.

10년만 더 젊었으면 좋겠다, 젊은 시절로 돌아가고 싶다는 말을 흔히 듣는다. 그러나 나는 결코 지속적 도취 상태로 '이성(理性)의 열병'을 앓는 젊은 날들이 그립지 않다. 오히려 왜곡과 타협으로 얼룩진 또 다른 자아가 탄생할지 모르는 젊은 날이 나는 두렵다. 고뇌와 갈등, 격정과 분노, 그리고 욕망은 젊은 날의 그것으로 족하다.

자유가 만발한 삶이라도 거기엔 한계가 있다. 삶은 죽는 날까지 죽은 게 아니고 위험과 위협은 계속된다. 항상 옷깃을 여미며 경건히 자신의 삶에 대한 성찰과 사유는 계속돼야 한다. 지금이라도 정지해야 할 내 삶의 그릇된 관행과 버릇은 없는지를 살펴보며.

역사의 무대에서 오명을 남기지 않고, 소리 없이 죽어 가는 게 결코 허무하고 비참한 인생 후막이 아니다. 그것은 아름다운 음악이 끝날 때의 '데크레센도'[1] 같은 인생의 안착(安着)이다.

1 음을 점차 작게 하다(점점 여리게)를 뜻하는 음악 용어.

화장실의 돈 가방

부산 가는 길에 고속도로 공중화장실에 들렀다가 누군가 놓고 간 가방을 발견하고 무심코 열어 보았더니 5만 원짜리 지폐가 가득 들어 있었다. 사방을 두리번거렸지만 주변에 본 사람은 아무도 없었다. 이 돈을 자신이 가질지, 아니면 그대로 두고 나올지, 경찰에 신고할 것인지, 순간 머릿속이 복잡해졌다.

이만한 돈이면 10년 넘은 차를 신차로 바꾸고 남는 돈으로는 해외여행도 맘껏 할 수 있을 것 같다. 쾌락주의적 사고이다. 자신의 양심을 팔면 가족들이 당장 돈 걱정 안 하고 편하게 살 수 있을 것이다. 공리주의적 사고이다. 신(神)이 남의 것을 무단히 취하지 말라고 하였으니 자신은 그러면 안 된다는 생각도 들었다. 계율을 따르는 사고이다. 가방을 들고 나왔다가 혹시나 탈이 나지 않을까 밤잠을 못 자고 불안해한다면 차라리 갖지 않는 편이 낫다. 아니다, 이것저것 생각할 것 없이 즉각 경찰에 신고하자. 돈 가방을 보는 순간 대략 이런 생각들이 스쳐 가지 않을까 싶다.

쾌락이 도덕의 근본이 될 수 없음은 고통이 부도덕이란 논리상 명제를 성립시키기 때문이다. 마약을 끊을 때의 고통, 저축을 위한 절약의 고통이 부도덕이 아님은 설명이 필요 없다. 가족을 위해 악행을 저지르는 이른바 공리적 입장도 윤리적 근거가 될 수 없다. 보다 많은 사람들의 행복을 위해서 누군가 희생되어야 하는 사회는 누구나 그 대상이 될 수 있는 공포 사회 그 자체이기 때문이다. 신앙적 계율에 따라 택한 행위도 윤리의 근본이 될 수 없다. 만일 자신이 믿는 종교가 피를 보는 걸 금한다면, 국가를 위해 전쟁터에 나서는 걸 회피할 수도 있기 때문이다.

돈 가방을 들고 나오다 혹시 들통이 나면 감옥에 갈 수도 있으므로 그는 평상심을 잃지 않고 마음 편하게 살기 위해 이 돈을 갖지 않기로 했다고 하자. 현명한 선택을 한 그 사람이 대견스럽지만 그는 과연 도덕적인 사람인가?

철학자 칸트는 이렇게 말할 것이다. "당신은 옳은 선택을 했소, 그렇지만……." 화장실에서 돈 가방을 들고 나오지 않은 그에게 칸트가 도덕적 찬사를 보내기를 주저하는 데는 이유가 있다. 그가 나쁜 행위를 하지 않은 이유는 돈 가방을 가졌을 때 발생할지도 모르는 두려움 때문이었다. 그는 선한 의지보다 들통 날 것에 대한 두려움과 마음의 평정을 잃지 않으려고 그렇게 한 것이다. 그럼 칸트는 무엇을 주장하는 것인가?

"이 세계에서 또는 도대체가 이 세계 밖에서까지라도 아무런 제한 없이 선하다고 생각될 수 있는 것은 오로지 선의지뿐이다."[1] 오직 도덕의 바탕이 될 수 있는 것은 선한 의지를 가지고 의무를 이행하는 것이다. 이성의 명령으로서 그 자체로 무조건적으로 그래

1 임마누엘 칸트, 백종현 옮김, 『윤리형이상학 정초』, 아카넷, 2014, p.77.

야만 하는 걸로 지시된 것이 소위 칸트의 '정언명령'이다. 도덕적 가치는 '정언명령'으로 수행할 때만 인정된다.

그가 마음 편히 살기 위한 목적으로 돈 가방을 취하지 않았다면, 이른바 '가언명령'을 수행한 것으로 본다. 그의 행위는 타인의 분실물을 소유하지 않아, 선에 관한 의무를 수행하여 '합의무적'이라 보지만, 도덕적이란 판단은 내려 주지 않는다. 즉 '선의지'에 대한 경외감을 가지고 한 행위가 아니라, 단지 마음 편한 행복이 행위의 동기였기 때문이다. 칸트는 그 돈은 본래 너의 것이 아니므로 어떤 이유로도 가져서는 안 된다고 주장할 뿐이다.

어떤 분은 아침에 1000원짜리 지폐로 십만 원을 지참하고 집을 나선다. 식당에서 밥 먹고 나오며 일하는 아주머니에게 몇천 원, 길거리에서 폐지 줍는 노인을 만나면 또 몇천 원을 주려고 준비한 돈이라고 했다. 어떤 때는 5천 원을 주기도 하는데 그걸 받아 쥔 사람은 자신이 하루에 벌 수 있는 돈을 받았다고 몹시 좋아한단다.

자신의 선행에 미소 지으며 그는 행복감에 젖어 든다. 그는 그 일을 멈출 수가 없다고 말했다. 한때 자신의 고생담을 얘기하며 불우한 이웃을 도울 수 있는 처지가 된 자신을 자랑스럽게 생각하고 있었다. 말하자면 남을 도와주었을 때 내가 더 기뻤던 경험이 그의 지속된 기부 행위의 동인이 되고 있는 것이다. 우리 같이 평범한 사람들은 그의 선행에 감탄하고 존경하지만 칸트처럼 깐깐한 도덕률을 주장하는 사람은 좀 더 엄격한 평가를 내릴 것이다.

그는 불쌍한 이웃을 돕는 선한 행위를 하였지만, 그 동기가 힘들게 살아가는 사람들의 고통을 덜어 주어야 하는 실천이성의 명령에 따른 무조건적 정언명령에서가 아니라, 선행 후에 오는 자신의 기쁨과 자부심이 행위의 동기가 되고 있으므로, '합의무적'이기는 하나 '선의지'를 가지고 행한 것이 아니어서 앞의 경우와 마찬가지로 도덕적인 행위라는 판단은 내려지지 않는다.

걸인에게 돈을 주었을 때 기분이 좋았던 경험에서 나도 자주 그렇게 한다. 그런데 문제가 발생했다. 어떤 걸인이 내가 마음씨 좋은 사람인 걸 알고, 나를 미행해 집까지 쫓아와 돈을 더 달라고 한다면 어떤 일이 벌어질까? 아마 나는 걸인에게 돈을 기부하는 행위를 단념할지도 모른다.

기부 행위가 내포한 잠재적 위험성을 알고 난 후에는 다른 선택을 할 수도 있다는 것이다. 그렇다면 얼마 전까지 불쌍한 사람을 돕던 '나'와 그들을 외면하는 지금의 '나'는 어떻게 다른가? 결국 동일한 사람 즉, 나에게서 모순된 행동이 나왔다는 건 '이성'적으로 납득이 안 된다는 게 칸트의 입장이 아닐까? 선의지를 수반하지 않는 경험이나 성향(性向)에 의한 행위는 지속성과 결속력이 약하다고 볼 수 있겠다.

처벌이 두려워 선택한 선한 행위는 결국 자신의 평안과 행복을 위한 것으로 보편성을 띠기 어렵다. 왜냐하면 사람에 따라서는 처벌의 고통을 감수하더라도 나쁜 행위가 주는 이득이 아주 크다고 생각하면, 그렇게 할 것이기 때문에 성향은 행위 결과의 예측을 어렵게 만든다. 경험이나 성향에 의한 '선'은 위에서 보듯이 실천이성으로서 난점을 제기하고 있다. 따라서 칸트 철학의 최대 적은 성향과 경험이라 본다.[2]

2 랄프 루드비히, 이충진 옮김, 『임마누엘 칸트의 정언명령』, 이학사, 2012, p.74 참조.

칸트의 도덕철학은 경험을 배제한 '선험적 이성'이 토대이다. 칸트는 이성의 개념은 경험의 대상이 아닌 어떤 것이라고 결론 내렸다.[3] 그러나 영국의 경험론자 데이비드 흄(1711~1776)은 도덕성의 여러 규칙들은 결코 이성의 결론이 아니라고 봤다. 이성은 무력하고 어떤 행동이나 감정도 억제하거나 산출할 수 없다면서, 이성은 정념의 노예이므로 정념에 봉사하고 복종하는 것 외에 어떤 직무로 감히 탐낼 수 없다.[4]는 것이다. 이러한 흄의 주장이 담긴 『인간이란 무엇인가』 3편이 나온 1740년은 칸트가 16세 때이다. 훗날 칸트가 이성의 독단에서 깨어나게 해준 흄의 저작을 읽고 큰 충격과 고민에 빠졌던 정황은, '감성과 이성의 한계'라는 제목 아래 쓰려던 책이 거의 10년이 지나 57세가 되던 1781년 『순수이성비판』으로 태어난 것에서 추정하기도 한다.

여기서 요즘 미국의 영향을 받아 우리 사회에도 작동하고 있는 실용주의적 사고를 음미해 보자. 만일 내가 돈 가방을 주워 경찰에 신고해 분실자에게 돌려줄 수 있었다면 실용주의자는 그 동기를 묻지 않고 나의 행위를 '선(善)'이라 볼 것이다. 실용주의는 실제적 결과의 유용성을 중시하는 철학이기 때문이다. 결과보다 동기를 중시하는 칸트가 살았다면 미국의 철학인 '실용주의'를 어떻게 볼 것인가 상상해 보면 흥미롭다.

"Honesty is the best policy(정직이 최선의 정책)."

3 임마누엘 칸트, 정명오 옮김, 『순수이성바판/실천이성비판』, 동서문화사, 2014, p.255 참조.

4 데이비드 흄, 김성숙 옮김, 『인간이란 무엇인가』, 동서문화사, 2014, p.452 참조.

중학교 때 영어책에 나오는 말이다. 정직은 무조건적으로 지켜야 할 덕목이지만, 여기서는 하나의 정책으로서 선택된 '정직'이다. 칸트 철학에 대입하면 '정언적'으로 작동해야 할 '정직'이 '가언적'으로 작동하고 있는 셈이다. 정직을 최선의 정책으로 삼은 이유가 오직 유리한 결과를 얻기 위해서라면 정직은 한정적으로 작동할지 모른다. 만일 정직이 최선의 정책이 아닌 것으로 판단되는 경우에는, '실천이성'인 '정직'은 포기될 수도 있기 때문이다.

어떤 사람이 '합의무적' 행위를 했더라도 거기에 '선의지'가 있었는지는 잠복된 진실로서 타자는 알 수가 없다. 우리는 오직 행위의 외면만 볼 수 있고, 행위의 동기는 행위자만 알고 있는 것이다. 그러므로 도덕이란 내면의 양심에 대한 평가라고 볼 수 있다. 그렇지만 정언명령이 아닌 '합의무적' 행위라도 우리 사회에는 큰 도움이 되는 것은 분명하고 우리의 기대는 또한 거기까지가 아닐까? 타자 내면의 '선의지(善意志)'는 신이 아닌 이상 요구할 수가 없지 않은가?

그렇다면 복잡한 가치가 상존하는 시대에 지나간 골동품 같은 칸트(1724~1804)의 사상이 무슨 소용이냐고 코웃음 칠 분들도 많을 것이다. 심지어 칸트가 밥 먹여 주냐고 화를 낼 분들마저 있을지도 모르겠다. 만일 당신의 나이가 50세라면, 그걸 어떻게 알았는가? 출생 연도를 알고 있기에 그것으로부터 나이를 알고 있는 것이라! 마찬가지로 우리의 행위의 도덕성 여부도 그것을 따져 볼 기준이 있어야 할 것이다. 오늘도 내일도 우리는 여차하면 도덕성을 들먹이며 타자를 비난하는 일을 즐겨하지 않는가! 칸트는 우리가 잡힐 듯 말 듯 어렴풋이 알고 있는 도덕에, 법칙을 부과하여 그 기준을 제시한 것이라고 보면 될 것이다.

도덕률의 핵심인 정언명령은 실상 욕망과 성향이 다른 인간들의 세상에서 누구도 쉽게 실천할 수 없는 것이다. '인간적인 너무나 인간적인' 사람 니체는 정언명령이 잔인한 것이라고 말하기도 했다. 정언명령의 수행이 쉬운 것이라면 그런 말이 생겨나지도 않았을 것이다. 그렇기에 칸트의 도덕철학은 중요한 의미가 없다고 부인할 수가 없다.

진화론과 창조론

1831년 12월 영국 플리머스 항을 출발한 영국 해군 측량선 비글호는 1836년 10월, 5년간의 항해를 마치고 귀항했다. 22세에 이 배에 승선한 케임브리지 대학 신학부 학사 출신의 청년 다윈은 '창조론에 회의를 품은 진화론자가 되어 하선한다.'[1]

1835년 9월 남아메리카 서해안에서 약 1000km 떨어진 적도 아래 10개의 주도로 이루어진 갈라파고스 제도에서 섬마다 다른 여러 종의 새가 사는 것에서 다윈은 진화론의 암시를 받는다. 훗날 먹이에 따라 부리의 모양이 다른 13종의 새, 즉 다윈핀치로 명명된 새의 가계도를 만든 것은 다윈이 아닌 그랜트 부부 연구팀이었다.

맬더스의 인구론은 생물이 어떤 원인으로 멸망하지 않는다면 기하급수적으로 증식하는 1쌍의 종만으로도 지구는 포화 상태가 될 것으로 봤다. 그러나 그러한 일은 일어나지 않았다. 무엇 때문일까? 당시로서는 "종의 개체수가 증가하는 자연적인 경향을 방해하는 원인이 무엇인지 확실하지 않았다."[2] 식량의 제한이 영향을 주는 것은 명백하지만, 다른 동물의 먹이가 되는 경우도 매우 많다.

1 차알스 다윈, 송철용 옮기, 『종의 기원』, 동서문화사, 2013.
2 같은 책, p.144에서 인용.

기후의 영향도 중요해 혹한이나 한발도 생물의 생존에 영향을 주고, 언뜻 생각하면 상관없어 보이는 기후는 먹이에 영향을 준다. 한정된 먹이와 환경에 적응하지 못한 누군가는 제지되고, 약한 놈은 죽어야 하는 도태사상이 진화론의 기반이다. 실제로 다윈은 맬더스의 인구론을 읽고 나서, "유리한 변이는 보존되고 불리한 변이는 멸망하는 경향이 있을 것이라고 생각했다."[3]

『종의 기원』은 먹이, 기후 등에 영향을 받아 발생한 변이에서 출발한다. 다윈은 집에서 가축과 재배식물을 기르며 이 과정에서 발생한 경미한 변이가 인간의 선택에 의해 크게 집적될 수 있고, 이런 변이는 자연 상태에서도 발생할 수 있다고 믿게 된다. 가축이나 재배식물에서 인위적 변이가 가능하다면 자연이 그것을 못할 리 없다고 추론했다. 이에 대한 반론으로 변이는 대를 거듭하면 원종에 회귀하므로 창조는 개별적인 것이고 변이는 보전될 수 없다는 주장이 제기되었다. 그러나 다윈은 경쟁이 없는 사육종의 인위적 변이는 가역적이나, 자연적인 자연종의 변이는 생사의 투쟁의 갈림길에 있기 때문에 불가역적이어서 보존될 수 있다고 주장했다. 즉, 변이의 원종회귀성은 가금에만 나타나고 자연계에서 발생한 변이는 신종이 될 수 있다는 뜻이다. 따라서 자연도태에 의해 축적된 변이가 종으로 확립되고, 지리적 격리 또한 변이의 보존에 좋은 조건으로 인식되었다.

그런데 다윈은 연구 결과 발표를 조금 망설였던 것 같다. 갈릴레오가 지동설을 발표한 후 종교계로부터 받은 핍박이 두려웠던 탓이다. 그러나 1859년 1170부를 발간한 『종의 기원』은 매진되었고, 언

3 같은 책, p.616에서 인용.

제나 그렇듯 그의 업적을 시샘하여 반대한 학자도 있었으나, 새뮤얼 윌버포스 주교와 진화론 옹호자인 생물학자 토머스 헉슬리 사이의 논쟁 말고는 종교계의 반발은 의외로 그다지 크지 않았다. 동물과 식물은 모두 한 조상에서 나왔다는 추론을 가능하게 하는 『종의 기원』으로부터 인류의 조상을 상상할 수는 있지만, 논쟁의 소지를 지니고 있었던 인간의 조상이 원숭이였다는 말은 거기에 없었다.

잠시 당시의 시대 배경을 살펴보면, 『종의 기원』이 나오기 8년 전인 1851년 인구조사 통계에 의하면 영국민 1700만 명 중에 영국교에 나가는 사람은 1/3에 불과할 정도로 교회는 분열되어 있었다. 산업혁명의 결과로 바야흐로 영국이 세계 산업을 주도하고 있었으나 도시에서는 인구, 빈곤, 사기 등의 문제가 극심했고, 농촌에서는 10년 만에 남성 노동인구의 40%가 공장, 식민지와 군대로 빠져나가[4] 지극히 혼란스런 시기였다. 대혁명이 휩쓸고 간 프랑스에서도 기독교는 권위와 힘을 잃어 가고 있을 때였으므로 갈릴레오 시대와는 상황이 달랐다. 그럼에도 다윈은 교회와의 마찰을 피하기 위해 인간의 기원에 대한 언급은 『종의 기원』에서 하지 않고, 따로 발표한 『인간의 유래』에서였다.

생물이 있는 대로 개별적으로 창조됐다면 지구상의 생물은 지금의 모습으로 존재할 수가 없었을 것이다. 수많은 환경 변화의 위험 속에서 진화 없이는 살아남을 수가 없기 때문이다. 이미 멸종한 생물의 화석이 이를 말해 주고 있어 적자생존을 추정해 볼 수 있다. 현존하는 생물은 모두 진화로 인한 적자생존의 결과물이고, 앞으

4 재닛 브라운, 이경아 옮김, 『찰스 다윈 평전』, 김영사, 2010, p.18 참조.

로도 살아남기 위해 끝없이 진화할 터이므로 인류의 미래 모습은 전적으로 환경 조건에 달려 있다. 지금도 인류는 조금씩 변이를 축적해 가며 미량의 진화가 진행되고 있음이 분명하다.

사실 환경오염 문제가 발생하기 시작하는 1960년대 이후에도 인류의 수명이 꾸준히 증가하고 있다. 이는 환경오염에 대한 대처 능력이 그 위협을 능가하고 있음을 반증하는 사례로서 이 또한 진화를 시도하는 인류의 한 모습이다.

젊어서 신학을 열심히 공부한 적도 있던 다윈은 종교와 진화론의 양립을 부정하여 그는 신에 의한 개별적 창조론을 믿지 않게 되었다. 여기에 구약성서의 첫 부분을 진보적으로 해석하는 성서 주석자들도 나왔고, 신이 세상을 창조하였지만 그 다음은 관여하지 않고 내버려 두었다는, 이른바 이신론을 표명한 인사들도 있었다. 그러나 구약성서 창세기에 대한 신뢰가 설령 훼손된다 해도, 성경의 대의를 무시할 수는 없지 않을까? 왜냐하면 진화 자체도 큰 틀에서 보면 신의 의지로 볼 수 있고, 성경은 자구에 집착하기보다 상징적 의미로 해석할 필요도 있다. 더구나 크게 보면 종교는 영의 세계임으로, 진화론과 기독교 신앙과의 관계는 개인별로 판단할 문제로 남는다.

아무튼 '다윈혁명'이 수천 년간 서양을 지배한 플라톤의 이데아 사상을 뒤바꿔 놓은 혁명이라는 학자들의 주장도 있는 모양이다. 플라톤의 이데아가 신과의 관련성을 인정한 것이라면, 다윈사상이 신의 개입을 부정한 것을 두고 이르는 말인 것 같다. 그러나 다윈은 오직 과학적 추론을 통해 생물의 이데아를 추구한 것에 불과하지만, 생물의 이데아를 관장하는 것도 역시 신이라는 관념적 추론

또한 감히 부당하다고 말할 근거가 없다. 이 우주는 누구의 소행인가? 이에 대한 논란도 같은 맥락에서 전개되어야 하지 않을까!

다 알고 있는 것 같은 착각 속에 읽어볼 생각은 별로 하지 않고 살아온 내 생애에서 다윈의 『종의 기원』보다 더 많은 것을 생각하게 해준 경이로운 저작은 없었다. 『종의 기원』이 내게 준 충격과 허탈함은, 옆에 있는 길을 두고 먼 길을 돌아왔다는 느낌 때문이다. 종교의 경전 이외에 이 세계에서 가장 읽어 볼 가치 있는 단 한 권의 책은, 인간 존재의 연원을 알 수 있게 하는 『종의 기원』이라 말하고 싶다. 전문가를 위한 책처럼 보이는 『종의 기원』은 일반인들이 즐겨 읽도록 쓰인 책이라는 사실에 주목해야 한다.

우리말로는 『종의 기원』으로 번역되었으나 다윈의 원제는 "On the origin of species by means of natural selection or the preservation of favoured races in the struggle for life" 즉, "생존경쟁에 있어서 자연선택 혹은 유리한 종의 보존에 의한 종의 기원"이다. 여기서 자연선택을 자연도태로 해석하여 번역본에서 명명하고 있는 것 같다. 최근에는 생물학자에 의해 '자연도태'가 아닌 '자연선택'으로 번역한 책도 보인다.

다윈의 진화론은 부작용도 있었다. 단적으로 약자를 도와주어 생명을 연장시켜 줄 필요가 없다는 사회진화론 같은 사상이 그것이다. 또한 자연도태 사상은 급기야 인적 도태사상으로 악용되어, 나치는 유태인뿐만 아니라 부랑아, 마약 중독자, 병약자 등을 모조리 죽이는 인종 개량을 시도했다. 약자들이 도태되어야 강한 자만이 살아남는 건강한 사회가 된다는 논리다. 불행히도 이런 생각의 오류는 인권에 대한 개념을 떠나, 강약은 상대적인 개념이므로 강자가 있으면 약자도 반드시 생겨나는 사회 구성 원리를 묵과한 무지와 단순함에 있다. 세상이 지배자와 피지배자로 구성된다고 볼 때, 약자를 도태시키기보다 오히려 지배자의 권익을 제한하는 편이 옳은 방향이 아닐까?

담배를 좋아해, 특히 코담배 중독[5]이었던 다윈은 매우 예민하고 논리적이고 치밀하고 신중하며, 병약함을 핑계로 은둔을 추구했고, 주로 편지로 세상과 소통한 것으로 보이는 정황은 전 세계 도서관에 보관된 1만 4천 통[6]이 넘는 편지가 말해 준다. 신체적으로는 주로 소화기를 포함한 여러 곳이 안 좋아, 한 번 아프면 열흘 보름씩 자리보전하고 누웠다. 오늘날 영국 도자기의 대명사가 된 웨지우드 가내(家內)에서 근친 결혼한 다윈은 평생 돈을 벌지 않고 연구에만 전념할 수 있어 대학이나 연구소에 근무한 경력이 없고, 재산 관리 및 회계 처리에도 능숙해 철도에 투자하여 큰돈을 벌었다고 한다. 20대에 해군 측량선을 타고 세계를 일주한 견문과 채집해 온 생물을 가지고 연구했고 그 후로는 주로 집과 부근에서 관찰과 연구를 계속했다. 관념이 아닌 세계적 관찰과 실험 결과로부터 추론하는 연구 방법의 타당성, 논리력, 관찰력에 있어서 다윈은 과학자의 표상이며, 아울러 반론에 대한 준비의 치밀성, 발표 시기를 조율하는 조심성과 인내심 등 그의 인간적 면모 또한 우리에게 큰 신뢰와 감동을 주기에 부족함이 없다.

다윈은 당시 유전의 원리를 알지 못했으나, 1866년 유전에 관한 —훗날 멘델법칙이라 불리는—멘델의 논문이 나온 이후, 연구가

5 재닛 브라운, 이경아 옮김, 『찰스 다윈 평전』, 김영사, 2010, p.378 참조.
6 같은 책 p.29 참조.

거듭되면서 다윈이 몰랐던 유전물질의 정체가 DNA라는 것이 밝혀지기에 이르렀다. 현대 과학에 의해 여러 동물, 심지어 식물에서까지 공통 '염기배열'이 발견됨으로써, 모든 생물이 공통된 조상에서 나왔을 거라고 추론하게 만드는 다윈의 진화론은 점차 과학적으로 명증되고 있는 시대에 우리는 살고 있다.

73세에 다윈은, 죽음 앞에서 하나님을 찾지 않았고, 죽음이 조금도 두렵지 않다고 아내에게 말하며 세상을 떠났다. 종교계와의 대립에도 불구하고 헉슬리를 비롯한 과학자의 청원이 인정되어, 다윈은 국왕, 여왕 등의 유명인이 안치된 영국 웨스트민스터 사원 지하 납골당의 뉴톤 옆에 안장되었다. 천여 년 간 지탱해 온 인류의 사고에 가장 큰 영향을 미친 진화론에 대해, 2009년 다윈 탄생 200주년을 맞아 바티칸 교황청의 후원으로 『종의 기원』에 대한 학술행사가 있었고, 영국 성공회도 2008년 9월 '아직도 다윈에 대해 오해를 부추긴 것에 대해 사과'[7]했음은 시사하는 바가 있다.

목하 벌어지고 있는 인간사회의 생존경쟁과 적자생존의 현실은, 다윈의 사상이 오늘날 우리 일상에도 전반적으로 구현되고 있다는 징후이다. 다윈은 호주의 생물은 그보다 훨씬 큰 대륙의 생물에게 굴복하고 있다고 봤다. 작은 섬에서의 생존경쟁은 대륙의 그것에 비해 치열하지 않기 때문이다. 여기서 마치 거대한 미국의 다국적 기업이 신흥국의 작은 기업을 잡아먹는 모습을 연상하게 한다. 진화론의 영향은 정치, 경제, 사회, 문화에까지 광범위한 영향을 주고 있는 현재 진행형이다.

7 차알스 다윈, 송철용 옮기, 『종의 기원』, 동서문화사, 2013, p.723~724 참조.

솔로몬의 후회와 플라톤의 예찬

철학자 플라톤은 『국가론』에서 나이 든다는 것이 어떤 면에서 좋은 이유는 성욕이라는 광폭하고 사나운 폭군의 손아귀에서 벗어나 평안을 얻을 수 있기 때문이라고 했다.[1] 그것은 코앞에 다가온 중대한 일을 앞둔 시간이나, 거리를 걷거나, 차 안에서도, 하물며 도서관에서도 때와 장소를 가리지 않고 불쑥불쑥 나타난다. 불안하고 두려운 일이 발생한 존재에 대해서는 새치기 하듯 비집고 들어와 어느새 앞자리를 차지하면서 혹시 있을지도 모르는 번식의 위기를 먼저 감지한다. 때로는 무모하게, 때로는 내밀하게 속삭이는 악마의 유혹과 다를 바 없는 성욕은 생식(生殖) '의지'의 '표상'이지만, 성적 욕망의 번거로움에서 벗어남은 일종의 해방이다. 그런 의미에서 플라톤은 노년을 예찬하고 있다.

생식의 수단으로서 성욕의 무분별한 출현은 비난하기보다 잘 다독거리고 시의 적절하게 수용해야 할 엄숙한 요구이지만, 성욕 자체는 그 대상을 선별할 스스로의 능력이 없으므로, 개체별 이성의 토대 위에서 다스려지길 기대할 수 있을 뿐이다. 통제를 벗어난 성

1 플라톤, 이환 편역, 『국가론』, 돋을새김, 2011.

욕은 위선, 허위와 불행의 원인이 되기도 한다. '성적 쾌감이야말로 최대의 속임수'라는 말은 그것과 교환해야 할 대가가 만만치 않다는 뜻이다. 평생을 기여하고 염려해야 할 소출의 양육은 실존에 대한 준엄한 의무라 할 수 있으나, 경우에 따라서는 찰나의 쾌감이 영원한 감각인 파멸로 대체되기도 한다. 언제나 욕망은 덕이 되기도 하고 악이 되기도 하는, 한몸에 붙어 있지만 서로 다른 곳을 바라보는 두 얼굴을 가진 야누스적 괴물이기 때문이다.

실상 남녀의 사랑은 모든 예술이 진정으로 예찬하고 미화하고 열광해 마지않지만, 사랑이 연소되어 재만 남을 때쯤에는 사랑은 관능을 구현하는 수단 이외에 아무것도 아니었다는 결론에 도달한다. 그렇지만 조물주의 의지인 종의 번식을 보장하는 성욕이 금기와 부정(否定)의 대상이 아님은 두말할 필요가 없다.

미인을 보고 음심을 품는 것은 당연한 것이고, 그것이 죄라고 말하는 것은 자가당착이다. 왜냐하면 음심은 그 성욕의 부적절함을 지적하는 언어이지만, 성욕의 목표가 신이나 조물주의 의지인 종의 보존이라고 볼 때, 그 대상까지 구분해야 한다고 보기 어렵다. 만일 성욕이 특정한 대상에만 작동하도록 설계되었다면 그것은 오류임에 분명하다. 성욕을 죄악시하며 자손의 번창을 추구하라는 지시는 이율배반이다. 성욕이 언제 어디서나 일어나도록 준비되어 있는 것은 그것이 다른 어떤 무엇보다 중요하기 때문이다. 존재의 재생산보다 더 중요한 일은 없지 않은가!

다만 종교의 경전에서 음심이 죄라고 규정한 의도는 음심의 무분별한 실현을 경계한 것으로 해석해야 한다. 만일 그것을 허용하여 강자만이 살아남아 소수만이 번식에 기여하고 독점한다면 오히려 인류의 인구상의 번창은 기대하기 어려울 것이다.

영웅은 욕망의 화신이다. 재미있는 사실은 욕구 혹은 욕망의 방이 큰 사람은 그 안에 들어앉은 정욕의 크기도 대개 비례하여 크다는 것이다. 영웅호색의 의미는 조물주가 강한 자를 더 많이 생산하려는 의지의 하나로 해석할 수도 있다.

부하의 부인을 탐한 나머지 남편을 전쟁터에 보내고 여자를 차지한 후 후회하는 다윗왕, 그의 아들로 태어난 솔로몬은 이스라엘의 세 번째 왕으로서 평생 부귀영화와 권세, 그리고 무한한 욕망을 누리고 하늘 높은 기개를 드러내며 살았다. 아이의 친권을 두고 다투는 두 여인에게 아이를 둘로 잘라 나누어 주라 명하자, 한 여인은 그게 좋겠다고 말하고, 다른 여인은 차라리 아이를 자르지 말고 상대방에게 주라고 한다. 그 말을 듣고, 그 여인을 친모로 판별했다는 솔로몬의 지혜는 성서를 모르는 사람조차 익히 알고 있는 얘기다.

이전에 이스라엘을 다스리던 사람들보다 더 많은 업적을 쌓았고 지혜와 지식이 충만했던 솔로몬은 700명의 아내와 300명의 첩을 거느리고, 원하는 것을 모두 소유하고 살았다. 하지만 만년에는 비로소 정욕이 사라지자 후회하며 온갖 잠언을 쏟아냈다.

솔로몬처럼 현명한 사람이 왜 젊음을 다 보낸 후에나 욕망의 부질없음을 알게 되었을까? 정욕이 지혜에 부과된 의미보다 그에게 더 중한 것이었을까? 젊어서도 그걸 알았다면, 방탕함의 대가로 얻은 이스라엘 분열의 역사는 없었을 것이다.

모든 것이 헛되고 무가치하며 의미가 없으니 아무것도 소중한 것이 없구나. 사람이 평생 동안 수고하여 얻은 것이 무엇인가? 세대는 왔다가 가지만, 해는 떴다가 져서 그 떴던 곳으로 빨리 되돌아가며 바람은 남으로 불고 북으로 불다가 다시 돌아가고, 모든 강물이 바다로 흘러도 바다를 다 채우지 못하며, 그 물은 강으로 되돌아가 다시 바다로 흐른다. …… 보라. 이것은 새것이다 말할 수 있는 게 무엇인가? 그것은 우리가 태어나기 전에 오래 전부터 있었던 것이다.[2]

거추장스러운 정욕이 사라지면서 눈앞의 장막이 거치고, 파도가 잦아들자 솔로몬에게 명철(明哲)이 찾아오고 있는 것이다. 비로소 사물을 관통하는 정신에 귀를 기울여 소리 없는 소리를 듣고, 보이지 않는 모습을 보기 시작한다. 우매한 천품(賤品)은 이제야 지혜의 눈을 뜨기 시작한다.

종교적 해석을 자제하고 오직 협의적으로 솔로몬의 메시지를 해석하면, 세상의 부귀영화가 다 헛된 것이니 자신처럼 다 늙어 뉘우치지 말고 일찍이 참회하고 죄짓지 말고 살라는 충고이다. 아예 죄의식 없이 사는 염통에 털 난 사람도 있으나, 적어도 죄의식이 있는 대부분의 사람은 본능적으로 죽음 앞에서는 뉘우치고 화해하고 싶어 한다.

왕성했던 정욕이 인생의 후반기가 되어 감퇴됨은 번식의 필요성이 없는 나이가 되었다는 조물주의 신호다. 나이가 들어 빠지는 치아는 관리 소홀 탓도 있지만, 이제 서서히 죽어가야 하므로, 우선 잘 씹지 못해 영양 섭취를 어렵게 만들어 수명이 끝나도록 조정하

2 구약성서 솔로몬의 전도서 1장.

려는 조물주의 섭리다.

번식에 필요한 정욕과 생존의 바탕인 물욕은 당연하므로 결코 비하할 것은 아니다. 그러나 노년에까지 정욕에 집착하며, 죽음이 문 밖에서 기다리는 것도 잊고, 육욕을 자랑삼는 어리석음은 조물주에 대한 배반이다.

솔로몬의 한탄에서 태양 아래 '새것'은 없다고 하니, 나는 '헌것'이라도 알아야 하지 않을까! 나이에 걸맞게 진보하고 변화되지 않는 퇴행적 삶에는 기쁨은 없고 답습과 권태가 주위에 넘실댈 것이다. 날로 새롭게 깨어나는 자아는 정신의 향연이요, 축복이다. 변화된 새 삶이 주는 기쁨이 '헌 사람'의 구태에서 얻는 그것보다 크다는 걸 알면 좋은 날을 맞이할 토대가 마련된 셈이다.

젊었을 때의 쾌락을 잊지 못하고 과거를 회상하며, 꺼져 버린 엔진을 되살리려는 인위적 성기능의 연장은 인간적 관점에서 이해할 수는 있으나 자연의 순리를 거역하면서까지 정교(情交)에 집착하는 모습은 추하고 안타깝게 느껴진다. 그러나 타자(他者)를 이해시키는 건 어렵다. 깨우치게 하는 건 불가능에 가깝다.

젊은 날 한바탕 성욕의 광풍이 쓸어버리고 지나간 자리에는 짓밟힌 이성(理性)의 꽃이 피어나기 시작한다. 그러기에 노년은 곤궁하지 않고, 몸만 아프지 않으면, 잔잔한 호수에 떠 있는 백조처럼 평안한 안식의 시간이다. 솔로몬은 노년에 후회했고, 플라톤은 노년을 예찬했다.

행복의 나라로

서재에 제법 꽂혀 있는 책 중에서 정작 내 기억에 남는 것은 몇 권 안 된다. 구매하기 전에 요리저리 따져 보고 산 책이지만, 막상 읽어 보면 실망스럽기 짝이 없는 책이 많다. 글재주만으로 독자를 우롱하는 글은 불쾌하고, 유치한 생각을 주입하려는 수준 낮은 저자에게는 화가 나기도 한다.

세상에는 읽어야 할 책이 아주 많다. 악서는 조금만 읽어도 많이 읽은 것이요, 양서는 아무리 많이 읽어도 적게 읽은 것이라고 말한 쇼펜하우어는 악서의 표본으로 신문에 서평이 나온 책을, 양서로는 고전을 지칭했다.

전공서적은 논외로 하고, 나는 50대 중반까지는 주로 문학책을 보았고 그 후로는 종교, 철학 서적을 주로 보고 있다. 지금은 문학책, 역사책은 거의 보지 않는다. 문학은 아주 특수한 상황에 처한 인간들의 장황한 묘사에 불과하다. 말하자면 문학이 주는 선물은 포장은 크지만 알맹이는 작은 요즘의 택배 물건 같은 것이다. 역사책은 시간과 공간을 초월한 동일한 인간 본성이 만들어 낸 시대의 기록으로 역사의 반복성은 신기할 것이 별로 없지만 사실의 확인과 연대 수순을 알아내는 데는 가치가 있다고 본다.

내가 60세가 넘어 철학책에 방점을 찍은 이유는 이제는 갈 길이 바빠 시급히 알맹이만을 보기 위해서다. 이제 다 알고 있는 서론은 필요 없다. 사례를 통한 간접적 지혜를 얻기보다, 진리와 지혜를 직접 현자에게 구하기 위해서이다.

플라톤[1]은 소크라테스의 말을 빌려 시인 호메로스를 존경하나, 이상국가에서는 시인을 퇴출시켜야 한다고 주장하면서 시인의 역할을 조롱하고 있었다. 호메로스의 시를 읽고 훌륭하게 변한 나라가 있었는지, 그의 시를 읽고 배워 승리한 전쟁이 있었는지 힐문했다. 소크라테스 이전에는 시가 철학의 자리를 차지하고 있던 현실을 그는 못마땅하게 생각한 것이다.

그러나 플라톤의 의도는 시에 대한 단순한 비판이 아니고 여기에는 아주 깊은 철학적 사유가 숨어 있었다. 간단하게 설명하면, 시는 실물의 묘사이며, 실물은 본질을 구현한 것으로 보았다. 그러나 본질은 실물에 숨어 있어 보이지 않고, 불변하는 것으로, 이를 이데아로 불렀다. 그러니까 시 혹은 그림은 본질에서 3단계 떨어져 있는, 말하자면 실물의 '모방'에 지나지 않기에 본질로부터 가장 멀리 떨어져 있는 것으로 봤다. 이것이 플라톤 철학의 핵심을 이루는 이데아의 개념으로서, 최고의 학문은 '선의 이데아'를 아는 것이라고 말한다.

플라톤의 초기 저작에 속하는 『국가론』에서 언급한 '선의 이데아'에 대한 비교적 자세한 설명은 그의 중기 저작인 『향연』에서 찾아볼 수 있다.

1 플라톤, 이환 편역, 『국가론』, 돋을새김, 2011, 이 책은 역자에 따라 '국가', 혹은 '공화국'으로도 불림.

이 아름다움은 우선 영원한 것이어서 새로 생기지도 않고 없어지지도 않으며 늘어나거나 줄어들지도 않는다. 이 아름다움은 부분적으로는 아름답고 부분적으로는 추한 것도 아니고, 또한 보는 사람에 따라 여기선 아름다우나 저기선 추한 것도 아니다.

또한 이 아름다움은 육체적인 것, 사상이나 학문으로 나타나지도 않으며, 그 자체가 아닌 어떤 다른 곳에 자리 잡고 있는 아름다움으로 나타나지도 않는다.

이 아름다움은 절대적이고 그 자체로서만 존재하고 독특하고 영원한 것이다. 모든 아름다운 것은 이 아름다움을 분유하고 있는 것이다. 절대적 아름다움에서 참된 선을 알게 된다.

플라톤은 인간의 삶이 지혜, 명예, 돈 중에 하나의 지배를 받는다고 봤다. 아무리 마셔도 소금물로는 갈증을 해소할 수 없기 때문에 육적인 삶은 공허한 것이고, 명예는 반드시 투쟁과 분노를 야기하므로, 이중에 지혜를 사랑하는 자의 삶이 가장 행복하다는 것을 강조하고 있다.

물질을 추구하는 육적인 삶과 명예를 추구하는 삶에는 돈과 사람이 필요하고 여기에는 반드시 다툼과 고통이 수반되나 지적 쾌락은 깨우치는 행복과 기쁨이 있을 뿐이고 여기에는 부작용도 없다. 지적 쾌락은 사색과 독서에서 나오는, 대상이 없이 홀로 만들어 내는 것이다. 혼자 있는 시간을 끔찍이 싫어하는 사람에게 사색이나 독서는 기대하기가 어렵다. 쇼펜하우어는 인간의 성숙도를 고독을 견딜 수 있는 능력으로 판단했다. 어린 아이는 혼자 놔두면 울고 만다. 청소년도 친구 없으면 못 살아 외톨이는 심지어 자살도

한다. 장년으로 갈수록 혼자 있는 것이 가능해진다는 것은 그만큼 성숙한 인간이 되었다는 의미로 봐도 좋다.

육적인 삶을 사는 사람은 평지에서 사는 사람이다. 명예를 찾는 사람은 산 중턱까지 오른 사람이다. 지혜를 구하는 사람은 산 정상까지 오른 사람이다. 평지에 있거나, 중턱에 있거나, 정상에 있는 사람의 조망 범위는 다 다르다. 정상에서는 평지에 사는 인간의 모습이 한눈에 들어온다. 평지에서 사는 사람은 산 정상에 오른 사람이 느끼는 조망의 기쁨을 알지 못한다. 오히려 정상에 왜 올라가는지 이상하게 생각할 정도이다.

근현대 철학을 대표하는 칸트, 쇼펜하우어, 니체, 하이데거의 공통점은 모두 천재이고 오만한 성격의 소유자라는 점이다. 쇼펜하우어는 바보로 태어난 자는 바보로 죽는다고 말할 정도로 지독한 독설가이다.[2] 무지한 민중을 깔보던 칸트만이 루소의 『에밀』을 읽고 오만에서 벗어날 수 있었다고 한다.[3]

그러나 이들의 오만은 필연적인 것이다. 정상에 오른 사람으로서 평지에 사는 사람들이 얼마나 어리석고 하찮게 보였을까! 이 대목에서 벼는 익을수록 머리를 숙이는 법이라고 점잖게 타이르는 한국 사람도 있을 것이다. 이 말은 약한 사람이 갖는 강자에 대한 희망일 뿐, 그런 말 하는 사람도 실로 어리석은 사람이다. 냉소적 사상가인 라 로슈푸코[4]는 우리의 미덕이 위장된 악덕에 불과하

2 쇼펜하우어, 박현석 옮김, 『쇼펜하우어 인생론』, 나래북, 2010, p.373 참조.

3 임마누엘 칸트, 정명오 옮김, 『순수이성비판/실천이성비판』, 동서문화사, 2007, p.770 참조.

4 라 로슈프코, 이동진 옮김, 『잠언과 성찰』, 해누리, 2010, p.16 #1 참조.

다고 심드렁하게 말하고 있다. 그가 강자의 겸손은 보기는 좋으나 두 번 칭찬받기 위한 술수라고 말하지 않은 게 이상하다. 쾨테는 "사기꾼들이나 겸손하다."고 말했다.

지혜가 주는 즐거움을 알지 못하면 육적인 삶에 탐닉하든, 명예를 쫓아 날뛰든, 현재의 삶도 충분히 행복하다고 생각할 수 있다. 그러나 육체적 아름다움에서 도덕적 아름다움으로, 도덕적 아름다움에서 지혜의 아름다움으로, 마침내는 최고의 지혜에 도달하는 것 즉, 절대적 아름다움을 관조하며 사는 것이 사랑(eros)이고, 이것이야말로 인간이 생애를 바쳐야 할 분야라고 플라톤은 『향연』에서 밝히고 있다.[5] 그것을 실천하는 사람은 영생(永生)할 특권을 갖는다고 말함으로써, 플라톤은 기독교 이전에 인류에게 '영생'의 화두를 던진 셈이다.

속악한 평지의 삶에서 도덕적 삶을 거쳐 지혜의 삶의 정상으로 오르려면 준비가 필요하다. 체력도 있어야 하고 장비도 갖추어야 갈 수 있다. 말하자면 소양과 기질, 그리고 지성이 필요하므로 '저 높은 곳'의 행복을 찾는 일은 누구에게나 가능한 일은 아닐는지도 모른다.

그럼에도 현자들의 끝없는 조언은 더 진한 쾌락과 기쁨이 있는 곳을 가르쳐 주면서, 더 질 높은 행복을 찾아 나서라고 권한다. 정상의 조망을 모르고 앞만 보고 살아가는 평범한 인생에게 차원 높은 세계를 찾아 나서라는 권면이다. 모르는 것은 희구할 수 없다.

5 플라톤, 황문수 옮김, 『향연』, 문예출판사, 2014, p.270-271 참조.

변하지 않는 사람

과학이 발전하면서 한 인간의 정체성은 DNA가 결정하는 것으로 밝혀졌으나, 기원전 히포크라테스 이래 인간의 기질을 다혈질, 담즙질, 우울질, 점액질로 구분한 것이나, 혈액형의 구분, 한의학에서의 사상체질 같은 분류도 따지고 보면 인체를 구성하는 물질의 배열이나 구성비가 사람마다 다르다는 것을 의미한다. 몸을 구성하는 화학 물질은 개인별로 조금씩 차이가 나더라도 이들 물질 사이에는 화학적으로 평형 상태를 유지하고 있어야 한다. 사람마다 식성이 다른 것도, 특정한 음식이 먹고 싶은 것도 신체 내 화학 물질간의 평형 상태를 유지하기 위해서라고 볼 수 있다. 우리가 외부의 자극을 받으면 한시적으로는 반응하여 필요한 물질을 분비하지만, 자극이 소멸되면 곧 이전의 상태로 돌아올 뿐 몸의 구성은 생득적 상태에서 크게 변화하지는 않을 것이다.

구성분의 화학적 특성이 한 사람의 기질을 결정하는 기본적 요인이고 이후에는 환경이나 경험에 의해 후천적으로 형성된 부분이 합쳐져 그 사람의 정신을 구성한다고 나는 생각한다. 그러나 전자가 후천적인 것에 비해 절대적인 영향을 준다고 믿는 이유는 같은 환경에 처해도 서로 다르게 생각하고 행동하는 모습을 쉽게 관찰할 수 있기 때문이다. 쉬운 예로 범죄의 큰 원인이 가정 불화나 빈곤이라 말하지만 그런 환경에서 성장한 사람들 중에 위대한 사람은 수없이 많다.

사람은 다른 사람을 변화시킬 수는 없다. 내 평생 나는 단 한 사람도 근본적으로는 변화시킬 수 없었고 나 또한 다른 사람을 통해 변한 것이 없다. 결혼 생활 30여 년 동안 서로를 변화시키기 위해 무던히도 다투지만 아내도 나도 변한 게 없으니 헛수고만 한 셈이다. 이혼하지 않는 한 서로 인정하고 맞추며 사는 수밖에 없다는 걸 아는데 수십 년이 걸린다. 또한 자신의 속에서 나온 자식을 변화시킨 부모가 있던가? 가족은 물론 타인을 변화시킬 수 있다는 생각은 어리석고 100% 공허한 것이다. 변화가 가능한 경우는 자아가 형성되기 전의 유년기에 국한될 것이나, 변화의 검증도 불가능에 가깝다.

불합리한 생각과 허망에서 타인을 벗어나게 하는 것은, 구약성서(창세기 5:21)에 나오는 므드셀라처럼 969세까지 살아도 불가능할 것이라고 어느 철인(哲人)은 말한다. 다만 어떤 행위의 결과에 대해 대가를 치르는 경우는 스스로의 생각에 변화를 가져오기도 한다. 이 경우도 사람의 본질이 변화한 것이라기보다 외부의 자극에 대응하는 방법상의 변화일 뿐, 속의 알갱이는 여전히 변하지 않은 상태로 보는 게 맞을 것 같다.

어느 지역에서 무슨 범죄가 발생하면 제일 먼저 동일 소행의 전과범을 추적하는 건 수사의 상식에 속한다. 사람은 그만큼 변화되기 힘든 존재라는 의미다.

사람이 쉽게 변하지 않는 건 앞서 말했듯이 기질 때문이다. 한시적으로 분비되는, 말하자면 아드레날린, 도파민, 세로토닌 같은 화학 성분이 사람의 정신을 잠시 변화시키기도 하지만, 분비를 자극하는 원인이 사라지면 곧 본래 상태로 돌아온다. 변화 상태를 상시적으로 유지하려면 지속적인 자극이 필요하다. 예컨대 약을 복용해 몸의 구성분에 변화를 주는 유물적(唯物的) 방법, 마음에 자극을 주어 변화된 자아를 유지시키는 유심적(唯心的) 방법을 변화의 도구로 삼을 수 있다. 바로 그것이 수행이고 도를 닦는 것이니, 변화는 남이 아닌 스스로만 할 수 있고, 그것도 잠시 수행을 하는 동안만 변화된 상태를 유지할 뿐이라고 말할 수 있다. 수도사와 승려가 좋은 예로서 그들의 수행은 평생의 일상이 아니던가?

만일 한순간의 변화나마 필요한 경우라면, 말이 반짝 효과가 있을 뿐 어리석은 군중에게 글은 거의 효과가 없다. 그렇기 때문에 히틀러 같은 선동가들은 연설을 잘 활용해 군중을 흥분하게 만들었다. 같은 말을 수천 번 하면 비로소 군중이 움직인다는 것을 그는 알고 있었다. 여기에 박수를 치거나 구호를 외치게 하면 감정이 고조되어 더욱 효과가 있을 것이다. 혁명은 민중의 순간적 변화를 이용하는 것이고 여기에는 항상 선동가가 있기 마련이다.

스스로 변화 상태를 추구하고 유지하는 방법인 수행(修行)에는 신앙인이라면 기도, 108배, 참선 등이 있고, 일반인은 고작 좋은 책을 읽고 사색을 하는 정도를 들 수 있다. 자신의 변화를 원하면 수행해야 하고, 그렇지 않으면 그냥 생긴 대로 살다 죽는 게 우리네 인생의 모습이다.

생애마다 삶의 족적이 달라 단조로운 삶을 살아온 사람과 그렇지 않은 사람, 그리고 성격상, 혹은 두뇌 구조상 자신의 경험을 잘

축적하거나 그렇지 못한 사람 사이의 경험의 양은 상당한 차이가 날 수 있다. 그럼에도 불구하고 인생을 많이 산 노인은 개인차는 있으나 많은 경험을 축적하게 된다.

경험은 과거에 대한 기억의 일종이다. 사람들은 살아가면서 모은 여러 가지 경험의 조각을 통해 자신만의 귀납적 결론을 만들어 낸다. 사람의 외모로 판단하는 관상도 그렇게 형성된 것이고, 일반화하기엔 무리가 있긴 하지만, 지나치게 겸손한 사람은 어느 순간 과격하고 거만한 사람으로 돌변하고, 덩치가 크고 남자답게 생긴 사람 중에 오히려 스케일 작고 옹졸한 사람이 많고, 어설픈 사람일수록 자기애가 강한 경향이 있다.

귀납적 결론이 잘 맞아떨어지는 경우는 거기에 동원된 경험의 수가 아주 많을 때로 국한된다. 유한한 기간 동안 개인의 경험은 빈도가 제한되고, 경험의 주관성이 있어 그다지 신뢰하기 어렵다. 그럼에도 나이가 들면 자신이 내린 결론에 족쇄를 채워 확정짓고 미동도 하지 않는다. 게다가 과거에 조그만 성취라도 얻은 경험이 있는 사람의 확신은 더욱 견고하다. 이렇게 개인이 한 번 만들어 낸 귀납적 결론은 어느새 연역적 진리로 둔갑하여, 자기 머리 위에 모시고 살게 된다. 나이가 들면 젊어서보다 오히려 고집불통이 되는 이유가 여기에 있다.

경험은 중요한 것이나 장님 코끼리 만지기 식처럼 불완전한 것이다. 외적 감각과 '내적 반성'으로 구성되는 경험은 개인별로 차이가 있기 때문이다. 우리의 인식은 후천적인 경험에서 유래된 것이고, 이성은 단지 경험한 것을 분석하고 종합할 뿐이라는 경험론 철학이 내포하는 일반적 한계이며 위험은 거기에서 비롯된 것이다.

경험의 축적을 통해 자신만의 결론을 만들어 냈다면 당연히 새로 발생하는 경험도 고려하여 결론을 수정해야 하지만, 인생의 어느 시기, 즉 노인이 되면서부터 그런 걸 하지 않는다. 노인은 변화를 거부하고 과거에 집착해 거기서 한 발자국도 못 벗어난 채 인생의 말기를 보내다 죽는다. 사람의 천성적 기질은 쉽게 변하지 않으나, 노인이 되면 더 완고해지지 쉽다.

우리 경험의 취약성을 보완해 주는 것이 이성이다. 경험은 개인별로 다를 수 있으나, 이성은 경험을 초월하여 보편성을 추구하는, 진리에 도달하는 수단이다. 2+5=7, 여기에 이의를 제기할 사람은 아무도 없다. '이성은 그럼 완전한 것인가?' 하는 논의는 칸트 같은 천재가 평생을 연구해 알아낸 것이므로, 나를 포함한 평범한 사람들은 이해하기도 벅차므로 여기서는 논외로 하자.

고집불통은 후천적으로는 자신의 한정적 경험을 지나치게 신뢰한 결과이거나, 선천적 기질에 기인하기도 한다. 발전적 사고를 막는 고집은 이성적인 사고를 외면하게 한다. 경험을 끊임없이 업데이트하고, 부족한 지식 정보를 보충하여 새로운 '고집'을 만들어 낸다면, 고집불통을 면할 수 있다고 믿고 싶다. 변화하는 '고집'은 이미 '고집'이 아니기 때문이다.

그래 봤자, 너도 죽는다

인류의 4대 성인 예수, 석가모니, 공자, 마호메트 모두 죽었다.
하물며 황제연(皇帝然) 하는 재벌,
말로만 국민을 위하고 공명심에 날뛰는 정치인,
무관의 권력을 행세하는 오만한 언론인 등이야 말할 것도 없다.

그래 봤자, 너도 죽는다!

세상은 모두 자신이 가지고 있는 힘을 맘껏 구사하며,
약자를 억압하고 착취하며 살아가는 모습이다.
국민을 위한다면서 제 뱃속을 챙기는 사람,
하청업체 착취하여 덩치를 키워 가는 기업,
권력과 세상에 겁을 주고 때로는 유착하며 권세를 누리는 기관도 있다.

민초들은 오늘도 월세 안 올려줘 '방 빼'라는 집주인 말에 겁에 질려 있고,
하도급 받아먹고 사는 중소기업은 일감 떨어질까 노심초사다.

장사될 만하면 옆집 앞집 똑같은 업종 개업하며
나눠먹기에 수입은 갈수록 줄고,
직장인들은 퇴직 공포에 전전긍긍하며,
청년 백수들은 오늘도 대낮에 거리를 헤맨다.

그렇게, 그렇게, 힘없고 돈 없는 민초들은
서럽고 한 많은 세상을 살다 이슬처럼 사라진다.
이리 채이고 저리 채이고
'에라, 그래 봤자, 너도 죽는다!'는 말이
입가에 맴돌지만
목구멍이 포도청이라
찍소리도 못하고 그냥 살아간다.
그러니 가엾은 민초들 대신해 누군가
그래 봤자, 너도 죽는다!
한 소리 내 주어야 하지 않을까!

하지만 그 말은,
강자에 대한 저주가 아닌 죽음의 인식을 촉구하는
진리의 명언(明言)일 뿐이니
특별한 저주도 아니다.

'그래 봤자, 너도 죽는다.'는
태만과 무위를 불러오는 냉소적, 허무주의적 언사가 아니라,
강자에겐 겸허함과 관용을 촉구하고,

약자에겐 위안과 카타르시스를 주는 말이라고
나는 믿고 싶다.

배터지게 먹고도 또 쌓아 놓으려는 탐욕의 부당함을,
세상 끝 날까지 지위로서 존중받으려는
'권력'의 가엾은 자기애를 비웃는 것으로
오늘 하루도 민초들이 위안받을 수 있다면
점잖은 '내 입'의 저질스러움은 비난받아도 좋으니
주저할 말이 결단코 아니다.

그렇지만 불행하게도 세상은 변하지 않을 것이다.
왜냐하면
이 세상은 이미 최상의 상태로 되어 있다고
모범생 라이프니츠가 말했기 때문이다.

신이 있다면 이 세상의 모습이 왜 이 모양, 이 꼴이냐고
따져 묻는 사람들에게,
천재가 내린 결론이니,
우매한 우리들은
오직, 세상이 앞으로도 변하지 않을 것임을
추론해야 마땅하지 않을까?

지금껏 세상에 대한 수많은 조롱과 풍자에도
세상은 크게 변한 것이 없었던 역사를 보면 알 수 있지 않은가!

라이프니츠의 변신론은 이 세상에 대한,
신의 변호라는 점에서 조금은 놀랍다.

재벌의 역할,
민족과 국가에서 정치인의 중요성,
언론의 비판 같은 순기능을 부정할 수는 없다.

그러나 도를 넘는 역기능의 발생을 억제하는 데,
'너도 죽는다'는 죽음에의 강력한 인식 촉구보다 더 나은 장치는 없다.
누구도 죽음 앞에서도 마구 질주하는 모습은 상상하기 어렵다.

'존재와 시간' 사이에는 죽음이 있다.
우리가 죽지 않는다면 시간은 과거일 뿐이지만
죽음은 미래의 시간에 대한 인식이다.

그래 봤자, 너도 죽는다!
모름지기 민초들은 오늘 같이 푸르고 싱그러운
6월의 초목 아래
불어오는 산들바람 위안 삼아 살아가길 바랄 뿐이다.

세상은 안 변할 테니까!

〈빌헬름 텔〉과 히틀러

"강자는 혼자일 때 가장 강하다."[1]

누가 들어도 멋진 말이다. 혹자는 이 말을 고독을 잘 이겨내는 사람이 강한 사람이라고 해석한다. 틀린 건 없다. 일반적 명제라면 해석의 단일성을 주장할 수는 없으니까.

그러나 "강자는 혼자일 때 가장 강하다."는 히틀러의 저서 『나의 투쟁』 제2부 제8장의 소제목이다. 히틀러는 하나의 목표를 달성하는 데 하나의 조직이 필요하다고 봤다.

히틀러의 글은 다소 산만하고 논리 전개가 서툴러 이해가 쉽지 않은 면도 있으나, 그의 말을 곱씹어 정리하면, 세상의 모든 일은 최종적으로는 가장 강한 사람에게 힘이 집중되므로, 강자 자신의 정치적 영향력의 축소를 초래하는 공동연대는 필요가 없다고 생각한 것 같다. 더구나 그런 경우 목표를 달성해도 이미 분열의 싹을 키우는 결과가 된다고 생각하기도 했다.

본래 "강자는 혼자일 때 가장 강하다."는 말은 프리드리히 실러

1 A. 히틀러, 이명성 옮김, 『나의 투쟁(Mein Kampf)』, 홍신문화사 p.328.

(1759~1805)의 희곡 〈빌헬름 텔〉의 1막 3장에 나오는 대사다. 극중에서 3개 주가 동맹하여 오스트리아가 스위스를 지배하기 위해 파견한 총독과 싸우자면서, 단결하면 약한 자도 강력해진다고 주민들이 텔에게 제안한다. 그러나 텔은 협의 과정에서는 자신을 제외했다가 필요한 순간에, 말하자면 결정적인 때, 불러 주면 자신의 몫을 다하겠다고 약속하며 빌헬름 텔이 한 말이 그 말이다.

그 후 텔은 막대기에 걸어 놓은 총독의 모자에 경의를 표하지 않은 벌로 자신의 아들 머리에 사과를 올려놓고 쏘게 한 총독을 살해하고, 스위스의 자유를 가져오게 했으므로 혼자 있을 때 강하다는 말을 그는 스스로 입증한다.

히틀러는 "강자는 혼자일 때 가장 강하다."를 자신의 신조로 삼아 정치 활동을 했다. 제1당의 연정을 2번 거부하다 나치스의 인기가 하락하는 기미를 보이자 힌덴부르크 대통령의 수상직 제의를 수락한 후, 독재체제를 구축하고 그가 죽자 총통이 된다. 히틀러도 혼자 있을 때 가장 강하다는 것을 입증해 보였다.

〈빌헬름 텔〉은 지역의 전설을 바탕으로 실러가 죽기 1년 전인 45세에 완성한 희곡인데, 시인과 사상가의 나라인 독일 내에서 실러는 아직도 양극단의 평가 아래 있다고 한다. 독일 지성인들은 그를 배척했고 일반인들은 환호했다. 심지어 우리도 초등학교 시절에 동화나 만화 형식으로 빌헬름 텔의 스토리를 접해 모르는 사람이 없을 정도다. 아마 당시에는 영어식 발음으로 '빌헬름 텔'이 아닌 '윌리엄 텔'로 소개되었던 것 같다.

오래 전 독일 방문이 내게 남겨준 기억 중에서 가장 중요한 것은 히틀러의 저작 『나의 투쟁』에 대한 정보였다. 그 책은 지금도 독일에서 가장 인기 있는 책의 하나로, 정확한 판매 부수는 생각나지 않으나 아주 많이 팔린다고 들었다.

내가 독일 여행에서 돌아와 제일 먼저 한 일은 그 책을 주문한 거다. 독일 현대사는 물론, 제2차 세계대전을 통해 한국의 역사에도 간접적으로 영향을 준 히틀러가 어떤 사람이고 어떤 생각을 가진 사람인지를 아는 일은 매우 흥미로운 일이 아닐 수 없다.

히틀러는 저서에서 "강자는 혼자일 때 가장 강하다."는 말을 사용하면서 출전을 밝히지 않았다. 그의 행동거지로 봐도 그 말의 원조가 모두 히틀러라고 우리는 믿고 있었는데……. 전거(典據)를 추적하다가, 초등학교 때 읽은 적이 있는 〈빌헬름 텔〉을, 희곡 형식으로 다시 보게 되는 기회를 얻었다.

그런데 19C 후반부터 독일에서 학교 교재로도 사용된 〈빌헬름 텔〉이 1941년 히틀러의 명령에 따라 잠시 금지된 적이 있었다.[2] 그 이유는 알 수 없으되, 혹시 실러의 말을 표절한 사실이 널리 알려져 총통의 권위에 손상이 가거나, 폭압적 정치에 저항하여 총독을 죽이고 자유를 찾는다는 주제가, 한때 마음에 걸렸는지는 좀 더 알아봐야 할 일이다.

2 프리드리히 실러, 이원양 옮김, 『간계와 사랑 · 빌헬름 텔』, 1998, 서울대학교 출판부, p.320 참조.

구르는 돌이 멈추는 곳

산 위에서 굴러 내리는 돌이 멈춘 곳은 어디일까?
그곳은 돌이 가장 편하다고 느끼는 곳이다.
그렇다면 돌은 왜 거기서 편안함을 느낄까?

역학에서 스트레스는 다음과 같이 정의한다.

$$\sigma = \frac{P}{A}$$

여기서, σ=응력(stress)
P=하중
A=면적

하중을 면적으로 나눈, 즉 단위 면적당 하중의 크기가 스트레스(응력)다. 같은 힘으로 눌러도 손가락으로는 책상에 구멍을 낼 수 없어도 송곳으로는 구멍이 나는 이유는 손가락에 비해 송곳은 하중을 받은 면적이 작아 스트레스가 크기 때문이다.

사람의 마음도 마찬가지다. 같은 일을 당해도 마음의 넓이가 좁은 사람은 스트레스를 크게 받아 마음에 구멍이 뚫리고, 큰 시련이 와도 건재한 사람은 고통을 받아 내는 마음의 넓이가 크기 때문에 스트레스를 작게 받는다.

구르는 돌이 정지한 곳은 자신의 하중을 받아줄 가장 넓은 접촉 면적이 제공되는 곳이다.

그곳에 다다르면 스트레스가 적기 때문에 편한 느낌이 들 것이다. 사람도 한 발로 서 있기보다 두 발로 서 있을 때가 더 편하고, 누워 있을 때 가장 편안함을 느끼는 이유는 체중을 받아 주는 면적이 넓기 때문에, 즉 스트레스가 적기 때문이다.

우리네 인생도 마찬가지다. 인생의 언덕에서 이리저리 구르다 끝내 정착한 곳도 그곳이다. 가끔 구르는 돌이 장애물에 막혀 자기 의지와 상관없이 불안정한 상태로 정지해 있기도 하지만 그 또한 우리네 인생의 모습과 닮아 있다.

나의 전공인 지반공학에서는 이 원리를 이용해 실험용 지반을 인위적으로 조성하기도 한다.

요즘은 쌀을 무게로 팔지만 옛날에는 쌀을 '말'이나 '됫박'에 담아 팔았다. 노련한 쌀장사에게 쌀을 한 말 사면, 한 홉이 부족하다는 말이 있었다. 그는 쌀알을 살살 달래 세워 담는 기술이 있단다.

그렇게 담으면 쌀알끼리 접촉 면적이 적어 공극이 커져 쌀이 덜 들어가는 것이다. 만일 쌀통을 발로 차기라도 하면 서 있던 쌀들이 스트레스를 덜 받으려고 재배열하면서 부피가 줄어든다. 이게 한 홉에 해당한다는 거다. 이것도 내 전공에서 지반을 조밀화하는 진동다짐의 원리다.

당신이 인생의 언덕길을 굴러 내려와 정지한 곳은 아마 스트레스가 가장 적은 곳이거나, 무언가에 저지되고 강제되어 멈춘 곳이 틀림없다.

저 사람은 왜 저러고 사나 의문이 들 때가 있지만, 낙하하는 돌에 적용되는 바로 그 원리의 지배 아래서 그는 살고 있을 뿐이다. 자녀들 진로도 마찬가지다. 아무리 말해도 부모의 뜻대로 움직이지 않는 자녀도 '구르는 돌'이기 때문이다. 구르는 돌이 멈추는 곳은 자연의 법칙이 적용된 '현존재'의 처소라는 의미다.

| 후기 |

내 生에서 2014년은 눈병이 날 정도로 광적인 독서와 글쓰기로 일관한 해였다. 인생이 다 흘러가고 있다는 초조감에서 못 읽었던 책을 읽고 생각을 기록으로 남기고 싶은 욕망이 강렬했기 때문이다.

요통으로 오래 책상에 앉아 있을 수 없어, 휴대전화와 아이패드가 없었다면 글을 쓰는 일은 애초부터 불가능했을 것이다. 소파에 누워 통신기기에 글을 써넣기를 계속하다 마지막 몇 달은 비로소 PC를 사용하여 탈고했다.

인용이 없는 글은 위대한 저작이거나 제한된 독서와 지식의 노정, 둘 중에 하나다. 자신의 생각만으로도 글을 쓸 수 있는 칸트, 니체 같은 사람은 '초인'적 정신력의 소유자이다. 그러나 보통 사람들은 미약한 사고력과 표현력의 한계를 메우기 위해 남의 글의 인용이 불가피하다.

예외 없이, 외국의 수필은 각주를 통해 인용부의 위치까지도 밝히고 있다. 근자에 표절 시비가 많기도 하지만, 무엇보다 인용한 말이 나오는 책을 직접 읽고 싶어 하는 분들에게 편의를 제공하기 위해, 이 책에서는 가급적 출전을 정확히 밝히도록 노력했다.

나의 후손에게 남기려는 의도에서 책의 후반부에 가계(家系)의 사적(私的) 기록이 눈에 띄는 점은 독자의 양해를 구한다.

'자칭 사진가'로서 직접 찍은 표지 사진은 찬바람이 세차게 불던 2011년 겨울 어느 날 새벽, 부산 광안리 해안을 홀로 가고 있는 사람의 모습이다. 문명의 소산인 '다리'는 공학을, 혼자서 가는 '사람'은 철학을 상징한다,

지난 2년 동안 SNS를 통해 묵묵히 나의 글을 읽고 성원을 보낸 오랜 친구들, 강장규, 권훈, 김영신, 송철호, 신돈식, 안종국, 유병식, 이성일, 이태우, 임성균, 임정덕, 임재동, 조재호, 홍기열, 호충환 군(가나다 순)에게 감사드린다.

특히, 매 글마다 피드백을 제공해 준, 동료이자 친구인 '진짜' 독일철학박사 최신한 교수, 자주 용기를 북돋아 큰 힘이 되어 준(이하 존칭 생략) 강신성 한남대 교수, 권도엽 전 국토해양부 장관, 이천구 병원장, 김종오 고려개발 사장, 박준범 서울대 교수, 김동혁 해양대 교수, 조영주 전 KTF 사장, 최성규 전 한국철도연구원장, 죽마고우 김영신 군, 이영생 경기대 교수, 이석근 경희대 교수 그리고 나의 여행 안내자 김민선 씨에게도 빚을 지고 있다.